V&R

Gaetano Benedetti

Psychotherapie als existentielle Herausforderung

Die Psychotherapie der Psychose als Interaktion zwischen bewußten und unbewußten psychischen Vorgängen und zwischen imaginativ bildhaftem und einschichtig begrifflichem Denken

Mit 61, teils farbigen Abbildungen

Vandenhoeck & Ruprecht
in Göttingen

Die Deutsche Bibliothek – CIP-Einheitsaufnahme

Benedetti, Gaetano:
Psychotherapie als existentielle Herausforderung / Gaetano Benedetti. –
Göttingen : Vandenhoeck und Ruprecht, 1992
ISBN 3-525-45742-1

Satz: Text & Form, Hannover
Druck und Bindearbeit: Hubert & Co., Göttingen

Inhalt

Den psychisch Leidenden

Einleitung

1. Das Thema "Psychotherapie der Psychosen" ist heute selbst in seinen Grundzügen vielgestaltig geworden. Es zählt nicht mehr nur die individuelle Psychotherapie dazu, wie in den Anfängen unseres Jahrhunderts bei JUNG und FEDERN; auch die Familientherapie gehört dazu, besonders seit den Untersuchungen von LIDZ, aber auch von SELVINI und STIERLIN; ebenso müssen wir die Gruppentherapie und dic stationäre Milieutherapie heutzutage dazu rechnen. Die Änderung des Setting bewirkt aber grundsätzliche Änderungen der Methoden, so daß es schwierig wird, ganz allgemein von 'Grundzügen' zu sprechen.

Doch damit noch nicht genug. Auch der beschränktere, historisch und psychodynamisch vielleicht interessanteste Bereich der Psychotherapie Schizophrener, der der *individuellen* Psychotherapie , dem meine Lebensarbeit gegolten hat, wird heute von verschiedenen Ansatzpunkten aus bearbeitet, deren Spannweite von der Psychoanalyse bis zur Behavior-Therapie, von der symbolischen Realisierung bis zur Hypnose, von der Gestaltungstherapie bis zur Gestalttherapie reicht.

Seit bald fünfzig Jahren arbeite ich auf dem Gebiet der individuellen Psychotherapie. Meine Konzeption gründet in einer Synthese von Phänomenologie, Tiefenpsychologie und symbolischer Gestaltung und Umgestaltung der Psychopathologie. Diese Konzeption findet im vorliegenden Band eine letzte Zusammenfassung. Manuskripte von Vorträgen und Einzelarbeiten sind hier vereinigt, die ich im Laufe der Jahre nach der Publikation meines letzten Buches "Todeslandschaften der Seele" geschrieben habe. Damit gibt der Band einen Überblick über die Weiterentwicklung meines Denkens bis in die Gegenwart. Allerdings sind nicht alle Manuskripte, die ich in den letzten Jahren geschrieben, nicht alle Vorträge, die ich gehalten habe, hier gesammelt worden. Bei der Auswahl ließ ich mich von dem Gesichtspunkt leiten, *den* Arbeiten den Vorzug zu geben, die noch nicht publiziert waren. Ich hoffe, daß es gelungen ist, aus den bereits publizierten und den unpublizierten Teilen ein organisches Ganzes zusammenzufügen. Dabei waren allerdings Änderungen, Kürzungen und Umstellungen unumgänglich. Ergänzende Zwischentexte und eine einheitliche sprachliche Überarbeitung erwiesen sich ebenfalls als notwendig. Auf ein Quellenverzeichnis habe ich verzichtet, da kein Kapitel dieses Buches exakt bis in die Einzelformulierungen einer bereits veröffentlichten oder vorgetragenen Arbeit entspricht. – An dieser Stelle möchte ich nicht versäumen, einigen Menschen, die an dem Zustandekommen dieses Buches mitgewirkt haben, zu danken. Dieser Dank gilt vor allem und aufs herzlichste meiner Frau, der langjährigen Betreuerin meiner Vortragsmanuskripte und Begleiterin zu Kongressen und Tagungen, er gilt Frau Dr. Margrit von Moos, der ich den Hinweis auf das Kunstschaffen ihres Verwandten Max von Moos verdanke, gilt Frau Dr. Elfriede Neubuhr, der Überarbeiterin des Buchmanuskripts, gilt Herrn Prof. P.M. Furlan und Herrn Dr. Maurizio Peciccia, den Co-Autoren einiger Kapitel dieses Buches, gilt Dr. Bernd Rachel, dem Verlagslektor, der die Anregung zu diesem Buch gab, und er gilt – last not least – allen in- und ausländischen Kollegen, die mir durch freundschaftlich-kritische Gespräche halfen, meine Denkansätze immer klarer zu formulieren und mir meines Anliegens noch bewußter zu werden.

Welche Ergebnisse haben nun die letzten zehn Jahre für meine Sicht der Psychosen gebracht? Vor allem einmal eine weitere Vertiefung jener Einsichten, die sich wie ein roter Faden durch alle meine Arbeiten seit vierzig Jahren ziehen und die sich nun zu einem geschlossenen Ganzen zusammenfassen lassen. Dann aber auch insbesondere die Erarbeitung von drei Begriffen, die mir früher fehlten, obwohl sich Vorstufen davon bereits in meinen frühen Schriften finden:

a. Die *Positivierung* der Selbstidentität des Patienten in der Psychotherapie;
b. die *progressive Psychopathologie*, die in der Psychotherapie zu einer Neuausgabe der Psychose mit einer kommunikativen Aussicht wird;
c. das *Übergangssubjekt* als intermediäre, autonome, psychische Realität zwischen Patient und Therapeut.

Es wird in den einzelnen Kapiteln dieses Buches anschaulich werden, wie diese drei Begriffe aus meiner Lebensarbeit hervorgegangen sind. In seinen letzten Kapiteln lege ich die Entwicklung von einer rein verbalen Psychotherapie zu einer gestaltenden – bildnerischen – Psychotherapie dar. Schon während der letzten zehn Jahre habe ich mich in meinen Einzelpublikationen mit den künstlerischen Produktionen einer fünf Jahre dauernden Psychotherapie auseinandergesetzt. Außerdem liegen jetzt auch die Ergebnisse meiner Zusammenarbeit mit einem besonders begabten Assistenten, Maurizio Peciccia aus Perugia, vor. Ich schätze an seiner Tätigkeit die Verbindung von grundlegendem psychoanalytischen Verstehen und psychiatrischer Kreativität, die ich – rückblickend – auch als die wesentlichen Komponenten meiner Arbeit verstehe.

2. Ich möchte schon in der Einleitung erwähnen, daß meine Ausführungen nicht nur die Schizophrenien, sondern auch die Depressionen und die funktionellen Psychosen betreffen; ja, daß ich darüber hinaus während der letzten Jahre meiner Tätigkeit wesentliche und bereichernde Erfahrungen in der Psychotherapie von schweren, narzißtischen Neurosen und Borderline-

Fällen sowohl in der Supervision als auch, vereinzelt, in der eigenen Praxis gemacht habe.

Es wird mir mit zunehmendem Alter immer deutlicher, daß für die Psychotherapie die personale Grundlage wesentlich ist und daß sie viel weniger spezifisch und objektivierend vorgeht als die Psychopathologie; was sich nachträglich gut verstehen läßt. Jede Psychotherapie zielt auf ein Verstehen, also auf eine Psychologisierung auch des anscheinend Unverständlichen, während die Psychopathologie ihrem Wesen nach das Abnorme abgrenzen und möglichst scharf und allgemeingültig zwischen unterschiedlichen Syndromen, Zustandsbildern, psychischen Krankheiten unterscheiden will.

In meiner psychodynamischen Sichtweise ist also beides wichtig: sowohl der universell-psychologische Horizont meiner Ausblicke, der mich befähigt, auch den "normopathisch Leidenden" von der Warte meiner Erfahrungen mit psychotischen Menschen aus zu verstehen und anzusprechen, als auch das psychopathologische "Zentrum", von dem ich ausgehe. Dieses Zentrum bleibt für mich, entsprechend der bald fünfzigjährigen Tradition meines ärztlichen Denkens und Tuns, der Bereich der schizophrenen Psychosen und Grenzfälle.

3. Worin liegt also für einen Psychotherapeuten, als der ich seit vierzig Jahren tätig bin, das *Wesen der schizophrenen Psychose*?

Können wir diese Frage beantworten, ohne das endogene Wesen des Leidens zu kennen, namentlich die immer wieder vermutete und nie endgültig nachgewiesene biologische *Grundlage* der Krankheit?

Gibt es, mit anderen Worten, eine psychotische Grundstörung des Ich, die *rein psychopathologisch* faßbar wäre und aus der alle Symptome abgeleitet werden könnten?

Im Laufe der Jahrzehnte hat man immer wieder versucht, diese Frage zu beantworten. Man ist dabei zu unterschiedlichen Resultaten gekommen.

Manche Autoren, wie etwa MINKOWSKI, haben die Grundstörung im "Autismus" gesehen, andere, wie vor allem EUGEN BLEULER, in der Störung der "Assoziationen"; wieder andere, wie CERLETTI, in der "Athymie", in der Verflachung des Affektes; weitere, wie BERZE, in der "Hypotonie des Bewußtseins"; oder, wie MAYER-GROSS und GRUHLE, in der "Störung der Aktivität"; oder, wie sich GERHARD HUBER später ausdrückte, im "Verlust des energetischen Potentials". Wieder andere Autoren, wie CARL SCHNEIDER, haben versucht, das Wesen des Leidens in einer typischen Kombination verschiedener Symptome, in den sogenannten *Symptomverbänden*, zu sehen. Für M. BLEULER gibt es zwei *primäre Grundsymptome*, die "Spaltung" und den "Autismus". SCHARFETTER schildert in der schizophrenen Ichstörung fünf psychopathologische Dimensionen. Störungen der Symbolisation sind immer wieder als zentral angesehen worden (z.B. von ARIETI); und man hat wiederholt versucht, Veränderungen im *kognitiven* Bereich als Grundlage des Leidens zu begreifen. Symbole entstehen aber im Wechsel der Affekte und in den dualen Urbeziehungen des Lebens.

Wir müssen zugeben: *Psychopathologische Modelle sind auswechselbar.* Sie sind nie endgültig. Sie haben einen "operationalen" Sinn, das heißt, ihre Wahrheit besteht in dem, *was wir mit ihnen machen.*

Wenn die Schizophrenie vor allem als eine Störung der *Familiendynamik*, als eine Entwicklung in der "schismatischen" Familie (LIDZ), als eine Folge der *Pseudomutualität* und der *Irrationalität* in der Familienkommunikation (WYNNE) gesehen wird, so sind diese Modelle nicht immer objektiv und einwandfrei überprüfbar, sondern bedeutungsvoll vor allem im Hinblick auf jene familientherapeutischen Maßnahmen, die das Leiden eventuell erleichtern.

Wenn man aber mit DEVEREUX behauptet, daß Schizophrenien in primitiven Kulturen seltener als bei uns vorkommen, während der Überfluß und die Widersprüchlichkeit der Informationen in unserer Kultur die "Filterfunktion" der Psyche überfordern, so hat dieses Modell, das man wiederum nicht allgemein verifizieren kann, den operationalen Sinn, daß man Schizophrenien vor zu vielen "expressed emotions" der Umwelt (HIRSCH u. LEFF) schützt. Wenn man findet, daß Schizophrenien zum Teil Artefakte der psychiatrischen Anstalten sind, die die Kranken isolieren und autistisch werden lassen, wie italienische Psychiater in einer leidenschaftlichen Auflehnung gegen das alte Anstaltswesen besonders betont haben, während sich die Psychosen in einer primitiven Kultur *nicht bis zur Demenz* entwickeln, wie MURPHY auf Grund seiner Feldstudien auf der Insel Mauritius feststellte, so haben wir hier ein weiteres nützliches soziopsychiatrisches Modell, das freilich auch auf Gegenargumente stößt. Das Erstaunliche, aber Sinnträchtige ist dabei jedoch, daß man mit den verschiedensten Modellen operieren kann und daß daher auch die verschiedensten Therapien wirksam sind.

Aus diesem Grunde meinte CIOMPI, daß die schizophrene "Informationsverarbeitung" an irgendeinem Punkt der "Informationskette" gestört sein könnte; er stellte das mit folgenden Worten fest: "Genetisch bedingte Enzymdefekte, neuronale Übererregbarkeit, verminderte elektrophysiologisch-neuronale Habituation, prä- und perinatale zerebrale Schädigungen, prägende frühkindliche Störungen der Mutter-Kind-Beziehung, widersprüchliche und zweideutige familiäre Kommunikationsmuster, abnorme Familienkonstellationen, schicht-, zeit- oder situationsspezifische soziale und kulturelle Einflüsse scheinen pathogen zu wirken" (CIOMPI, 1984).

Können wir angesichts solcher Gedanken die Unterscheidung zwischen primären und sekundären Symptomen aufrechterhalten? Können wir Symptome als "primär" privilegieren und in "sekundären" Symptomen das nur "Akzessorische" sehen? Oder ist es besser, von den *fundamentalen* Situationen des psychotischen Erlebens zu sprechen? Mit der *fundamentalen Qua-*

lität meine ich allerdings nicht mehr eine statistisch belegbare Häufigkeit, die unabhängig von unserer subjektiven Aufnahme ist; ich meine *die fundamentale Situation der Aussichtslosigkeit, die in den meisten psychotischen Erlebensweisen enthalten ist.*

Diese Überlegung beinhaltet letzten Endes eine Frage nach der Existenz des Menschen, vor allem des psychotischen Menschen, nach seinen Existenz*formen*, nach Grenzsituationen und Wandlungen dieser Existenz. Auf diese existentielle Frage, die jeder psychisch kranke Patient an mich stellt – unbewußt, aber von mir als solche erlebt –, kann ich als Therapeut und Mitmensch nur mit dem Einsatz meiner gesamtpersönlichen Existenz antworten – wie oben bereits angedeutet –, wobei alle Technik, alles Wissen, alle Theorie nur die selbstverständliche, 'handwerkliche' Grundlage sind.

Diese aus vielfältigen Erfahrungen gespeiste Überlegung hat zum Titel meines Buches geführt: mein ärztliches und therapeutisches Tun, die Begegnung mit dem Kranken erlebe ich, je älter ich werde, umso stärker als eine existentielle Herausforderung meiner gesamten Person. Zugleich aber knüpfe ich mit diesem Titel dankbar an die Aufsatzsammlung "Herausforderung und Begegnung in der Psychiatrie", die mir Freunde und Kollegen vor zehn Jahren als Festgabe überreichten, an. Uns allen wird es immer eine Herausforderung bleiben, Krankheit, Leid, Verzweiflung des Mitmenschen nicht einfach hinzunehmen, sondern zu heilen zu versuchen, so lange uns die Kraft und die Zeit dazu vergönnt sind.

Grundsituationen des psychotischen Leidens

In diesem Kapitel behandle ich diejenigen Grundsituationen psychotischer Verzweiflung, die mich in der Psychotherapie am meisten erschüttert haben. Ich behaupte nicht, sie seien die "fundamentalsten" im Sinne BLEULERS. Der Therapeut, der sich mit dem Kranken befaßt, wird sich aber durch sie besonders herausgefordert fühlen. Indem ich das 'Fundamentale' in der bedeutsamen Tatsache der psychotherapeutischen Herausforderung sehe, stelle ich die Weichen für eine Wissenschaft, die auf der Grundlage der Begegnung entsteht und eine hermeneutische Dimension in sich schließt. Das psychopathologische Bild vom Patienten ergibt sich aus der Sichtweise des Psychotherapeuten und enthält in seiner detaillierten Ausformung immer auch die psychotherapeutische Person, die durch die Erfahrung des Widerstandes des Patienten und die dadurch drohende Aussichtslosigkeit der Bemühungen um ihn unmittelbar an dieser Ausformung beteiligt ist. Ein 'objektives' psychopathologisches Bild vom Patienten, unabhängig von meiner therapeutischen Person, gibt es für mich in der Psychotherapie nicht.

Der Darstellung der Psychopathologie folgt also in unserem Text, ebenso wie in unserem Beobachtungs- und Begegnungsfeld, immer der Versuch einer psychotherapeutischen Antwort. Von einem rein psychiatrischen Gesichtspunkt aus wäre eine solche Darstellung, die oft weder eine spezielle Diagnose noch statistische Häufigkeiten berücksichtigt, unvollständig und unscharf. Meine Schilderungen erfolgen im wesentlichen von einem psychodynamischen Gesichtspunkt aus. Das ist auch der Grund, weshalb ich in diesem Kontext zwischen "primären" und "sekundären" Symptomen der Schizophrenie keinen Unterschied mache und den Wahn, der sonst als ein "akzessorisches" Symptom der Schizophrenie gilt, zum Fundamentalen rechne. Der Wahnsinn ist schon in der Antike, lange vor der Entdeckung von Spaltung und Autismus, ein Hauptmerkmal geistiger Ent- und Ver-rücktheit gewesen. Er ist eine Selbstrekonstruktion der Identität nach deren Verlust. Beide Erscheinungen, Identitätsverlust und Wahn, hängen mit der Verzerrung der Symbole zusammen. Die sich aus der Verwechslung der Symbole mit den symbolisierten Dingen ergebende Fusion des Ich mit der Welt schafft das intrapsychische Universum, den Autismus, und spaltet den autistischen Menschen von uns ab.

Der Identitätsverlust in der Psychose

Bevor ich den psychotischen Identitätsverlust schildere, möchte ich mich kurz auf die Grundlagen des normalen Erlebens besinnen.

Das Cogito ergo sum

In allem Denken ist, wenn auch für den nicht psychologisch geschulten Menschen unbewußt, die Vorstellung des denkenden Subjektes unmittelbar enthalten; der Mensch kann nichts denken, kann sich nichts vorstellen, ohne sein Ich dabei als denkend oder sich vorstellend vorauszusetzen: *Cogito ergo sum*. Eine solche bewußte oder unbewußte Ich-Repräsentanz ist das Selbst, das Wesen, das uns am ureigensten gehört, das unwiederholbar in der Welt ist und uns im Tiefsten begründet. Nicht einmal der eigene Körper gehört uns so innig wie das eigene Selbst.

Der Unsterblichkeitsglaube in der Geschichte beweist diese These.

"Darauf beruht die Vorstellung von der Beharrlichkeit und Unvergänglichkeit des eigenen Ich's, das, was wir Unsterblichkeitsglauben nennen. Auch der primitive Mensch kann, wenn seine Gedanken einmal auf seinen eigenen Tod geführt werden, auf das, was sein wird, wenn sein Leib bloß daliegt, gar nicht anders denken, als daß sein empfindendes und denkendes Ich, seine Seele, noch weiter existiert." (EDUARD MEYER).

Wenn dieses geistige Prinzip der Individualität auf der einen Seite das Ureigenste ist, so ist es auf der anderen Seite das Wesensverschiedenste, das uns von allen anderen Objekten der Welt trennt. Kein Mensch kann sich je vorstellen, sein Partner habe dauernd dieselben Gefühle und Gedanken wie er. Im Gegenteil, viele Menschen sind davon überzeugt, daß sie es niemals erreichen werden, ihr tiefstes Wesen je auszudrücken.

Menschliche Gestalten können sich unter seltenen Umständen wie zwei Wassertropfen gleichen, wie etwa eineiige Zwillinge. Diese mögen dann auch ähnliche Schicksale und ähnliche Krankheiten haben; als *Subjekte* werden sie jedoch immer verschieden sein. Das Freiheitsgefühl des einzelnen wäre sofort aufgehoben, würde er daran zweifeln, würde er in Erwägung ziehen, daß ein anderer Mensch die gleichen Gedanken hätte wie er.

Dieses individuelle geistige Prinzip – mag es nun in der Geschichte der Kultur eine transzendente oder eine immanente Verbegrifflichung erhalten haben, mag es zum Beispiel "Einzelseele" oder "Ich-Identität" heißen – hat im Grunde auch eine vitale Grundlage; denn es kann durch Krankheit zumindest im Selbstverständnis des so Betroffenen verloren gehen.

Es gibt nun vor allem *eine* Krankheit, die am Prinzip der einmaligen Individualität, am Selbst eines Menschen tief zu rütteln vermag: das ist die Schizophrenie und, im weitesten Sinne des Wortes, die Psychose.

Die schizophrene Selbstidentität

Ein schizophrener Mensch kennt nicht das normale Erleben, daß seine eigenen Gedanken ihm gehören und in ihrer gegenwärtigen, individuellen Form *nur von ihm* gedacht werden. Viele schizophrene Patienten sagen uns, die eigenen Gedanken werden durch andere Menschen in sie hineinverlegt, sie werden von fremden Menschen gedacht. Das Freiheitsgefühl des Patienten ist in dem Augenblick, da eine solche wahnhafte "Gewißheit" entsteht, aufgehoben: andere Wesen, andere Menschen verfügen über ihn; er gleicht einem Objekt, das von anderen verformt wird; er hat aufgehört, Subjekt zu sein.

Der Beeinflussungswahn, der in der Schizophrenie so häufig entsteht, meint eben dies, daß man *Objekt* und nicht mehr *Subjekt* ist, daß man den Gesetzen der Kausalität unterworfen ist und deshalb keine Freiheit mehr hat.

Der Autismus

Der Autismus ist jene schizophrene Grundhaltung, die die Welt als ein riesiges Spiegelbild des psychotischen Selbst erlebt, so daß diese ihren normalen Objektcharakter und somit ihre Unterscheidbarkeit vom Selbst verloren hat.

Der autistische Patient kann zwischen sich und dem anderen nicht unterscheiden. Er erlebt zum Beispiel, daß Plakate, die er zufällig auf der Straße sieht, einen Zusammenhang mit seiner Person bekommen, sich auf ihn beziehen und etwas *Privates*, ihn Betreffendes bedeuten, ja, daß seine Gedanken durch andere Menschen ausgebeutet werden. Die Mitmenschen, die Gegenstände werden zu *Teilen des Subjekts*. Dieses fühlt sich dazu verdammt, immer sich selber zu begegnen. Der Sprung zum anderen, die Selbst-Transzendenz, der Überstieg gelingen nicht mehr. Er lebt eben in einer *autistischen* Welt.

Was der narzißtische Neurotiker noch als Inflation seines Selbst und als Gleichgültigkeit gegenüber der Objektwelt agiert, erlebt der Schizophrene viel radikaler als Schuld und als Verfolgung. Dadurch, daß er in seinem Autismus der Welt keinen eigenständigen Objektcharakter zuerkennen kann, spricht ihm die Umwelt keinen Subjektcharakter zu. Er geht im Objekt auf, sich verlierend. Im Spiegel der für ihn nicht mehr oder nicht eigenständig existierenden Objektwelt erscheint ihm ein ihn verfolgendes, entfremdetes, nicht integriertes, sich gegen ihn selber wendendes eigenes Selbst, das ihn – als sexuelle, aggressive, geistig ausplündernde und beeinflussende Macht – zerstört. Die Unfähigkeit des autistischen Kranken, dieses selbstentfremdete Selbst, das wie ein Fremdkörper in sein Erleben hineinragt, als eindeutig eigenes oder als eindeutig äußerliches wahrzunehmen, verwirrt den Kranken und zerreißt sein zusammenhängendes Denken und sein Selbstverständnis.

Die destruktive Natur des autistischen Sich-Zurückziehens ist voll spürbar in den aktiv-aggressiven Widerständen der Patienten, denen man beim psychotherapeutischen Versuch, die autistische Barriere in Frage zu stellen, und im Sich-Anklammern der Kranken an eine negative Identität begegnet.

Die Spaltung

Im teils bewußten und teils unbewußten Erleben des Kranken – die normalen Grenzen zwischen Bewußtem und Unbewußtem sind in der Schizophrenie durchbrochen – erscheint eine psychische Instanz, die deswegen so unheimlich ist, weil sie die Schrittmacher-Funktion des Ich weggenommen und die Subjektqualität an sich gerissen hat, ohne aber das beobachtende Ich ganz verdrängen zu können. Sie ist vom Ich also *abgespalten.*

Das Ich ist verdrängt; es hat keine normalen Gefühle mehr, nimmt aber diese Instanz, die innerhalb seiner psychischen Sphäre haust, als Veränderung der Welt wahr. Die Welt verliert dadurch den Charakter der Objektivität, die für uns selbstverständlich ist; sie bezieht sich ganz und ausschließlich auf das Subjekt und ist nichts anderes als die Beeinflussung und Verfremdung desselben.

Der Kranke erlebt sich sowohl als diese intrapsychische Instanz, die zerstört, als auch als das Ich, das zerstört wird. Die Spaltung gestaltet sich im Wahn.

Die Fusion mit dem Verfolger geschieht in der Schizophrenie so, daß der Kranke sowohl der Verfolger als auch dessen Opfer ist – ständig von ihm beeinflußt, gelenkt, manipuliert. Er kann die auf ihn zukommenden, negativen Einflüsse nie loswerden, weil er selber solche ausstrahlt. Die Anwesenheit fremder Teil-Identitäten in der Person des Kranken verursacht freilich eine immense Angst. Die Unmöglichkeit, durch die erschöpften libidinösen Reserven die negativen Selbstteile zu neutralisieren und zu integrieren, führt zu einem Erleben der unheimlichen *Fragmentierung*. Dieses Erleben wird zwar durch die Abwehr der Projektion teilweise aufgehoben, indem eben Selbstteile auf die Umwelt projiziert werden. Aber durch die Projizierung des Selbstteiles auf die Umwelt oder auf den Leib verliert das Ich eben auch seine Ichgrenze, seine Konsistenz, seine Kohärenz. Denken wir zum Beispiel an den schizophrenen Satz: "Ich merke, daß sich meine Gedanken in meinem Bauch bewegen". Ein solcher Satz meint nicht nur, daß die Identität schwer gestört ist, weil sich der Geist mit dem Bauch verwechselt und sich vergegenständlicht erlebt, sondern auch, daß das eigene Denken, im Selbsterleben vom geistigen Subjekt abgespalten, zu einem "Ding" geworden ist.

Normalerweise sind alle Dinge dieser Welt in Begriffen und Vorstellungen registriert, die sie eben symbolisieren. Die symbolischen Bedeutungen der Welt gehen aber in der Schizophrenie zum großen Teil zugrunde, weil die äußeren Dinge zu Symbolen des Patienten, die Objekte zu Chiffren des Subjekts und seines Zerfalls werden.

Der Patient geht auf die Straße: das schwarze Kleid der Passantin ist nicht mehr ein Merkmal derselben; es "bedeutet" nun die Sünden des Patienten. In der Zeitung ist von der "Nicht-Transparenz eines bestimmten Geschäftes" die Rede; doch für den Schizophrenen ist *er*, der Kranke, damit gemeint.

Wenn alle äußeren Dinge die Taten und Erlebnisse des Patienten symbolisieren, dann gibt es scheinbar eine Hypertrophie der Symbole – im Grunde aber eine De-Symbolisierung der Welt –, weil die normalen, differenzierten symbolischen Zusammenhänge verloren gehen, während nur einige erhalten bleiben. In diesem Sinne sprach Eugen Bleuler von der Zerfahrenheit des Schizophrenen.

"Ich bin frei – die Schweiz ist frei – also bin ich die Schweiz", argumentierte eine schizophrene Kranke.

Matte-Blanco hat hier eine charakteristische Tendenz des schizophrenen Denkens entdeckt, nämlich Dinge, die die gleichen Prädikate haben, als identisch zu behandeln. Das ist richtig. Die Frage bleibt offen, ob darin eine spezifisch kognitive Störung liegt, oder ob diese Tendenz als Symptom des gesamten Erlebens zu verstehen ist: der zum Nichts zusammenschrumpfende Patient stellt sich an einen Ort, der Subjekt und Objekt zusammenfaßt. Die eben erwähnte Patientin, wohl der unfreieste Mensch, den man sich denken kann, setzt sich als die ganze Schweiz, stellt sich als einen konkreten Inbegriff der Freiheit dar! Befürchtungen und Hoffnungen verwirklichen sich im Spiegel von Dingen, die Assonanzen zu ihnen und zueinander aufweisen, als letzte handfeste Realitäten. Und ein unerschütterlicher Wahn wächst auf dem Scherbenhaufen der verlorenen Welt- und Selbstidentität!

Warum ist die Welt ausschließlich zu einem einzigen Symbol des Kranken geworden? Weil das Ich im Spiegel der Welt nur die intrapsychische Macht sieht, die es beherrscht, die zum Ich gehört und doch nicht gehört, die es spaltet, die das Subjektive verobjektiviert, die das wirklich Objektive verwischt und die somit zwischen Subjekt und Objekt eine dritte, monströse psychische Ebene schafft.

Die narzißtisch schwache und doch selbstbezogene Liebe des Patienten ist dauernd durch eine Selbstdestruktivität überschattet und desorganisiert, die sich bei manchen Kranken in ungeheuerlichen Sätzen ausdrückt.

Diese gespaltene, desorganisierte, fragmentierte und verformte Identität des schizophrenen Kranken ist die ungeheure Herausforderung an uns

Therapeuten, teilweise auf die Grundfesten der gesunden Identität, das heißt, auf die lediglich beobachtende Funktion zu verzichten, um dem Kranken zu begegnen, um uns durch sein Erleben erschüttern zu lassen und aus einer solchen Erschütterung heraus therapeutische Worte zu finden. Wir können nicht neutral am Kranken vorbeigehen, an einem Menschen, der, bei aller Zerstörung seiner Identität, doch mit ergreifenden Worten dem metaphysischen Ursprung der Dinge und seines Leidens Ausdruck gibt.

Grundsätzliches zu unserer menschlichen Antwort auf das schwere psychische Leiden

Es ist nicht meine Absicht, hier nur die schizophrene Situation zu schildern und nicht unsere Beziehung zum Kranken. Als Mitmensch interessiert mich nicht nur die Psychopathologie, sondern auch die gleichzeitige Wandlung meiner eigenen Identität in der Begegnung mit der Psychopathologie, also die Dualisierung des Identitätsverlustes in der Annäherung an den Patienten.

Wenn wir das sich auflösende Erleben des Kranken – umgekehrt – als zusammenhängende Welt erleben, dann haben wir durch dieses vereinheitlichende Erleben das Spaltende etwas kompensiert, es zunächst in uns zusammengefügt.

Im "klinischen Fall" erleben wir den tragischen Menschen, und wir werden zu Alliierten seines Ich bei der Auseinandersetzung mit den psychischen Instanzen, die ihn sich selbst entfremden. Wir entdecken zum einen die potentielle positive Teil-Identität, die nicht vollzogen werden kann, und die dann in unserer Zuwendung zum Kranken Gestalt annimmt; wir entdekken zum anderen die maligne Teil-Identität, die den Patienten zerstört und von der er Abstand nehmen soll. Statt lediglich darum bemüht zu sein, den Kranken durch therapeutische Maßnahmen an die soziale und an die Verstandesrealität anzupassen, passen wir uns vielmehr den befremdenden Innenbildern seiner Psychose an, indem wir affektiv auf diese reagieren. Durch den Ausdruck unserer stets positivierenden Affekte versuchen wir, beim Kranken eine positive Beziehung zu uns zu bewirken, dank derer er sich vielleicht seine Identität am Modell der unsrigen rekonstruieren kann ("Interaffektivität" D. STERN).

Wir sprechen in den Symbolen des Patienten, *die dadurch eigentlich erst zu Symbolen werden, weil sie dual artikuliert werden*, und die vorher nur autistische Metaphern des Nichtseins des psychotischen Menschen waren.

So können wir der ohnmächtigen Seite im Kranken beistehen. Meistens geschieht dies in der Psychiatrie wohl in der Form der Fürsorge, des Beistandes, des Schutzes. Man beschränkt sich nicht darauf, dem Kranken Medikamente zu geben, man organisiert seinen Alltag, man schafft ihm die pflegende Familie, man richtet ihm die geschützte Werkstatt ein, man hört ihm zu, man bietet ihm ein Stück mitempfindende Realität an, in der es sich leben läßt. Das alles entspringt der ärztlichen Identität, die dem Identitätsverlust des Patienten gegenübersteht.

In der Psychotherapie im engeren Sinn liegt aber noch eine weitere Möglichkeit der Begegnung, die, freilich selten im Hinblick auf die vielen Kranken, die schizophrene Grundsituation erfassen läßt: der Arzt als Partner tritt in die innere, identitätslose Landschaft des Patienten ein, um dort, unter den Gebilden des Wahnes, eine Gestalt anzunehmen, die derjenigen des Patienten ähnlich ist, und die doch die Übersicht behält, die dem Kranken selbst fehlt. Das kann im *Unbewußten* geschehen. So läßt sich die These etwas verdeutlichen, daß wir alle im Unbewußten einem Menschen, der sich von uns abwendet, viel näher sein können, als unser befremdetes Bewußtsein das vermag.

Es liegen in unserem Unbewußten, im archetypischen Bereich unserer Seele Kräfte, besonders solche der Dualität, die dem psychotischen Identitätsverlust entgegenwirken können. Manches Mal gelingt dies aber nicht. Das Unbewußte scheint uns im Stich zu lassen. Es wird aber den Kranken nicht im Stich lassen, wenn wir, mit unseren Einfällen am Ende, darauf achten, uns nicht in die rein beobachtende Haltung zurückzuziehen. Zwar einfallslos, können wir dennoch, nicht kraft unseres Willens, aber kraft unserer Offenheit, *teilnehmen*. SULLIVAN nannte diese Haltung “participant observation”, ARIETI “relatedness”, WINNICOTT “objektive Gegenübertragung” und BINSWANGER “Tragung”. Diese Haltung ist nicht ohne “Sorge” (HEIDEGGER) möglich. Sie zeigt sich aber auch in der Phantasie, in der Kreativität, im Traum.

Der Wahn

Was ist Wahn? “Ein unkorrigierbarer Irrtum”, lasen wir in den Büchern der Schulpsychiatrie. Schon diese Tatsache, daß der alte Schulpsychiater bei der Definition des Wahnes von Anfang an den *Irrtum* des Patienten und die Unfähigkeit, ihn zu korrigieren, betonte, ohne sich um andere Dimensionen zu kümmern, ist vielsagend: Was nicht dem Gesunden entspricht, so, wie wir es normalerweise gewohnt sind, ist schon Psychopathologie. Es fehlte schließlich nicht an Versuchen, selbst Buddha und Christus psychopathologisch zu deuten.

Meine Definition des Wahns lautet: Wahn ist eine besondere Realitätserfahrung, die von der allgemeinmenschlichen abweicht, sich von dieser schwer beeinflussen läßt und in der die existentiellen Möglichkeiten des Menschen verkümmern, sei es, daß der Kranke im Wahn entsetzlich leidet, sei es, daß er in ihm nur noch als eine grandiose Maske agiert.

Schon diese Formulierung setzt die Haltung einer psychotherapeutischen Zuwendung zum Patienten voraus. Wie ist nun der faktische therapeutische Zugang zum Kranken im Rahmen einer solchen Haltung?

Der psychotherapeutische Zugang zum Wahn besteht grundsätzlich darin, daß der Wahn von uns als Symbol erfaßt wird, einen Sinn für uns hat und daß er darüber hinaus als Endergebnis einer verborgenen, psychischen Geschichte begriffen wird. Wir müssen erkennen, daß der Wahn ein Akt der Selbstvergewisserung und ein Produkt der Identitätssuche des Kranken ist. Der Wahn will als chiffrierte Mitteilung an die Umwelt und als Versuch des Kranken, sich – gleichzeitig – mitzuteilen und zu verbergen, aufgenommen werden.

Im Wahn resümiert der Kranke ein Stück eigener Lebensgeschichte. Zweifel, Wünsche, Strebungen drücken sich in ihm nicht direkt, sondern gleichnishaft aus. Das Gleichnis, das Bild, das Symbol helfen dem Patienten, eine lange innere Geschichte wie im Zeitraffer durch eine einzige Idee auszudrücken; sie helfen ihm ferner als Ausdruck einer inneren Befindlichkeit, die über die Kategorie des Subjektiven hinausgeht und etwas Objektives statuiert, etwas, das die allgemeine, normale Realität umwirft.

Der Patient muß sich also nicht in seinem inneren Seinszustand legitimieren, da der Wahn als unerschütterliche Realität die letzte Legitimation, so zu sein, in sich selber trägt. Und da der Patient sich in seiner wahnhaften Identität selbst erkennt, überwindet er durch ihn eine lange innere Geschichte des Selbstzweifels, endlich "befreit", als der Auserwählte oder als der tödlich Bedrohte. Im Wahn hat er eine nicht mehr symbolische, sondern *für ihn* reale Seinsvergewisserung erreicht.

Im Unbewußten weiß er zwar, daß seine wahnhafte Selbstidentität uns nie überzeugen wird; das bietet ihm aber nur den Anlaß, gegen uns zu kämpfen, sich zu verteidigen, wie es ihm vielleicht im früheren Leben nie möglich war, oder aber sich hinter der irrationalen Maske des Wahns zu verstecken, wo wir ihn niemals erreichen können.

Wir sehen, wie viele unbewußte Absichten der Wahn verfolgen kann, sobald wir ihn vom psychologischen Gesichtspunkt her verstehen.

Freilich hat die ältere Schulpsychiatrie sich lange geweigert, diesen Gesichtspunkt zu akzeptieren. Sie hat den schizophrenen Wahn als den "primären Wahneinfall" bezeichnet (Kurt Schneider), das heißt, als den jeglichen Sinnzusammenhang zerstörenden Einbruch des Biologischen ins Psychische. Dieser Einbruch des Biologischen, meine ich nun, ist keineswegs ausgeschlossen, gehört aber nicht zur Struktur des Wahns selber.

Gewiß hat der traditionelle Gesichtspunkt seine Vorteile. Erstens entlastet er den Untersucher von der schwierigen Aufgabe des Sich-Einfühlens, des Erratens und sich dabei auch Irren-Könnens. Zweitens wird bei diesem Gesichtspunkt die Versuchung vermieden, unsere Vorstellungen und Phantasien auf die Wahnidee zu projizieren, diese also in ihrer eigentümlichen

Irrationalität zu beschönigen. Das Irrationale wird vom verstehenden Denken manches Mal nicht ernst genug genommen; wir kaschieren es mit unseren rationalisierenden Gedankengängen; wir erfahren die Furchtbarkeit der Psychose, die uns ihr inneres Gesicht nicht zuwendet, durch das alles erklären wollende Modell zu wenig

Der schulpsychiatrische Gesichtspunkt hat den großen Nachteil, daß er uns oft gleichgültig macht, so daß wir zu Menschen werden, die im Wahn das Kuriose, Seltsame, Abnorme lediglich registrieren, die aber kein Verstehen leisten und die den Graben, den der Kranke zwischen sich und uns aufreißt, bestehen lassen, den Patienten also ebenso distanziert erleben, wie er uns erlebt.

Dabei ist beides in meiner Sicht notwendig: auf der einen Seite der unermüdliche Versuch, das Unverstehbare zu verstehen, auch auf das Risiko hin, daß wir auf die Wahnideen unsere Vermutungen projizieren, wohl im Vertrauen darauf, daß auch solche "Verstehensprojektionen" eine Art Brükke zwischen uns und dem Kranken bilden, einen Gesprächsstoff schaffen, ein *Übergangssubjekt* stiften können, das heißt ein Bild, das teils vom Patienten und teils vom verstehenden Psychiater stammt und das seine letzte Wirklichkeit im "operationalen" Sinn, das heißt in der Auswirkung, im Stoß und Gegenstoß des Dialoges hat.

Auf der anderen Seite ist der "Respekt" vor dem uns verhüllten Dasein, vor der Irrationalität der Psychose notwendig. Bei allem Verstehen darf das Sich-Wundern und Staunen nicht aufhören. Der Verzicht auf billige Rationalisierungen, die nur den Psychiater beruhigen, muß immer wieder geleistet werden.

In all diesen Gedankengängen war die Rede von einem möglichen rationalen Sinn des Wahns. Gibt es objektiv einen solchen? Die Frage kann beantwortet werden, wenn wir auch die Antworten unserer Patienten berücksichtigen. Und da machen wir eine erstaunliche Erfahrung: es gibt auf der einen Seite Patienten, die auf eine rationale Auslegung ihres Wahns positiv reagieren, sich in unseren Deutungen allmählich wiederfinden, ja uns im Grenzfall sogar helfen, den Wahn zu deuten; ähnlich wie Patienten uns in einer Psychoanalyse helfen, einen Traum zu verstehen. Und es gibt auf der anderen Seite auch Patienten, die sich zwar durch das psychotherapeutische Gespräch entwickeln, an unseren Deutungen wachsen, diese jedoch nie ganz akzeptieren: sie wehren sich gegen eine restlose rationale Reproduktion des Symboles. Sie lehnen die Rationalität unserer Argumente lange ab. Das zu tun, ist ihre Freiheit. Wenn wir sie über einen verstehenden Gedankengang zu unserer "normalen" Realität zurückbringen wollen, dann haben sie das Gefühl, als ob sie dadurch das letzte Restchen Selbständigkeit verlieren würden, das in jedem Wahn doch noch enthalten ist.

Zur ersterwähnten Gruppe gehören solche Patienten, deren ausschließlich psychogener Wahn manches Mal im Verlaufe einer Psychotherapie im

Zusammenspiel von Übertragung und Gegenübertragung auftritt und der dann im Grunde eine Mitteilung an den Therapeuten ist, die von ihm verstanden werden will.

Bevor wir auf die zweite, viel umfangreichere Gruppe von Wahnkranken eingehen, wollen wir die erste Möglichkeit, also die von vornherein kommunikativ angelegte, an einem Beispiel besser verstehen.

Ich denke hier an eine Frau, deren Psychotherapie ich einige Male supervidierte und die an einem Borderline-Syndrom litt. Die Sexualität dieser Frau war extrem eingeengt und verängstigt. Die Krise ihres Lebens, die sie schließlich in die Psychotherapie brachte, entstand, als sie eine intime Beziehung zu einem verheirateten Mann eingegangen war und nun von der zwanghaften Frage gequält wurde, ob sie diese Sünde ihrer Mutter beichten müßte.

In der Analyse kam eine lange Vorgeschichte des qualvollen Zusammenlebens mit einer verwitweten Mutter heraus, die seit der Kindheit die normale Sexualität ihrer Tochter in einer unwahrscheinlich negativen Weise unterdrückt hatte.

Eines Tages überraschte die Patientin ihre Psychotherapeutin mit der Befürchtung, sie könne sich nicht auf die Couch legen, sie fürchte sich vor Wanzen, die dort versteckt seien. Es war nicht möglich, sie dazu zu bewegen, sich hinzulegen. In der nächsten Sitzung brach der blühende Wahn hervor: die Patientin meinte, daß sie geschlechtskrank sei, sie sei infiziert mit Bazillen, die die Couch, das ganze Zimmer, ja die Psychotherapeutin bedrohten. Diese hörte sich die Wahnvorstellungen der Patientin einige Stunden schweigend an, bis sie schließlich auf die einzig richtige, die *rationale* Deutung kam. Sie sagte ungefähr: "Sie kommen hier zu mir mit der ganzen Qual Ihrer Sexualität. Ich bin hier wie Ihre Mutter. Wird diese Mutter, die sich ihr ganzes Leben vor Ihrer Sexualität gefürchtet hat, diese ertragen können? Wird sie den Druck Ihrer Sexualität aushalten? Wird sie nicht davon bedroht? Werde *ich* Ihre Sexualität aushalten können, wenn ich nicht bloß Ihre Analytikerin bin, sondern symbolisch auch die Mutter? Sie fordern mich mit Ihrer Sexualität heraus. Sie wollen nicht nur mit Ihren Triebimpulsen, sondern auch mit Ihren Bazillen zu mir kommen, also mit den Ängsten, die Sie ein ganzes Leben lang gespürt haben."

Die Kranke ließ sich überzeugen, wurde zunehmend nachdenklich, sah schließlich ein. Sie begann zu weinen. Sie war sehr bewegt. Es war in der folgenden Zeit der Analyse nicht schwer, gemeinsam festzustellen, daß der Wahn die psychodynamische Funktion gehabt hatte, die Therapeutin als die symbolische Mutter zu prüfen. Die bange Frage: wird sie mich aushalten? wird sie Angst vor mir bekommen? war konkret und psychodramatisch erlebt worden. Die Furcht vor dem Abscheu der Mutter war im Wahn einer gefährlichen, infizierten therapeutischen Beziehung ausagiert worden.

Der Wahn hatte aber auch eine zweite Bedeutung: er drückte die Angst der Patientin vor einer “homosexuellen” Beziehung zur Psychotherapeutin aus, die im Unbewußten als die eigentliche Partnerin erlebt wurde.

Der Wahn erschien uns in dieser Sicht als der Ausdruck einer grundsätzlichen Aussichtslosigkeit des Daseins wegen der Verworfenheit der gesamten Sexualität. Das Dasein erlebte sich sowohl in seiner heterosexuellen als auch in seiner homosexuellen Potentialität und somit in seiner gesamten Beziehungsintention als höchst gefährdet – wobei sich diese Gefährdung nicht bloß als Vorstellung darstellte, sondern den Anschein der ursprünglichen Realität, der materiellen annahm.

Der Wahn war hier also eine chiffrierte Mitteilung, die nicht von Anfang an rational hätte sein können, weil die rationale Mitteilung dieses Gedankens zu unvernünftig gewesen wäre. Nur über die wahnhaft chiffrierte, symbolisch konkrete Mitteilung an die Psychotherapeutin konnte die Patientin jene Leistung des Verstehens und der Liebe erfahren, die in der Reflexion über die ganze Problematik nur zum Teil möglich gewesen wäre. Die Einsicht, in der eigenen Sexualität annehmbar zu sein, durfte keine bloß intellektuelle sein; sie mußte eine konkrete, sinnliche, stoffliche, welthafte sein, also mehr als ein Gedanke. Aber am Schluß der psychotherapeutischen Erhellung war der rationale Gedanke der Schlüssel, der das Schloß des Wahns endgültig öffnete.

In den meisten Fällen ist aber der Wahn schon *vor* der Begegnung mit dem Psychotherapeuten voll entwickelt. Er wurzelt in einer Lebensgeschichte, die lange vor aller Dynamik der Übertragung stattgefunden hat. Er wurzelt in einer Wahnstimmung, die wir als ein fundamentales Symptom bei allen schizophrenen Kranken finden. Er wurzelt in einer lebensgeschichtlichen Vergangenheit, die bei allen Kranken leidvoll ist. Aber der Wahn scheint manchmal auch in einer konstitutionellen Bereitschaft zu wurzeln, die ich allerdings nicht als einen Gegensatz zur Psychodynamik begreife, da meine Patienten sie – als Ergebnis der psychotherapeutischen Auseinandersetzung – wie eine unbekannte, mögliche Präexistenz ihrer jetzigen Person auffassen, so, als ob sich der Kranke mit einem metaphysischen Ursprung seiner Existenz durch seinen Wahn, durch den wahnhaften Entwurf einer verfehlten und doch ihm zugehörigen Selbstidentität auseinandersetzen müßte. Manches Mal können wir die Wurzeln des Wahns psychodynamisch erhellen; manchmal können wir seine Negativität durch unsere Projektion einer positiven Identität neutralisieren. Im folgenden möchte ich drei Grundtypen einer solchen Wahnbildung erhellen:

a) Eine erste grundsätzliche Bedeutung ist die, daß der Wahn jeweils eine *vitale Möglichkeit* des Patienten ausdrückt, *die in der Anpassung an bisherige, einengende Lebensverhältnisse zunächst verdrängt und dann schließlich in der irrealen Weise des Wahns gelebt wird.*

Die nicht integrierte und auch nicht in eine bewußte Selbstidentität aufgenommene Lebenspotentialität oder vitale Möglichkeit *geht im Wahn in den Hintergrund und scheint sich von dort aus gegen den Patienten selber zu wenden.*

Ein Patient konnte zum Beispiel in seinem bisherigen Leben die eigene Männlichkeit nie oder nur ungenügend realisieren; er wird nun im Wahn zu einem gefährlichen Kranken, der durch seine Wutanfälle wirklich Schaden anrichtet, also seine Männlichkeit in einer zerstörerischen Weise gegen alle stellt. Ein anderer Patient konnte in seinem bisherigen Dasein keine konstruktive eigene Aggressivität ausleben: er erlebt nun im Wahn, daß aggressive Menschen ihn vergiften wollen; er wird im Spiegel der anderen durch die eigene, nicht gelebte Aggressivität bedroht und mit ihr konfrontiert. Ein dritter Patient konnte zum Beispiel seine Sensibilität nie als etwas Positives erleben, nun muß er überempfindsam alle extraterrestrischen, planetaren Botschaften, die auf ihn zukommen, registrieren.

Der Psychotherapeut neigt dazu, eine solche Wahnidee so lange anzuhören, bis er sie in einem lebensgeschichtlichen Kontext verstanden hat. Dabei hat dieses lebensgeschichtliche Verstehen nicht nur den Sinn, einen objektiven Zusammenhang aufzudecken. Objektivität ist in psychologischen Dingen immer relativ; Vermutungen und Intuitionen vermischen sich mit den Fakten. Die Deutung hat vor allem den Sinn, die isolierte Wahnäußerung des Patienten in einen von allen Menschen einfühlbaren Kontext einzubetten, der uns den absurden Wahn als psychologische Teilwahrheit und den Geisteskranken als Mitmenschen zurückgibt, der also uns, die sich um sein Verständnis Bemühenden, dem Kranken in einer für ihn nicht gefährlichen Weise nahebringt.

Im besten Fall gewinnen wir sein Vertrauen; oft offerieren wir ihm einen Schlüssel, mit dem er selber, als sein eigener Therapeut, etwas anfangen kann. Wir machen nämlich die Erfahrung, daß Wahnkranke sich nicht nur dagegen wehren, ihre Symbole auf rationale Inhalte zu reduzieren, sondern daß sie manches Mal, umgekehrt, Angst vor der Irrationalität ihres Erlebens haben und froh sind, wenn sie dieses furchtbare Erleben rationalisieren können. An diesem Punkt beginnt der Therapeut, seinem Patienten in der Form von Vorschlägen, von Phantasien, von symbolischen Realisierungen *etwas anzubieten, das die im Wahn verborgene, zu kurz gekommene Lebensmöglichkeit anspricht.*

Die Vorschläge des Psychotherapeuten sind oft bildhafte Gleichnisse phantasierter Taten, in der Sprache der Psychoanalyse: transaktionelle Objekte, Selbstobjekte, "Übergangssubjekte", also symbolische Realisierungen, Vorstellungen, die dem Patienten das schenken, was er, ohne es zu wissen, lange vermißt hat und das er im Wahn, allerdings als etwas ihn Verfolgendes, erlebt.

Als Beispiel des Gesagten erwähne ich einen Patienten, der in einem zentralen Bereich seines Daseins, im Autonomiebereich, gescheitert war.

Das vorpsychotische unterwürfige Sich-Anpassen des Patienten an eine ihn sich selbst enfremdende Umwelt machte schließlich einer schizophrenen Wahnwelt Platz, in der zwei gegensätzliche Antriebe durch ein und dasselbe Syndrom ausgedrückt wurden: die radikale Verdrängung und das radikalste Durchbrechen der verdrängenden Schranke. Auf der einen Seite durfte der Patient in seinem Wahn überhaupt keine Gefühle haben, weder Freude noch Schmerz empfinden, da er angeblich kein Mensch, sondern ein Roboter sei. Auf diese Weise führte er den bisherigen Lebensstil der Selbstverleugnung ad absurdum; er teilte aber allen mit, in welcher Not er bisher unbewußt gelebt hatte. Auf der anderen Seite mußte er, wie eine von fremden Mächten gesteuerte Maschine, an der durch Unbekannte auf eine Taste gedrückt wurde, plötzlich gewaltige Impulse der Destruktivität abgeben, durch die er ohne einen faßbaren Grund – denn er hatte ja keine Gefühle – seine gegenständliche Umgebung zerstörte oder seine Mutter tätlich angriff.

Wie entwickelte sich dieser seit vielen Jahren andauernde Wahn in der Psychotherapie?

Vorausschicken möchte ich, daß dem Wahn nicht widersprochen wurde. Die Therapeutin fand es zwecklos, dem Wahn eine andere, unsere "normale" Realität entgegenzustellen, da sie richtig spürte, daß der Patient diese unsere Realität erst dann annehmen könne, wenn zunächst das affektive Loch, das den Realitätsverlust bedingte, aufgefüllt würde.

In wenige Worte zusammengefaßt geschah folgendes: der Kranke wollte nicht in die ambulante Therapie kommen. Seine gefährlichen Wutausbrüche wechselten mit depressiven Zuständen, in denen er sich vor allem und allen fürchtete. Er ließ dann durch seine Mutter, mit der er symbiotisch zusammenlebte, die Therapeutin wissen, er würde dann und dann nicht in die Stunde kommen. Das ging einige Wochen so. Der Kranke war nur wenige Male bei der Ärztin erschienen. Diese kam dann auf die Idee, dem Patienten einen Vorschlag zu machen, den dieser annahm. Es gebe, sagte sie, drei Möglichkeiten der Verständigung. Erstens könne er die Therapeutin nach wie vor durch seine Mutter benachrichtigen lassen, wenn er nicht kommen wolle; in diesem Falle müsse das Stundenhonorar voll bezahlt werden. Oder der Patient telefoniere selber, wenn er nicht kommen könne; dann würde ihm die Therapeutin die Hälfte des per Postscheck bezahlten jeweiligen Stundenhonorares zurückgeben. Drittens schließlich könne der Patient selber erscheinen, nur um anzumelden, daß er nicht gewillt sei, eine Stunde Psychotherapie zu haben; dann würde die Ärztin, zur Belohnung seines Mutes, ihm das gesamte Stundenhonorar zurückgeben.

Der Kranke kam, um sein Geld zu fordern. Die Ärztin gab ihm dieses mit der Anregung, er solle sich damit etwas kaufen. Das nächste Mal kam er wieder; aber nicht, um das Honorar zurückzuverlangen, sondern um eine Stunde zu haben, in der er vor allem der Therapeutin das Objekt zeigen wollte, das er gekauft hatte: eine lange Feder. Die Therapeutin äußerte ihre Freude darüber, daß der Patient symbolisch seinen langen Penis bestätigt habe. Nun war, wie sich später herausstellte, das Hauptproblem dieses Patienten wohl jenes, daß er keine männliche Identität hatte. Er notierte in seinem Tagebuch den denkwürdigen Tag, an dem die Psychotherapiestunde stattgefunden hatte; er blieb künftig keiner Stunde mehr fern. Allmählich, in langer psychotherapeutischer Arbeit, wurde es möglich, ihm zu zeigen, daß seine explosiven Kräfte im psychotischen Raptus keine außersinnlichen Mächte waren, die ihn angeblich leiteten, sondern der negative Widerpart seiner intrapsychischen "Penislosigkeit". Oder, anders ausgedrückt, diese explosiven Kräfte entsprachen dem phantasmatischen grandiosen Penis, der an die Stelle des üblichen depressiven Lochs in seiner wahnhaften Selbstidentität getreten war. Erst jetzt, da der fehlende und sonst nur wahnhaft ersetzte Penis ihm nicht bloß durch die Deutung, sondern auch und vor allem durch die Gegenübertragung der Therapeutin zurückgegeben worden war, konnte der Patient auf seinen Wahn und auf das darin unbewußt enthaltene Männlichkeitssymbol verzichten und eine normale Realität akzeptieren, in der sein seelischer, in der Psychotherapie gewachsener Penis, das heißt, seine männliche Identität, einen Platz hatte. Solange ein Loch an diesem Ort gewesen war, mußte jedes wohlgemeinte Argument an einer Mauer des Autismus zerschellen.

Der Fall war für mich in der Supervision lehrreich, weil diese Schizophrenie bereits mehrere Jahre gedauert hatte und weil bei medikamentöser Behandlung nur vorübergehend und symptomatisch eine Besserung eingetreten war.

b) Eine andere grundlegende Bedeutung des Wahns als Mittel zur Realisierung des unterdrückten vitalen Potentials zeigt sich in dem Versuch der *Identifizierung* des Kranken *mit seinem Idealbild*. Dieses erscheint dann im Wahn des Kranken und gibt ihm, in verzerrter Weise, ein *Allmachtsgefühl*, das seine psychotische Nicht-Existenz kompensieren soll. Ein Patient ist zum Beispiel Christus oder eine Patientin die Jungfrau Maria.

Hier versucht der Therapeut, die positive Wahnidentität des Patienten als Produkt seiner Sehnsucht nach einem Ich-Ideal *so* anzuhören, daß der Kranke sowohl das eigene im Wahn versteckte Selbstverlangen als auch die Aussichtslosigkeit der wahnhaften Ausdrucksform wahrnehmen kann.

Ich erinnere mich an eine Borderline-Patientin, die davon überzeugt war, als Superfrau alle Männer verführen zu können und unzählige Kinder zu gebären. Die für die Patientin gefährliche Versuchung bestand nun darin, daß sie Männer auswählte, die bereit waren, sie sexuell zu foltern. Ihre masochistische Lust bestand darin, sich fesseln und auspeitschen zu lassen. Dieses Agieren war für die Therapeutin insofern beunruhigend, als es der Patientin gelungen war, mehrere perverse Partner um sich zu sammeln, die sie ständig auswechselte, bei denen sie aber Emotionen auslöste, die nicht immer leicht zu kontrollieren waren.

Die Therapeutin hatte eine Zeitlang durch ihre Gelassenheit, Angstfreiheit und positivierende Haltung das Vertrauen der Patientin gewonnen. Ein Beispiel dieser positivierenden Haltung ist Folgendes: Die Patientin hatte mehrmals in der Psychotherapie den Wunsch geäußert, eine Mätresse zu sein oder, wie es in italienischer Sprache heißt, eine "mantenuta". Die Therapeutin hatte sich in die ursprüngliche, desolate Vereinsamung und Ungeborgenheit dieser Frau so eingefühlt, daß sie meinte, sie wolle wohl im Sinne eines schizophrenen Wortspieles: "man-tenuta = tenuta nelle mani", also in den Händen eines Mannes wie eine kostbare Vase gehalten werden. Die Mantenuta wurde als eine Metapher verstanden, durch die die sonst von selbstentwertenden und selbstdestruktiven Tendenzen gequälte Frau idealisiert wurde.

Die Patientin konnte aber durch eine solche positivierende und sublimierende Haltung der Therapeutin die Psychopathologie des Wahnmechanismus noch nicht überwinden. Die psychopathologische, destruktive Seite des Wahnes beherrschte sie: sie litt, wie ihre Träume zeigten, unter Impulsen, die Männer hemmungslos auszunützen; und unbewußt wollte sie von ihnen dafür bestraft werden. Sie, die in ihrem unbändigen Drang nach Freiheit keine erotische Beziehung länger als eine Woche ertragen konnte und die sich also vor der "Fessel" einer stabilen Objektbeziehung fürchtete, wollte nun buchstäblich in Fesseln liegen.

Der Versuch, ihr das zu deuten, scheiterte. Die Nicht-Deutbarkeit der Symbole ist oft charakteristisch für die Psychodynamik des schizophrenen Menschen.

Die Therapeutin sagte dann der Patientin, daß sie beunruhigt sei durch den Bericht über einen Sexualmord, der sich kürzlich in Mailand, wo die Patientin behandelt wurde, ereignet und Schlagzeilen gemacht hatte. Sie fügte hinzu, daß sie der Patientin zwar volle Freiheit lasse, Wünsche und Vorstellungen in der Therapie zu phantasieren; sie dürfe dort die "Superfrau" sein, die von den Männern zu ihrer Sklavin gemacht wurde; aber sie dürfe nicht alles, was in der Therapie seinen Platz und seine symbolische Realität habe, hinaus in die Realität der Welt tragen und dort ausagieren. Die Wirkung dieser Stellungnahme war verblüffend; nicht allein deswegen, weil die Patientin sich rigoros daran hielt, sondern vor allem, weil sich zeigte, daß die Kranke ein Bedürfnis danach hatte, zurückgehalten und in ihrem Ausagieren gestoppt zu werden.

Die Patientin hatte in der Nacht danach einen Traum, in dem sie sich als eine Frau sah, die aus einem normalen, weiblichen Leib und einem Gummiball anstelle des Kopfes bestand. Entsetzt suchte sie nach Werkzeugen, mit denen sie mindestens ein paar Löcher – Augen, Ohren, Mund – in den Gummiball hineinbohren wollte, um wenigstens einen Scheinkopf mit

Öffnungen zu erhalten. Aber nein, in der Werkzeugkiste fand sie keine solchen Bohrinstrumente, vielmehr fand sie wieder Dutzende von Gummibällen, durch die sich ihr Erleben, keinen richtigen Kopf zu haben, wiederholte. Entsetzt wachte sie auf, um sogleich festzustellen, daß sie bisher "kopflos", also verrückt, gelebt hatte.

Die Therapeutin versuchte, die Patientin zu entlasten, obwohl sie auch merkte, daß das Entsetzen der Kranken heilsam war; es bedeutete eine erste Distanznahme zum Wahn. Der erschütternden Einsicht der Patientin fügte sie aber entlastend die Bemerkung hinzu, daß die vielen Gummibälle nicht nur die "kopflosen" Jahre der Vergangenheit bedeuteten, sondern auch die vielen Therapiestunden, in denen es der Therapeutin noch nicht gelungen war, der Patientin jene Einsicht zu vermitteln, die jetzt in einer aufwühlenden und eindringlichen Weise deren Trennung von der "Superfrau" und Sklavin der Männer bestätigte.

Diese Episode zeigt, daß die Konfrontation mit der Realität heilsam sein kann und daß das symbolische Verstehen und Deuten des Wahnes noch nicht alles ist. Allerdings wäre die Möglichkeit für diese Konfrontation nicht von Anfang an gegeben gewesen. Hätte sie am Anfang stattgefunden, so wäre die Patientin starr daran vorbeigegangen, wie dies bei Wahnkranken oft der Fall ist.

c) Noch eine dritte Grundbedeutung des Wahns möchte ich behandeln, nämlich *den Umstand, daß der Patient durch den Wahn keine im Pathologischen steckengebliebene Entwicklungsmöglichkeit ausdrückt, sondern eine rein destruktive Tendenz ausagiert, die sich freilich gegen ihn selbst wendet.* Der Patient wird zum Beispiel von einem Verfolger bedroht und gequält, den er dann auf die Umgebung projiziert, der aber aus seinem eigenen Inneren stammt, aus seinem Unbewußten. *Der Kranke selber ist im Grunde der Verfolger, der in der Realität nicht existiert und den er nur unter der Bedingung agieren kann, daß er, der Patient, gleichzeitig auch das Opfer dieses phantasmatischen Verfolgers ist.*

Ob der destruktive Impuls aus der Konstitution des Kranken oder aus seiner Kindheit, aus seiner Familie, aus besonderen sozialen Verhältnissen oder schließlich aus einem metaphysischen Ursprung der Person stammt, bleibe dahingestellt. In der Psychiatrie können wir die letzten Ursachen der Phänomene, die wir uns so gerne zurechtdenken, oft nicht ausloten. *Wichtig ist nur, solche negativen Ursachen, die nicht genügend objektiviert werden können, durch die Art unserer Antworten zu vermenschlichen.*

Als Beispiel erwähnte ich den Fall einer Patientin, die nicht als Kranke in Erscheinung trat und in sogenannten "geordneten Verhältnissen" lebte. Sie suchte einmal eine mir bekannte Psychotherapeutin auf, weil sie dringend eine Konsultation brauchte. Schon im ersten Gespräch zeigte es sich, daß die Frau unter einer schweren *Borderline-Störung* litt. Sie fiel sozial nicht als Kranke auf. Sie fürchtete sich aber ohne Grund davor, ermordet zu werden. Diese Furcht war für die Patientin selbst, die keine offensichtliche Geisteskranke war und den Bereich unserer Vernunft scheinbar nicht verlassen hatte, irrational. Sie projizierte den Verfolger auf unbekannte Verschwörer, Kriminelle, Gespenster, spürte aber im Grunde den Unsinn dieser Vorstellungen. Es zeigte sich bald, daß die Patientin in ihrer Kindheit unter ihren Eltern unsäglich gelitten hatte. Der Vater hatte sie immer wieder mit Lederriemen rot und blau geschlagen, bis sie einmal im Alter von 14 Jahren drohte, sich zu wehren und ihn umzubringen.

Die achte Gesprächsstunde brachte für die Psychotherapeutin eine erschütternde Überraschung: die Patientin erklärte seelenruhig, daß sie beschlossen habe, am gleichen Abend ihren Mann zu töten. Der Grund war freilich fadenscheinig. Die Patientin argumentierte folgendermaßen: es sei nicht wahr, daß ihr Vater der einzige Grund ihres Unglücks gewesen sei. Sie selber sei in einer unerträglichen Weise böse. Sie leide als böse Frau unter denselben sadistischen Impulsen wie ihr Vater. Wenn sie dies nun einsehe, müsse sie sich selbst umbringen, da sie sich hasse, sich abscheulich finde. Um sich nicht umzubringen, müsse sie sich aber mit ihrer Bosheit derart identifizieren, daß sie diese Bosheit nicht mehr von außen betrachten könne, daß sie die Bosheit selber *sei*. Dann spüre sie nicht mehr den Impuls, sich selbst umzubringen, sondern jemand anderen zu töten.

"Warum Ihren Mann?" fragte die Therapeutin. Die Patientin antwortete, daß ihr Mann sie zu einer Mörderin gemacht habe, weil er sie mehrmals geschwängert hatte. Sie hatte jeweils willentlich abgetrieben, da sie die Vorstellung, ein Kind zu bekommen, als unerträglich empfand. Durch ihre "kriminellen Aborte" sei sie zu einer Mörderin geworden; sie müsse sich dafür rächen und den Mann am selben Abend umbringen.

Diese Art zu argumentieren war eindeutig psychotisch, obwohl die Patientin sonst keinen psychotischen Eindruck auf ihre Umgebung machte.

Die Psychotherapeutin wußte nicht, ob sie die Worte der Patientin ganz ernst nehmen sollte, ob die Drohung der Frau eine Art hysterische Attacke oder eine wirkliche Gefahr darstellte. Sie war jedenfalls erschrocken und erwog die Möglichkeit, die Frau als gemeingefährlich in eine Klinik einzuweisen. Aber wie? Hätte die Patientin nicht alles, was sie in der Stunde gesagt hatte, bestritten? Wäre sie nach dem Vertrauensbruch zurückgekommen oder hätte sie ihr mörderisches Vorhaben erst recht ausgeführt? Die Therapeutin entschloß sich darum für eine Fortsetzung des Gesprächs. Sie meditierte dabei ihre eigene Gegenübertragung und fand, daß sie zunächst eigene Gefühle von Abscheu und Entsetzen, die die Frau in ihr weckte, überwinden mußte. Ein wesentlicher Fortschritt dieser Psychotherapie bestand darin, daß der entsetzliche Mordimpuls, der abwechselnd bald im Spiegel der verfolgenden Umwelt, bald im Innern der Patientin erschien, in einem dialogischen, ruhigen Raum aufgenommen werden konnte. Die

Patientin erlebte, daß das Entsetzliche und Destruktive, gleich welchen Ursprungs, nun einem Mitmenschen mitgeteilt werden konnte, Platz in der Kommunikation fand, ohne daß die kommunikative Brücke unter dieser Last zusammenbrach.

Die Therapeutin erkundigte sich nach der Art und Weise, wie sie ihren Mann töten wolle. Der Zwangsimpuls war der, ihm plötzlich ein Messer in den Bauch zu stoßen. Die Patientin betonte: von vorne will ich ihn angreifen, nicht von hinten. Die Therapeutin bemerkte dazu, daß der Dolchstoß in den Bauch wie ein symmetrischer Widerpart sei zu der sexuellen Penetration, durch welche die Frau geschwängert worden war. Sie wolle gewissermaßen diese Penetration durch den Dolchstoß umkehren, neutralisieren, rückgängig machen, da sie keine *Frau* sein wolle.

An diesem Punkt begann die Patientin bitterlich zu weinen. Sie hatte durch die Deutung offenbar ihre Unfähigkeit realisiert, eine Frau zu sein. Zugleich fühlte sie sich von einer Frau, der Therapeutin, angenommen. Diese verabschiedete sich gelassen von ihr, durch ihr Weinen beruhigt, und äußerte die Erwartung, die Patientin werde am nächsten Morgen wiederkommen.

Am folgenden Tag äußerte die Kranke den Wunsch, einen kleinen Hund zu pflegen. Sie zeigte große Angst, ob ihre Mutter, von der sie sich in der Tat seit ihrer Verheiratung getrennt hatte, damit einverstanden sei. Offenbar war der Hund ein Liebesobjekt, ein Symbol des Kindes, das sie "getötet" hatte; die Mutter war im Symbol auch die Therapeutin selber. Diese bekräftigte die positive Bedeutung des Wunsches und versuchte, ihn zu deuten. Die Patientin antwortete, der Hund sei nicht ein Ersatz des Kindes; er sei nur ein kleiner Anfang, aus dem aber etwas Größeres wachsen könne. Ein erstes Liebesobjekt.

Diese Krankengeschichte ist ungewöhnlich wegen der Dramatik und der schnellen Entwicklung sowohl der negativen als auch der positiven Übertragung. Durch die anfängliche negative Übertragung wurde der latente Mordimpuls mobilisiert und auf den Ehemann übertragen. Durch die gleich darauf folgende positive Übertragung wurde der Mordimpuls durch beginnende Liebesgefühle kompensiert, die freilich der Therapeutin galten und auf den Hund übertragen wurden. Diese schnelle Entwicklung läßt an eine teilweise hysterische Struktur denken.

Mich interessiert aber im Kontext dieser Überlegungen weniger die psychiatrische Diagnose als vielmehr die Wandlung des Wahns. Der Mordimpuls war nicht nur ein Zwangsgedanke. Er drohte in diesem Falle durchzubrechen, was in der Zwangsneurose sonst nicht geschieht, wo das Ich sich verzweifelt gegen den Triebdurchbruch wehrt. Ferner wurde der Impuls wahnhaft verarbeitet, einmal dadurch, daß die Patientin glaubte, jemand würde *sie* umbringen; zum anderen aber auch dadurch, daß sie den Entschluß mitteilte, jemand anderen umzubringen.

Man kann in diesem Impuls nicht mehr eine Selbstverwirklichungstendenz erblicken, sei es des Triebpotentials, sei es des Schicksals, wie in den vorigen Beispielen, auch wenn die Tendenz unverkennbar ist, sich gegen den Vater und den Mann schlechthin zu wehren. Darüber hinaus müssen wir hier eine negative Dimension der Person annehmen, die alles Erleben nur destruktiv verarbeitet, die Welt und das eigene Selbst zerstört.

Wesentlich war hier die mitmenschliche Bereitschaft der Therapeutin, sich dem Wahn auszusetzen, das Gewicht des Entsetzens auf sich zu nehmen, die Opferseite der Patientin auch in einem solchen Augenblick zu empfangen. Nicht die Anpassung an die "normale" Realität, sondern die Schöpfung einer *neuen* Realität aus der Begegnung war entscheidend.

Am Anfang des Kapitels habe ich festgestellt, daß viele Patienten keine dankbaren Fälle sind im Hinblick auf einen Vergleich ihres Wahns mit einer in diesem Wahn verborgenen rationalen Realität. Viele Patienten wehren sich gegen eine Reduktion ihrer Symbole auf rationale Erklärungen.

Ein Grund für die fortdauernde Ablehnung der Deutung kann der sein, daß die enorme Komplexität der schizophrenen Welt, die sich von der unsrigen durch die vielen ungeahnten Zusammenhänge, durch die Beimischung unbewußter Bedeutungen zu jeder Assoziation und durch allerlei eigentümliche Zufälle und Vorfälle unterscheidet, vom Patienten geleugnet wird, indem er sich der Frage verweigert, was *hinter* den bewußten Bildern tiefer verborgen sein könnte. Hinter den Bildern sei nichts. *Ein Charakterzug dieses schizophrenen Denkens liegt dann darin, daß es gleichzeitig sowohl symbolbildend als auch asymbolisch ist.* Auf der einen Seite kann jedes Ding in schizophrener Weise immer etwas anderes bedeuten; denken wir nur an den uferlosen Bedeutungs- und Beziehungswahn des Kranken. Auf der anderen Seite wollen alle Symbole als konkrete Dinge genommen werden, wie das schon FREUD beobachtete, als er die schizophrene Frau schilderte, deren Augen angeblich verdreht waren. Der Geliebte hatte ihr "die Augen verdreht". Nun meinte sie das auch materiell. ARIETI spricht hier von einer "Konkretisierung" der Symbole. Er vermutet, daß eine kognitive Störung in der Psychose vorliege, in dem Sinne, daß Schizophrene zwar Ähnlichkeiten zwischen den Dingen dieser Welt, aber innerhalb der Ähnlichkeit keine Unterschiede scharf wahrnehmen können. Verschiedene Vorstellungen werden dann, wie im Rahmen der primären Prozeßtätigkeit der Psyche, verdichtet und kontaminiert. Es gibt beim Schizophrenen keine echten Zeichen, keine wirklichen Symbole, weil diese mit den von ihnen bezeichneten Dingen zusammenfallen und sich von ihnen buchstäblich nicht mehr unterscheiden können. So entsteht eine Desymbolisierung mitten in der wuchernden Symbolisierung aller Dinge.

Daher ist der Wahn als Symbol manches Mal nicht mehr deutbar. *Die Psychotherapie ist jedoch nicht der einzige Weg zu unseren psychotischen Kranken.* Es gibt heute Ärzte, die meinen, daß nicht die Psychologisierung der Krankheit, nicht die Deutung, nicht der Blick auf das Unbewußte oder auf die Vergangenheit, sondern die Integration des Patienten in eine soziale Gruppe wichtig sei, die, mehr als jegliche Einsicht, neue Erfahrungen im Zusammenleben vermitteln könne.

Doch auch hier wehre ich mich gegen jede Einseitigkeit. Ein Weg schließt den anderen nicht aus; der Mensch tritt uns mit immer neuen Gesichtern entgegen; die Zugänge zur Schizophrenie sind mannigfaltig.

Wenn die rationale Deutung, die Rückführung des Wahns, des Symbols auf die verständliche Realität nicht alles ist, so kann das auch als Herausforderung verstanden werden, daß wir an der inneren Realität des kranken Erlebens affektiv teilnehmen und daß wir uns in diesem Sinne dem Patienten anpassen sollen, bevor wir ihn zu uns zurückbringen, bevor er sich auch uns anpassen kann. Das Ernstnehmen des Wahns, also einer Welt, die ihren eigenen Sinn hat, bedeutet empathische Kommunikation.

Die Verzerrung der Symbole in der Spaltung und in der autistischen Fusion mit der Welt

Der dem Therapeuten auffallende, für den Kranken schwer nachvollziehbare Symbolcharakter des Wahns regt uns sowohl zu weiteren psychopathologischen Überlegungen als auch zu neuen psychotherapeutischen Wegen an, die mir erst in den letzten Jahren meiner ärztlichen Tätigkeit, besonders in der Zusammenarbeit mit meinem Assistenten, Maurizio Peciccia, bewußt geworden sind und die schließlich auch das "klassische", psychopathologische Symptom der Spaltung in der schizophrenen Psychose vom psychodynamischen Gesichtspunkt aus neu beleuchten.

I

Ich beginne mit einem Aspekt der Psychopathologie der Schizophrenie, ja vielleicht der Psychosen überhaupt. Die psychotische Erlebenswelt ist durch kontrastierende Merkmale charakterisiert, von denen ich in diesem Kapitel zwei näher untersuchen möchte:

1. die Hypertrophie der Symbolik,
2. die Desymbolisierung der Welt.

1. Die Hypertrophie der Symbolbildung ist der äußerliche Eindruck, den wir vom psychotischen Menschen, und ganz besonders vom schizophrenen Patienten, bekommen. Gleich, ob er als Wahnkranker unter einem absurd

anmutenden Bedeutungswahn leidet und zum Beispiel das Bild eines wohlernährten Kindes auf einer Büchse für Babynahrungsmittel als Anspielung auf sein kindisches Wesen mißdeutet, über das seine Mitmenschen sich überall lustig machen; gleich ob er als Borderline-Patient die Geräusche, die von der Straße zu ihm dringen, als Mächte auslegt, die ihn beeinflussen, die seine Gedanken blockieren; gleich ob er als schwerer Melancholiker unter dem depressiven Gefühl leidet, daß er, der affektiv Erstarrte, tatsächlich "versteinert" sei oder einen starren Glaskörper an der Stelle seines Herzens habe; in all diesen Fällen bekommen wir den Eindruck, daß die Kranken uns durch solche an sich unrealistischen Bilder ihre innere Realität mitteilen und daß sie eine furchtbare Deformation der eigenen Existenz durch ein eindrucksvolles *Symbol*, stärker als durch einen etwaigen, bloß rationalen Gedankengang, vermitteln. Denn irgend etwas ist in diesen Existenzen wirklich versteinert, blockiert, infantilisiert, wie das die psychotische Sprache metaphorisch aussagt, auch wenn die Dinge sich in der äußeren Realität freilich nicht so abspielen, wie der Kranke das eindrucksvoll formuliert. Dieser mag uns manchmal wie ein Dichter oder wie ein surrealistischer Maler erscheinen, der sich über das Symbol machtvoll ausdrückt.

Wenn aber das Symbol hypertroph wird und nicht etwa in einem einzelnen kreativen Augenblick entsteht, sondern den gesamten Alltag des Patienten durchdringt, bekommen wir den Eindruck, daß das Leiden des Patienten einen so schweren Grad erreicht hat, daß es sich in jeder Erscheinung der Welt symbolisch spiegeln muß.

Diese uns erstaunende und zugleich auch erschreckende *Hypertrophie der Symbole* darf uns nicht darüber hinwegtäuschen, daß die spezifisch semantische Natur des Symboles, dessen Fähigkeit nämlich, Gestalt zu sein für etwas, das sich in ihm spiegelt, ohne mit ihm identisch zu sein, ohne darin ganz aufzugehen, ohne aufzuhören, gelegentlich das eine Ausdrucksbild mit dem anderen zu vertauschen, in der Psychose so gut wie völlig untergegangen ist. Der Kranke kann nicht *das Bedeutende vom Bedeuteten*, das Bild vom Sinn unterscheiden, und er identifiziert sich meistens *nicht* mit uns, wenn wir ihm das Symbol *rational deuten*, wenn wir die bildhaften Gestalten seines Erlebens ausschließlich symbolisch verstehen wollen.

Eine schizophrene Patientin erzählt zum Beispiel folgende Vision: sie sieht Christus am Kreuz hängen; eine Kinderschar drängt sich um das Kreuz; die Kinder berühren und manipulieren sein Genitale, erzwingen eine Erektion, verführen den Sterbenden. Das sei – meint die Kranke – das schrecklichste Ereignis, das je in die Welt eingebrochen ist, denn durch eine solche schlimme Verführung sei der Tod von Christus, der uns erlösen wollte, in den fatalen Sündenfall des ersten Menschen zurückverwandelt und die ganze Geschichte bis zu ihrem verderblichen Anfang rückgängig gemacht worden.

Für mich, den Psychiater, war diese Halluzination einer schizophrenen

Nonne als Symbol relativ leicht zu verstehen: Christus am Kreuz personifizierte das gequälte Selbst der Patientin, während die unschuldig-schuldigen, unwissend-perversen Kinder die infantilen sexuellen Triebe der jungen Frau symbolisierten, die bis dahin ein asketisches Leben geführt hatte und nun mit Verwirrung bemerkte – wie mir die Krankengeschichte der unmittelbar vorpsychotischen Zeit zeigte –, daß sie in den Strudel sexueller Einfälle, Eingebungen und Einbildungen verstrickt war.

Man könnte sich vorstellen, daß ein moderner Maler, inspiriert und erschüttert vom inneren Drama dieser Frau, ihr Erleben in einem Gemälde so ausdrücken könnte, wie die Kranke es bildhaft durch ihre Halluzination mitteilte. Allein, für die Kranke war das Bild kein Konstrukt des Ich, kein Symbol, keine surrealistische Projektion eines inneren Bildes, sondern die pure und nackte Wahrheit, die ausschließliche Realität, das absolute Weltereignis! Das Bild hatte nicht, wie das Sinnbild, einen Sinn, sondern es wurde als der konkrete Einbruch des Sinnlosen, Unbegreiflichen, Realen in die Geschichte erlebt. Das Reale, meint mit Recht LACAN, unterscheidet sich von der Realität, die wir alle kennen, weil es eine von all ihren Symbolen, die sie ausmachen, entkleidete Realität ist.

Worin unterscheidet sich nun eine solche Patientin von uns? Daß die Bedeutung eines inneren Bildes dem es entwerfenden oder dem es erleidenden Menschen *unbewußt* ist und ihm erst dechiffriert werden muß, damit er es verstehen kann, das ist noch nicht schizophren. Mitnichten!

Schizophren ist erst die Situation, in der eine solche Dechiffrierung dem Patienten absolut nichts sagt und ihn nur ärgert, weil sein Bild für ihn jegliche *Transparenz auf einen unabhängig vom Bild autonom vollziehbaren Gedanken* verloren hat. Wenn wir dem psychotischen Patienten den uns auffallenden Sinn eines Sinnbildes deuten, so versteht er uns nicht. Es beleidigt ihn sogar, daß wir *hinter* dem, was für ihn die letzte Wirklichkeit ist, etwas suchen und zu finden uns anmaßen, was in seinen Augen, im Vergleich zu jener ungeheuren Wirklichkeit, ein lächerlicher Einfall ist, zum Beispiel ein sexuelles Problem.

Wie läßt sich eine solche ungeheuerliche Situation psychodynamisch verstehen? Schon die klassische Psychoanalyse schlägt hier eine Antwort vor: Sie betont seit FREUD die Abwehr der Realität seitens des psychotischen Menschen. Diese Abwehr unterscheidet sich grundsätzlich von der neurotischen, weil sie nicht gegen das Drinnen, das Intrapsychische, sondern gegen das Draußen, die Realität, gerichtet ist. Gewiß spielt die Abwehr tatsächlich eine Rolle. Das eigene sexuelle Problem wird von der Kranken über die Realität abgewehrt, weil es auf sie projiziert wird. Die Projektion, die die Wahrnehmung der Realität verdrängt, entlastet das Ich, weil sie die für die Kranke unerträgliche Eigenverantwortung auf die halluzinierten, fremden Kinder abwälzt. Ich erinnere an die Gedanken von MELANIE KLEIN und ROSENFELD.

Genügt aber der alte Begriff der Abwehr, um uns eine solche schwere Psychopathologie restlos zu erklären? Mit anderen Worten: können wir die für jeden Vorgang der Abwehr charakteristische *Ich-Entlastung* hier feststellen? Das Gegenteil ist der Fall! Durch die Koinzidenz von Symbol und welthafter Realität wird jene *furchtbare Angst* erst voll erzeugt, die für die Psychose typisch ist. Unsere Patientin fühlt sich durch die Projektion keineswegs erleichtert; im Gegenteil: sie wird erst recht von der Schuld der Kinder mitgerissen und vernichtet. Ich akzeptiere die Theorie von M. KLEIN und ROSENFELD nicht ganz, nach der durch die psychotische Projektion die Ich-Kohäsion gerettet wird; manches Mal stelle ich fest, daß jeder Rest von Ich-Kohäsion im desintegrierenden Weltuntergangserleben verloren wird.

Wenn der Begriff der Abwehr also nicht genügt, um uns verstehen zu lassen, müssen wir nach anderen Überlegungen Ausschau halten. Hat die Unfähigkeit des Schizophrenen, zwischen Symbol und Welt zu unterscheiden, etwas mit der psychischen *Spaltung* zu tun? Könnte es sein, daß die Spaltung zwei Gesichter hat: einerseits Spaltung und anderseits Fusion; einerseits autistisches Getrennt-Sein und anderseits Verlust der natürlichen Trennung zwischen Subjekt und Objekt, die KANT als eine grundsätzliche Kategorie des menschlichen Daseins erkannte?

Um diesen Gedanken weiter zu verfolgen, fragen wir uns, was es bedeutet, daß der Verlust der symbolischen Transparenz in der Schizophrenie sich sehr häufig mit einem anderen eigentümlichen Erleben des Kranken verbindet, bei dem die verschiedensten banalen Ereignisse, aus denen unser Alltag besteht, *sich auf ihn beziehen* – so nämlich, daß es eine neutrale Alltagsrealität, in der man unbekannt und unbehelligt lebt, für ihn nicht gibt, sondern daß im Gegenteil alles, was scheinbar zufällig gesprochen wird, auf den Kranken gemünzt ist und in negativer Weise zu ihm paßt? Geheime Zeigefinger erheben sich aus jeder Ecke der Welt und weisen auf den Kranken hin, um ihn ins Rampenlicht der Aufmerksamkeit zu stellen. Der Pfarrer auf der Kanzel spricht nicht allgemein von der Sünde, nein, er meint die Sünde des Patienten; der Passant auf der Straße trägt ein schwarzes Kleid nicht aus irgendeinem persönlichen Grund, sondern nur, um dem Patienten damit zu sagen, daß dieser tot sei; usw. Gewiß, das Unbewußte läßt bei *uns allen* die Aspekte der Welt in einem besonderen Licht erscheinen; dem einen fällt *dieser* Aspekt auf, dem anderen *jener.* Aber wir besitzen eine allgemein menschliche Wahrnehmungsfähigkeit: wir können das Subjektive mit dem Objektiven vergleichen, wir leben in der Spannung zwischen Unbewußtem und Bewußtem. Das Unbewußte ist das Private, das Bewußtsein ist mit seinem logischen Raster das Öffentliche. Erst an der Psychose bemerken wir, zu unserer großen Verblüffung, daß dort das Bewußtsein privat geworden ist.

Der Schizophrene muß sich verzweifelt an sein privates bewußtes Verständnis klammern, als ob es für ihn dabei um eine Frage von Leben und Tod ginge. Widerspricht man ihm, so erlebt er das, als ob man ihm keine Chance zu sein mehr läßt; widerspricht *er* aber der allgemeinen Logik, so spürt er, daß er sich damit unrettbar isoliert.

Meine These lautet darum: er klammert sich starr und verzweifelt an seine psychotische Welt, weil diese für ihn die einzige ist, die sein Lebensanliegen vertreten und seine Angst ausdrücken kann, denn er ist von seinem Unbewußten abgeschnitten; *das Unbewußte ist in dieser Krankheit der Spaltung vom Ich abgespalten.*

Es scheint mir, als ob dieses abgespaltene Unbewußte, das dem Selbst nicht mehr zugehörig ist, dann auch nicht mehr in der eigenen Tiefe, sondern erst *draußen in der Welt*, im Spiegel der bewußten Wahrnehmung, erfahrbar wäre! Seine phantasmatischen Inhalte steigen dem Bewußtsein nicht etwa in Träumen auf, sondern sie drängen sich ihm nur in einem Außenfeld, im Wahrnehmungsfeld der Sinne, auf.

Ist also das Unbewußte vom Ich abgespalten – eine These, die übrigens viele Autoren vertreten –, liegt es also, metaphorisch gesprochen, draußen verstreut in der Welt, *dann müssen seine Imagines mit den Dingen der Welt solchermaßen zusammenfallen, daß der Sinn in der Erscheinung restlos aufgeht*, daß kein Raum mehr für eine Interpretation der Welt, also für das Symbol übrig bleibt. Dem Ich, das übrigens fragmentiert ist und die Funktion der Realitätsprüfung schon deshalb eingebüßt hat, geht auch seine zweite bedeutsamste Funktion verloren, diejenige, Transformator des Unbewußten und somit Schöpfer der Symbole zu sein. JUNG hatte bereits die Symbole "Transformatoren des Unbewußten" genannt.

An diesem Punkt können wir vermuten, daß die psychotische Fragmentierung des Ich und die Abspaltung des Unbewußten psychodynamisch zusammenhängen.

Schon FREUD hatte vor bald hundert Jahren die damals kühne These aufgestellt, daß der Traum eine wesentliche, vielleicht die wichtigste Manifestation des Unbewußten sei. Die verborgene oder verbotene Wunschregung, die sich als solche im Unbewußten regt, kann im Schlaf durch den Traum einen Zugang zur Bewußtseinserfüllung finden, vorausgesetzt, daß sie sich eine Entstellung durch die Zensur des Bewußtseins gefallen läßt.

Diese alte, im Einzelfall immer wichtige Theorie ist aber inzwischen dahingehend erweitert worden, daß wir heute wissen, daß die Traumerfüllung der verborgenen Wunschregung keine bloße Triebbefriedigung ist, wie die frühe Psychoanalyse meinte, sondern *auch* ein Stück "Selbigkeit", eine Affirmation und Erweiterung des Selbst. Die Selbstpsychologie hat die Triebpsychologie auch in der Psychoanalyse zu einem wesentlichen Teil ergänzt. Wenn beispielsweise eine total vereinsamte, von ihrer Kreatürlichkeit abgeschnittene Patientin im Traum ein verlassenes Kind in einer Wüste findet, es nach Hause bringt, es ernährt, es belebt, so freuen wir uns als Psychotherapeuten, weil wir darin nicht bloß eine symbolische Erfüllung des Muttertriebes, sondern auch eine psychodynamisch höchst bedeutsame

Progression der Persönlichkeit wahrnehmen, die zunächst im Traum Gestalt gewinnt, um sich dann als integrierende Kraft der Seele im ganzen Dasein dieses Menschen auszuwirken.

Wie aber, wenn wir es mit einem schizophrenen Patienten zu tun haben, dessen Ichschwäche so groß, dessen Verlorenheit so radikal ist, daß selbst im Traum kein Kind, keine Begegnung, keine Möglichkeit der Individuation in Erscheinung tritt, weil der Traum selber versiegt ist?

Offenbar hat ein solches Ich keine Kraft mehr, die Bereiche seiner möglichen Existenz als Wunschregungen, die dann im Traum erfüllt werden, zu integrieren, zusammenzuhalten, zu verarbeiten. Da lösen sich dann solche Bereiche von dem sich auflösenden Ich, und sie erscheinen, frei flottierend, im Spiegel der äußeren Welt, wo sie mit jenen Aspekten der realen Welt *koinzidieren* müssen, die ihnen physiognomisch entsprechen.

In diesem Sinne können wir den Begriff "projektive Identifikation" von ROSENFELD verstehen. Ein psychotischer Patient, der zum Beispiel im Gespräch mit seinem Analytiker den Vorgang der Einsichtnahme nicht integrierte, diesen aber spürte und nicht ablehnte, halluzinierte einen Sonnenstrahl, der die Wand seines Hauses und seines Bauches durchdrang und ihn mit Sonnenstoff ausfüllte. Für uns ein Symbol! Für ihn ein Vorgang, den er in keinen Zusammenhang mit dem psychotherapeutischen Gespräch bringen konnte, weil das Unbewußte vom Ich abgespalten war und somit die Zuordnung von Bedeutendem und Bedeutetem, die semantische Transparenz des Symbolischen, fehlte.

Natürlich wirkt sich die Abspaltung des Unbewußten auch häufig so aus, daß nicht nur positive Existenzmöglichkeiten, wie in diesem Falle, sondern, wie meistens, auch böse intrapsychische Objekte als Selbstobjekte, als verfolgende Mächte in der Welt des Patienten erscheinen.

Zusammenfassend können wir sagen, nicht nur die Abwehr, sondern auch die Abspaltung des Unbewußten als die verhängnisvollste Form der Selbstentfremdung ist die psychotische Grabstätte des Symbols.[1]

---

1 Meine Gedankengänge betreffend den Stellenwert des Symbols in der Psychopathologie der Schizophrenie berühren sich mit Forschungen, die heute auf dem gleichen Gebiet, aber wohl in verschiedenen Richtungen, stattgefunden haben. Ich denke in erster Linie an die Konzeption von H. LANG (1982) und MUNDT (1987), nach denen bei diesen Kranken ein Defizit der Symbolisation besteht. Wie MUNDT dazu richtig sagt, verbindet das Konzept Gedanken der analytischen Entwicklungspsychologie zur Entstehung einer Innenwelt objektaler Repräsentanzen mit linguistischen und existential-ontologischen Ansätzen. Man spricht von "Fehlstellen" in der Repräsentanzenwelt, vom "Loch" in der Welt der Symbolisationsfiguren; man greift das Phänomen des Konkretismus auf, das bereits vor 30 Jahren von ARIETI (1955) in seinen psychodynamischen Implikationen in klassischer Weise beschrieben worden ist. In ähnlichem Sinne spricht HOLM-HADULLA (1982) von einer "Auflockerung der Verweisungszusammenhänge", oder TRESS (1987) von einer "Dissolution der Deixis".

II

An diesem Punkt möchte ich meine psychologischen Überlegungen abschließen, um jetzt die psychotherapeutische Frage zu bedenken.

Gehen wir gleich auf die uns in diesem Kontext interessierende Grundfrage ein: Sollen wir in der Psychotherapie der Psychosen das uns erscheinende Symbol (etwa den Wahn, die Halluzination) *deuten*, also auf den von uns vermuteten, zugrundeliegenden rationalen Gedanken zurückführen?

Gewiß, die Psychopathologie auf die in ihr verborgene Psychologie, *den Wahn auf das verborgene Lebensanliegen zurückzuführen, das heißt, ihn zu deuten und zu erklären, ist immer ein wichtiger psychotherapeutischer Weg*. Er ist besonders dann gangbar, wenn bereits eine solide Beziehungsgrundlage entwickelt worden ist, die dem Kranken gestattet, sich mit unserer Vernunft affektiv zu identifizieren.

Dieser Weg allein ist aber ziemlich schmal, ja streckenweise gar nicht gangbar. Das ist auch der Grund, weshalb wir oft, nicht nur von Psychiatern, sondern selbst von Psychoanalytikern hören, daß Psychosen durch eine analytische Psychotherapie nicht zu behandeln sind. Eine solche These, auf das Problem des Symbols fokussiert, könnte so lauten: das Symbol deuten, heißt übersehen, daß es für den Kranken oft keines gibt. Wir können nicht das Sinnbild auf einen rationalen Sinn zurückführen, der nur für uns, nicht aber für den Kranken existiert, weil sich der Sinn für ihn außerhalb des konkreten Bildes, in dem er ihm erscheint, sofort auflöst. Wie aber, wenn der Psychotherapeut, hier gleichsam die Psychoanalyse auf ein neues Objekt adaptierend, eine neue Methode findet, indem er lernt, *sich zu den konkreten Imagines des Kranken in eine solche Beziehung zu setzen, daß diese Imagines sich in den Einfällen, Phantasien und Träumen des Therapeuten weiter bewegen*? Können die früher abgeschlossenen und abgedichteten Gestalten dadurch auf neue, positive Variationen hin geöffnet werden?

Ich rege hier also an, daß wir die Imagines nicht von vornherein im engeren Sinne deuten, sondern sie durch unsere Präsenz, durch unsere affektive *Bezugnahme auf sie* zunächst einmal “anreichern”; das heißt, sie durch unser Unbewußtes so zu konstellieren, daß sie allmählich auch für den Kranken, der sich mit unserem Unbewußten identifiziert, symbolfähig werden. Den Gedanken von Frau SECHEHAYE möchte ich im wesentlichen dahin ergänzen, daß der “symbolischen Realisierung” oft eine Phase vorausgeht, in der der Kranke zunächst symbolfähig werden muß.

Die affektive Besetzung, die ich meine, ist in erster Linie eine *Positivierung des psychotischen Erlebens*. Sie befriedigt die vom Ich desintegrierten Anteile seines Unbewußten, so daß diese sich mit uns in Beziehung setzen und, über uns, schließlich auch mit dem Ich des Kranken, auf das wir positivierend Bezug nehmen. Wir werden zu Brücken, zu *Übergangssubjekten* zwischen dem abgespaltenen Unbewußten und dem abgespaltenen Ich.

Das psychotische Ich wird sowohl von unserer Libidozufuhr als auch von dem ihm durch die Identifizierung zugeführten Unbewußten derart ernährt, daß der Patient seine von uns angereicherten Imagines, die neuen Selbstobjekte, schließlich als seine eigenen Symbole entdeckt und so die Beziehung zu sich über uns findet.

Durch die anteilnehmende Zuwendung zum Patienten entsteht ein Netz von beiderseitigen Projektionen und Introjektionen, die ihren Niederschlag finden in dem, was ich das "Übergangssubjekt" nenne: ein Bild, das aus Teilen von uns und Teilen vom Patienten besteht, das oft eine phantasmatische Gestalt, eine Stimme, ein Traumbild, eine Zeichnung ist, ein "Etwas" jedenfalls, das sich von den übrigen Halluzinationen dadurch unterscheidet, daß es Symbolcharakter *auch* für den Patienten gewinnt – offenbar dadurch, daß er nun das sich zwischen uns entwerfende, positive Unbewußte integrieren kann.

Mit Bild 1 möchte ich den Begriff des therapeutischen Übergangssubjekts veranschaulichen. Das Bild stellt den Riesen Christophorus dar, der ein Kind auf seiner Schulter über den Fluß trägt. Nach der Selbstdeutung der bereits post-psychotisch symbolfähigen Patientin ist der Christophorus der Therapeut, sie selber ist das Kind. Das Bild drückt mehr aus, als die Patientin beim Malen wußte, mehr als "nur" das Erleben des Getragenwerdens.

Das Unbewußte der Patientin hat im Bilde das therapeutische Übergangssubjekt entworfen: dieses ist sowohl beim Christophorus sichtbar, der neben seiner psychotherapeutischen Aura im Übergang zur Patientin auch Hörner trägt, Symbole der aggressiven Ausbrüche derselben, der an der Psychose also teilnimmt – wie auch beim "göttlichen Kind", das neben seinen ungöttlichen Hörnern auch die appersonierte psychotherapeutische Aura des Partners um den Kopf trägt. Das Übergangssubjekt, das aus der therapeutischen Symbiose entsteht, überbrückt die psychotische Spaltung, den gefährlichen Fluß. Der Patient spricht von sich selber *durch* das Bild; er lernt so, sich durch das Bild zu schützen, und er erlebt die symbolische Natur des Bildes. Bedenkt man, daß die eigentlichen Symbole in der Psychose meistens durch halluzinatorische Bilder ersetzt werden, die nicht mehr, wie die Symbole, transparent auf das Selbst hin sind, sondern dieses als Wirklichkeit aufsaugen, so kann man sagen, daß ein solches Bild *das Symbol in die Welt des Patienten einführt oder es stärkt.*

Der psychotisch Kranke, der halluzinierend immer mit Bildern lebt, erkennt sich durch diese *nicht*, weil seine halluzinatorischen Bilder nicht auf Möglichkeiten seines Selbstseins hinweisen, sondern die Transparenz des Symbolischen verloren haben; sie sind, ganz konkret, eine deformierte Welt, aus der es kein Entweichen mehr gibt.

Bild 1

Das in der Therapie entstandene Bild wird als Sinnbild erkannt, weil es, wie jedes Symbol am Anfang des Lebens, in der *Dualität* entsteht.

Für die Wirklichkeit des Übergangssubjekts sprechen aber auch manche nicht gerade häufigen, aber bedeutungsvollen therapeutischen Erlebnisse der Selbsterfahrung, die anschließend in ein konkretes Bild umgesetzt wurden. Ich meine Situationen, wo der Therapeut außerhalb der Begegnung mit seinem Patienten, aus einem Bedürfnis der Selbstmeditation heraus, eine Seite von sich im Übergang zum Patienten erlebt. Eine Psychotherapeutin hat diesem Erleben Gestalt gegeben, indem sie das eigene Gesicht mit dem Bild ihres Patienten verwachsen sah (Bild 2). Da aber die Patientenseite, die man auf solche Weise in sich aufnimmt, eine psychopathologische ist, kann diese die Gesichtszüge des Todes annehmen, wie auf Bild 3.

Gewiß bedeutet die Projizierung solcher Erlebnisse auf ein Bild eine Verarbeitung der Erlebnisse selber durch die Symbolbildung. Man sieht hier, daß die Bildnerei therapeutische Bedeutung nicht nur für den Patienten, sondern auch für den Therapeuten gewinnen kann: sie objektiviert, lokalisiert, grenzt ab und symbolisiert ein Erleben, das ohne das Bild sehr bald verloren gehen oder aber beunruhigend bleiben könnte.

Wir wollen nun das Übergangssubjekt, das hier entweder aus dem Selbst des Patienten oder aus demjenigen des Therapeuten geboren wurde und das durch die bereits vorhandene Beziehung des Ich zum Unbewußten auch

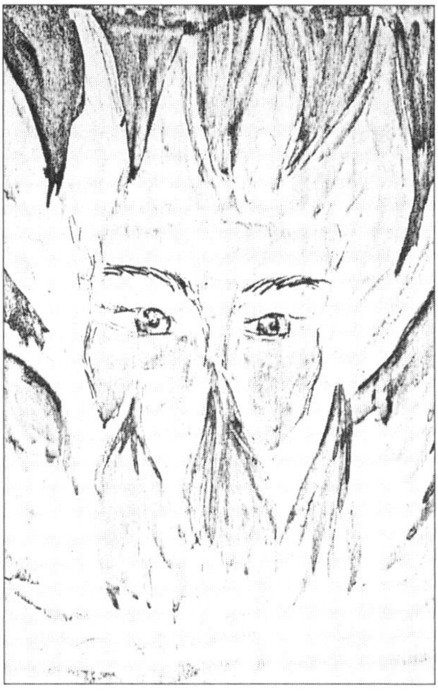

Bild 2

Bild 3

zum sinnkräftigen Symbol geprägt wurde, schließlich im "graphischen Dialog" zwischen den beiden betrachten.

Ein schizophrener Kranker fertigte eine Zeichnung an (Bild 4). Das Bild ist nicht ohne symbolischen Gehalt; es bedeutet für uns selbstverständlich die schizophrene Spaltung. Aber in den Augen des Kranken war sein Bild etwas, für das er keinen Namen fand, etwas, das immerhin eine progressive Erlebensgestalt repräsentierte im Vergleich zur früher bloß agierten Spaltung, in der er auf der einen Seite beteuerte, ein unschuldiger Mensch zu sein, auf der anderen Seite aber immer wieder den Standort eines Polizisten einnahm, um sich der schlimmsten Verbrechen zu bezichtigen.

Der Therapeut reagierte auf das Selbstbildnis des Patienten nicht etwa mit einer rationalen Deutung, sondern mit einem "progressiven therapeutischen Bild" (Bild 5)

Wir versuchen, das *Wesen der therapeutischen Antwort* zu verstehen.

1. *Sie wiederholte das Thema der Spaltung*. Das heißt: sie konfrontierte nicht den Patienten mit einer möglichen Ganzheit, die er noch nicht hatte, wie dies eine rein an den Intellekt appellierende Deutung tun würde; nein, das therapeutische Bild war ein Spiegelbild, das dem Patienten seinen subjektiven Zustand der Spaltung wiedergab. Es tat die ersten Schritte von dort aus, wo der Patient stand und sagte ihm somit, daß es sich mit ihm identifizierte.

Bild 4

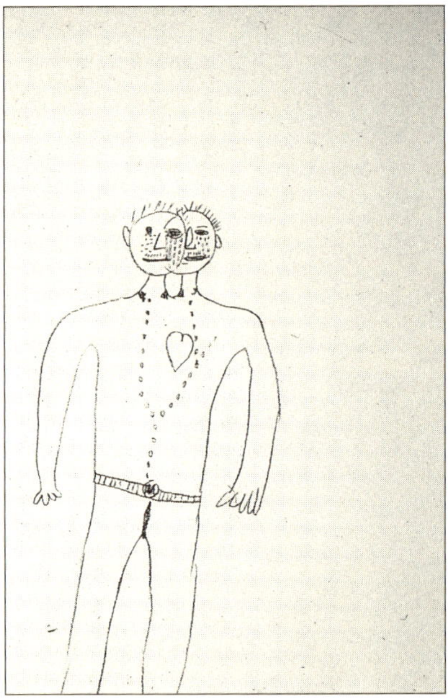

Bild 5

2. *Das therapeutische Bild* war aber mehr als ein Spiegelbild; es *war auch ein progressives Bild.* Die Progression ist an drei Merkmalen sichtbar.

a) Einmal ist die räumliche Entfernung zwischen den zwei voneinander abgespaltenen Figuren in der therapeutischen Arbeit so gering, daß die beiden sich sogar überschneiden. Der Therapeut spiegelt nicht nur die Spaltung, er weist auch auf die Möglichkeit hin, sie zu überwinden.

b) Diese Überwindung wird dem hilflosen Patienten nicht denkerisch als Aufgabe nahegelegt; sie wird durch den Therapeuten *stellvertretend geleistet.* Indem der Therapeut seine Zeichnung verbal mit der Mitteilung ergänzt, daß er sich selber in einer der beiden Figuren sieht, schlägt er dem Patienten eine Nähe vor, die einerseits unaufdringlich als äußeres Bild erscheint, anderseits tief genug ist, so daß aus der Identifikation des inneren Auges des einen mit dem inneren Auge des anderen das entsteht, was ich "das dritte Auge der Psychotherapie", das weinende Auge, nenne. Der Patient merkt, daß der Therapeut sein Leiden introjiziert hat.

c) Die Spaltung wird überwunden im kleinen Bild des Herzens, das der Therapeut, wie nebenbei, dem Bild des Patienten beifügt, so daß also die zwei Vorhöfe des Herzens die physiologische Trennung an Stelle der pathologischen Ich-Spaltung vertreten. Eine Transkription in eine positive Variante: das Symbol meint, daß die beiden Herzhälften die beiden Hälften der kranken Person, aber auch des therapeutischen Paares andeuten, die nun in einem psychischen Kreislauf synergetisch funktionieren.

Obwohl wir nicht erwarten können, daß der Kranke solche Symbole versteht, nimmt sein unbewußtes Ich sie wahr, weil dieses in Kontakt mit dem therapeutischen Unbewußten steht. Ich vermute sogar, daß sich im psychotherapeutischen Prozeß ein gemeinsames Unbewußtes bildet, das das unbewußte Gegenstück zum bewußten Übergangssubjekt ist.

Mein Mitarbeiter Gottfried Waser hat einmal den nützlichen Begriff der "Triangulierung" vorgeschlagen. Ich möchte diesen Begriff auch auf die hier beschriebenen Vorgänge anwenden. Der Therapeut trianguliert mit seinem progressiven Spiegelbild die Dyade Patient-Projektion in *der* Weise, daß ein drittes Subjekt, das Übergangssubjekt, zwischen beiden entsteht. Dieses Übergangssubjekt deutet nicht auf ein Symbol, sondern wird selbst zum Symbol des Patienten und stimuliert dadurch in diesem die Geburt der Symbole, weil der Patient für den Therapeuten zum Liebesobjekt geworden ist.

Wie einfach sind diese Zeichnungen, die ich hier vorgestellt habe! Wie wenig Kunst; aber wie viel Dynamik ist in ihnen!

Es existiert heute ein schönes Wort von der *Kunsttherapie.* Im Hinblick auf manche begabtere Patienten, wie die Malerin des Christophorus-Bildes, ist der Terminus "Kunsttherapie" wohl angezeigt. Aber im allgemeinen ist in der Psychiatrie das Schöpferische, um sich auszudrücken, auf Fertigkeiten angewiesen, die über ungelenke Kinderstriche nicht hinausgehen. Dabei entsteht viel eher *Bildnerei* als Kunst –, aber eben schöpferische!

Die Kunst beim Therapeuten liegt dann darin, daß er, der selber ein differenzierter Maler ist, wie der hier gemeinte Psychiater MAURIZIO PECICCIA, sich auf die Stufe seines "stammelnden" Patienten begibt und – dessen "Sprache" und Ausdrucksmöglichkeiten angepaßt – die übernommene und geteilte Not malt. Er will nicht mehr als sein Patient sein, außer in dem, was THEA SCHÖNFELDER einmal durch das schöne Wort formulierte: "Was mich von meinem psychotischen Mitmenschen unterscheidet, ist meine Möglichkeit, ihn 'heiler' zu sehen, als er es selbst vermag."

Formen der Psychotherapie und Umgestaltungen der Psychopathologie

Schon in der Darstellung der Grundformen des psychischen Leidens war die psychotherapeutische Sicht enthalten – sei es, weil die Erfahrung der Psychopathologie des Kranken beim Arzt fast zwangsläufig eine psychotherapeutische Intention hervorruft – oder doch hervorrufen sollte –, sei es auch, weil die Objektivierung der Psychopathologie von vornherein über unsere Person erfolgt. Die Psychopathologie wird eigentlich nur mit psychotherapeutischen Augen gesehen, oder sie wird überhaupt nicht gesehen.

In diesem Teil meines Buches will ich aber nun den Hauptakzent auf die *Psychotherapie* legen.

Über den Zugang zum psychotisch Leidenden in der individuellen Psychotherapie

Wenn ich in diesem Kapitel von einem Zugang zum psychotischen Menschen in der individuellen Psychotherapie der Psychosen spreche, so möchte ich, daß man meine Aussagen in zweifacher Sicht aufnimmt.

Auf der einen Seite geht es um den psychotischen Menschen im allgemeinen Sinn des Wortes, sowohl um den schizophrenen als auch um den schwer depressiven Kranken. Ferner geht es um den psychotherapeutischen Zugang in einem allgemeinen Sinn des Wortes, sowohl im Rahmen einer pharmakologischen Behandlung, die doch auch psychotherapeutische Zuwendung erfordert und unsere volle menschliche Präsenz verlangt, als auch im Kontext jener poliklinischen Betreuung, die noch keine intensive Therapie ist.

Besonders im ersten Teil meiner Darlegungen werde ich auf die allgemeinen Gesichtspunkte eingehen, die zwar als bekannt gelten mögen, die aber erstaunlicherweise immer wieder vergessen oder stillschweigend übergangen werden.

Auf der anderen Seite möchte ich bei meinen Ausführungen aber auch aus den Erfahrungen schöpfen, die ich in vierzigjähriger Tätigkeit auf dem Gebiet der intensiven Psychotherapie der Schizophrenie gewonnen habe.

Im ersten Teil meiner Ausführungen beginne ich also mit einfachen, selbstverständlich scheinenden Grundsätzen, die mich bei meiner langjährigen psychiatrischen Tätigkeit in Klinik und Poliklinik begleitet haben.

Die Psychotherapie ist im psychiatrischen Spital schon als Fürsorge, als volle mitmenschliche Präsenz, als herzliche Zuwendung des Arztes und des Pflegepersonals sehr wichtig. Ich erinnere mich an viele Kranke, die ich als junger Arzt in der Klinik als stumm und abwesend erlebte, so daß man den Eindruck bekommen konnte, sie wären überhaupt nicht wirklich da, sie würden nicht merken, wer wir sind und was wir sagen. Dabei war es geradezu umgekehrt. Ich denke an eine Kranke aus jener Zeit, die monatelang kein Wort mit mir wechselte. Es gab damals, vor 40 Jahren, noch nicht die Medikamente, die heute solche katatonieähnlichen Zustände selten machen. In Sorge saß ich mitschweigend jeden Morgen fünf Minuten lang am Bett der Patientin. Monate später sagte mir diese Frau, welch große Bedeutung mein Kommen und Verweilen bei ihr für sie gehabt habe. Eine andere Patientin, der ich lediglich den Puls tastete und mit der ich, ruhig verweilend, ihr Schweigen teilte, sagte mir später, dies sei das erste Mal in ihrer Krankheit gewesen, daß sie, die Kranke, einen anderen Menschen wahrgenommen habe und daß sie dann begonnen habe, auch sich selber wieder zu spüren.

In den meisten Fällen der akuten Psychose ist die Psychotherapie entweder eine psychosoziale oder eine noch präverbale Angelegenheit: Umweltfürsorge oder emotionaler Austausch mit dem Unbewußten des Patienten. Tiefenpsychologische Gespräche, Deutungen, sind noch nicht möglich. Man kennt als Arzt die tieferen Verhältnisse des Patienten noch nicht, und auch wenn man sie kennen würde, wäre es doch besser, noch nicht davon zu reden, da jedes Wort den Patienten verletzen könnte.

Es ist schwer in Worte zu fassen, was das heißt, sich zu bemühen, eine warme Atmosphäre der Teilnahme um den Patienten zu schaffen. Worte wirken hier eher wie Phrasen, die man leicht formulieren kann, während es alles andere als leicht, als selbstverständlich, als allgemein erlernbar ist, wirkliche Kontakte herzustellen.

Es können einige allgemeine Regeln formuliert werden: die Tagesnormen der psychiatrischen Abteilung sollen einfach, übersichtlich und nie überfordernd sein; sie dürfen nie nur etwa einem bestimmten Ordnungsprinzip zuliebe da sein, sondern müssen immer den tatsächlichen Bedürfnissen der Kranken Rechnung tragen. Die Patienten sollen ganz im Zentrum unseres Interesses stehen, ohne daß Macht- oder Kontaktbedürfnisse der sie Pflegenden die Art der Zuwendung beeinflussen. Das Gespräch wird ermutigt, aber nie aufgezwungen. Derselbe Patient, der im Zentrum unseres Interesses steht, darf sich auch an der Peripherie unseres Blickfeldes aufhalten, sich zurückziehen, wenn er das braucht, ohne daß wir ihn bedrängen oder beschämen. Will aber der Patient einmal mit uns sprechen, so sollte man immer die Zeit dafür finden, sollte auch in einem unerwarteten Augenblick für ihn da sein. Tiefenpsychologisches Verstehen ist hier noch nicht einmal nötig. *Der Patient verzeiht uns unser Nichtwissen, wenn wir sein Menschsein ernst nehmen.*

Handwerkliche Arbeitsmöglichkeiten, die bei den Patienten das Gefühl der eigenen Produktivität steigern, werden unaufdringlich angeboten. Das muß so taktvoll geschehen, daß es dem Kranken möglich ist, unsere Angebote bei mangelndem Antrieb zurückzuweisen, ohne deshalb Schuldgefühle zu entwickeln. Solche Patienten sollen am besten in kleinen Gruppen betreut werden, in denen man sich gegenseitig kennenlernt. Es ist wichtig, daß die Umwelt stabil bleibt, das Pflegepersonal möglichst wenig rotiert und wechselt. Wichtig ist auch, daß derselbe Arzt, der den Patienten in der Klinik behandelt hat, *nach* seiner Entlassung Zeit für ihn findet und ihn nicht zu einem anderen Arzt weiterschickt.

Überall im Gespräch mit dem psychotischen Menschen sollte der Arzt sicher, bestimmt und klar besonnen sein. Auf die vielen Zweifel, ängstlichen Sorgen und Schuldgefühle der Patienten soll er einfache, eindeutige und mutige Antworten finden; er soll der moralische und unerschütterliche Anwalt seines Patienten sein, diesen vor seinen inneren Widersachern kraftvoll und aufrichtig in Schutz nehmen und ihn spüren lassen, daß seine ganze Person dem Arzt äußerst wichtig ist.

Ich bin mir bewußt, daß alle diese Forderungen nicht immer restlos erfüllt werden können. Die Realität mit ihren Grenzen und anderweitigen Pflichten bedrängt uns alle. Daß man jedoch sein eigenes Tun an einem psychotherapeutischen Ideal mißt, ist wichtig; auch wenn man sich oft sagen muß, daß es eben doch nicht so weit gereicht hat. Wir brauchen dann keine Schuldgefühle zu haben, wenn wir uns ernsthaft bemühten. Durch eine solche Haltung, die gleichzeitig konzentriert ist und doch frei bleibt, helfen wir dem sich oft übermäßig schuldig oder minderwertig fühlenden Kranken.

Während des Klinikaufenthalts besuchen wir den Patienten oft und kurz. Als ich noch in der Klinik tätig war, pflegte ich meine psychotischen Patienten jeden Tag, aber nicht länger als etwa zehn Minuten, zu besuchen. Längere Gespräche ermüden die Patienten in diesem Zustand. Man verwendet die Zeit besser, wenn man ihnen jeden Tag ein kleines Zeichen des Interesses gibt.

Wenn der Patient dann die Klinik verlassen kann und nun zum Arzt in die Sprechstunde kommt, soll man sich mehr Zeit nehmen, falls er nun auch bereit ist, mit uns zu sprechen. Wenn wir dem Patienten eine Stunde pro Woche reservieren, so kann sich eine Entwicklung anbahnen. Gelingt es uns bei rechter Dosierung unserer Zuwendung, nicht müde zu werden oder uns zu langweilen, dann haben wir diejenige Seite des Patienten, die den echten Kontakt sucht, befriedigt und uns der Seite, die durch den Wahn oder die depressive Monotonie den Kontakt sabotiert, in heilsamer Weise versagt.

Man darf am Anfang keine ehrgeizigen psychotherapeutischen Ziele haben; man soll vielmehr für den Kranken da sein, sich von ihm "gebrauchen" lassen, bis der Patient beginnt, sich selber wahrzunehmen. Eine solche abwartende, nicht versagende Haltung ermöglicht dem Arzt das Vertrauen in die Entwicklungsmöglichkeiten seiner Patienten und vor allem in den positiven Sinn ihres Leidens. Der behandelnde Arzt sollte ferner die Fähigkeit besitzen, die kleinsten Fortschritte seiner Patienten wahrzunehmen und sich darüber wirklich zu freuen. Oft ist das, was uns als kleiner Fortschritt erscheint, die Frucht einer ungeheuren Anstrengung des Kranken. Wenn es so ist, daß der psychotische Mensch in sich eine versagende, schuldige oder resignierte Seite hat, so soll der Arzt, diese kompensierend, eine stets optimistische Haltung einnehmen und zutiefst vom Wert und der potentiellen Kreativität seines Patienten überzeugt sein.

Diese erste, grundlegende Psychotherapie, die ich kurz dargestellt habe, bedarf noch keiner speziellen tiefenpsychologischen Kenntnis oder Ausbildung. Sowohl der vorwiegend somatologisch tätige Psychiater, wie auch die psychiatrische Krankenschwester können dem Kranken so begegnen. Gleichzeitig möchte ich aber auch betonen, daß eine solche allgemeine psychotherapeutische Haltung, wie ich sie geschildert habe, zwar keine tiefenpsychologischen Kenntnisse, aber doch eine bewußte Einübung im Umgang mit psychisch Kranken voraussetzt. Wie wichtig das ist, zeigt sich auch darin, daß die Angehörigen von psychotischen Kranken oft, bei aller affektiven Zuwendung, in wesentlichen Situationen des Umgangs hilflos werden: sei es, daß sie die Patienten mit moralistischen Ratschlägen bedrängen, sei es, daß sie sich zu dominierenden Partnern entwickeln oder daß sie selber in depressivierende Beziehungen verwickelt werden.

Deshalb gehört zur psychotherapeutischen Behandlung von psychotischen Kranken auch die psychotherapeutische Betreuung der Familien. Diese besteht, im Gegensatz zur eigentlichen Familientherapie, sowohl im Verstehen der Probleme, Ängste, Schuldgefühle, die bei den Angehörigen der Patienten entstehen können, als auch in dem Versuch, diesen Angehörigen das tiefere Erleben des Kranken, ja manche unbewußten Aspekte seines Leidens verständlich zu machen.

Die Untersuchung des Unbewußten gehört zu einer zweiten Phase der Psychotherapie. Ein wesentlicher Schritt ist hier die Aufdeckung des "Grunddramas". Worin besteht der Verlust oder der Konflikt, den der Patient als so bedrohlich erlebte? Das Feststellen des auslösenden Faktors wird den Therapeuten auch auf die Art der psychotischen Verarbeitung aufmerksam machen.

Bei vielen Psychosen ist das auslösende Ereignis eben nicht bloß eine banale Tatsache, sondern diese ist zum Symbol geworden, das es durch die Erforschung des ganzen Lebens aufzuschlüsseln gilt. Nur so wird es möglich sein, die Unfähigkeit des Patienten zur Trauerarbeit *nach* dem auslösenden Ereignis zu verstehen.

Freilich taucht hier die Frage auf: warum intensive Psychotherapie bei einer Psychose, sagen wir, bei einer Schizophrenie, da doch die Grundlage des Leidens *endogen* ist?

Selbst psychodynamische Entwicklungen, die im Verstehen lückenlos erscheinen, können eine *konstitutionelle* Basis haben. Vielleicht ist gerade die *Anlage* etwas, das die psychodynamische Überlegung und Psychotherapie erst rechtfertigt, anstatt verhindert. Denn vor allem das, was ein Mensch *ist*, und weniger das, was über ihn von außen (etwa als hirnorganischer Schaden) verfügt, gestattet uns das Eingehen auf seine Innerlichkeit.

Das Endogene ist nicht bloß das Somatogene; es drückt die Vielfalt der Erscheinungsformen des Menschseins in einem Ganzen aus. Anlage einerseits und Lebensgeschichte anderseits sind im Endogenen zutiefst verdichtet, wie das auch MANFRED BLEULER immer betonte.

Psychotherapie im engeren Sinne des Wortes, als systematisches, zeitraubendes Eingehen des Arztes auf die Innerlichkeit des Kranken, verlangt nun eine *Indikation* – wie jede medizinische Maßnahme.

Gewiß, prognostische Regeln sind wichtig. Die psychotherapeutische Prognose aber, im Gegensatz zu der rein psychiatrischen, läßt sich oft erst auf Grund einer *Probebehandlung* stellen, die einen wichtigen Platz in der gesamten Psychotherapie einnimmt.

Grundsätzlich sind folgende *Voraussetzungen für eine Psychotherapie der Psychosen* wichtig:

1. Eine mindestens streckenweise vorhandene *Motivation* des Patienten zur Introspektion und deren Verarbeitung in der Psychotherapie.
2. Eine Kindheits- und Jugendentwicklung, die zwar in keinem unmittelbar anschaulichen Zusammenhang mit dem gegenwärtigen affektiven Leiden steht, wie sonst bei den psychogenen Störungen, die jedoch an sich eine wichtige Lebensproblematik enthält.
3. Eine adäquate Disposition des Psychotherapeuten, der nicht nur psychoanalytisch ausgebildet sein soll, sondern auch ein besonderes Interesse an der Innerlichkeit seines Kranken haben muß.
4. Eine gewisse psychische Produktivität des Patienten, die den Bereich der Begegnung zwischen Arzt und Patient symbolisch gestaltet.
5. Eine unterstützende Haltung durch die Familie, die die Kontinuität der post-klinischen, ambulanten Therapie garantiert.

Sind diese Voraussetzungen erfüllt, stellt sich die Frage nach der *Methode*. Ich möchte hier nur von einem einzigen, aber sehr wichtigen Zugang zum Kranken berichten: die Positivierung des psychotischen Erlebens im gesamten therapeutischen Tun und Deuten.

Die Voraussetzung dessen, was ich die *therapeutische Positivierung* nenne, ist die *psychopathologische Negativierung des Erlebens* in jeder

Psychose. Ein bereits präpsychotisches, eventuell langjähriges Erleben bei vielen Schizophrenen ist dasjenige, lebensunfähig, unannehmbar, ungeschickt, schuldig, sozial unerwünscht und unbeliebt zu sein. Dazu kommt in der Psychose das Erleben der Ich-Desintegration, des Zerfalls, der Leere, der Verfolgung.

Die schizophrene Grundabwehr ist zweifach: einerseits erfolgt sie durch den *Autismus* als Versuch, sich abzuschließen und aus der inneren *Spaltung* eine *private symbolische Eigenwelt* zu schaffen; anderseits besteht sie aus der *Projizierung* der negativen Selbstteile auf die Umwelt, in der dann Mächte der Verfolgung, der Beeinflussung, der Passivierung und der Entfremdung entstehen. *Die dialogische Positivierung* eines solchen Erlebens im Spiegel des Arztes, der dem Patienten immer wieder ein *positives Selbstbild* zurückgibt, der *sich in seine Welt begibt, seine Symbole versteht*, sie positiv amplifiziert oder umwandelt – diese Positivierung ist *der entscheidende therapeutische Faktor*, den ich bei sämtlichen stark gebesserten oder geheilten Fällen erkennen kann und der sogar bei den nicht geheilten als existentielle Bestätigung der eigenen Person positiv in der Erinnerung bleibt.

Eine erste Form der Positivierung besteht in der Art der lebensgeschichtlichen Identitätsforschung. Es geht bei psychotischen Kranken zunächst weniger darum, unbewußte beängstigende Komplexe ans Licht zu bringen, als vielmehr darum, daß sich diese aus dem entfremdeten Knäuel von double-bind- und Pseudomutualitätserfahrungen (Bateson, Wynne), von Ich- und Generationsentgrenzungen (Lidz), von vergangenen Kommunikationswidersprüchen (Watzlawick), von irrationalen Rollen und Selbstbildern im Spiegel des Arztes befreien, der *physiognomische* Parallelen zwischen den jetzigen Symptomen und früheren Erlebnissen findet und der dem Patienten damit den *Schlüssel zu einer erweiterten Subjektivitätserfahrung anbietet.*

Eine zweite Form der Positivierung zeigt sich in korrektiven Phantasien und freien Assoziationen des Psychotherapeuten, mit denen er in ein Komplementärverhältnis zum Patienten tritt und dessen psychopathologische Aussagen "rektifiziert". Ein Schizophrener fühlte sich zum Beispiel durch die ihn "schrecklich beobachtenden" Augen seines Arztes hypnotisiert, entleert, entfremdet. Keine Deutung vermochte bei ihm die Evidenz dieses Erlebens zu erschüttern. In der folgenden Nacht träumte der Arzt von seinem Patienten: dieser hatte nun große Augen, die Schrecken einflößten; und der Psychotherapeut spürte in diesem erschütternden Augenblick eine große, menschliche Bewährungsprobe.

Die Mitteilung dieses Traums an den Patienten hatte eine größere Wirkung als eine Auslegung des möglichen Sinnes seines pathologischen Symptoms. Der Patient akzeptierte von nun an *die Situation der Dualität.* Ich meine, daß dies geschah, weil der Psychotherapeut sich nicht darauf beschränkte, das Symptom von außen her zu deuten, sondern weil er durch die Umkehrung der Beeinflussungssituation partizipierend in des Kranken Inneres trat, ihn gleichzeitig aber im Traum vorausging und ihm, wie ein Bergführer, zeigte, daß es möglich war, die schwierigen Stellen zu überwinden.

Eine dritte Form der Positivierung liegt in dem Versuch, die latent noch vorhandene kreative Seite des Patienten trotz der deformierenden, psychotischen Prozesse *wahrzunehmen und anzusprechen.* So wie PRINZHORN (1922) die Bildnereien seiner Geisteskranken als *Kunstdokumente* erlebte, werden manche psychopathologischen Äußerungen vom Therapeuten als kostbare Dokumente eines kranken Innenlebens empfangen, in dem dennoch faszinierende Bilder entstehen können.

Die Psychopathologie wird vom Psychotherapeuten als fehlerhafter, aber beachtenswerter Versuch des psychopathologischen Selbstentwurfes erkannt: so werden die autistischen Wahngebäude für den Arzt zum ergreifenden Ergebnis einer oft jahrelangen psychopathologischen Arbeit des Kranken. In der Begegnung mit dem Patienten kann der Psychotherapeut sich eine Art "*kommunikative Psychopathologie*" entwickeln lassen, die *ihr Medium gerade in den autistischen Symbolen des Patienten* findet.

Eine Kranke meinte, keine Person mehr zu sein; sie sei "eine leere Schale, deren Inhalt verstreut am Boden liege und nicht mehr ihr gehöre; sie sei nicht mehr existent". Ein anderer Patient zeigte seinen eiternden Finger und erklärte konkretisierend: "Das bin ich". Wir sagen in einem solchen Fall der Kranken, daß die Schale nicht leer bleiben müsse. Sie könne sie füllen mit all den verschiedenen, mächtigen Ausdrucksformen ihres tiefen Leids; sie könne sie außerdem füllen mit der Anteilnahme des Therapeuten, die durch dieses Leid hervorgerufen worden ist. Den "eiternden Finger", auf dessen Nichtigkeit der Kranke sein ganzes Selbstverständnis reduziert hat, deuten wir aus unserem Erleben heraus als ein Symbol seiner Existenz, das uns schmerzt und das uns beide, den Kranken und seinen Arzt, verpflichtet, nicht nur den Finger, sondern die ganze Person zu pflegen.

Eine vierte Form der Positivierung liegt in der Identifikation mit dem Patienten. Damit meine ich die Fähigkeit des Psychotherapeuten, sich so sehr in seinen Patienten zu versetzen, daß er "*appersonierend*" *manches begreifen kann, was dem Verstand nicht direkt zugänglich ist*, so daß er beim Kranken Gefühle der mitmenschlichen Symmetrie weckt.

Die Identifikation des Psychotherapeuten mit dem schizophrenen Patienten geschieht oft ohne jedes bewußte Zutun, einfach auf Grund seines Interesses für den Kranken und seines affektiven Kontaktes mit ihm. Sie ist also zu einem wesentlichen Teil die Leistung des Patienten, und die wichtige Aufgabe des Arztes beschränkt sich darauf, die beginnende Identifikation wahrzunehmen und zu fördern.

Ein Beispiel: eine chronisch schizophrene Kranke klagte oft, daß eine Schlange in ihrem Schoß wüte. Sie werde zerstört, sowohl von den Bissen der Schlange in ihrem Schoß als auch von Steinen, die aus dem Himmel gegen sie geworfen würden.

Nach einigen Gesprächen konnte die Psychotherapeutin verstehen, daß Schlange und Steine zwei abgespaltene Ausdrucksformen der latenten Destruktivität der Kranken waren. Die Patientin konnte sich von dieser Destruktivität nicht auf die Art distanzieren, wie wir Gesunden uns von den fragwürdigen Seiten unserer eigenen Person distanzieren, nämlich indem wir sie verdrängen oder indem wir diesen Seiten die positiven Kerne und Aspekte unserer Existenz gegenüberstellen und ein erträgliches Selbst-Bild entwickeln. Sie konnte das eben nicht, weil die unbewußte Destruktivität sehr groß, das positive Selbstbild aber zu schwach und die Abwehrkräfte des Ich zu gering waren.

Die Kranke konnte sich von den destruktiven Seiten ihrer Person nur in einer psychotischen Weise distanzieren, das heißt, durch die Spaltung. Die negativen Seiten wurden nämlich als fremde Mächte erlebt, etwa als die Schlange und die Steine; sie wurden nach außen verschoben, auf die Umwelt projiziert oder primär dort erlebt. Sie blieben aber übermächtig, weil es im gespaltenen Projektionsraum keine Ich-Kontrolle mehr gab. Die Projizierung der eigenen negativen Seiten auf die Welt bedeutet eine halluzinatorische Verfälschung der Welt, die von Dämonen und Verfolgern bewohnt wird; der Wahn entfaltet sich. Im Versuch, sich von solchen negativen Mächten abzugrenzen, erlebt sich der Kranke als von ihnen abgespalten, als das Opfer, als der Verfolgte. Er fühlt sich dann äußerst ohnmächtig, so wie der Verfolger umgekehrt allmächtig ist, allmächtiger als jeder reale Verfolger, weil er aus dem Inneren des Kranken stammt und somit alle seine Gedanken kennt, alle seine Gefühle manipuliert.

In der Psychotherapie dieses Falles beschränkte sich die Psychotherapeutin zunächst darauf, die Sehnsucht der Patientin nach einem erlösenden Kind, von dem die Kranke im Wunschdenken einmal redete, immer wieder anzusprechen. Solch ein Kind würde nicht, wie die Schlange, die Kranke angreifen, sondern sie zur Mutter werden lassen. Das Kind wurde aber auch als die unschuldige, kindliche Seite der Patientin gedeutet. Das wäre – fuhr die Ärztin fort – der Anfang der Liebe, wodurch dann auch die Destruktion, der Steinfall aus dem Himmel, aufhören würde. Durch diese wiederholte Rede identifizierte sich die Ärztin mit der latenten menschlichen Innerlichkeit der Patientin, mit den verborgenen Phantasien der Kranken, sozusagen mit deren Seele *hinter* der Psychose, anstatt den absurden Wahn, das halluzinatorische Syndrom lediglich zu diskutieren.

Eine Folge dieser therapeutischen Identifizierung mit der Tiefenperson war nun eine Gegenidentifikation der Kranken mit dem sie ansprechenden Wort. Die psychotische Gegenidentifikation kann aber niemals eine gesunde Phantasie sein, wie etwa die therapeutische Deutung. Ja, *sie erscheint zunächst wie ein neuer Wahn*, wie eine zweite Wahnidee, die aber, im

Gegensatz zu der ursprünglichen, die Annäherung an den Therapeuten, die Introjizierung seiner Worte ausdrückt.

Bei unserer Patientin äußerte sich dies in dem Wahn, daß nicht mehr eine Schlange, sondern ein Computer in ihrem Schoß sitzen würde: also eine Art Wahn-Kind. Dieser Computer bestehe aus zwei Hälften, von denen die eine Hälfte Robert und die andere William heiße. Die Patientin beschrieb diese zwei Wesen als die eigenen gespaltenen Teilpersonen. Der Computer, der sie beide vereinigte, wurde von der Kranken als eine "Entität" erlebt, die nicht mehr, wie die Schlange, zerstörte, sondern sie mit der ganzen Welt verband. Ferner besaß der Computer sowohl "verrückte" als auch "gesunde Hirnzellen", die so wie die Hirnzellen der Therapeutin funktionierten. Die gesunden Hirnzellen des Computers konnten, im Gegensatz zu den verrückten, auch Liebesgefühle empfinden, meinte die Patientin. Infolge dieser Liebesgefühle hatte die Kranke zeitweise den Eindruck, als ob sie nun ein wirkliches, aber leidendes Kind, ein "taub-stummes" im Schoß trage – eine psychotische Identifizierung mit der therapeutischen Anregung.

Man sieht an diesem Beispiel, wie sich die Patientin "appersonierend", das heiß, auf introjektivem Wege dem positiven Wort der Therapeutin näherte. Das "taub-stumme" Kind war schließlich nicht wesensverschieden von dem phantasierten Kind der Therapeutin. Die Ausdrücke der Kranken (Computer, Robert und William, verrückte und gesunde Hirnzellen) sind alle noch psychopathologisch, wahnhaft und halluzinatorisch; aber sie drükken bereits eine positive Bewegung aus: *vom Autismus weg zur Kommunikation hin.* Aus diesem Grund nenne ich diese in der Psychotherapie entstandene, neue Psychopathologie "*die progressive Psychopathologie*" – im Gegensatz zur alten, regressiven Psychopathologie des ursprünglichen Wahns.

Die Vorstellungen, die in einer solchen "progressiven Psychopathologie" entstehen, sind wie Zwitter, sind Verschmelzungen von Patienten-Teilen mit therapeutischen Teilen, von "verrückten" Hirnzellen und "gesunden" Hirnzellen. Solche Vorstellungen, die, wie intrapsychische Brücken, Patient und Therapeut miteinander dialogisch verbinden, nenne ich "Übergangssubjekte". Mit diesem Terminus meine ich, daß der Kranke noch kein Subjekt ist, daß er aber im Übergang zu der gesunden, partizipierenden Person des Therapeuten beginnt, Subjekt zu sein. Die Beziehung des Kranken zum Therapeuten ist in dieser Phase eine intrapsychische und noch nicht eine interpersonale, weil zur Inter-Personalität die Wahrnehmung der realen Person des *anderen* gehört und damit auch die Wahrnehmung der *eigenen* Person.

Wenn der Kranke sich mit dem Wesen des Therapeuten vermischt wähnt, weil er zwischen Ich und Nicht-Ich noch nicht klar unterscheiden kann, spreche ich von "Inter-Subjektivität". Die Inter-Subjektivität ist, wie gesagt, noch keine Inter-Personalität. Aber sie ist dennoch eine Auflockerung des Autismus, weil Brücken zwischen dem Subjekt des Kranken und dem Subjekt des Arztes entstehen.

In der Identifikation und Gegenidentifikation findet ein Erleben der Teil-Symmetrie statt, demzufolge die reale ärztliche Asymmetrie in der Erfahrung der Dualität für eine Weile aufgehoben wird. Der Patient entwickelt eine eigene therapeutische Seite, die sich der Patientenseite im Symbol annimmt, wodurch eine tiefere Selbstbestätigung stattfindet. Der Kranke reintegriert sich in der Identifikation mit einem kohäsiven therapeutischen Ich.

Eine fünfte Form der Positivierung ist das Austragen von Situationen des Widerstandes, der Unverständlichkeit, der Kontaktlosigkeit, der Uneinsichtigkeit, der Leere, der Passivität oder Aggressivität des Kranken, der Wahnübertragung.

Man findet in den Krankenberichten von Kollegen, die sich psychotherapeutisch betätigen, immer wieder Sätze wie: "Die Haltung des Patienten ist niedergeschlagen, negativistisch, und ich spüre stark seine innere Leere, die sich lähmend im Raum ausbreitet." Austragen meint nun die Fähigkeit, solche Zustände auszuhalten, ohne weder die Motivation zu verlieren, noch Insuffizienzgefühle zu entwickeln. Die Fähigkeit zum Austragen der Leere sollte sich beim Psychotherapeuten mit der Fähigkeit verbinden, sich von den unbewußten Emotionen des Patienten anregen zu lassen. Fühlt sich der Arzt von seinem Patienten nicht nur erdrückt oder gelangweilt, sondern auch angeregt und bereichert, so wird dies empathisch vom Kranken wahrgenommen. Sein Gegenüber wird dem Kranken wichtig, weil es nicht mehr sein untersuchendes Über-Ich vertritt.

Eine sechste Form der Positivierung ist die Rückführung des Symptoms auf seinen tragischen Erlebensgrund. Dieses Konzept kann ich hier mit einem Beispiel erläutern: ich erinnere mich an einen Kranken, dessen positive Übertragung mit der Erzählung eines Traums begann, in dem er durch einen langen und dunklen Tunnel wandern mußte, der voll war von Glassplittern, Messerspitzen, Drahtzäunen, stechenden Dornen, Abgründen und Folterinstrumenten aller Art. Dieser Traum wiederholte sich monoton jede Woche in einer zwei Jahre dauernden Psychotherapie. Das Erzählen davon war für den Kranken immer erleichternd. Er erlebte sich im gemeinsamen Wissen um seine tragische Existenz als eine unglückliche und wertvolle Person.

Eine siebente Form der Positivierung ist die korrigierende und konstruktive Begegnung mit der Destruktivität und dem Tod. Es liegt der Psychose auch eine Destruktivität zugrunde, die sich in der phantasmatischen Zerstörung der Realität, der Sprache, der Objektliebe, in den Suizidimpulsen, im Negativismus, in der Selbstauflösung der Person zeigt. Die Todestriebe der Patienten auszuhalten, ohne negative Gegenübertragungen zu entwickeln, und die Patienten dabei aktiv in Schutz zu nehmen, hilft diesen, sich von den zersetzenden Urbildern zu distanzieren.

So meinte eine Patientin, daß meine Worte für sie tödlich wären. Sie hatte in der Tat aggressive Impulse gegen mich, die sie nicht bei sich wahrnahm, sondern auf meine Worte projizierte.

Die klassische Deutung wäre die gewesen, daß eigene, unbewußte Aggressionen transitivistisch meinen Worten die Qualität des Aggressiven verliehen.

Ein psychotisches Ich kann aber meistens solche Deutungen nicht ertragen, nicht assimilieren, weil sie ihm Angst machen und "weil es zwischen Innen und Außen", Ich und Nicht-Ich, nicht unterscheiden kann.

Ich sagte der Patientin deshalb, daß sie mir dieses Erleben in einem Bild darstellen solle, damit ich es besser verstehen könne. Sie malte daraufhin ein Bild, auf dem Kreuzritter eine Prinzessin erstechen. Sie sagte, daß die Kreuzritter meine Worte wären. Ich sagte ihr dann, wenn sie mich in dieser Rolle des Verfolgers sehen müsse, so sei dies nicht einmal so schlecht; denn ihre anonymen Verfolger hätten nur eine negative Beziehung zu ihr, während ich sie auch als Verfolger noch gern habe. Ich fuhr fort, daß sie, die Patientin, das spüren müsse, ansonsten würde sie nicht so pünktlich in die Psychotherapiestunden kommen, um meine gefährlichen Worte anzuhören.

Die Kranke hatte hier eine plötzliche Einsicht und sagte: "Dadurch, daß Sie mich in meinem Bild töten, sind wir beide quitt." "Ja", erwiderte ich, "es ist so, als ob ich Sie in Ihrem Bilde Ihnen zuliebe töte, damit Sie nicht allein die Mörderin sein müssen. Sie töten Ihrerseits meine Worte, wenn Sie in Ihrer Abgeschlossenheit mich wegwischen und meine Worte so behandeln, als ob sie überhaupt nicht existieren würden." Sie antwortete: "Aber jetzt hat die Spitze Ihres Wortes mein Herz berührt."

Eine solche "kommunikative Psychopathologie" entwickelt sich über verschiedene Stufen des Verstehens, des Deutens, des psychotherapeutischen Dialogs in einer Weise, die sich schematisch, grob vereinfachend wie folgt darstellen läßt.

In einer *ersten* Phase versuche ich, durch eine stets rekonstruierende Form des Zuhörens das Grundmuster zu erfassen, aus dem sich die "Welt" ergibt, in der der Kranke lebt. So finde ich eine Art psychopathologische Ganzheit, in deren Spiegel der Patient mir als eine *Person* und nicht lediglich als ein Konglomerat von Symptomen erscheint. Auch verzichte ich während dieser ersten Phase auf eine deutende oder allzu früh die soziale Anpassung verlangende Aktivität, die mir den Kranken entfremdet. Stattdessen wiederhole ich seine Erlebnisse in einer möglichst vereinheitlichenden und rationalisierenden Sprache, die gleichzeitig Anteilnahme ausdrückt. Weiter entwickle ich ein *vorsichtiges Angebot von Nähe*, von Mit-Sein, das dem Kranken aber *die Freiheit läßt, Distanz zu wahren.*

Wahnhafte und meistens negative Verzerrungen meiner eigenen Person deute ich zunächst nicht und widerspreche ihnen auch nicht. Hingegen versuche ich zu erfahren, welche negativen Bedürfnisse nach Verrückung, Zerstörung, Selbstprojizierung ihnen zugrundeliegen, um Informationen für das weitere Gespräch zu gewinnen. Vor allem bemühe ich mich darum, möglichst gelassen und sympathetisch alle negativen Gefühle auszuhalten, um dadurch dem Patienten die noch unbewußte Botschaft zuzuleiten, daß eine positive, tragende Seite in mir vorhanden ist, die bereit ist, mit seiner wahnhaften zu koexistieren, daß also meine Person und so auch das Selbst des Kranken aus gegensätzlichen Hälften bestehen, die, zusammengesetzt, eine Einheit ergeben können.

Die *zweite* psychotherapeutische Phase besteht in einer zunehmenden Dualisierung des Verhältnisses. Der Kranke verwechselt zum Beispiel eigene Selbstteile mit Aspekten meiner Person. Er erlebt manche Gedanken von mir als die seinen, oder er fürchtet Äußerungen von mir als Manifestationen seiner Innenwelt. Die psychotherapeutische Haltung besteht in einer Bereitschaft, durch eigene Phantasien, Assoziationen und Deutungen solche Transitivismen und Appersonierungen in archaische Kommunikationsformen zu transformieren, auf Grund derer eine Art Symbiose mit einem stets positivierenden Partner stattfindet.

Ein Beispiel dafür ist das Bild einer Patientin, auf dem ein Skelett dargestellt ist, das eine Frau in den Armen trägt. Das Totengerippe bewegt sich in der Bildmitte, die von zwei Symbolen umrankt ist: unten eine Darstellung der Hölle, oben das Paradies.

Gleich nach der Fertigstellung des Bildes erklärte mir die Patientin, daß ich selber das Totengerippe sei. Obwohl sie um den Sinn der dargestellten Gebärde Bescheid wußte – der Therapeut trage sie symbolisch in den Armen aus der Hölle der Psychose in das Paradies der Heilung – konnte sie mir nicht sagen, warum sie mich mit einem Skelett identifiziert hatte. Gerade dieser Zusammenhang war ihr *nicht bewußt*. Er war aber die Quelle der *unbewußten Phantasie*!

Mir fiel nämlich während der Meditation des Bildes plötzlich ein, daß die Psychose meiner Patienten, die sich nun nach einem zunächst chronischen Verlauf der Heilung näherte, mit einer Halluzination des Todes begonnen hatte: das Totengerippe, Symbol ihrer aggressiven Impulse (sie fürchtete sich zum Beispiel davor, jemanden zu töten), war ihr im Hauskeller plötzlich unter größter Angst sinnhaft-visuell erschienen. Als ich der Patientin diese Episode ins Gedächtnis rief, war sie über das plötzliche Bewußtwerden erschüttert. Jetzt war dieses Gespenst mit einem Bilde "fusioniert", verdichtet, identifiziert: *ich* trug sie *als der Tod aus dem Bereich des Todes* hinaus!

Dieses Bild der Fusion verstand ich einerseits als einen weiteren Ausdruck der Schwierigkeit des schizophrenen Menschen, sich vom Therapeuten zu unterscheiden und dessen Umrisse voll wahrzunehmen, anderseits aber auch als einen Ausdruck der Dynamik, die der *psychotherapeutischen Variante der Fusion* eigen ist: nur als der personifizierte Tod konnte ich den Tod überwinden! Nur die Gegenhalluzination kann manches

Mal erst die Halluzination restlos neutralisieren und nicht die bloße Einsicht.

Nach dieser Stunde habe ich mir gesagt: sicher hatte FREUD recht, wenn er sagte, daß der paranoide Patient nicht ins Leere projiziert, sondern auf Menschen, die solche Projektionen stimuliert haben; denn die aggressive Qualität *meiner* Worte, die die Patientin empfand, war vielleicht nicht nur ein Wahn der Kranken, sondern auch eine unbewußte Regung von mir; und diese mochte mit der tatsächlichen Ungeduld zusammenhängen, die in mir allmählich wuchs, als ich ihre Aggressionen erlebte. Ich stellte bei mir fest, daß meine Patientin mein eigenes Unbewußtes wahrgenommen und gemalt hatte, noch bevor ich es wahrgenommen hatte. Ich konnte dann durch solche Reflexionen nicht nur die aggressiven Impulse der Patientin besser aushalten, sondern auch die meinen besser wahrnehmen. Dem folgte anschließend eine deutliche Besserung der Patientin.

Die *dritte* psychotherapeutische Phase ist durch die Entwicklung einer regressiven Abhängigkeit gekennzeichnet, die den Therapeuten aufruft, diese für eine Weile anzunehmen; aber gleichzeitig auf ihre Überwindung hinzuarbeiten. Ausgehend von der Unterscheidung BALINTS zwischen einer “benignen” und einer “malignen” Regression, müssen wir versuchen, jegliche Form der Abhängigkeit als eine “benigne”, vorübergehende, das Selbst und die künftige Autonomie des Patienten ernährende Regression zu gestalten. Der Arzt soll nicht müde werden, die kleinsten Fortschritte des Patienten festzustellen und Freude darüber zu äußern. Ferner muß man an diesem Punkt beginnen, *die destruktiven Impulse des Patienten konsequent zu deuten*, man muß darauf bestehen, daß *er diese Impulse als eigene erkennt; man muß ihm aber auch zeigen, wie er sich von ihnen distanzieren kann.*

Die *vierte* Phase ist diejenige einer *fortgeschrittenen Ich-Du-Abgrenzung*, durch die sich eine erste Möglichkeit zur *Besprechung der dynamischen, die Einheit des Ich belastenden Lebensprobleme* anbahnt. Es ist die Phase, in der sich *die Frage einer Überführung in eine Familientherapie oder in eine Gruppentherapie* aufdrängt. Grundsätzlich ist eine Familientherapie überall dort indiziert, wo eine sorgfältige Anamnese gezeigt hat, daß Familienkonflikte die Situation des Kranken vergiften und seine Psychopathologie immer wieder neu aufladen. Die Überführung in eine Gruppentherapie drängt sich aus zweierlei Gründen auf: einmal durch die Beschränktheit unserer Zeit, zum andern durch die Tatsache, daß sich *nach der Assimilierung der wichtigsten Intimitätserfahrungen in der dualen Situation für den Kranken in der Gruppe neue Horizonte für soziale Erfahrungen eröffnen.*

In der individuellen Psychotherapie ist das Wesentliche die *Entstehung von positivierenden Leidens- und Lebenssymbolen*, die nicht vom Arzt im Sinne einer bestimmten Technik angeboten werden, sondern von beiden am

Dialog teilnehmenden Partnern, dem Patienten und dem Psychotherapeuten, gestaltet werden.

Durch solche Interaktionen kann sich die "regressive Psychopathologie" des Kranken in eine "progressive Psychopathologie" verwandeln, die ich auch das "therapeutische Symbol" nenne.

Die Psychotherapie der Psychosen in der Gegenüberstellung zu derjenigen der Neurosen

Ein wesentlicher Unterschied zwischen Psychosen- und Neurosentherapie liegt in der Struktur der Beziehung zum Patienten.

Wir wollen der Einfachheit halber diesen Unterschied pointiert formulieren: in der Neurosentherapie ist der Therapeut ein "Arzt", der – fürsorgend, gütig, interessiert – dem Leiden seines Patienten gegenübersteht, dieses psychodynamisch diagnostiziert, versteht, deutet, begleitet. Die Hilfe liegt in einer mitmenschlich gehandhabten Sachlichkeit der Beziehung, in der die Konflikte des Patienten besonders in ihrer unbewußten Komponente erfaßt, dem Leidenden erklärt und zu deren Lösung auch Vorschläge gemacht werden.

Man ist heute zwar weit davon entfernt, bei all dem die rationale Komponente so sehr in den Vordergrund zu stellen, daß die Gegenübertragung keine wesentliche Rolle mehr spielt. Noch der junge FREUD meinte, der beste Analytiker sei der, der frei von Gegenübertragungen arbeite. Zum rationalen Wesen der Psychoanalyse gehört es aber, daß die Gegenübertragung vor allem reflektiert und als eigenes Problem vom Analytiker bewältigt wird. Oft enthält die Gegenübertragung, ebenso wie die Übertragung, infantile Komponenten, mit denen der Therapeut seine Patienten nicht unbewußt belasten darf. Denken wir etwa an den zur Zeit Freuds noch unbekannten Begriff der "Parentifizierung". Ich erinnere mich, daß mein Lehrer BALLY schon vor dreißig Jahren im Anschluß an HEIDEGGER sagte, daß der Therapeut nicht für seinen Patienten "einspringen" darf (mit Ratschlägen, bewertenden Stellungnahmen, fürsorgerischen Taten), daß er vielmehr, denkend und klärend, diesem "vorausspringen" soll – so daß der Patient volle Verantwortung für seine Existenz übernimmt.

Nun sind die Übergänge zwischen einer solchen Psychoanalyse und der spezielleren Psychosentherapie fließend. Es fehlt auch hier nicht an Situationen und Verläufen, in denen der Therapeut sich in ähnlicher Weise wie in der Psychoanalyse benimmt – besonders bei mild psychotischen, langjährigen Zuständen, bei denen die reflektierende Distanz des Therapeuten, die sich mit einer gütigen, tolerierenden, verläßlichen affektiven Einstellung verbindet, eine Wohltat für den sich vor jeder Nähe ängstigenden Patienten ist.

Wenn wir nun aber den gravierenden Unterschied zwischen Neurosen- und Psychosentherapie darlegen wollen, können wir das am besten durch eine paradoxe Formulierung, die bei aller Übertreibung die Konturen scharf erkennen läßt: die Psychosentherapie ist durch den eigentümlichen Gegensatz charakterisiert, daß einerseits zwischen dem gesunden Therapeuten und dem autistischen, halluzinierenden, wahnhaft denkenden Patienten ein viel größerer Unterschied besteht, als zwischen dem neurotischen Klienten und dem Analytiker, und daß letzterer sich anderseits (zum Beispiel in seinen eigenen Träumen und unbewußten Identifikationen) doch als "Zwilling" seines Patienten erlebt.

Diese Definition stammt von mir; doch habe ich Ähnliches in den Schilderungen anderer Autoren gefunden. Wenn zum Beispiel RACAMIER in seinem Buch "Die Schizophrenen" sagt, daß der Therapeut in einer Psychosentherapie oft das eigentümliche Gefühl erlebt, "niemand zu sein", meint er im Grunde, daß der Therapeut in eine "Zwillingsbeziehung" zu seinem sich in einer negativen Existenz auflösenden Patienten tritt. Ob diese Zwillingssituation durch den den anderen wie sich selber negierenden Patienten bewirkt wird oder durch die aktive Identifikation des Therapeuten mit seinem Patienten, ist eine andere, übrigens schwer lösbare Frage – da sich durch gegenseitige Projektionen und Introjektionen das Primäre vom Sekundären in der Beziehung sehr schwer unterscheiden läßt, wie wir ja auch bei der Krankheit die primären von den sekundären Symptomen oft nicht unterscheiden können.

Als unwillkürlicher "Zwilling", der auf diese Weise die ungeheure Asymmetrie zwischen Psychose und Geistesgesundheit kompensiert, übernimmt der Therapeut auch in seinen Träumen und in seinen wachen freien Assoziationen Züge des Leidens seines Patienten. Der Patient lebt zum Beispiel auf dem Mond, von allen verlassen; der Therapeut muß ihn in seinem Traum ebenfalls verlassen, muß sich also wie alle anderen intrapsychischen Partner des Patienten erleben. Oder er behandelt eine Patientin, die sich tot wähnt – und sich in ihrem Wahn zerkratzt, damit die Würmer, die sie unter der Haut auffressen, herauskommen – und er träumt dann, über eine schwindelnd tiefe Treppe in einen Abgrund hinunterzusteigen, bis zu einer Kammer des Todes: "Dort ist er gefangen, er kann sie nicht verlassen."

Eine schizophrene Patientin von MARIO ISOTTI glaubte, ein Grashalm in verbrannter Erde zu sein, den "Horden von Barbaren" zertrampeln würden. Wie so viele schizophrene Patienten meinte sie das nicht "symbolisch" (Symbole dieser Art finden wir in Hülle und Fülle nur bei den Künstlern). Die Kranke lebte ja in einem Wahn; sie konnte also das, was für uns ein Symbol ist, von ihrer materiellen Realität nicht unterscheiden; an die Stelle des Symbols trat darum die Halluzination. Das Sinnbild aus dem Bild zu rekonstruieren, das halluzinatorisch-wahnhafte Erleben in einen rationalen, auslegenden Gedanken zu überführen und zu übersetzen, das wäre echte Psychoanalyse. Wie schön, wenn das öfter möglich wäre! Die klinische Erfahrung zeigt jedoch, daß schizophrene Patienten nur in der Phase der beginnenden Heilung (oder unter Umständen auch in der Psychose; aber dann erst auf der Grundlage einer festen, positiven, identifikatorischen, sie überzeugenden therapeutischen Beziehung) bereit sind, hier dem Psychotherapeuten zu folgen und sich mit seinem Denken soweit zu identifizieren, daß sie die reichere und sinnliche Evidenz des Wahns fallen lassen. In der Regel lehnen sie aber die psychoanalytische Interpretation ab: der Grashalm, die Barbarenhorde seien keine austauschbaren Metaphern, nein, sie seien das einzig gültige Gesicht und Gesetz der Realität! Der Therapeut aber, der dann auf seiner Deutung beharrt, der den "Widerstand" des psychotischen Patienten analysieren will, bekommt dessen vollen Negativismus zu spüren – wenn er nicht geradezu in die Kategorie der Verfolger eingereiht wird. Bedenkt man, daß eine auch nur minimale Motivation selbst für die stationäre Psychosentherapie unerläßlich ist, so versteht man, angesichts dieser Widerstände, daß manche in der Neurosentherapie erfahrene Analytiker, zum Beispiel ELSA KOCKEL (mündliche Mitteilung), vor rund 40 Jahren die Anwendung der Psychoanalyse hier als einen "Kunstfehler" betrachteten. Und selbst bei Borderline-Patienten findet heute ROHDE-DACHSER die streng psychoanalytische Behandlungsmethode deplaziert. Doch kommen wir nun zu MARIO ISOTTI zurück.

Dieser Therapeut war erschüttert vom Gleichnis seiner Kranken; er erlebte es in seinem nächtlichen Traum selber so ungleichnishaft und konkret, wie die Patientin es meinte. Und er erzählte ihr am folgenden Tag, er bewege sich in ihrer Landschaft; er spüre die Angst der Kranken an sich selbst; er habe sie nacherlebt.

Solche einfachen Dinge können im Identitätsverlust eine Beziehung entstehen lassen, die sich als identitätsbildend erweist. Dies ist ein Hinweis darauf, daß sich Selbstidentität in einer Situation der Dualität entwickelt. Wenn die Asymmetrie der Subjekt-Objekt-Trennung im Identitätsverlust aufgehoben ist, so kann im Unbewußten, wie uns der Traum zeigt, eine identifikatorische Symmetrie entstehen, die identitätsbildend wirkt.

Denjenigen, die sich an diesem Punkt in ihrem Wissenschaftsglauben bedroht fühlen, sei die Frage gestellt, ob sie nicht besser beraten wären, die an der Grenze unserer Ratio sich abspielenden Phänomene des Unbewußten allmählich auch der Wissenschaft zugänglich zu machen. Dem Einwand, eine solche Psychotherapie mache die Therapeuten zu Mit-Patienten, möchte ich entgegen halten, daß zwar die Erlebnisse des Arztes in der phantasmatischen Identifikation mit seinen psychotischen Patienten anspruchsvoll, bewegend, erschütternd sind, aber in der Regel nicht angstbesetzt. Sie sind fordernd, nicht überfordernd. Der Kollege, der träumte, in die Todeskammer seiner Patientin zu treten, berichtete mir in der Supervision von einer eigentümlichen Ruhe, die über ihn kam, jedesmal wenn er seinen Traum meditierte. Offenbar meint die Dualisierung weder Angstaffizierung im affektiven Bereich, noch intellektuelle Ansteckung im kognitiven Bereich, wie wir sie bei der "folie à deux" kennen. Vielmehr werden die negativen Inhalte der Psychose von jenen Therapeuten aktiv übernommen, die unbewußt die Kraft in sich spüren, sie im eigenen "psychischen Kreislauf" entgiften zu können. Diese "Nierenfunktion" lohnt sich, weil der Patient seinen Psychotherapeuten mit der Erfahrung der dualen Existenz belohnt und bereichert. Der Patient, der klagt, er sei kein wirklicher Mensch wie wir alle, wird zu einem, der seinem nicht selten ratlosen Therapeuten hilft; dort zum Beispiel, wo dieser in seiner "Gegenübertragung" das Gefühl bekommt, es sei der Patient selber, der ihm die wichtigsten therapeutischen Einfälle über das Unbewußte vermittelt. Indem wir Therapeuten solche Gegenübertragungsgefühle bekommen, nehmen wir die Patienten so ernst, daß sie sich nicht narzißtisch-wahnhaft zu überhöhen brauchen. Die unbewußte Fähigkeit des psychotischen Patienten, das Unbewußte seines Therapeuten kreativ zu aktivieren, ist eine realistische Sublimation der narzißtischen Wahnidee, selbst ein Übermensch, Napoleon, Gott zu sein. Wenn solche Selbstüberhöhungen schon durch die Absurdität des Wahns den unbewußten Zusammenbruch im Todeserleben erleiden müssen, ist dagegen die "Idealisierung", die ein psychotischer Patient in den Augen seines Therapeuten erfährt (dort zum Beispiel, wo seine etwas hilflose Bildnerei vom Therapeuten, der da eine Selbstgeburt des Patienten erblickt, als "Kunst" erlebt wird) im Grunde keine "Falsifizierung der Realität" (wie das Wort Idealisierung uns nahelegt), sondern eine Wesenserkenntnis: die unbekannte, verlorengegangene positive Seite der Seele des Kranken wird von beiden simultan erkannt.

Die latent positive Seite des Patienten lebt sonst im autistischen Raum als grandioses Fragment in einem Trümmerfeld des Todes; der Patient wird von seiner eigenen Ruine, von der abstürzenden Architektur seines möglichen Selbst begraben. Erst in der Psychotherapie erscheint ihm die Tiefe der Trauer, die Tragik des Daseins, der Wert all dessen, was im Schutt und Dreck der Psychose verloren und selbstentfremdet lag. Die Fähigkeit des Therapeuten, sich positiv ansprechen zu lassen von Dingen, die vordergründig und in dem quälenden subjektiven Erleben des Kranken nur negativ sind, legt den ersten Stein für einen heilenden Dialog.

Gegenübertragungsdeutungen in der Psychosentherapie

Was ich meinen psychotischen Patienten in erster Linie deute, ist nicht ihre Psychopathologie, sondern meine Reaktion auf diese – also meine Gegenübertragung. Ich deute dem Patienten mich selber, damit *er* sich verstehen und am Ende auch selber deuten kann.

Im Wahn eines Schizophrenen ließen sich die extraterrestrischen Marsmenschen, die die Menschheit erretten sollten, als eine abgespaltene Seite des Unbewußten verstehen, die als himmlischer Bote die Liebe auf die Erde zurückbringen sollte. Die Erde bestand aus Mord; denn dieser Kranke hatte tatsächlich in einem Raptus die eigene Mutter getötet.

Der Therapeut (M. PECICCIA) deutete ihm nicht die Marsmenschen, sondern er setzte sich mit diesen in Verbindung. Der Kranke konnte dies von sich aus nicht tun; denn er erlebte sich als einen Computer ohne Seele. Die therapeutische Bezugnahme auf die Marsmenschen fand durch Worte, durch symbolische Realisierungen, durch Zeichnungen statt: also durch Wesensäußerungen, die dem Patienten den Therapeuten als Person zeigten, ihm das therapeutische Unbewußte "deuteten".

In einem anderen Fall, da Leere, Anergie, Passivität, negative Wahnvorstellungen das Bewußtsein erfüllten, zeugte ein "Elektrizitätswahn" des Patienten – nach dem drahtlose Leiter über riesige Türme einen unermeßlichen elektrischen Strom von Kontinent zu Kontinent übertrugen und unseren Planeten sogar in Beziehung zu anderen Welten setzten – von der Sehnsucht des Kranken, am Lebenstrom teilzunehmen. Der in einem autistischen Raum von seinen Mitmenschen abgekapselte Kranke, von allem ausgeschlossen, alles ausschließend, mußte sich, umgekehrt, im Wahn mit allem in Beziehung setzen. Diese wahnhaft-halluzinatorische Bezugnahme war für den Patienten zwar notwendig – ohne die Realität des Wahns wäre er "niemand gewesen", wie er selber andeutete –, aber auch quälend, weil sie nicht in das Selbst integriert war: der Kranke fühlte sich schmerzlich ständigen Elektrizitätsstößen ausgesetzt. Niemand durfte sich ihm nähern; denn "die Elektrizität könnte einen jeden töten, der sich ihm näherte". So war er gerade durch das, was ihn mit dem Kosmos verbinden sollte, von der Umwelt isoliert.

Wir sehen an diesem knappen Beispiel die tragische Paradoxie des Wahns, der im Ursprung eine Kompensation der Psychopathologie ist, der dann aber durch die Dynamik dieser Psychopathologie auch deren Eigengesetzlichkeit bis zur völligen Selbstzerstörung übernimmt. Durch die Abwehr wird das Abgewehrte ins Riesenhafte gesteigert. Wie lächerlich klingen kognitive Deutungen eines solchen Geschehens für den Patienten! Die Tatsache, daß er sie nicht einmal beachtete, zeigte, daß solche Deutungen die gefürchtete – aber auch ersehnte – Nähe nicht im entferntesten herstellten.

Erst als der Therapeut von der "Elektrizitätszentrale" als Metapher zu sprechen begann und diese in seinen eigenen Träumen mit dem Patienten umgestaltete, fing dieser an, nervös zu werden. Es kam zu "Elektrizitätsentladungen", zu Wutausbrüchen des Patienten. Aber durch die sich über viele Monate erstreckende Bereitschaft des Therapeuten, solche Aggressionen auszuhalten, konnte die "Elektrizität" dem Patienten als mögliche Liebe gedeutet werden.

Deutungen sind, wie schon diese wenigen Beispiele zeigen, auch in der Psychosentherapie nötig. Man muß, wie ein heilender Patient einmal sagte, Hamlet gleich, im Wahnsinn eine Methode suchen. Aber Deutungen meinen etwas anderes als Übersetzungen des Wahns in eine rationale Sprache. Als solche würden sie nicht einmal zutreffen; das Komplexe, das Unverständliche, das Konfuse verwirren uns oft nicht weniger als den Kranken, und unsere Versuche, uns am Rande des Geschehens mit ihm durch Verstandesmittel zu orientieren, sind objektiv keine völlig zutreffenden Deutungen, sondern nur wertvolle psychodynamische Projektionen, die für uns den Sinn haben, die abstruse Welt des Kranken zu gliedern und zu vermenschlichen. Allein durch solche Verstandesprojektionen können wir die Zementmauern des Autismus niemals sprengen. Wir müssen auch unsere eigene Person projizieren!

Deutungen wirken erst als Boten der Gegenübertragung, die dem Patienten den Einsatz der therapeutischen Person überbringen – wobei freilich auch die ganze Mühe der Psychologisierung, Rationalisierung, Meditierung der psychotischen Inhalte dazu zu rechnen ist. *Die Gegenübertragung entsteht auf Grund einer therapeutischen Appersonation des Leidens des Patienten.* Die therapeutische Appersonation erstellt eine – entweder im Traum oder in der wachen Phantasie vollzogene – Situation, in der der Therapeut, oft ohne es direkt zu bemerken, eine unangenehme Emotion, die zum Unbewußten seines Patienten gehört, *als die seine bewußt erlebt.* Die Übersetzung vom Unbewußten ins Bewußtsein erfolgt also zunächst *intrapsychisch beim Therapeuten*, und sie ist therapeutisch bedeutsam, noch *bevor* sie interpersonal, zwischenmenschlich wird.

Wieder soll ein Beispiel das Wesen des Phänomens veranschaulichen: der Psychotherapeut eines psychotischen, meistens aggressiv abwehrenden Patienten träumte, mit diesem in der Sitzung zu sein. Plötzlich tritt ein Fremder ins Zimmer, legt einen schweren Sack zu Füßen des Therapeuten nieder, bindet diesen mit Handschellen an den Stuhl und verschwindet. Der Therapeut hat im Traum den Einfall, im Sack sei eine Zeitbombe versteckt. Unter Anspannung all seiner Kräfte löst er sich aus den Fesseln und wirft den Sack zum Fenster hinaus.

In der Supervisionsstunde konnten wir uns klar machen, daß er sowohl die Aggressivität seines Patienten (im Symbol des Fremden und des explosiven Stoffes) als auch dessen Angst (im Symbol des Gefesseltwerdens) appersoniert hatte. Erst auf Grund dieser Identifikation mit der unbewußten Lage des Patienten, und zwar durch eine Übersetzung des Patienten-Unbewußten ins therapeutische Bewußtsein, konnte der progressive Einfall entstehen, die Idee und die Tat der Befreiung.

Obwohl der Traum nicht mitgeteilt wurde – der Patient hätte sich gegen die Aggressivitätsdeutung gewehrt –, folgte ihm eine deutliche Entspannung des psychotischen Zustands. Ich verstehe das so, daß der Traum als Bewußtseinsphänomen nur beim Therapeuten, als unbewußter Vorgang aber auch beim Patienten stattgefunden hatte. Vor allem nahm die Angst vor einer "Explosion" in der Kontaktnahme deutlich ab.

Man kann den Einfall des Therapeuten, den explosiven Stoff zu entfernen, eine "Positivierung" nennen. Sie ist der eigentliche therapeutische Beitrag zur Neugestaltung der zunächst lediglich reduplizierten psychotischen Situation. Dieser alles in eine neue Perspektive stellende Einfall ist für den Patienten gerade das Entscheidende; die bloße Teilnahme bedeutet ihm weniger. Aber diese Progression hätte nicht stattfinden können, wenn ihr nicht die Regression des Therapeuten auf den Leidenszustand des Patienten, die Symmetrie in der Ratlosigkeit, vorausgegangen wäre.

Fast immer verbindet sich beim Therapeuten der positivierende Einfall mit Augenblicken eigener psychotischer Gefühlsweisen, also mit der "psychotischen Symmetrie", wie ich diese Form der Begegnung gerne nenne. Damit meine ich eine vorübergehende Versetzung des Therapeuten (in seinen Träumen und Assoziationen) in die psychotischen Situationen und Landschaften seiner Patienten. Ist dies nie der Fall, dann bleibt der Therapeut in einer allzu großen Distanz, die meistens Ausdruck unbewußter Widerstände ist, die seine Arbeit gefährden können.

Ich habe den Traum des Arztes erwähnt, in dem dieser in die Todeskammer seiner sich tot fühlenden Patientin getreten war. Freilich blieb er nicht lange dort. In der Todeskammer entgegnete er der leibgewordenen "schwarzen Stimme" (der toten Seite der Patientin), daß eine lebendige Frau (die von ihm erahnte positive Seite derselben Patientin) draußen auf ihn warte: das genügte, um den Bann des Todes zu brechen. Es geht also in den Todesträumen des Therapeuten immer wieder um Befreiung, Fortentwicklung, Positivierung, progressive Psychopathologie.

Gerade eine solche "psychomotorische Kraft" der Positivierung ist für mich der Grund, weshalb sie mir trotz ihrer gelegentlich fragwürdigen Aspekte dennoch legitim zu sein scheint.

Oder: Ist die Positivierung doch nur eine illusorische Beschönigung? Ist sie die Idealisierung der kritischen Situation? Ist sie eine Reaktionsbildung des Therapeuten gegen die Angst? Ist sie eine therapeutische Weigerung, den negativen Tendenzen des Patienten ins Gesicht zu schauen? Ist sie der Ausdruck einer Abhängigkeit des Therapeuten von der Liebe seines Patienten, der dadurch im Ausdruck seiner negativen Übertragung gehemmt wird?

Alle diese Einwände sind theoretisch möglich; sie zu formulieren, stärkt den kritischen Geist des Therapeuten, der seinen positivierenden Optimismus dennoch nicht verlieren darf.

So, wie die positivierende therapeutische Projektion den bekannten psychopathologischen "Transitivismus" der Bleulerschen Psychopathologie *übernimmt und umkehrt*, so ist auch die therapeutische Appersonation eine Sublimierung der von E. Bleuler bei seinen schizophrenen Patienten beschriebenen Appersonation. Die "therapeutische Appersonation", wie ich sie nenne, ist mehr als nur Empathie, Einfühlung, Intuition, Selbst-Versenkung des Therapeuten – weil sie nicht bloß ein Über-sich-hinaus-gehen, sondern auch und vor allem ein Auf-sich-nehmen ist.

In der schizophrenen Psychopathologie ist die Appersonation, wie E. Bleuler sie schilderte, eine Folge der Unfähigkeit des Kranken, zwischen Selbst und Nicht-Selbst zu unterscheiden. In meiner Sprache ist aber die "therapeutische Appersonation" eine Art Rückfahrt des Patienten zu sich selbst, bei der der Therapeut den Schatten des psychischen Zustandes des Patienten auf sich nimmt, der diesem unbewußt ist und der im Erleben des Therapeuten sowohl bewußt gemacht als auch positiviert wird. Der betreffende psychische Zustand ist dem Patienten in einer anderen Art unbewußt als dem neurotischen Klienten; er ist unbewußt nicht bloß, weil er verdrängt ist, sondern weil dem Kranken jenes Ich-Zentrum fehlt, von dem aus er Gefühle und Gedanken in eine Identität integrieren kann.

Dieses Moment der therapeutischen Appersonation gewisser Anteile der Patienten-Person ist dann besonders wichtig, wenn die kognitive Erfahrung infolge der Verschlossenheit des Patienten höchst lückenhaft bleiben muß.

Meine Definition der Psychosentherapie als Deutung der eigenen Gegenübertragung relativiert den Begriff der *objektiven* Psychopathologie. Diese ist in der Psychosentherapie *das*, was im therapeutischen Gegenstoß erscheint, sich in der Dynamik der Begegnung erst voll ausformt und nicht allein aus der ihr innewohnenden Psychodynamik entsteht.

Die Gegenübertragung ist *auch* eine Projektion des Therapeuten. Die Projektion des Kranken war Verfälschung der Realität und bedeutet wohl den Versuch, eigene böse Objekte von sich weg eben auf die umgebende Realität zu verschieben (Melanie Klein, Rosenfeld). Unter echter therapeutischer Projektion verstehe ich aber die Umkehr der schizophrenen Projektion: es handelt sich also um eine projektive Identifikation des Therapeuten nicht bloß mit dem Leiden des Patienten, sondern auch und vor allem mit seinem verborgenen positiven Selbst, das dort entdeckt wird, wo der Therapeut bei ihm ist, sowohl in den Halluzinationen des Kranken als auch in seinen eigenen Träumen: auf einer Gratwanderung, im Labyrinth, am Fuße der Sphynx, am Rande des Abgrunds, im leeren Kosmos, im Schoß der Erde und schließlich auch in den Armen Gottes.

Es gibt Anfangszustände in der Psychosentherapie, bei denen eine therapeutische Appersonation sich noch nicht im gemeinsamen therapeutischen Unbewußten, sondern lediglich im intrapsychischen Raum des Therapeuten abspielt: als erste Bestandsaufnahme der Situation, als dynamische Diagnose, als Probebehandlung, als Antwort auf die unbewußte Frage: wer ist dieser Patient, mit dem ich mich messen will? Ich denke an eine Therapeutin, die solche inneren Zustände durch die Bildnerei zu exteriorisieren pflegte. In dem Bild (Bild 6) einer Explosion (die in ihrer Phantasie nicht im Patienten, sondern in einem eigenen intrapsychischen Raum stattfand) hat sie die Sprengkraft der Psychose bei einem äußerlich geordneten Patienten wahrgenommen, der meinte, er sei gesund.

Bild 6

Es gibt also beim Therapeuten eine "Gegenübertragung", die nicht aus der Vergangenheit, sondern aus der Gegenwart stammt. Im Grunde ist dann der Terminus "Gegenübertragung" nicht mehr angebracht; er hat nur noch eine historische Bedeutung. In der Geschichte der Psychoanalyse meinen Termini wie "Übertragung" und "Gegenübertragung", daß Affekte aus früheren Erfahrungen des Lebens auf die Gegenwart "übertragen" werden. Die Erforschung der (meistens unbewußten) Vergangenheit, die hinter der jetzigen Psychopathologie steckt, ist ja das Hauptanliegen der Psychoanalyse gewesen. Aber die umgekehrte Übertragung, die der Beziehung aus der Gegenwart auf die Erfahrung der Vergangenheit, ist das Anliegen besonders der Therapie der Psychosen.

Ich habe schon erwähnt, daß die Deutung der Gegenübertragung – also die therapeutische Mitteilung der eigenen affektiven Reaktion auf das Symptom des Patienten über ein symbolisches Bild – den psychotischen Patienten nicht selten befähigt, seine eigene Psychopathologie auch kognitiv zu sehen und zu deuten. Folgendes Beispiel möge das veranschaulichen:

Renate, eine schizophrene Patientin, erlebte auf dem Weg ihrer positiven

Entwicklung einen Rückfall, in dem sie alle bisherigen Fortschritte zurücknahm und plötzlich ein negatives Bild von ihrem Therapeuten entwarf. Der Therapeut konfrontierte sie dann mit früheren Stunden, Erlebnissen, Träumen, die ganz andere Inhalte hatten. In einem Traum der Patientin hatte der Therapeut zum Beispiel in der Gestalt eines Engels diese der Hölle entrissen. Wie konnte das alles verdrängt werden? Mitten in ihrer "therapeutischen negativen Reaktion" mußte Renate die unerschütterliche Präsenz des Therapeuten wahrnehmen. Auf einmal begann sie zu weinen: es gebe einen schrecklichen Widerspruch in ihr ..., eine *Spaltung* zwischen der Renate, die das alles wisse, was der Therapeut ihr sage, und einer destruktiven Renate, die keinen Kontakt mit anderen haben wolle ... Sie hatte selber das Wesen, die Dynamik, die Terminologie der Spaltung gefunden, als ob sie ein Buch der Psychiatrie gelesen hätte. Als der Therapeut darauf erwiderte, auch diese ausgeschlossene Renate sei doch symmetrisch mit der ersten, mit derjenigen, die der Therapeut in sich aufgenommen habe, konnte die Patientin, sich nun ruhig mit der "guten Renate" identifizierend, manches über die psychodynamische Entstehung der negativen Renate in der Kindheit reproduzieren und ihre eigenen Konflikte psychodynamisch auffallend klar deuten.

Wenn ich den Akzent auf die *Gegenübertragungs*deutung lege, weiß ich wohl, daß die therapeutische Gegenübertragung indirekt in jeder psychotherapeutischen Deutung mitschwingt. Wir Therapeuten sind im Grunde immer anwesend in jedem Bild, das wir von dem Patienten entwerfen, so daß es also einen Gegensatz zwischen Gegenübertragungs- und Übertragungsdeutung gar nicht gibt. Ich meine nur, daß wir in der Psychosentherapie die Akzente etwas anders setzen als in der üblichen Therapie, daß wir möglichst wenig von jenen negativen Affekten des Patienten reden, die zum Beispiel in der Psychotherapie MELANIE KLEINS eine ausdrückliche Rolle spielen, desto mehr aber jenen positiven Affekten das Wort reden, die der psychotisch Kranke, sich selbst negativierend, von sich abspaltet. Die unter Umständen ausschließliche Fokussierung dieser Momente erlebt der Patient dann als eine positive therapeutische Identifikation.

So meinte eine psychotisch Kranke, nicht existent zu sein. Sie hatte keinen Körper. Sie wollte unsichtbar sein, und sie war schließlich unsichtbar. Ihre Schuld "bestand" aber darin, sich so zu verhalten, als ob sie sichtbar wäre. Sie täuschte also ihre Mitmenschen und ließ sie etwas glauben, was ein Irrtum war. Alle Versicherungen ihrer Nächsten, die therapeutischen inbegriffen, daß sie für uns nicht nur real existiere, sondern uns auch etwas bedeute, legte die Patientin als Beweis aus, daß auch wir uns in ihr geirrt hätten, das heißt, daß sie uns, ihre Schuld vermehrend, getäuscht hätte. Einmal träumte sie jedoch, daß sie vor den Augen ihrer Psychotherapeutin ein kleines Kind betreute; dies war ihr schon im Traum extrem peinlich, da sie dadurch die Therapeutin eben täuschte (sie merkte nicht, daß der Affekt der Peinlichkeit umgekehrt aus einer Situation resultierte, in der es ihr nicht gelang, Gleichgültigkeit vorzutäuschen). Die Psychotherapeutin drückte hier ihre Gegenübertragung nur indirekt aus, in der Art nämlich, wie sie das Verhalten der Patientin kommentierte: "Sie täuschen eine Liebe vor für das Kind, das vielleicht auch Sie selbst sind, die sie gar nicht spüren, aber *empfinden möchten*; Sie agieren im Traum eine Wirklichkeit, die es für Sie nicht gibt, *aber aus Sehnsucht nach dieser Wirklichkeit*!" Sie blickte schweigend und vielsagend die Therapeutin an, wie jedes Mal, wenn eine Deutung bei ihr eingeschlagen hatte. Die Deutung, die aus der therapeutischen Identifikation mit ihrem verborgenen Bedürfnis nach Eigen-Existenz kam, hatte das abgespaltene Wahn-Anliegen berührt, nämlich den Wunsch zu hören, daß sie, auch als nicht existentes Wesen, doch wie wir alle, ja mehr als wir alle, Sehnsucht nach Existenz hatte. Diesen Wunsch konnte sie von sich aus, alleine, nicht bewußt empfinden, weil er die eigentliche Schuld für sie gewesen wäre; sie konnte ihn also nur im Spiegel der therapeutischen Identifikation wahrnehmen; sie mußte ihn sonst abspalten.

Da gewisse Grunderlebnisse in der Psychose abgespalten sind, kann eine beginnende Integration oft zunächst nur im außerpsychischen Raum stattfinden, also nur innerhalb der therapeutischen Person, die kraft ihrer Identifikation bestimmte Bedürfnisse des Patienten vertritt. Dieser kann aber eine solche für ihn "außerpsychische Integration" als eine Vorstufe der eigenen, innerseelischen, erleben, weil er auf die therapeutische Identifikation mit einer eigenen, unbewußten Gegenidentifikation mit der therapeutischen Person antwortet und sich dadurch, wie auf einer Matrix, als Ganzheit wiederherstellt.

Zum Schluß möchte ich erwähnen, daß eine solche therapeutische Identifikation und Integration des Wahn-Anliegens in der therapeutischen Person geschehen kann, wenn der Therapeut sich symmetrisch mit seinem Patienten erlebt. Das bedeutet bei ihm eine gewisse Spaltung zwischen der ärztlichen Seite, die die Psychopathologie feststellt, und der existentiellen Seite, die die verborgene menschliche Wahrheit in der Psychopathologie entdeckt und erlebt.

Der Begriff "progressive Psychopathologie" und seine Bedeutung für die Psychosentherapie

Es gehört zur psychoanalytischen Denktradition, psychodynamische Aspekte nicht nur in der neurotischen, sondern auch in der schizophrenen Psychopathologie unter dem Gesichtspunkt der *Regression* zu betrachten. Einige Beispiele mögen das verdeutlichen. Man hat die schizophrene Spaltung als *Regression* auf die schizoparanoide Kindheitsphase, wie sie M. KLEIN beschreibt, zurückgeführt. Transitivismus und Appersonierung wurden als

Regression auf postnatale Erlebnisse der psychischen Symbiose erklärt, in der das Kleinkind angeblich zwischen Innen- und Außenwelt nicht unterscheidet. Man hat den erwachsenen Autismus als *Regression* auf die autistische Entwicklungsphase zurückgeführt. Die sogenannte "therapeutische Symbiose", von der SEARLES berichtet, wurde als *Regression* auf die frühkindliche Symbiose verstanden. Der Regressionsbegriff hat seinen größten Triumph dort gefeiert, wo man, diesem Gedankengang folgend, gesagt hat, daß nicht nur der Patient, sondern auch der Psychotherapeut regrediert sei, weil auch dessen Erlebnisse und Redeweisen in der Psychotherapie regressiver Natur seien.

Schon lange vor diesem psychoanalytischen Begriff einer ontogenetischen Regression, die der schizophrenen Psychopathologie zumindest in einigen wesentlichen Aspekten zugrundeliegen müsse, hat der anthropologisch denkende Psychiater ALFRED STORCH in den fünfziger Jahren weite Gebiete der schizophrenen Psychopathologie ebenfalls als Regression, diesmal aber auf phylogenetisch-archaische, magische Denkstufen aufgefaßt. Er hatte schizophrene Denkformen und -inhalte mit solchen primitiver Völker verglichen und meinte, dabei Zusammenhänge zu erkennen.

Psychodynamische Theorien sind mehr als geistreiche Modelle, wenn sie uns die Möglichkeit geben, unseren Kranken verstehend zu helfen!

Diese Hilfe habe ich in der dialektischen Umkehr des andernorts begründeten Regressionsbegriffes gefunden: das heißt, in der *progressiven Psychopathologie*. Darunter verstehe ich freilich nicht allein den therapeutischen Fortschritt, der als Progression die Regression aufhebt. Es handelt sich vielmehr um eine Zweigleisigkeit und eine *Neuausgabe der Psychopathologie* beim sich entwickelnden Patienten, die *formal* der prätherapeutischen ähnlich ist, sich also noch *der psychotischen Formen bedient, um aber durch sie bereits "antipsychotische Intentionen" auszudrücken*, das heißt, authentische, kommunikative Inhalte zu äußern und zu integrieren, die in ihrem zaghaften Beginn wie eine "Dualisierung des Autismus "anmuten und die, buchstäblich genommen, in der symbolisierenden Sprache fast wie eine therapeutische "folie à deux" aussehen können. Daher entsteht der Eindruck der stellenweise regressiven psychotherapeutischen Situation des Arztes, die jedoch eine neue, eine "umgekehrte Vektorialität" in der früher desintegrierenden und destrukturierenden Schizophrenie aufweist.

Daraus ergibt sich ein therapeutischer Sinn: wir nehmen uns dialogisch und mitgestaltend einer solchen "progressiven Psychopathologie" an, anstatt sie reduktiv zu interpretieren oder gar physikalisch zu beseitigen.

Psychopathologie als einen Schritt nach vorne zu betrachten, stellenweise als Frucht der Kommunikation, über die Kommunikation weiterschreitet, ist eine ungewöhnliche Sicht: sie bedeutet, daß kommunikative Schritte aus der Psychopathologie der Ich-Demarkation, der Ich-Konsistenz, der Ich-Kohäsion und der menschlichen Identität, um hier die anschauliche Sprache von SCHARFETTER zu gebrauchen, in die Normen der Person und der Dualität in der Psychotherapie nicht stetig erfolgen, wie dies der Fall wäre, wenn sich Psychopathologie in der Einsicht und im Dialog schrittweise auflösen würde. Die kommunikativen Übergänge müssen sich vielmehr durch dasselbe Medium, das sie transzendieren wollen, auch gestalten lassen, um dem gleich zu werden, was sie überwinden wollen, so, wie übrigens auch wir Psychotherapeuten selbst in eine eigentümlich symmetrische Beziehung zu unseren Patienten treten müssen. Die Psychopathologie wird in dieser Sicht als Raum der Kommunikation akzeptiert; sie wird durch die Intentionen, die sich in diesem abnormen Raum formen, *progressiv*, und sie ist in dieser Form der *progressiven Psychopathologie* eine Herausforderung an jene konservative Umwelt, die sich gegen das Nicht-Angepaßte auflehnt und die es durch Sedation lediglich beseitigen möchte, statt darin auch einen Keim der Bewegung zu erkennen.

Im folgenden werde ich drei verschiedene Beispiele progressiver Wahnbildung darstellen und schließlich das Thema der progressiven Halluzination noch streifen.

a) Eine schizophrene Kranke, die aggressive Impulse gegen sich und ihren Psychotherapeuten verspürte, malte ein Bild, auf dem die als Kreuzritter oder als Wikinger verkleideten *Worte* des Psychotherapeuten die am Boden liegende Kranke erstechen. Das Bild war ungeheuer farbenreich; es drückte eine tragische Tiefe und dramatische Bewegtheit aus, die dem Erleben der Patientin während der psychotherapeutischen Sitzungen entsprach, bei denen sie das Gefühl hatte, sie fülle alle Gebärden, alle Worte ihres Therapeuten solcherart aus, daß dann alles, was von diesem auf sie zukomme, wie ein Spiegel ihres Selbst sei: Tod und Bedrohung.

Auf einer ersten Ebene der *regressiven* Psychopathologie konkretisierte sie also eigene negative Impulse als Krieger und projizierte diese auf den Therapeuten, dessen Worte sie, die Patientin, töteten. Würde aber *nur* diese Sinn-Ebene gelten, dann müßte die Patientin den Projektionsträger so intensiv ablehnen wie ihre eigenen, gefürchteten Impulse und eine rein negative Übertragung entwickeln. Dem war aber gar nicht so. Die Kranke sehnte sich nämlich nach nichts in der Welt so sehr wie danach, den Worten ihres Psychotherapeuten zuzuhören. Im psychotherapeutischen Gespräch zeigte sich auch, daß der Psychotherapeut durch seine Worte die Patientin in ihrem Erleben fast zu Tode erschütterte, daß er also auf diese Weise die lebensbedrohende Tat stellvertretend für sie ausführte, sie somit von ihren Schuldgefühlen befreite und ihre Aggressivität überwand.

Allmählich wurde hier der Unterschied zwischen paranoider Projektion und der im Bild dargestellten *symbolischen Symmetrie* klar: in der paranoiden Projektion werden eigene Es-Impulse regressiv an den Partner delegiert, der dadurch zum negativen Objekt wird, damit das kranke Selbst dieses los wird, sich selbst also als Opfer verstehen und so an Selbstidentität gewinnen und an Selbstkohärenz zunehmen kann.

In der "symbolischen Symmetrie" werden aber eigene, negativ erlebte Ichteile in einen primär angenommenen psychotherapeutischen Partner verlegt, um dort eine Fusion mit der Person des Partners zu erfahren, im Sinne eines psychischen Transplantats. Die Integration zwischen guten und bösen Selbstteilen, die intrapsychisch infolge der Spaltung nicht gelingt, ist erst durch die Person und in der Person des Partners möglich, der beispielsweise schreckliche, ja sogar scheinbar todbringende Worte ausspricht, die doch heilen und retten. Dieser Partner macht sich der Patientin zuliebe *ihr* gleich, trägt die Spitze *ihrer* Aggression, sublimiert diese aber im eigenen psychischen Stoffwechsel der Liebe. Die aggressiven Impulse der Patientin schwärzten die Worte des Therapeuten zwar an, die so zu gefährlichen Rittern wurden; dadurch aber, daß die Patientin nicht umhin konnte, diese trotzdem anzunehmen, gewissermaßen eine Liebesleistung zu vollbringen – die ihr sonst unmöglich war –, kam es zu einer echten Psychosynthese von guten und bösen Selbstteilen: nicht im intrapsychischen Selbst, sondern in dessen Transplantat, nämlich innerhalb der therapeutischen Person. So konnte die Patientin den dem Therapeuten "leihweise übergebenen", eigenen aggressiven Selbstteil später zurücknehmen, re-introjizieren – aber erst nach der symbiotischen Anreicherung. Transitivismus und Ich-Du-Verwechslung, an sich psychopathologische Phänomene, haben hier eine Funktion der Verwandlung, die in einem bloß rationalen, steril gesunden Milieu nicht stattfinden könnte.

Dieses erste Beispiel deutet an, daß ich unter einer *progressiven Wahnidee* eine solche verstehe, die im Verlaufe der Psychotherapie als Trägerin der Beziehungsdynamik entsteht und die sowohl das negative Potential der Psychose enthält als auch die Möglichkeit, aus dieser Negativität heraus, aus diesem Einzigen, das dem Kranken zur Verfügung steht, Dualität zu stiften und Fortschritte zu ermöglichen. Die progressive Wahnidee entsteht nicht aus der regressiven Tendenz zu projektiver Wiederholung der Psychopathologie, sondern aus einer unbewußten Übertragungshoffnung.

b) In einer anderen Weise findet ein ähnliches Geschehen beim zweiten Beispiel statt.

Eine Patientin lebte in einem "Wahnlabyrinth", das aus Röhren bestand, die sich in alle Winkel der Welt hineinverästelten und den Menschen zum Gefangenen einer monströsen Mechanik machten. Die Röhren waren auch menschenfressende Pflanzen, die das Blut der Patientin aussaugten, um es in einem riesigen, unübersichtlichen Kreislauf zirkulieren zu lassen. Das Labyrinth hatte den wahnhaften Sinn, sie, die aus allen und allem ausgegliederte Patientin, mit dem Weltall zu verbinden – reparativer Charakter des auch destruktiven Wahns. In einer solchen entgrenzenden Verbindung war aber die Kranke außerstande, Nahrung für das Universum zu spenden, das sie wie ein ungeheuerliches Anhängsel belastete, und sie war zu einem gemeinsamen Tod mit dem ihr parasitär aufgepfropften Weltall verdammt. Das schreckliche Siechtum mußte unausweichlich zum Augenblick des Todes führen, in dem endlich der Deus ex machina, der die ganze infernalische Weltmaschine steuerte, ihr, der Kranken, erscheinen würde. Dieser Deus ex machina war aber das eigene Totengerippe, das eigene Skelett, das ihr im Augenblick des endgültigen Untergangs in der Gestalt eines banalen Wasserleitungsinstallateurs erscheinen würde.

Soweit der Wahn, der uns zunächst als die maligne, *regressive* Gestaltung einer narzißtischen Liebesunfähigkeit erschien, die angesichts der unmöglichen Aufgabe, die Welt zu lieben, diese regressiv als blutsaugenden Parasiten erleben mußte.

Im Verlaufe der Psychotherapie, in der die Ärztin lernte, das arme Opfer der höllischen Maschine sowohl tief anzunehmen als auch dessen Destruktivität zu demaskieren, begann die Kranke, von ihrer Negativität Abstand zu nehmen und das Bedürfnis zu spüren, ihrer Therapeutin etwas zu *geben*, anstatt sich von andern nur ausgesaugt zu fühlen. Zeitweise richtete sich freilich die sonst dem eigenen Selbst geltende Aggressivität gegen die Retterin, die ihr dann als der personifizierte, gefährliche Wasserleitungsinstallateur erschien. Eine neue Wahnidee freilich, aber eine *progressive*! Denn die Ärztin war dadurch mit dem inneren Gerippe der Kranken eins geworden, eins mit dem geheimnisvollen, inneren Objekt, das die Patientin intrapsychisch spaltete und keine Möglichkeit hatte, eine dialogische Beziehung zu dieser zu stiften. Nun sprach dieses symbolisierte Gerippe zu ihr. Und es sprach, zum Erstaunen der Kranken, kein Todesurteil aus, sondern es regte an, ob sie beide, Patientin und Ärztin, als Wasserleitungsinstallateure nicht eine Arbeitsgemeinschaft bilden könnten, um die schreckliche Weltmaschine gemeinsam zu steuern. Die von der Patientin in die Therapeutin verlegten bösen Anteile des Selbst wollten also mit den von der Therapeutin in die Patientin verlegten guten Anteile des Opfers zusammenarbeiten, ja sich ihnen psychosynthetisch zuordnen.

Nach einigen Sitzungen, in denen das übliche Hin und Her von Anklagen und sinnerweiternden Antworten stattfand, begann die Patientin eine neue, *progressive Wahnidee* zu äußern: ob der Gang der Maschine so umgeschaltet werden könnte, daß der Kranken ihr eigenes Blut zurückgeschenkt würde? Ob die Ärztin, um sie zu retten, einige Tropfen ihres Blutes dazu mischen könnte, damit das Blut nicht zu Gift würde?

Die Ärztin antwortete, daß das Gespräch selber eine solche Transfusion sei und das die Angst der Patientin, die Röhren könnten das Blut in Gift verwandeln, allerdings nicht unbegründet sei. Es gebe schadhafte Stellen in den Röhren, es gebe Klippen und Gefahren der Kommunikation; darum seien eben *zwei* Wasserinstallateure nötig. Im weiteren Gespräch, das sich über viele Stunden hinzog, war die Patientin zeitweise nicht imstande, sich von ihrer Ärztin zu unterscheiden, also den einen von dem anderen Installateur abzugrenzen; Teile der Partnerin waren in ihr und umgekehrt.

Progressiver Transitivismus und *progressive Appersonierung* machten die regressive Psychopathologie zu einem archaischen Kanal der Kommunikation, durch den die Kranke gute Selbstteile erst einmal draußen, in einem Bereich mitmenschlicher Zuwendung, als solche erleben konnte, um sie dann in sich aufzunehmen. Sie spürte, daß sie die Welt ernährte und zugleich von ihr ernährt wurde. Die Therapeutin machte durch ihre progressiven Phantasien immer mit, aber nie in dem Sinne, daß sie den Wahn als solchen je bestätigt hätte, sondern immer dadurch, daß sie *die in den konkreten Wahnideen enthaltenen Kommunikationsmodelle erspürte und durch entsprechende Angebote beantwortete.* Sie behandelte jedes Anliegen der progressiven Wahnidee als Ausdruck der unbewußten therapeutischen Kompetenz der Patientin.

c) Ein *drittes Beispiel*: ein Schizophrener, der äußerst aggressiv war, halluzinierte in seiner zerfahrenen Welt ein "Raumschiff", das ihn entführen und ihn zu "seiner wahren Heimat" zurückbringen sollte. Dieser Mann verstand unter einem solchen Heimatland eine Orgie der Gewalt. Mitten in den Qualen seiner Psychose, in der er sich in zwei Personen, einen Verfolger und einen Verfolgten, gespalten fühlte, wollte er unsere "langweilige Erde" loswerden. Er meinte, daß er nach der Zerstörung aller mitmenschlichen Bilder eine grandiose, unvorstellbare Kraft erlangen würde. Es schien für ihn ein Genuß zu sein, seine mageren Arme zu betasten, die er mit denjenigen eines Tarzan verglich. Der Arzt machte ihn auf die trostlose Einsamkeit und faktische Kraftlosigkeit des unglücklichen Tarzan aufmerksam, was den Patienten geradezu zur Raserei brachte. Während er noch fauchte und tobte, bedeutete ihm der Psychotherapeut, daß er, der verfolgte Verfolger, sich nach dem phantastischen Raumschiff sehnte, das ihn zurück ins Land der Verfolger bringen würde, in dem er aber nie *ganz* sein könnte, weil die andere Hälfte seiner Person hier, auf unserer Erde zurückbleiben müßte, als das Opfer seiner eigenen Gewalt. Wie wäre es – fragte ihn der Psychotherapeut oft –, wenn er statt dessen sein Selbst bei den Mitmenschen suchen würde, wenn man beispielsweise dem Verfolgten eine Hütte, statt dem Verfolger ein Raumschiff bauen würde?

Nachdem dieses Thema in vielen Variationen, trotz des Zorns des Patienten und seiner *regressiven* "Triebdeneutralisierung" (so bezeichnet die Psychoanalytikerin JACOBSON die psychotische Aggressivität), besprochen wurde, begann der Kranke allmählich schweigsam zu werden. Eine interessante Änderung vollzog sich in ihm, eine *progressive Wahnidee* entstand. Während er früher in erster Linie der Verfolger war, der im Grunde nur noch gegen sich selbst wüten konnte, fing er nun an zu äußern, daß er einst etwas

Schreckliches begangen hätte – was ihm das Recht, unter Menschen weiter zu leben, verwehren würde. Es gebe für ihn keine Eintrittskarte mehr zu der menschlichen Gesellschaft. Er könne nur unter *der* Bedingung unter den Menschen weilen, daß er sich hier als Fremder, als Aussätziger fühle, der seinen Mitmenschen nichts geben könne; denn er habe ihnen nur "Mord gegeben". Der Psychotherapeut antwortete, daß er bei ihm bleiben wolle, ohne jeglichen Anspruch, etwas von ihm zu bekommen, auch dann, wenn er völlig verstummen und kein Wort mehr sagen möchte. Der Psychotherapeut sei bereit, die Bedingung zu erfüllen und seine Hoffnungs- und Aussichtslosigkeit ohne Beschädigung mitanzusehen. Danach begann der Kranke einen neuen Wahn zu äußern: der Planet, auf den das Raumschiff ihn bringen sollte, sei kein anderer als die Erde, wie sie vor Jahrzehnten war, als er, ein grausamer Offizier, andere Menschen zu Tode gefoltert habe. Deswegen sei er jetzt von einer Instanz, die in ihm selber wohne, dazu verurteilt, nur noch zu leiden. Noch vor Beginn der Psychotherapie habe er nichts von sich selber gewußt, habe sich nur danach gesehnt, der Verfolger zu sein. Nun wisse er, dank der Zuwendung seines Arztes, daß es diesen Ausweg für ihn nicht gebe. Vielmehr müsse er das Leiden des Opfer-seins bis auf den Grund erbarmungslos erfahren.

Obwohl der Kranke von seinem Raumschiff nicht mehr "ver-rückt" werden wollte, wirkte er durch seine krankhaften "Reminiszenzen" nicht weniger verrückt. Aber die "primären" Schizophreniesymptome, wie die Spaltung, die Zerfahrenheit, gingen Hand in Hand mit der Entwicklung des *progressiven Wahns* zurück. Die progressive Funktion des Wahns war eine doppelte: Erstens stiftete sie innerhalb seiner Subjektivität Sinn im Unsinn; sie bot ihm, dem zerfahrenen Patienten, die Möglichkeit, sich einheitlich zu verstehen. Wenn auch sein Selbstverständnis noch in ein seltsames, metaphysisches System eingegeliedert war, so konnte er darin doch zu sich kommen und ruhig werden. Zweitens bedeutete die progressive Wahnidee eine wesentliche Brücke zum Begriff und zur Erfahrung der Mitmenschlichkeit. Im weiteren Verlauf der Psychotherapie verschwand schließlich auch der progressive Wahn, nicht etwa in dem Sinne, daß der Kranke ihn als solchen erkannt hätte, sondern in dem anderen, daß er meinte, das alles sei nun weit weg von ihm, die menschlichen Grenzen seien wiederhergestellt und würden ihn von seiner fernsten Vergangenheit trennen.

In diesen Therapien wurde nur scheinbar vom Wahn allein gesprochen; immer waren im Gespräch auch die Spaltung, die Depersonalisation, der Transitivismus, die Appersonierung, der Autismus mitgemeint.

Nun noch ein Wort zur progressiven Halluzination. Wir wissen, daß Sinnestäuschungen die notwendigen Begleitfolgen der primären Symptome sind: wie anders, wenn nicht sinnlich deformiert, kann eine gespaltene, entgrenzte oder autistisch vermauerte Welt erfahren werden?

Was aber, wenn in diesen Halluzinationen im Verlaufe der Krankheit begonnen wird, die Intentionen der Psychotherapie selber auszudrücken? Wenn der Patient beispielsweise "aus der Ferne" Deutungen seines Psychotherapeuten halluziniert, mit denen er dann in der folgenden Stunde sehr einverstanden ist, ja, diese sogar besser findet als die realen Deutungen? Wie, wenn eine hartnäckig abgelehnte Einsicht dann auf einmal als ein "Sonnenstrahl", der die Zimmerdecke und den Bauch des Genesenden durchdringt, den Patienten erreicht? Man hat dann den Eindruck, die *progressive Halluzination* sei mächtiger als das Angebot einer Einsicht; sie ist nämlich kein dünner Gedankengang; sie durchbricht die Mauer der Psychopathologie, weil sie als Halluzination dieselbe Macht besitzt, die vorher für den Kranken die psychopathologische Evidenz hatte. Die Psychose mit antipsychotischer Intention und Wirkung!

Ich fasse abschließend noch einmal zusammen: *progressive Psychopathologie* ist eine ursprünglich regressive und autistische Psychopathologie, die durch den Kontakt mit dem sie kommentierenden, deutenden, ergänzenden Therapeuten, aber auch durch die Erweiterung des Abnormen mittels der kreativen Einfälle, der Phantasien und der Träume des Therapeuten und durch seine Bereitschaft, nicht nur Symptome auszulegen, sondern auch fabulierend die flexibleren und sinnträchtigeren Teile des Wahns zu neuen Aussichten hin zu erweitern, eine Dimension des Fortschritts, der kommunikativen Entwicklung, der beginnenden Ichsynthese entfaltet.

Im Verlauf einer solchen progressiven Psychopathologie nähert sich der Patient seinem Therapeuten; er übernimmt dessen Gedankengänge – so, wie dieser umgekehrt an den Symbolen des Patienten mitgestaltend teilnimmt. Grandiosität und Nicht-Existenz treten zurück. Der Arzt identifiziert sich mit jener Patientenseite, die im Ansatz, in der Einfühlbarkeit der Probleme auch die seine sein könnte, ebenso identifiziert sich der Patient mit dem kohärenten Ich des Therapeuten und gewinnt dadurch selbst an Kohärenz.

Man hat dabei sowohl in der Supervision als auch in der Introspektion als Behandelnder oft den Eindruck, daß sich im fließenden Zwischenbereich von Einfällen und Gegeneinfällen, die von den sozial normierten Realitäten abweichen und eine sich wandelnde phantasmatische Realität gestalten, ein "Autismus zu zweit" entwickelt, der freilich als dualisiertes Phänomen auch das Ende des eigentlichen, privat-individuellen Autismus des Kranken bedeutet.

So entsteht in der Psychotherapie eine "Intersubjektivität", die noch keine "Interpersonalität", sondern nur eine Vorstufe zu jener reiferen Wahrnehmung ist, in der die abgetrennte, eigenständige Person des Therapeuten für den Patienten schließlich faßbar wird.

Selbstobjekte, Übergangssubjekte, transaktionelle Objekte bilden sich so in der Mitte zwischen Patient und Therapeut, etwa als Kristallisationspunkte der Psychose, als Erben derselben, als zwar noch wahnhafte Einfälle, aber doch schon als progressive Gestalten und wirkliche Kommunikationskanäle.

An der Schaffung einer solchen intersubjektiven Instanz sind sowohl symbolhafte Teile des Patienten als auch des Therapeuten beteiligt. In der therapeutischen Symbiose werden psychotische Fusionsvorgänge sublimiert. Psychopathologische Phänomene, wie akustische Halluzinationen, Stimmen, Visionen, drücken nicht nur die Ich-Desintegration aus, sondern sie vermitteln auch Einsichten und Grundlagen des Selbst.

Intuition und Projektion als Schöpfer des Übergangssubjekts

Ein schizophrener Patient träumt, daß er in einem leeren Raum auf einem Sarg sitzt. Die Wände des Zimmers sind unsichtbar, verlieren sich im Nichts. Der Patient leidet außerdem unter Depersonalisationsgefühlen, die ihn auflösen: Nichtigkeit innen und außen!

Der Therapeut hört sich den Traum schweigend an und merkt bald, daß das, was der Kranke einen Traum nennt, auch sein waches Erleben ist. Er fühlt sich in das vernichtende Erleben seines Patienten hineingezogen und spürt auf einmal das Bedürfnis, sich an den Körper zu greifen, um zu fühlen, daß er lebt, daß er ein Gewicht hat und sich deutlich von dem sich psychisch auflösenden Kranken abgrenzt.

Nach einer Weile fragt der bisher schweigende Patient seinen Arzt, wer oder was im Sarg liegen könnte. Dem Therapeuten fallen natürlich Inhalte wie "Skelett" oder "Nichts" ein: kaum sagbare Dinge in dieser Situation. Im nächsten Augenblick fällt ihm aber ein, daß sein Patient früher im Wahn fieberhaft nach einer "Urkunde" gesucht hatte, in der sein Todesschicksal geschrieben stünde. Wie, fiel es nun dem Arzt ein, wenn der Patient durch seine Todessucht eigentlich eine latente Sehnsucht ausdrücken würde; wie, wenn er sich selbst als den Toten wahrnehmen wollte, um sich wenigstens in dieser Gestalt ganz zu haben, zu fühlen? Der Arzt antwortete also auf die Frage des Patienten, daß im Sarg eine kostbare Urkunde enthalten sei, in der die Zukunft des Kranken mit geheimen Chiffren geschrieben stünde. Man dürfe aber den Sarg nicht gleich öffnen, die Schrift nicht sofort lesen, sonst würde sie sich, wie jeder andere Gegenstand, auflösen. Der einzige Weg bestünde darin, sich in die Wüste zu begeben, das Nichts zu durchwandern. Dann würde eine Chiffre aus dem Nichts auftauchen.

Der Kranke hörte nachdenklich zu und fragte dann, zum freudigen Erstaunen des Arztes, ob dieser mit in die Wüste käme. Damit hatte ein Dialog begonnen, in dessen Verlauf Träume auftauchten, in denen die beiden unterwegs am Verdursten, am Verhungern, in der sengenden Hitze oder in der Kälte einer Polarnacht waren und oft keine andere Zuflucht fanden als die, sich vorübergehend im Sarg eine Weile auszuruhen, um sich dann wieder auf den phantasmatischen gemeinsamen Weg zu machen.

Intuition ist in der Psychotherapie ein Wissen vom anderen, das sich aus der Wahrnehmung eines seelischen Isomorphismus zwischen Teilen des Patienten und Teilen des Therapeuten ergibt. Die Teil-Identifizierung gibt dem Therapeuten die Möglichkeit, Erlebnisse seines Patienten, die dieser oft nur andeutet, nachzuvollziehen und in sich zu reproduzieren. Sie hängt aber davon ab, wie weit das therapeutische Selbst die Grenzsituationen des Menschlichen – also auch die Grundsituationen des Psychotischen –, in diesem Falle zum Beispiel die Situation der Selbstauflösung, mitträgt und doch gleichzeitig überschreitet. Ein Selbst, das an solchen Grenzsituationen vorbeiginge, sie nicht wahrnähme, könnte nicht in eine therapeutische Tiefenverbindung mit dem Patienten gelangen, könnte kein lebendiges Interesse an ihm spüren. Hingegen würde es Langeweile stören und quälen. Ein Selbst aber, das – umgekehrt – die besagten Grenzsituationen nicht überschreiten würde, müßte sich durch sie bedroht fühlen. Es würde abwehren. Somit ist die *Intuition* kein kognitiver Vorgang; *sie ist Stellungnahme der ganzen Person*!

Das Wort "Stellungnahme" bedeutet auch, daß die therapeutische Wahrnehmung der Teil-Identität zugleich eine Projektion auf den Patienten ist. Sie ist immer eine aktive Intention und eine gestaltende Phantasie. Die therapeutische Projektion entdeckt, wie ein Lichtstrahl, die positiven Aspekte der desolaten Situation des Patienten, die sich aus dem objektiven Kontext nicht ergeben.

Wahrnehmung und Projektion stehen in einem dialektischen Verhältnis zueinander, in dem Sinne nämlich, daß die Wahrnehmung weder so übergewichtig sein darf, daß sie den Wahrnehmenden sich selbst entfremdet, noch so schwach, daß sie überdeckt würde, weil die Projektion des Therapeuten zu einer Abwehr des Negativen geworden ist.

In diesem Kapitel möchte ich, um einen einheitlichen Gedankengang entwickeln zu können, bei der Situation des inneren Todes in der Psychotherapie der Psychosen verweilen und an ihr untersuchen, wie die therapeutische Intuition die Lage des anderen signalisiert, internalisiert und appersoniert und wie die Projektion diese Situation dann überschreitet, um eigenes Leben auf den Patienten transitivistisch zu übertragen und damit eine neue Realität zu schaffen.

Ich gebe zunächst das halluzinatorische Erleben einer meiner Patientinnen mit ihren eigenen Worten wieder:

"Über Wochen habe ich wieder das Gefühl eines inneren Lochs. Loch ist eigentlich ungenau, weil dem, was ich erlebe, wahrscheinlich das fehlt, was ein Loch ausmacht – ein Eingang, Wände, ein Boden. Einen Eingang wird es wohl geben, von Boden und daher Beendigung ist aber nichts da.

Vielleicht ist dies deshalb so furchtbar, weil es erst der Anfang ist zu einer endlosen Tiefe, wo es immer noch kälter wird. Es ist wohl auch so, daß dieses innere Loch auf unangenehmste Weise mit der Außenwelt in Verbindung steht und es hoffnungslos ist, die Kälte dieses Abstandes zu überwinden. Wenn man versucht, sich vorzustellen, was wird, so geht da wohl selbst eine schadhafte Schale als dünne Grenze zwischen der inneren und äußeren Kälte verloren – vielleicht werden dann irgendwelche Mächte insgeheim auf die gräßlichste Weise tuscheln und schließlich in ein furchtbares Gelächter ausbrechen, bis man zu Staub zerfällt."

Dieses über Jahre hin vorhandene Gefühl ist allmählich verschwunden – nicht nur durch die Analyse ihrer Vergangenheit, sondern wohl auch durch das symmetrische, von mir nie direkt verbalisierte Erleben eines symbolischen "Loches", das in meinem Inneren aus der Vergegenwärtigung ihres Erlebens entstand. Denn sie erlebte in ihren Träumen, wie ihre Ich-Konsistenz im gleichen Ausmaß zunahm, wie ich in den meinigen die Erfahrung des Abgrundes nicht scheute.

Mein Anliegen ist hier die Darstellung von eigentümlichen, psychologischen "Komplementärverhältnissen", durch die der Psychotherapeut Aspekte der Psychopathologie seines Patienten in sein eigenes Erleben und in seine Sprache übernimmt; ist die Darstellung der sich daraus entwickelnden "kommunikativen Psychopathologie", die nun in einem Erleben und in einer Sprache besteht, die einerseits die formalen und inhaltlichen Merkmale der Psychose noch beibehalten und doch schon gesunde, nicht psychotische Bilder der Kommunikation, der Dualität, des Sich-Verständlich-Machens, der integrierenden Identifikation mit dem Therapeuten, der leihweisen Übernahme seiner Persönlichkeit enthalten.

Solche Bilder sind dualer Natur. Sie entstehen in der Übertragung wie in der Gegenübertragung, als Träume, Phantasien, Einfälle. Sie können künstlerisch und deutend sein, kreativ im besten Sinne des Wortes.

So erinnere ich mich, daß ich auf die Todesvorstellungen meiner Patientin durch einen eigenen Traum reagierte: dic Paticntin hatte sich zum Fenster hinausgeworfen; ich rannte zum Fenster, ach, zu spät, um sie noch aufzuhalten; ich schaute hinunter und sah, daß sie in meinen Blicken ruhte und im Raum schwebte. Die Mitteilung dieses Traumes an die Patientin wurde von ihr durch den Satz beantwortet, sie könne sich nun nicht mehr das Leben nehmen. Gelegentlich machte sie mir dies zum Vorwurf; aber ihr Weiterleben war hier, mehr als meine Begegnung mit ihr im vorausgenommen Tod, das eigentlich Kreative. – Mehre Monate lang konnte ich aber dem inneren Loch der Patientin nicht anders begegnen, als daß ich dessen Kälte und Abgründigkeit in einem Teil meines Selbst intensiv spürte.

In anderen Fällen ist es dagegen möglich, daß die Teil-Identifizierung mit dem inneren Tod des Patienten die Gegenbewegung in diesem *direkt* auslöst und diese nicht durch ein mitgeteiltes, therapeutisches Traumbild geweckt wird. Für dieses Phänomen sprechen die sogenannten “Zwillingsträume”, die sich in fundamentalen Situationen einer Psychotherapie ereignen können. Unter Zwillingsträumen verstehe ich solche Träume, die in derselben Nacht beim Patienten und beim Therapeuten entstehen und denselben Sachverhalt in Variationen behandeln.

Im folgenden gebe ich ein Beispiel: “Ich befinde mich” – so träumte ein Therapeut – “in einer Wüste im alten Ägypten, wo ich in einer Pyramide Orgel spiele. Vielleicht war es nicht einmal gestattet, dort Orgel zu spielen; aber ich tat es. Plötzlich merkte ich, daß jemand mir zuhörte. Es handelte sich um eine arme Frau, in Lumpen gekleidet, voller Sand, abgemagert, verwahrlost: es war meine Patientin. Sie war ängstlich und stumm. Als ich mich von ihrer Erscheinung erschüttert fühlte und für sie musikalisch etwas improvisieren wollte, verschwand sie. Ich versuchte, durch die Luftschwingungen der Musik Pfade im Wüstensand zu zeichnen, die mich zu ihr führen würden, doch die Pfade verloren sich in Wirbeln. Die Kranke war spurlos in der Wüste verschwunden, aus der nur noch ein riesiges Grab, die Pyramide, herausragte; sonst gab es weder Hütten noch Lebenszeichen. Dennoch versuchte ich es erneut, die Patientin zu erreichen und wiederholte die Melodie, die ich für sie improvisiert hatte. Entlang dieser Melodie zeichnete sich ein Weg im Sand ab, der zu einem seltsamen Baum führte. Es war ein Höllenbaum, der allein in der Gegend stand. Ich kletterte auf den Baum und fand die Vagabundin im Geäst verwickelt, in Schlummer versunken, unerreichbar. Traurig stieg ich hinunter und kehrte in die Pyramide zurück; ich holte mir ein Häufchen Sand von dort, wo die Frau gelegen hatte, als Erinnerung.” – Und nun das Spiegelbild, der simultane Traum der Patientin in derselben Nacht:

“Da war ein schrecklicher Baum, eine Höllenmißgeburt: häßlich, monströs, wie ein in krummen Zweigen erstarrter Schrei des Schreckens. Man sagte, es sei ein verfluchter Baum, von bösen Geistern bewohnt. Ich hing an einem herausragenden Felsen und sah, daß aus den Zweigen des Baumes seltsame, nicht beschreibbare “Gebilde”, Marsmenschen, inkubusartige oder verstümmelte Lebewesen hinabstürzten. Ich erwartete, daß ich auch in den Abgrund stürzen würde. Aber welch ein Wunder: je mehr der Ungeheuer hinunterstürzten, desto erstaunlicher verwandelte sich der Baum; er bedeckte sich mit herrlichen Blüten und Blättern, in tausend Farben; er stand nun in der Mitte eines Gartens, und ich wußte plötzlich: der Baum gehört mir.”

Die Teil-Identifizierung des Therapeuten mit dem Patienten wird also von letzterem ebenso unmittelbar wahrgenommen wie vom ersteren. Sie führt zu einer symmetrischen Identifizierung des Patienten mit dem Bild, das der Therapeut im Nachvollzug von ihm entwirft. Offensichtlich erfolgen solche Phänomene in einem Raum, der weder *nur* dem einen, noch *nur* dem anderen zugehört, den man das “gemeinsame therapeutische Unbewußte” nennen könnte und der erst durch die therapeutische Intuition erschlossen wird.

Dieses "gemeinsame therapeutische Unbewußte" ist der Bereich, in dem sich das von mir so genannte "Übergangssubjekt" abzeichnet. Damit meine ich eine Instanz, die abwechselnd Züge des Patienten und Züge des Therapeuten trägt, die sich aber zeitweise auch von beiden loslösen kann. Dabei denke ich an den Traum einer psychotischen Patientin, in dem diese einem verhungernden, verdurstenden und gefesselten Tier begegnete: "Gottlob, du bist im letzten Augenblick gekommen, gerade bevor ich sterben müßte", rief das leidende Tier der Frau zu, die seine Fesseln zerschnitt und ihm zu trinken und zu essen gab.

Kein Zweifel, daß die Patientin die Bedeutung und die Kraft der Therapie in ihrer eigenen therapeutischen Tat personifizierte: sie war sowohl das leidende Tier als auch der befreiende Therapeut. Nicht zufrieden, sich vom Therapeuten befreien zu lassen, hatte sie sich dessen Kraft angeeignet und sich im Traum zu einer therapeutischen Person – zum Therapeuten ihres Selbst – emporgestaltet; sie hatte dabei eine Aktivität entwickelt, die ihr gestattete, die Passivität des gefangenen Tieres zu übersteigen. Ebenso, wie die Patientin nicht nur im Tier, sondern auch im Helfer enthalten war, war auch der Therapeut im Traum der Patientin sowohl in der Helferin als auch im gefangenen Tier enthalten. Seine Patientenseite war das Objekt der Patientin, die ihn, heilend, von dem latent übertragenen Leiden befreite.

Eine *gemeinsame Instanz* war also im Traum erschienen, die den weiteren Vorgang der Heilung steuerte.

Das "Übergangssubjekt" wird von dem psychotischen Patienten nicht selten als ein außerpsychisches Phänomen wahrgenommen, beispielsweise als eine Stimme, die als Halluzination noch alle Züge einer psychopathologischen "dritten Realität" zwischen Patient und Therapeut trägt, die aber, im Gegensatz zu den gewöhnlichen psychopathologischen Phänomenen, bereits Trägerin des Heilungsvorganges ist: "progressive Psychopathologie".

Diese Stimme deutet; sie gibt dem Patienten manchmal noch bessere Deutungen als die, die dem realen Therapeuten in den Sinn kommen. So halluzinierte eine Patientin, die sich in ihrer Psychose von Vogelstimmen verfolgt fühlte, die sich alle auf sie bezogen, daß der Therapeut aus der Ferne zu ihr sagte: "Geh in den Garten und höre dir die Stimmen der Vögel an; sie sind die Stimme Gottes; habe Vertrauen in ihn." Die Tatsache, daß der psychotische Mensch das "Übergangssubjekt" als ein außerpsychisches Phänomen wahrnimmt, kann durch die Annahme einer noch bestehenden Brüchigkeit der Ichgrenzen erklärt werden: so nämlich, daß manche wesentliche innerpsychische Phänomene als Weltereignisse von dem unabgegrenzten Patienten registriert werden. Darum hatte in dem eben erwähnten Fall die Patientin aus der Ferne die Stimme des Therapeuten gehört, der ihr Richtiges deutete. Der Kranke "appersoniert" gute Objekte vom Therapeuten oder er erlebt transitivistisch, wie eigene Sorgen dualisiert werden.

Vorgänge also, wie Sinnestäuschung, Appersonierung, Transitivismus, die Eugen Bleuler als klassische psychotische Erscheinungen schilderte und die im geisteskranken Zustand den mitmenschlichen Austausch sonst blockieren, werden hier in der Psychotherapie zu archaischen Mitteln der Kommunikation und Reintegration. Es entwickelt sich so mitten im Zerfall der Symbole das echte symbolische Denken, das im Gegensatz zum psychotischen Denken, zur Selbstprojektion, den anderen in seinem Anderssein anerkennt und in seinem Eigenrecht allmählich akzeptiert.

Es ist interessant und für das menschliche Wesen bezeichnend, daß der Vorgang der Separation, der schließlichen Grenzziehung zwischen Therapeut und Patient, nicht von Anfang an als Gegensatz zur Symbiose geschieht, sondern zunächst über die Symbiose läuft. Die therapeutische Symbiose ist eine Leistung der beiden am Prozeß Teilnehmenden. Sie ist gegenseitig.

Wenn dem schizophrenen Patienten nach dem treffenden Ausdruck des Psychiaters Conrad die Fähigkeit zum "Überstieg" zum anderen Menschen fehlt, so wird diese Fähigkeit durch den Überstieg des Therapeuten zu dessen Symbolen, dessen Wahnwelt, zu den autistischen Teilen des sich entfremdenden Selbst erworben.

Eindrucksvoll und rätselhaft ist aber der Umstand, daß – in freilich selteneren Fällen – das Übergangssubjekt auch für den Therapeuten die Gestalt einer "dritten Realität" neben der seinen und derjenigen des Patienten anzunehmen scheint. Hier lassen uns die rationalen Erklärungsversuche jedoch im Stich, und wir müssen dem Raum der Intuition und dem gemeinsamen therapeutischen Unbewußten eine eigene schöpferische Tätigkeit zuerkennen. Folgendes Beispiel möge das Gesagte veranschaulichen.

Miriam, eine psychotische Patientin von mir, brachte einmal als Einwand gegen meine Behauptung, daß ich mich in ihrer psychotischen Welt befinden würde, die Erinnerung an eine Episode, die sich bei ihr drei Tage vorher ereignet hatte. Da war sie vor der Bahnhofsuhr gestanden und hatte *gesehen*, daß der Uhrzeiger plötzlich stillstand. "Ich wußte", meinte Miriam, "daß dies absurd war, daß die Uhr in ihrem gewohnten Rhythmus weitergegangen wäre, wenn in jenem Augenblick des Schreckens jemand mit mir zu ihr hinaufgeschaut hätte. Da ich aber allein war, mußte die Uhr meinen verrückten Gesetzen folgen. Sie stand still, plötzlich. Was ich also sah, war unwidersprechlich wahr, absolute Sinneserfahrung. Das können Sie nicht begreifen."

Miriam meinte damit, daß sie sich in einer eigenen Welt befinde, in der ganz andere Dinge geschehen als in der unsrigen; ich könne mit ihr von ihrer Welt zwar *reden*, jedoch nicht die Dinge *erleben*, die sie erlebte. In diesem Augenblick störte uns plötzlich das raschere Ticken der elektrischen Wanduhr. Wir schauten beide zur Uhr hinauf und sahen mit Erstaunen, daß der Uhrzeiger sechzigmal schneller als gewöhnlich vorwärts ging, indem er in Sekundenschnelle von einer Minute zur anderen sprang. Nach 15 Sekunden stoppte die Uhr: sie stand jetzt plötzlich still – wie einst die Bahnhofsuhr. “Sicher ist irgendein mechanischer Fehler in dieser Uhr”, sagte Miriam erregt, “Sie müssen sie aufmachen.” Ich weiß selber nicht, warum ich ruhig antwortete: “Der Uhrzeiger wird jetzt 15 Minuten stillstehen, wie damals derjenige der Bahnhofsuhr. Er steht nun auf 11.20, in Wirklichkeit ist es aber erst 11.05 Uhr. Wenn in 15 Minuten die Uhr nicht weitergehen sollte, als ob nichts passiert wäre, dann werde ich nach dem mechanischen Fehler suchen.” Nach 15 Minuten, als meine elektronische Armbanduhr 11.20 Uhr zeigte, begann die elektrische Wanduhr wieder zu ticken – im Gleichtakt mit meiner Armbanduhr.

Die frühere Vision Miriams war jetzt zu einer gemeinsamen geworden. Mein Bewußtseinszustand war allerdings bei diesem Erleben derart ruhig und alltäglich, daß ich auch die umgekehrte Interpretation des Phänomens erwäge: das kollektive Unbewußte hatte sich eines zufälligen, äußeren Geschehens bedient, um eine außerordentliche, supranormale Erfahrung der Dualität zu stiften: dieses sah wie eine Verwandlung der mechanischen Eigengesetzlichkeit durch die Kommunikation aus.

Ich fasse noch einmal zusammen. In der Situation der Begegnung kreuzen sich die gegenseitigen Teil-Identifizierungen in einem Raum, der zwischen den beiden Partnern einen selbständigen Ich-Charakter beansprucht. Es scheint, daß der Patient sein neues, gemeinsam entworfenes Selbst-Bild nur fluktuierend und unsicher innerhalb seiner Ich-Grenzen integrieren kann; es erscheint ihm oft als halluzinierte Stimme, als Traumbild, ja als progressiver Wahninhalt. In dem Ausmaß nun, in dem der Therapeut bei der Unfähigkeit des psychotischen Kranken, eine begriffliche Analyse zu ertragen, sich auf seine Intuition verläßt, projiziert er auf das von ihm entworfene Bild des Patienten auch eigene Anteile, die sich von ihm verselbständigen. Es entsteht somit ein *Übergangssubjekt* durch Appersonierung und Transitivismus sowohl von Seiten des Patienten wie des Therapeuten, das zur Matrix des werdenden Selbst des Kranken wird.

Ich möchte nun am Ende meiner Ausführungen über die Rolle der Intuition in der Psychotherapie doch auch eine Lanze zugunsten der Objektivierung, der Begrifflichkeit, ja der “Verwissenschaftlichung” unseres Denkens brechen.

Ich meine, daß Intuition, Isomorphismus, Teil-Identität, projektive Identifizierung, Übergangssubjekt, progressive Psychopathologie alles Begriffe sind, die das zu erfassen versuchen, was ein Erleben der Auslieferung an den anderen ist.

Die Auslieferung des Therapeuten an das gemeinsame Geschehen, an eine Psychopathologie, in die er auch einbezogen ist, wird von einer introspektiv begabten Patientin geschildert: “Während ich es (mein Leiden) ihm erklärte, geschah etwas Unerwartetes. Ich hatte sein Gesicht betrachtet... Plötzlich sah ich, wie sich im festen Boden seiner Innerlichkeit eine ungeheuer tiefe Spalte auftat, schwarz, bis zur Hölle reichend... Für Sekunden zitterte er, und die maßlose Angst erschien in ihrer Erbarmungslosigkeit auf seinen Zügen. Dann schloß sich die Tür der Verdammnis wieder, und er war wieder bei mir, mein felsenfester Großvater [der Therapeut]".

Die Tatsache, daß wir Psychotherapeuten die seelischen Erdbebenwellen zwar nur von ferne, aber doch deutlich an den Schwankungen des eigenen inneren Hauses wahrnehmen, das fühlen unsere Patienten, das gibt ihnen, den Vereinsamten und von sich selber Verlassenen, ein Gespür für die Unteilbarkeit des Leidens und der Wahrheit.

Die Objektivierung des anderen, seiner Grenzen, seiner Psychose, seiner Metapsychologie, ist ein weiterer Schritt im Versuch, die Begegnung mit dem Kranken dialektisch zu gestalten: als Gegenüberstellung mitten in der Symbiose, als Versachlichung mitten in der Resonanz, als Reflexion mitten im unmittelbaren Erleben.

Das hat zwei wesentliche Vorteile, einmal für den Patienten und dann auch für uns Therapeuten. Es ist für den Patienten von positiver Bedeutung, wenn sein Therapeut sein Anderssein, seine "Gegenständlichkeit", das "Modell" seiner Krankheit, seine Stelle im psychodynamischen Rahmen im Auge behält.

Erstens kann er sich dadurch orientieren, da die sonst zu sehr in die Tiefe reichende Intuition die Situation personalisiert und Vergleiche mit anderen Fällen, Typen, Zahlen verhindert. Der versachlichende und verwissenschaftlichende Therapeut kann dabei das System besser erfassen, dessen Kenntnis ihm hilft, seinem Patienten zu helfen, eine objektive Diagnose zu stellen, eine Prognose zu erwägen.

Zweitens kann er bei allem intuitiven Erfassen stets wissen, daß jedem Menschen und ganz besonders dem psychotisch Leidenden ein Kern, eine Innerlichkeit, ein So-Sein eignen, die letzten Endes unfaßbar sind und die seine Freiheit begründen. –

Aber auch für ihn, den Therapeuten selbst, ist die Objektivierung versus Intuition wichtig.

Einmal bedeutet Objektivierung Verwissenschaftlichung, Abgrenzung, Schutz vor dem Unheimlichen. Zum Thema der Unheimlichkeit in der Psychotherapie der Psychosen möchte ich kurz anmerken, daß ich zwar keine Fälle von psychischer Ansteckung bei meinen Mitarbeitern kenne; wohl aber Situationen in der Psychotherapie, in denen plötzliche, unbewußte Teil-Identifizierungen unheimlich wirken. Der Therapeut verliert für Minuten den Sinn für die Realität. Die Möglichkeit zu reflektieren und zu objektivieren ist dann von vitaler Bedeutung. Sie bedeutet jene Sicherheit, auf deren Grundlage die Intuition ihre weiteren Flüge vorbereiten kann. Außerdem wird die therapeutische Erfahrung durch die psychoanalytische Doktrin, durch das begrifflich einengende und doch zugleich klärende

System, durch Vergleiche und Statistiken lehrbar. Durch sie bezieht sich der Therapeut auf die Koordinaten des Bewußtseins, wohingegen die Intuition reichlich aus dem Unbewußten gespeist wird.

Beide sind notwendig, Intuition und analytischer Verstand.

“Wahn-externe” und “wahn-interne” Deutung

Man ist angesichts eines Wahns immer betroffen. Der Wahn ist das vielleicht am stärksten beeindruckende Beispiel dafür, daß es möglich ist, das Wort, die Sprache zu gebrauchen, um nichts auszutauschen, um sich abzusperren. Die Sätze sind korrekt; vielleicht läßt sich nicht einmal eine Spur Zerfahrenheit darin finden; aber das Ganze ist logisch verzerrt, und es entsteht eine Wand zwischen dem, der zuhört, und dem, der spricht, um eine latente Wahrheit vor dem anderen und vor sich selber zu verbergen. Wenn irgendeine Wahrheit durch den Wahn hindurchschimmert, dann liegt sie in dem, was *nicht* ausgesprochen wird – sondern durch eine abnorme Metapher, durch einen verborgenen logischen Zusammenhang, durch eine Spaltung zwischen Aussage und Affekt, durch Materialisierung, Konkretisierung oder durch eine Sinn-Entfremdung des Symbols ersetzt wird.

Ein solcher Wahn ist oft von Halluzinationen begleitet, wobei Wahnideen und Sinnestäuschungen meistens zwei verschiedene Gesichter ein und desselben Phänomens sind: die Welt als sinnliche Erscheinung verändert sich, so, wie auch ihre gedankliche Sinn-Struktur abnorm anders wird. Die Verständigung mit den anderen Menschen ist nicht mehr möglich, weil die Grundbefindlichkeit in der Welt singulär, unteilbar, ohne “Überstieg” (CONRAD) geworden ist.

Die eigentümliche Natur des Wahn-Denkens zeigt sich für mich darin, daß Symbole – ein Urbestandteil menschlichen Denkens seit dem überlieferten Anfang der Geschichte – aufgehört haben, solche zu sein, und zu bloßen Zeichen vermeintlicher Ereignisse geworden sind, die über schicksalhafte Kausalketten das Dasein des Kranken determinieren. Die zeichenhaft festgelegten Ereignisse, in deren Maschen der Kranke wie ein kausal determiniertes Objekt gefangen ist, sind “zentripetal angelegt”: alles bezieht sich auf den Kranken. Die normalerweise für uns so wohltuende “Neutralität” des Weltgeschehens, durch deren Betrachtung die über sich selbst frei verfügende Subjektqualität entsteht, ist nun aufgehoben.

Wie unheimlich müssen die stets den Patienten meinenden, sich vergegenständlichenden Mitteilungen für ihn sein!

Symbole sind im Wahn nicht mehr Chiffren, die in ihrer Durchsichtigkeit auf das Dasein des Menschen die Freiheit lassen, sich unterschiedlich zu ihnen zu verhalten. Sie stellen vielmehr eine konkrete, asymbolische, absolute Realität dar, die keine Wahl der Auslegung zuläßt und somit die Grundqualität des Subjektseins, nämlich die Freiheit der Stellungnahme, vernichtet. Wie sehr diese Freiheit aufgehoben ist, zeigt der Umstand, daß alles im Wahn "selbstevident" ist. Die existentielle Kategorie des konstruktiven Zweifels ist aufgehoben und zwar bis in die Räume der Sinnlichkeit hinein, in denen der Wahn die Unterschrift der Halluzination, der sinnlichen Evidenz, bekommt. Indem die Subjekt-Kompetenz und die Subjekt-Identität auf diese Weise verloren gehen, muß die Objekt-Identität in den Mittelpunkt treten: der Kranke wird zum Gegenstand der universalen Aufmerksamkeit.

So sind wir am Ende dieser kurzen phänomenologischen Analyse des Wahns bei seiner radikalen Verborgenheit angelangt. Wenn wir den Wahn im Widerspruch zum Kranken auslegen, interpretieren, deuten, wissen wir nicht mit Sicherheit, ob wir sein tieferes psychodynamisches Anliegen wirklich erfassen oder ob wir unser Verstehen auf unser Verstehensbild, auf den "primären Wahneinfall" projizieren.

Wird unser psychotherapeutisches Denken nicht auch autistisch – wie in einem anderen Sinne dasjenige des Kranken –, indem wir immer wieder unsere psychodynamischen Schemata applizieren? *Oder* ist der Wahn als solcher eine existentielle Herausforderung an uns, die unsere Projektion geradezu stimuliert, *damit ein Projekt der Mitmenschlichkeit entstehe*?

Der Kranke "liest" beispielsweise unsere Gedanken. Wir "lesen die seinen", indem wir den Sinn des Wahns auslegen. Unseren "Sinn" auf seinen "Unsinn" zu projizieren, brächte keine Erkenntnis, wenn es nicht vor allen Dingen Wagnis wäre: Versuch der Rettung *bevor* eine Erkenntnis zu zweit entsteht.

Die psychodynamische Kommunikationsleistung ist also in erster Linie keine objektive Deutung des Wahns: sie widerspricht der phänomenologischen Struktur des Wahns, der als geistige Abgeschlossenheit undeutbar ist; sie projiziert auf den Wahn unseren "Verstehenswillen". Unsere "Verstehensprojektion" wäre verfälschend – wie scharfsinnig die darin enthaltene Deutung auch sein mag –, wenn sie nicht zugleich jenen menschlichen Ursprung berühren würde, der in der Dimension der Dualität unseres Daseins liegt, wie wir glauben. Wir deuten das Irrationale. Wir führen es auf eine latente rationale Grundlage zurück, die es aber für den Kranken nicht gibt. Wir "vergewaltigen" ihn geistig und wir fühlen uns dazu durch die Erschütterung legitimiert, die die Wahn-Situation in uns stiftet. Erst auf diesem anthropologischen Hintergrund wird psychotherapeutische Technik möglich.

Diese aber in einem einzigen Kapitel darzustellen, wäre unmöglich, wenn ich mich dabei nicht – ausdrücklich auf das Wort von der "geistigen Vergewaltigung" bezugnehmend – auf die Dialektik von "wahn-externer" und "wahn-interner" Deutung beschränken würde.

1. Die "wahn-externe" Deutung beinhaltet die Konfrontation des Wahns mit unserer Realität.

Die wahn-externe Deutung akzeptiert die Wahn-Aussage als solche nicht – sie widerspricht ihr –; aber sie akzeptiert den Kranken; das heißt, jedes Anliegen, das wir in der Wahn-Aussage spüren oder ahnen und das wir in der Identifizierung mit der Tiefenperson des Kranken vollziehen. "Wahn-extern" nennen wir also eine Deutung, die den expliziten Wahn-Inhalt zwar in Frage stellt, ihn aber durch etwas ersetzt, das in unserer psychotherapeutischen Sicht als eine *positive*, latente Intention des Wahns erscheint.

Mit der Deutung versuchen wir, einen unbewußten Anspruch des Kranken, der sich im Wahn sowohl kund tut als auch mißversteht, auszusprechen und zu legitimieren. Wir versuchen ferner, die im Wahn enthaltene Abwehr einer Verständigung als die Hoffnungslosigkeit des Kranken zu verstehen und durch unser Bereit-Sein zur Kommunikation und durch unsere bedingungslose Offenheit zu beantworten. Dabei müssen wir freilich im Dialog zeitweise auch die Überspanntheit seiner Logik dulden, das "Luftgewicht des Irrealen" akzeptieren, das dem Patienten eine Zeitlang gestattet, psychisch zu überleben.

Hierbei denke ich an einen Patienten, der meinte, schon tot zu sein. Der Wahn konnte gemeinsam verstanden werden, nachdem der Therapeut den Tod nicht nur metaphorisch als geistige Entleerung, als Depersonalisation verstand, sondern auch zutiefst spürte, welch große Erleichterung es für den Patienten sein mußte, sich tot zu glauben. Als "Toter" wußte der Patient endlich, warum er sich leiblich und psychisch nicht spürte, als Toter verachtete er sich nicht mehr und er mußte den Tod durch seine Verfolger nicht mehr befürchten, weil er schon tot war!

Alle diese Bedeutungen konnten allmählich vom Kranken akzeptiert und mitgedacht werden, weil der Arzt die Tragik seiner Situation nicht bloß mitempfand, sondern diese geradezu an Stelle des Patienten erlebte, die schizophrene "conscience de la mort" (BARISON, mündliche Mitteilung) innerlich vollzog und durch eine solche intensive Resonanz dem Patienten eine kleine Ruhe im Leben als Ersatz für die große Ruhe im Tode anbot.

Gelegentlich kann die Wahnabwehr durch eine Deutung erschüttert werden, wenn der Therapeut sich klein macht und das sich aufdrängende Wort in die Unaufdringlichkeit seiner Person kleidet, die sich an den menschlichen Standort des Patienten begeben und die ärztliche Überlegenheit aufgegeben hat. Dann kann die Mauer des Autismus durchbrochen werden.

Ich denke hier an einen schizophrenen Patienten, der befürchtete, von den angeblich hypnotisierenden Augen seines Arztes getötet zu werden. Nach vielen Gesprächen, in denen dem Wahn immer wieder im Geist der liebenden Zuwendung widersprochen wurde, machte der Arzt sich in einem eigenen Traum unwillkürlich seinem Patienten ähnlich: er träumte, von seinem Patienten angeblickt zu werden mit Augen, die Angst erweckten, wie die seinen im wachen Erleben des Kranken. Der Träumer hielt aber den beunruhigenden Blick aus, sich im Traum an die Notwendigkeit erinnernd, die Beziehung zu retten. Die Erzählung dieses Traumes im psychotherapeutischen Dialog ließ den Patienten erleben, daß der therapeutische Widerspruch zum Wahn aus einem intrapsychischen Ort erfolgte, an dem der Arzt mit ihm "im gleichen Boot saß". Wir befinden uns in der Psychotherapie oft im "gleichen Boot" mit unseren Kranken, so wie der Arzt in der Erzählung "Krankenzimmer Nr. 6" von TSCHECHOW, der seinem Patienten sagte, es sei schließlich ein Zufall der Existenz, wenn er der Arzt und der andere der Kranke sei – es könnte ebenso gut auch umgekehrt sein.

Trotzdem nenne ich solches Deuten "wahn-extern", weil der Wahn schließlich Wahn genannt wird. "Schaue mich nun an", sagte der Therapeut dann zu seinem Patienten, "ich bin in deinen Wahn getreten; ich habe ihn ausgehalten – damit sich unsere Blicke begegnen!"

Ohne eine solche Verschränkung der beiden Personen, die ich in meinen theoretischen Überlegungen als das Phänomen des "Übergangssubjekts" beschrieben habe, bleibt die wahn-externe Deutung oft ohnmächtig. Wenn ein Psychoanalytiker sagt, daß jede seiner Deutungen durch den Wahnkranken abgelehnt worden sei, ja daß dieser sich im Widerspruch zu ihm noch weiter von ihm entfernt habe, so beschreibt er eine leider oft fast voraussehbare Situation. Eine Deutung, die wohlmeinend den Wahn auf versteckte Bedürfnisse oder Befürchtungen des Patienten zurückführt, diese aber weder befriedigen noch lindern kann, entspricht der dynamischen Absicht des Wahns nicht und kann seine "Sonderlogik" nicht durchkreuzen. Sie übersieht den Umstand, daß es dem Kranken in seinem Zustand mit dem Wahn besser geht als ohne diesen.

Deshalb ist die psychoanalytische Deutung oft wie der Eingriff mit einem Instrument, das die Abwehr des Kranken nur noch steigert.

2. Hier stoßen wir aber auf den *dialektischen Gegenpol der rein "wahn-externen" Deutung, auf die "wahn-interne" Deutung.*

Diese zielt darauf, daß der Psychotherapeut bereit ist, in den Wahn seines Patienten wie in eine inszenierte Handlung, die sich am Rande der normalen Realität abspielt, einzutreten, freilich immer er selber bleibend, bis zu *dem* Zeitpunkt, da es ihm gelingt, dem Patienten das "progressive Symbol" anzubieten, das die Szene von selbst erweitert, so daß schließlich auch unsere logische Realität im ehemaligen Raum des Wahns Platz findet. Eine Auseinandersetzung mit dem Wahn als solchem findet hier also nicht statt. Vielmehr wird eine phantasmatische Kommunikation innerhalb der vom Wahn diktierten Grenzen angestrebt.

Das folgende Beispiel möge dies veranschaulichen.

Der kleine Patient einer psychologischen Mitarbeiterin von mir, ein zehnjähriger Knabe, entwickelte nach einem Beinbruch einen psychogenen Wahn. Er hörte die Stimme Gottes, die ihm befahl, jemanden zu töten. Einige diesbezügliche Sätze zitiere ich hier wörtlich: "Ich kann mit niemandem sprechen, nur mit Gott, der mir Befehle gibt. Ich muß alles zerstören. Das Böse hat die Welt ergriffen. Man muß die Welt vernichten und eine neue Welt aufbauen. Ich muß sterben. Ich spüre das Bedürfnis, meinen Kopf gegen die Wand zu stoßen, um ihn zu zerschmettern. Ich bin nicht hier in eurer Welt, sondern in einer anderen. Ihr existiert nicht. Mein Vater ist der Satan. Wenn ich ihn höre oder sehe, werde ich krank. Ich möchte ihm mit der Schere die Augen ausstechen. Darum ist die Wand meines Zimmers durchlöchert."

Der Vater, ein Orthopäde, war von der Mutter des Kindes geschieden, die diesem ein höchst negatives Bild ihres Mannes vermittelt hatte. Die psychotische Episode hatte sich nach einem Beinbruch entwickelt, den der Vater als Orthopäde selber behandeln wollte, also in einer Situation der kindlichen Regression und der Auflehnung gegen die ungewollte Abhängigkeit. Vom Gesichtspunkt der regressiven Psychopathologie aus ließ sich hier eine pathogene ödipale Situation vermuten. Der Knabe, der in einer innigen Symbiose mit der Mutter lebte und bei dieser den Vater symbolisch ersetzte, befürchtete nun die Rache des Vaters, die Kastration. Einerseits erlebte der kleine Patient seinen Vater als mächtigen Satan, anderseits wollte er durch die Identifizierung mit einem noch mächtigeren Gott, dessen Befehle er empfing, den Vater selber übertrumpfen. Allein, die destruktive Omnipotenz stand nicht nur im psychotischen Gegensatz zur Situation der tatsächlichen körperlichen Abhängigkeit, sie wandte sich auch als suizidale Anwandlung gegen das eigene Selbst.

Wie entwickelt sich nun im Vergleich zu einer solchen *regressiven* die *progressive* Psychopathologie?

Die Psychologin wußte, daß das Kind sich für Geschichten interessierte. Sie las ihm positivierend aus der Bibel vor, wie Abraham den Befehl von Gott erhielt, seinen Sohn zu töten – eine Umkehrung der psychodynamischen Situation des Patienten –; sie kommentierte, daß Gott kein Verbrechen wollte, sondern Abraham auf die Probe stellte.

"Gott befehle ihm zu töten, ohne ihn zum Tötenden machen zu wollen", in diesem Satz ist die "wahn-interne" Deutung der Psychotherapeutin enthalten. Die halluzinatorische Evidenz der Stimme Gottes wurde weder als irreal erklärt noch psychoanalytisch als ödipal bedingt gedeutet – was die Angst nur gesteigert hätte –, sondern sie wurde stillschweigend akzeptiert; aber nur als Ausgangspunkt für eine Neugestaltung der Situation, die die Phantasie der Therapeutin durch eine "antipsychotische Intention" schuf.

Tatsächlich wurde der Patient ruhiger. Er distanzierte sich vom eigenen destruktiven Impuls, ohne aber die Angst vor dem Vater ganz zu überwinden. "Der Vater wolle ihn aber doch töten. Alle Freunde des kleinen

Patienten würden wie Seifenblasen platzen, wenn der Vater erscheine." Wieder deutete die Therapeutin den Wahn nicht psychodynamisch. Sie bewegte sich mit Symbolen im Innenraum des Wahns, mit Symbolen nämlich, die von einer wahn-internen Sicht ausgingen und dem Wahn dadurch neue Ausblicke eröffneten. Sie meinte, daß sie ein Netz sei, das die angeblichen Seifenblasen auffange, um diese dann dem Knaben zurückzugeben. Die Therapeutin schenkte ihm sogar ein dünnes, farbiges Netz, das er dann stets bei sich trug, im Bett und in der Tasche seiner Jacke.

Die Psychopathologie des Wahns hörte hier zwar noch nicht auf, wurde aber "progressiv", das hießt, offen für kommunikative Erfahrungen der Solidarität mit der Therapeutin, die das Ich stärkten. So heilte die Psychose in wenigen Wochen ohne Medikation. Auch wenn wir am Schluß dieser Krankengeschichte vermuten dürfen, daß in diesem Fall eine Spontanheilung so gut wie sicher erfolgt wäre, sollten wir nicht vergessen, daß es nicht nur wichtig ist, *ob* etwas heilt, sondern auch *wie* es heilt.

Die wahn-interne Deutung geht von der theoretischen, positivierenden Annahme aus, daß im "progressiven" Wahn, den sie stimuliert, Heilkräfte wohnen, die den Wahn transzendieren und schließlich auflösen. Wie der "progressive Wahn" – im Gegensatz zum regressiven – das Selbst des Kranken positiv stimulieren kann, zeigt folgendes Beispiel.

Eine schizophrene Patientin äußerte in ihrer Übertragungspsychose die wahnhafte Überzeugung, daß ihre Ärztin sie von sich abhängig machen wolle, um sie auszunützen und zu quälen. Gleichzeitig klammerte sie sich aber an diese. Die Ärztin, eine Psychotherapeutin, merkte, daß die Kranke sich mit einem negativen intrapsychischen Urbild auseinandersetzte, das sie abwehrend auf die Therapeutin projizierte. Das verfolgende Urbild war allzu penetrant, um bloß "wahn-extern" gedeutet und reduziert zu werden, wie dies der Fall gewesen wäre, wenn es durch die Deutung auf die einst sehr vernachlässigende Mutter der Patientin hätte zurückgeführt werden können. Die Ärztin wählte den anderen Weg, der darin bestand, der negativen Projektion *nicht* zu widersprechen, diese aber durch eine intensive positive Gegenübertragung zu ergänzen – diese kann man freilich nicht "bestellen", sie lag in diesem Falle bereits vor. Die Patientin konnte diese positive Gegenübertragung nicht völlig abspalten, so gerne sie auch an dem rein negativen Urbild festgehalten hätte. Sie begann dann zu halluzinieren, daß ihre Psychotherapeutin aus zwei zusammengekitteten Menschen bestehen würde, die sie Martha und Maria nannte. Maria war in der psychotischen Sicht der Patientin ein phantasmatisches Wesen, das eine große Liebeskraft entfaltete und über jede Entfernung und über jede zeitliche Grenze hinweg immer bei der Kranken war.

Über die Maria, die doch in der Martha drin wohnte, konnte die Patientin ihre angebliche Verfolgerin annehmen. Nach und nach verschmolzen die beiden Seiten; die wirkliche Person der Ärztin trat aus deren Symbiose heraus, und das Urbild der Verfolgung war wirklich neutralisiert. Hand in Hand mit dem Verblassen des unheilvollen Urbildes konnte die Patientin zur normalen Realität zurückkehren; sie war geheilt.

Ich fasse zusammen. Die wahn-interne Deutung erfolgt durch ein positivierendes Symbol, das zunächst nicht als Alternative zum Wahn entsteht, sondern seine Wurzeln eher im psychopathologischen Erleben des Kranken hat und noch dessen psychotische Sprache spricht oder sprechen läßt. Das Symbol, das vom Kranken *mitgeschaffen* wird, wurzelt also im psychopathologischen Erleben, eröffnet aber weite Ausblicke auf die Horizonte der Dualität. Das Symbol, dem der Therapeut nicht sein rationales, psychodynamisches Verstehen gegenüberstellt, kann den autistisch vermauerten Wahn so amplifizieren, so auf neue Perspektiven der Begegnung hin erweitern, daß der neue Raum sich mit den schöpferisch dualisierenden Einfällen und Phantasien des Therapeuten berührt und über die Grenze des Wahns hinausreicht.

Indem der Therapeut den Wahn nicht von außen, vom Standpunkt der normalpsychologischen Realität her deutet, sondern den präverbalen "Überstieg" (Conrad) zur Tiefenperson des Kranken leistet, entwickelt sich ein "dialogischer Autismus" – man verzeihe mir diesen Neologismus –, in dem eine Ich-Du-Beziehung in der Chiffrensprache des Wahns stattfindet.

Beispielsweise kann es geschehen, daß der Therapeut vorübergehend Teile des Wahns "fabulierend" übernimmt, sie in geschichtliche oder religiöse Kontexte erweitert, so daß der autistische Kranke in der Phantasie unerwartet ähnlichen, aber gesunden Mitmenschen begegnen muß.

Durch das Austauschen der Wahn-Aussagen des Patienten und der sie konstellierenden therapeutischen Gegenvorstellungen ergeben sich bei der wahn-internen Deutung keine Zusammenstöße, sondern "Übergangssubjekte", "transaktionelle Objekte", in denen Teile des Patienten und Teile des Therapeuten in progressiver Weise fusioniert werden, aus denen dann die realen Verhältnisse hervortreten.

"Progressive Psychopathologie" meint eben, daß psychopathologische Phänomene wie Transitivismus und Appersonierung zu Kanälen einer archaischen Kommunikation werden. Der kognitive Überstieg vom Patienten zum Therapeuten erfolgt im Spiegel eines präkognitiven Überstiegs des Therapeuten zum Patienten.

Innerhalb eines solchen gegenseitigen "Überstiegs" kann der nicht mehr in seinem Autismus geborgene Patient eine große Angst verspüren, weil die frühere Isolierung nicht mehr gelingt und er dadurch an die Kommunikation ausgeliefert ist.

Gleichzeitig mit dieser Angst entsteht aber auch Hoffnung; denn er schreitet nun vom Imaginären, das heißt, rein Wahnhaften, zum echt Symbolischen, das heißt, zu Projektionen fort, in denen die Person des anderen mehr und mehr in ihrem Eigenrecht erkannt wird.

Am Ende dieses Kapitels sehe ich mich mit der schwierigen Frage konfrontiert, wann, angesichts dieser Erfahrungen, eine wahn-externe und wann eine wahn-interne Deutung indiziert ist. Ich kann darauf nur ganz allgemein antworten: wenn die Ich-Funktionen nicht allzu schwer lädiert sind, wenn eine Seite des Ich noch funktioniert und sich mit unserem Verstand verbünden kann, sind rein psychodynamische und auch psychoanalytische Deutungen fruchtbar – wie uns ROSEN in Amerika und ROSENFELD in England gezeigt haben. Ich selber habe aber auch diesbezügliche Erfahrungen.

Bei schwerer Kranken, die sich durch jede auch noch so wohlmeinende "wahn-externe" Deutung bedroht und ausgebeutet fühlen, ist das therapeutische Eingehen auf gelegentliche *positive* Seiten des Wahns, ist die therapeutische Wahntoleranz, das progressivierende Symbol, also die "wahninterne" Deutung am zweckmäßigsten. Immer aber bleibt die Psychotherapie des Wahns eine der schwersten psychiatrischen Aufgaben.

Psychoanalyse und Psychotherapie verschiedener Formen der Depression

Wenn wir vom psychodynamischen Gesichtspunkt aus Überlegungen zur Struktur der Depression anstellen und zu dieser Frage die bisherige Literatur einsehen, dann können wir grundsätzlich drei verschiedene Ansätze feststellen:

1. Auf der einen Seite zieht sich durch die gesamte psychiatrische Forschung wie ein roter Faden das Konzept, daß die Depression wesentlich von einem psychoenergetischen Gesichtspunkt aus betrachtet werden muß. Ob wir mit der älteren Psychiatrie von einer Antriebsleere sprechen, die das gesamte Verhalten des Patienten erfaßt, oder ob wir, zwar anders, aber doch nicht ganz unähnlich, etwa mit BATTEGAY, psychoanalytisch von einer "Entleerung der narzißtischen Libido" reden, ob wir im deskriptiven Sinne formulieren und von einer "Hemmung" des Denkens, der Sprache, der Psychomotorik sprechen, oder ob wir unsere Aufmerksamkeit auf die Phänomenologie der Zeit richten und von einer "Werdenshemmung" reden: wir befinden uns bei all diesen Gedankengängen durch die Objektivierung in einer gewissen Nähe zu neurophysiologisch Forschenden, die eine biologische Parallele zu solchen formalen Phänomenen suchen und von den psychischen Inhalten absehen, denen Lebensgeschichte vorausgeht. Daß diese Gesichtspunkte besonders in der Erforschung der endogenen Depression geltend gemacht worden sind, paßt zum Konzept einer dieser Krankheit zugrundeliegenden Vitalitätsstörung.

2. Hier aber, im Bereich der endogenen Depression, ist durch die anthropologischen Psychiater die Einsicht entstanden, daß das *Situative*, das eine Rolle bei der Auslösung der endogenen Phasen spielt, auch wesentliche Schlüssel zum Verständnis der Persönlichkeitsstruktur liefert. Die *Situationspsychologie* von TELLENBACH mit ihren Begriffen der Inkludenz und Remanenz läßt uns verstehen, daß das "Endon" weit mehr als das Somatische ist.

3. Die Ergänzung dieser Gesichtspunkte ist die *tiefenpsychologische* These, diejenige also, die das verborgene Motivationsnetz des Menschen angeht und sich somit einem Bereich zuwendet, der aus sich selber heraus, aus den Grundinhalten der Lebensgeschichte seine Rechtfertigung bezieht. Im Laufe der Psychiatriegeschichte hat sich diese analytische Sicht meistens völlig auf die neurotischen und psychoreaktiven Formen der Depression beschränkt; einige Forscher jedoch haben sogar den Anspruch erhoben, eine wesentliche psychodynamische Komponente der endogen Depression zu verstehen, ja, auch psychotische Phänomene innerhalb der Persönlichkeit damit untersuchen zu können. Der Psychotherapeut – und ihn vertrete ich hier – muß seiner Erfahrung und seiner Kompetenz nach vor allem diesen letzteren Gesichtspunkt hervorheben, ohne aber die Bedeutung der beiden vorausgehenden Konzepte bezweifeln zu dürfen, da die Übergänge vom einen zum anderen Formenkreis fließend sind, und da man schließlich in der Psychopathologie besonders leicht das findet, was man sucht, auf das man bereits aufmerksam geworden ist. Bleiben wir also bei der *tiefenpsychologischen* Sicht, die hinter Stimmung und Antrieb, hinter Denken und Psychomotorik, hinter Zeit und Raum das *Motivationsnetz* der Tiefenperson untersucht und hier bestimmte interpersonale und intrapsychische Transaktionen annimmt.

Nach den ersten Anfängen von ABRAHAM, die bei aller Ehrlichkeit seiner Forschung auf die Länge nicht voll zu überzeugen vermochten, war SIGMUND FREUD hier der eigentliche Pionier. Im Bereich nicht nur der leichteren, der neurotischen, sondern der schweren Depressionen postulierte er auf Grund seiner psychoanalytischen Beobachtungen, daß die depressive Selbstanklage die eigentliche Achse des depressiven Syndroms sei, und daß diese Selbstanklage nichts anderes als eine Aggression, eine Anklage gegen den enttäuschenden und neu interiorisierten, also mit dem Selbst identisch gewordenen Liebespartner des Patienten sei.

Auf Grund dieser Theorie hat FREUD zwei psychische Konzepte entwikkelt, die bei vielen depressiven Menschen in der Folgezeit immer wieder bestätigt worden sind: einerseits die große *Abhängigkeit* der Patienten von ihren wesentlichen Partnern – von den primären "Liebesobjekten" –, auf deren Zuwendung und Protektion sie besonders in der Kindheit überdurchschnittlich stark angewiesen waren; anderseits die Aggressivität gegen die enttäuschenden, den Ansprüchen nicht gewachsenen "Liebesobjekte".

Erst später ist dann in den fünfziger Jahren von dem Psychoanalytiker Bibring *die dritte psychodynamische Komponente neben Abhängigkeit und Aggressivität* geschildert worden, nämlich *das Verhältnis des Ich zu seinem unbewußten, überbesetzten Ichideal*, also die *narzißtische* Problematik im engeren Sinne. Die endlosen Klagen des Depressiven, schlechter und unfähiger als alle anderen Menschen zu sein, würden nach dieser Ansicht einer dauernden Selbstentwertung des Ich im Vergleich mit dem unerreichbaren narzißtischen Ichideal entsprechen.

Es gehört nun zur Geschichte der Psychiatrie und der Psychoanalyse, daß viele wichtige Entdeckungen zunächst von ihren Autoren und ihren Schülern überbewertet und verabsolutiert werden. In der Tradition von Freud wurde die Depression, wie Guntrip formulierte, als die "Krankheit der Aggression und der Schuld" angesehen. Die depressive Abhängigkeit, die einstige "orale Abhängigkeit" von Abraham, war die andere Seite der Triebstörung. Als Bibring in den fünfziger Jahren der *Trieb*theorie seine *Ich*theorie gegenüberstellte und die Selbstentwertung des Ich in der Gegenüberstellung zum unerreichbaren narzißtischen Ichideal erkannte, versuchte er, ebenso einseitig wie seine Vorgänger, aber in einer anderen Richtung, alle verstehbaren Depressionen unter *diesem* einen Gesichtspunkt zu fassen.

Psychologische Modelle sind oft deswegen ungenügend, weil sie zu sehr simplifizieren. Hinter ihnen liegt die Komplexität des psychopathologischen Geschehens. So sind nicht alle Depressionen psychologisch gleich strukturiert, auch wenn am Ende der pathogenetischen Kette die Monotonie des depressiven Syndroms steht.

Diese Erfahrung in der individuellen Psychotherapie hat mich dazu veranlaßt, von verschiedenen Grundtypen der psychopathologischen Struktur der Depression zu sprechen – wobei ich einerseits die drei in der Literatur sukzessiv hervorgehobenen Komponenten der *Abhängigkeit*, der *Aggressivität* und des *Narzißmus* überall bestätigen konnte, wobei ich anderseits aber diese Faktoren mit sehr unterschiedlichen Akzentsetzungen klinisch vertreten fand. Dementsprechend unterscheide ich: Es-Depressionen, Überich-Depressionen und Ideal-Ich-Depressionen.

Bevor ich nun diese Gedanken weiter ausführe, möchte ich dazu drei Einschränkungen machen.

1. Solche Typisierungen sollten jedoch nicht über das allen depressiven Syndromen Gemeinsame hinwegtäuschen. Die *eine* psychodynamische Komponente ruft nämlich die *andere*, wie ich weiter unten ausführen werde, hervor, wobei die unterschiedliche Akzentsetzung freilich eine Differenzierung der Psychotherapie gestattet.

2. Eine weitere Einschränkung ist die, daß Begriffe wie Es, Überich und Ichideal Abstraktionen sind. Wenn wir die direkt beobachtbaren Verhältnisse der Abhängigkeit, der Aggressivität, des Narzißmus auf abstrakte Strukturen wie die psychischen Instanzen übertragen, haben wir zwar anders

formuliert, in Wirklichkeit aber noch nichts erklärt. Immerhin schaffen wir damit jene geistige Ordnung, die wir brauchen, um aus den theoretischen Konzepten ideenreicher zu unseren Patienten zurückzukehren, ohne daß wir sie freilich in unsere Schemata hineinpressen dürften, sondern diese vielmehr auf Grund immer neuer klinischer Erfahrungen ständig erweitern sollten.

3. Die dritte Einschränkung ist schließlich die, daß eine solche Betrachtungsweise die Grundfrage nicht beantwortet, was – um die vorherige Dichotomie nochmals aufzugreifen – psychoenergetisch und was motivationsbedingt ist. Es *scheint*, als ob etwaige endogene Komponenten synchron mit Persönlichkeitsstrukturen gekoppelt vorkommen können. Der "Peak" einer depressiven Phase wird auch bei den endogen depressiven Patienten von "Situationen" ausgelöst, die der Persönlichkeitsstruktur entsprechen, in diesem Fall dem "melancholischen Typus", dessen Merkmale TELLENBACH so eindrucksvoll schildert: die Ordnung der Arbeitswelt, die Bedrohung durch einen "perniziösen" Zirkel von Umfang und Genauigkeit des Leistens, die Ordnung der mitmenschlichen Bezüge, die Bedrohung durch Störungen der Ordnung, durch Gewissensbelastung und Gewissenskollision; während die auslösenden Momente bei den neurotischen und psychoreaktiven Formen die schweren, depressivierenden Lebenskonflikte sind, von der Art, wie ich sie nun schildern werde.

Im Hinblick auf die Psychotherapie habe ich sie wie folgt formuliert.

1. *Depressive Menschen leiden oft unter der Diskrepanz zwischen großen, von ihnen nicht selten verkannten affektiven Ansprüchen, die lange enttäuscht wurden, besonders im Sinne der Abhängigkeit, der affektiven Nähe, des Schutzbedürfnisses, und der mitmenschlichen Unfähigkeit, sie zu erfüllen.* Schon lange vor der Erkrankung, oft schon in der Kindheit, neigten diese Menschen dazu, sich an die Verhältnisse in ihrer Umgebung *anzupassen*; sie wurden *dominiert*, gebraucht, in manchen Fällen von ihren Partnern sogar ausgenutzt. Es fehlte ihnen an Durchsetzungsvermögen, an der Sicherheit in der Verteidigung ihrer psychologischen Lebensrechte. Oft war die Angst vor den befürchteten Reaktionen der Partner, vor deren Ablehnung oder möglichen Enttäuschung zu groß. Die Patienten mußten sich die Liebe und die Zuwendung der Partner um jeden Preis sichern, ohne die sie sich als überflüssig und wertlos erlebt hätten. Sie neigten deshalb dazu, sich aufzuopfern. Und die manifeste Depression entwickelte sich nicht selten dann, wenn die erwartete Dankbarkeit oder die einfühlende Antwort des anderen ausblieb, wenn die innere Einsamkeit zunahm, oder wenn eigene latente Aggressionen gegen den enttäuschenden Partner ein Maß erreichten, das mit dem überangepaßten Lebensstil des Patienten unverträglich war und noch größere Ablehnung befürchten ließ. Weil die chronische Enttäuschung von Trieb- und Ichbedürfnissen im Vordergrund des psychischen Lebens und der dynamischen Struktur solcher Patienten steht, spreche ich von "Es-

Depressionen". Hier sehe ich die wesentliche "Erfahrungslücke" (SCHULTZ-HENCKE) auf der Triebseite der Patienten.

2. Bei einer zweiten Gruppe von Kranken steht dagegen die *Überichproblematik* im Vordergrund. KLÄSI prägte einmal den Ausdruck "depressive Negativität" als Parallele zum schizophrenen Negativismus. Dieser Ausdruck führt uns zu unserem Problemkreis. Die Depressivität mancher Menschen läßt nämlich ein verneinendes Moment im Urgrund ihrer Existenz vermuten. Es sind dies jene Depressiven, die sich zwar unbarmherzig anklagen; aber in der Psychotherapie jedes Angebot, jede Form der Zuwendung, jeden Rat, jede Anregung, jede Deutung, jede Stellungnahme lange hartnäckig zurückweisen. Das negative Prinzip ihrer Depression zeigt sich hier sowohl in einem *sadistischen Überich*, das am ganzen Verhalten des Patienten kein gutes Haar läßt, als auch in einer Erschöpfung aller libidinösen Reserven. Die Patienten klagen auch häufig, daß sie unfähig seien zu lieben. In ihrer Liebesunfähigkeit, in der Unmöglichkeit, positive Gefühle für ihre Mitmenschen zu haben, erleben sie sich als schlecht. Angesichts der Unschuld ihrer gegenwärtigen Person denkt man manches Mal an eine Erschütterung, die in ihrem archaischen Unbewußten liegen könnte, an ein mögliches Verfallensein an archetypische negative Erfahrungen. Die eigentliche Ursache der *depressiven Negativität* ist letzten Endes nicht faßbar; es sei denn, man faßt sie konstitutionell auf. Überichdepressionen weisen eine moralische Problematik auf, die völlig ins Leere läuft, da dem Prinzip der depressivierenden Moral eine solche Destruktivität eigen ist, daß sie neue unbewußte Auflehnung und daraufhin dann neue Überichstrafen hervorruft. In einem solchen sadistischen, depressivierenden Überich vermutete FREUD das Walten des Todesinstinktes.

3. Bei manchen anderen Patienten schließlich ist die *Idealbildung* gestört. Sie glauben in ihrer Depression, daß sie unfähig seien, die einfachsten Aufgaben zu erfüllen, etwa den Haushalt zu besorgen, die notwendigsten Arbeiten zu verrichten. Wenn wir diese Menschen dann näher kennenlernen, so erfahren wir, daß ihnen oft eine große, ja herrliche Lebensaufgabe vorschwebte, die sie aber nie erfüllen konnten. Die ideale Aufgabe kann je nach Fall verschieden sein; kennzeichnend ist jedoch bei allen die Diskrepanz zwischen der *unbewußten Selbstforderung*, die immer sehr hoch ist, und den tatsächlichen Möglichkeiten der Patienten. Vielleicht wollte der Patient schon in seiner Kindheit mehr leisten als er tatsächlich konnte; vielleicht war ihm die von ehrgeizigen Eltern zugeschobene Aufgabe wegen innerer Widersprüchlichkeiten oder wegen der Unglaubwürdigkeit dieser Eltern fragwürdig – und nichtsdestoweniger doch verpflichtend. Die Depression entstand bei solchen Lebensläufen dann später, an irgendeiner Wende der Lebensgeschichte, beispielsweise beim Eintritt in die zweite Lebenshälfte, oder als der Patient von einem wichtigen Partner verlassen wurde, oder in dem Augenblick, als er die Elternrolle selber übernehmen mußte.

Diese drei Hauptkomplexe der schweren Depression – Abhängigkeit, Selbstaggressivität, gestörte Idealbildung – kommen bei jedem schwer depressiven Kranken vor, können aber so unterschiedlich ausgeprägt sein, daß man aus psychodynamischer Sicht verschiedene Krankengruppen unterscheiden kann (Benedetti, 1983).

Die drei Komponenten sind aber oft miteinander kombiniert. Die Depression ist durch eine Unsumme von lebenslänglichen Mikroerschütterungen bedingt, von denen sich der Patient oft jahrelang keine Rechenschaft gegeben hat. Im Versuch, den Lebenssituationen gewachsen zu sein, hat er unangenehme Emotionen verdrängt und ihn treffende Enttäuschungen nicht realisiert, sich also in einer Weise zusammengenommen, die für Trauerarbeit, Selbstgefühl, Mitteilung des Leidens, keinen Raum und keine Zeit mehr übrig ließ.

Der Patient war oft schon lange, bevor er krank wurde, ein unglücklicher Mensch, ohne es zu wissen. Ihm nun zu zeigen, wie sehr er unwissentlich gelitten hat und dann mit ihm und seiner nun allmählich erwachenden Erinnerung durch seine Lebensgeschichte hindurchzugehen, kann für ihn heilsam sein, besonders dann, wenn der Arzt es bei einer solchen symbolischen Mitwanderung versteht, *anstelle seines Patienten die Gefühle der Trauer, der Hilflosigkeit, der ohnmächtigen Rebellion, die dieser nicht haben konnte oder durfte, mitzufühlen*. Der Kranke erkennt sich im Spiegel seines Arztes, und die Psychotherapie wird für ihn zu einer schmerzlichen, aber heilsamen Einkehr. Mancher Patient realisiert erst in der Psychotherapie, daß er in seiner Familie immer die Rolle gespielt hat, die ihm für das Wohlsein der anderen unentbehrlich schien und die doch ein fortwährender Selbstverrat war, eine Rolle, die er nicht aufgeben konnte, sei es, weil *diese ihm doch eine gewisse narzißtische Befriedigung brachte*, sei es, weil er sich vorstellte, die nahen Mitmenschen könnten ohne ihn und seine Hingabe überhaupt nicht existieren.

Ein wichtiger Schritt in der Therapie ist also die Aufdeckung des "Grunddramas". Worin besteht der Verlust, den der Patient als so bedrohlich erlebte? Die Feststellung des spezifischen auslösenden Faktors wird den Therapeuten die Art der Depression erkennen lassen. Bei den schweren Depressionen ist das auslösende Ereignis oft wie ein lebensgeschichtliches Symbol, das es durch die Studie der ganzen Biographie aufzuschlüsseln gilt. Nur dann wird es möglich sein zu verstehen, warum der Patient nach dem auslösenden Ereignis unfähig zur Trauerarbeit war.

Der depressive Kranke muß begreifen, daß er in einem psychopathologischen Verhältnis mit einer negativen intrapsychischen Instanz lebte, die seine "psychologischen Lebensrechte" verneinte und im psychotischen Wahn das Übergewicht über das Realitätsbild gewann. Das Ich ist mit dieser Instanz – beziehungsweise dem als hoch ambivalent erlebten Liebesobjekt –

"identifiziert" (FREUD). Sein bewußtes Ich erscheint außerhalb dieses pathogenen Komplexes völlig entleert.

In der Psychotherapie wird der Kranke auf diesen inneren Zustand allmählich aufmerksam gemacht. In den Deutungen soll sich der Kranke mehr und mehr als selbständige Person entdecken, die aber in wesentlichen Augenblicken der Lebensgeschichte vom "dominierenden Partner" (ARIETI) verschlungen wurde. Im Zuge einer fortschreitenden tiefenpsychologischen Erhellung und unter dem Druck aufsteigender Erinnerungen erfährt der Kranke, wie wenig er bisher in seinem Eigenrecht leben konnte; wie oft er sich anpassen mußte; wie häufig er sich opferte; wie er für die Protektion durch den anderen seine autonomen Regungen preisgab; wie er sich für den depressivierenden Partner – oft ein selbst depressiver Elternteil – überverantwortlich fühlte und sich dabei für eigene Aggressionen gegen diesen mit Schuldgefühlen bestrafte; wie er diese dann durch erneute Unterwerfung sühnte und in der Abhängigkeit infantil blieb, die eigene Aggressivität oder Sexualität verdrängte; wie er umsonst auf Honorierung durch Dankbarkeit hoffte, sich ausgenützt vorkam und auf Enttäuschungen mit latenten Aggressionen reagierte, die ihn wiederum in Frage stellten und den ganzen Kreislauf von Schuld und Strafe reaktivierten; wie er in der kompensatorischen Idealisierung des anderen an Selbstvertrauen einbüßte und diesen anderen als den liebsten Partner seines einsamen Selbst unbewußt haßte. So erlebt der Patient die lebensgeschichtliche Hilflosigkeit und Selbstzerstörung, die falsche Ideologie und den ohnmächtigen "cry for help" (RADO), die der Depression zugrundeliegen.

Durch die Prüfung der kognitiven Komponenten, die die Depression erzeugen, kann der Patient den Zustand der Ohnmacht und Verzweiflung verlassen und lernen, sich durch *das* zu bestätigen, was für ihn wirklich bedeutsam und befriedigend ist. Gefühle von Verlust oder Enttäuschung tauchen zwar weiterhin auf, werden jedoch nicht mehr in Selbstanklagen oder Schuldgefühle verwandelt.

Die Identität ermöglichende Erschütterung kann nur dann vorwiegend positiv erlebt oder ausgehalten werden, wenn der Psychotherapeut sich als ein Vorkämpfer für die psychologischen Lebensrechte seines Patienten und als ein "Liebhaber" von dessen positiven Seiten versteht.

Bei den drei Subtypen des Leidens: a) Es-Depressionen, b) Überich-Depressionen und c) Ichideal-Depressionen werden verschiedene therapeutische Akzente gesetzt.

ad a) *In der Psychotherapie geht es darum, dem Patienten allmählich seine psychopathologischen Verhaltensmuster der ängstlichen Anpassung, der sich selbst entsagenden Unterwerfung, der übermäßigen, leicht enttäuschbaren Erwartung zu zeigen und ihn dabei von einer notwendigen Änderung seiner Verhaltensweisen zu überzeugen.*

Viele Patienten sträuben sich gegen psychodynamische Einsichten, weil sie unbewußt danach streben, frühere Lebensverhältnisse soweit wie möglich wiederherzustellen. Sie haben Angst davor, neue Schlüsse aus ihrer Krankheit zu ziehen. Sie glauben deshalb unseren Deutungen nicht; ja, sie meinen häufig sehr lange, daß sie allein am verhängnisvollen Krankheitsgeschehen schuldig seien. Nicht selten kommt es auch zur Übertragung, bei der der deutende Psychotherapeut selber in den Augen des Patienten die Rolle der ihn dominierenden Person übernimmt und dann zu einem Zielobjekt des depressiven Kampfes wird: Anpassung einerseits, geheime Rebellion anderseits.

Die Schwierigkeit bei der psychotherapeutischen Behandlung der Es-Depressionen besteht darin, daß bei dieser Art Erkrankung jede Frustration als Verlust erlebt wird und die Depression verschärft. Der Patient sucht im Therapeuten einen Ersatz für den dominierenden Partner, der ihn enttäuscht hat. Man sollte die Bedürfnisse des Patienten durch eine sich einfühlende Beachtung seiner Not, durch die Integrität der therapeutischen Persönlichkeit und durch die Aufrichtigkeit und Konsistenz der Deutungen beantworten.

Ist die "Gier nach Akzeptanz" (Arieti) symbolisch befriedigt, so wird die "fordernde Depression" (Arieti) in beachtlichem Maße abnehmen, jedoch nicht verschwinden. Ihre Erscheinungsform wandelt sich von der konstanten Gemütsverfassung zu "unterscheidbaren einzelnen Episoden". In dieser Phase kann es dem Therapeuten gelingen, dem Patienten die Depression als Ergebnis dieser bewußten oder unbewußten Gedankenfolge verständlich zu machen: "Ich bekomme nicht, was mir zusteht —> ich entbehre chronisch —> ich bin zu bedauern." Der erste Satz wird dem Patienten, so 'übersetzt', zu bedenken geben: "Ich möchte in die Glückseligkeit der frühen Kindheit zurück. Ich will keine autonome Person sein, die selber bestimmt." Die Therapie wirft nun die Frage auf: welche andern Mittel als die Abhängigkeit habe ich zur Verfügung, um zu erreichen, was ich will? Das heißt, dem Patienten wird dazu verholfen, seine Denkmuster so zu reorganisieren, daß sich die gewohnheitsmäßigen Einstellungen nicht wiederholen und nicht automatisch und starr die alte Sequenz reproduzieren. Wichtig dabei ist: der Patient wird diese Veränderungen in sich selber nur dann aktivieren können, wenn die neue Beziehung zum Therapeuten ihren Aspekt an Entbehrung und Leiden verringert hat. Mit dem zunehmenden Selbstvertrauen des Patienten wird der Therapeut den Forderungen engere Grenzen setzen können.

Nach dem Abklingen der depressiven Episoden geht die Behandlung weiter mit der Erforschung der Vergangenheit, wie wir sie aus der Tiefenpsychologie kennen.

Ad b) *Wichtig für die Psychotherapie ist, daß wir den Patienten mit seiner Negativitätssucht konfrontieren können, ohne jedoch Schuldgefühle und vernichtende Selbstverurteilung zu stimulieren.*

Nach meiner Erfahrung besteht oft die Möglichkeit, auf eine negative Instanz in der Depression hinzuweisen, die außerhalb des Ich liegt und von der das Selbst sich in der Hingabe an die Situationen der Dualität in der Psychotherapie distanzieren soll.

Es ist unvermeidlich, daß sich in der tieferen Auseinandersetzung mit solchen Menschen auch beim Psychotherapeuten Regungen des Unvermögens, der Ohnmacht, ja der relativen Ablehnung melden können. Eine solche Gegenübertragung kann auch positive Auswirkungen haben. Indem wir die Negativität des Patienten in uns selber fühlen, haben wir ihm den Beweis unseres Mittragens, unseres Bei-ihm-Bleibens gegeben. Indem wir nicht aufhören, den Kranken zu bejahen, haben wir der Negativität Grenzen durch unsere Person gesetzt.

Die irrationalen Schuldgefühle rühren oft von einem bewußten oder unbewußten Haß auf den dominierenden Partner her; deshalb bedeutet eine drastische Veränderung der Beziehung zu ihm die größte Erleichterung von der Schuld. Schuldgefühle sind oft verwandelte Angst, mit der der Patient nicht umzugehen versteht. Im guten therapeutischen Klima lernt der Patient, die Angst zu durchschauen und seine negative Haltung gegenüber Ungewissem und Bedrohlichem in eine Haltung des Vertrauens zu verwandeln.

Die "Verstärkung" antidepressiver, positiver Vorstellungen, die auch in der Verhaltenstherapie und in der kognitiven Therapie so wichtig ist, geschieht in der individuellen psychodynamischen Therapie durch die Mitteilung von *positivierenden* therapeutischen Phantasien, die die "Negativität" des Kranken dauernd "rektifizieren".

Ad c) *Therapeut und Patient müssen zum vollen Verständnis dessen gelangen, was die phantasierte Realisierung des Erstrebten bedeutet.* Stimmt es wirklich, daß das Leben ohne die beanspruchte und beanspruchende Aufgabe keine Bedeutung mehr hat? Stimmt es wirklich, daß die einzige Alternative zur erfolgreichen Übernahme der jeweiligen, persönlichkeitsspezifischen Verantwortung die Depression ist? Auch hier muß dem Patienten zu alternativen Wegen verholfen werden.

Der Patient lebt in einer Existenz, deren einzige Bedeutung das Leiden zu sein scheint. Unsere Aufgabe ist es, diesem Patienten, der meistens beziehungslos lebt, zu einer Sinngebung zu verhelfen. Er soll lernen zu verstehen, daß sein Schmerz über den Verlust der Bedeutung seines Lebens in Wirklichkeit zeigt, wie viel das Leben für ihn bedeutet.

Allmählich entwickelt sich eine wesentliche Phase der Therapie: die Bewußtmachung dessen, was der *Patient selber* zum Entstehen seiner Depression in lebenslanger "Vorarbeit" beigetragen hat. Er soll erkennen, daß er selbst durch sein verhängnisvolles, abhängiges, selbstverleugnendes, sich unterwerfendes Verhalten gewisse dominierende, entwertende, pseudoschützende, infantilisierende, oral überfütternde Komponenten in der Persönlichkeit des Partners verstärkte, ja geradezu hervorrief.

Während also der Kranke in der vorangegangenen Zeit gelernt hat, die Selbstanklage vom Selbst zu entkoppeln, das erlittene psychologische Unrecht zu realisieren und getarnte Aspekte des anderen im therapeutischen Gespräch in Frage zu stellen, wird er nun allmählich dazu geführt, wiederum sich selbst in Frage zu stellen – diesmal aber nicht mehr im Sinne der depressiven Selbstanklage, sondern in der konstruktiven Weise der realistischen Einsichtnahme. Freilich ist die Gefahr noch vorhanden, daß der Patient dabei in sein altes Muster der Selbstanklage zurückfällt und die Deutungen des Therapeuten dazu mißbraucht, um gegen ihn Front zu machen oder sich ihm zu unterwerfen. Solche Widerstände in einer Weise aufzuzeigen, die den therapeutischen Prozeß fördert und das Selbstvertrauen ernährt, gehört zur Kunst der Behandlung und bedarf der tiefen, affektiven Beziehung des Psychotherapeuten zu seinem Patienten.

Es wäre erstaunlich, wenn nicht vorübergehend – manchmal für Wochen – projektive Mechanismen in Erscheinung treten und die Rolle und die Person des Therapeuten sogar *psychotisch* verfälschen würden. Der Therapeut wird allmählich oder über Nacht in das scheinbar soeben überwundene depressive Drama einbezogen! Dies geschieht einerseits in der depressiven Absicht des Patienten, dem Therapeuten als Neuauflage des einst dominanten Partners die Autorität und Überzeugungskraft der tiefenpsychologischen In-Frage-Stellung streitig zu machen; anderseits ist die projektive Einbeziehung des Therapeuten in das depressive Drama auch die Chance, letzteres in einem neuen Rahmen zu inszenieren und durchzuarbeiten. Der Therapeut soll dabei, wie sich Arieti treffend ausdrückt, aus dem – im übertragenen Sinn – "dominierenden Partner" der "signifikante Partner" werden. Er soll seinen symbolischen Schutz in einer Weise gestalten, die der aggressiven Potenz des Patienten und seinen wachsenden Autonomietendenzen breiten Raum läßt. Gleichzeitig darf er unter dem Druck von Anklage und Anspruch nicht zurückweichen.

Die Deutung der Übertragung wird bei solchen Patienten, die im depressiven Wahn zur psychotischen Verkennung der Realität neigen, zeitweise viel schwieriger als sonst in einer Neurosentherapie. Anderseits ist die Beziehung durch die Intensität der affektiv-psychotischen Persönlichkeit konstelliert. Sie geht nie mehr in die Brüche, falls der Therapeut sich nicht zurückzieht. Die Entschlossenheit des Therapeuten, die Anklagen seines Patienten zu ertragen, gibt letzterem die Möglichkeit, noch angestaute unbewußte Aggressionen abzureagieren und, über den infantilen Haß hinausschreitend, seiner durch Einsicht Herr zu werden. Im gleichen Maße, in dem der Therapeut es fertigbringt, sein eigenes Selbstvertrauen in der Gegenübertragung aufrechtzuerhalten, nimmt dasjenige des Patienten zu; und in derselben Weise, in der sich der Therapeut, ohne selbst in Zweifel zu geraten, in Frage stellen läßt, beginnt der Patient, offen für die Selbst-in-Frage-Stellung zu werden, für die Einsicht also, daß er unwissend der

Entstehung und Aufrechterhaltung der depressiven Lebensweise Vorschub geleistet hat. Ohne eine solche Einsicht, nur durch Stützung des brüchigen Selbstgefühls, kann es eine wirkliche Heilung der Depression nicht geben.

Psychopathologische Herausforderung

Hatte ich in den beiden voraufgehenden Teilen dieses Buches die Grundsituationen psychotischen Leidens und die verschiedenen Möglichkeiten therapeutischer Begegnung mit ihnen, vor allem in der individuellen Psychotherapie, dargestellt, so wende ich mich jetzt einigen psychopathologischen Erscheinungen zu, die von seelischen Extremsituationen zeugen, und die sowohl die therapeutische Beziehung auf eine oft sehr harte Probe stellen als auch an die Grenzen der Belastbarkeit des einzelnen Therapeuten führen.

Angst, Aggressivität, Todessehnsucht stellen meines Erachtens nicht nur eine medizinische Herausforderung als Krankheitssymptome dar, sondern eine existentielle Herausforderung durch die Tatsache, daß es sich bei ihnen um bestimmte allgemeinmenschliche "Gefühle" und Erlebensmöglichkeiten handelt, die in der psychischen Krankheit lediglich überdimensioniert und verzerrt, eben "krankhaft" geworden sind.

Ihre Heilung stellt also nicht nur ein medizinisch-technisches Problem dar, sondern fordert den "ganzen Menschen" im Arzt und Therapeuten und bleibt eine "mitmenschliche" Aufgabe. Und dennoch wird uns die bittere und quälende Erfahrung der Erfolglosigkeit, trotz allen Einsatzes, nicht erspart.

Ich werde dies alles in drei Kapiteln, die auch inhaltlich aufeinander aufbauen, von der Angst über die Destruktivität, die ja häufig ein Symptom der Angst ist, bis hin zum Suizid, der wohl erschütterndsten Form der Destruktivität, bei der der Täter sein eigenes Opfer wird, darstellen anhand von Beispielen aus meiner eigenen Praxis wie aus meiner Supervisionstätigkeit.

Der Kampf mit dem Dämon – Angst in der Psyche

I

Was bedeuten die Termini, mit denen wir in der psychodynamischen Psychiatrie die Selbst-Entgrenzung des psychotischen Patienten schildern, Terminie wie "Symbiose", "Fusion mit der Welt", "Verlust der Ich-Grenzen", "Demarkation", "Appersonierung", "Tansitivismus", "Aufhebung der Subjekt-Objekt-Unterscheidung", "Depersonalisation", "Derealisation"? Bei dem Versuch, alle diese Worte – grob simplifizierend – auf einen gemeinsamen Nenner zurückzuführen, ergibt sich folgendes: das Innerpsychische des Patienten wird Weltereignis; das Innen wird als Außen und das Außen als Innen erlebt: der Kranke bebt innerlich, und plötzlich fürchtet er sich vor einem Erdbeben; er haßt sich selbst und meint dann, alle anderen haßten ihn auch; er will sich von der eigenen, in seinem Selbst symbiotisch mitlebenden Mutter trennen und droht zu verdursten, weil das Wasser ein mütterliches Element ist.

Der Patient ist nicht mehr *auf* der Bühne der Welt, wie wir anderen, weil er *in* allen Dingen ist und alle Dinge in ihm sind. Er verliert das Gefühl für die Umrisse und die Substanz seiner Person. Solche psychotisch-symbiotischen Zustände, die wir uns bei aller Einfühlung doch nicht ganz vorstellen können, üben auf den Kranken gelegentlich eine eigentümliche Faszination der Verschmelzung aus, die aber infolge der Aushöhlung der Person in Angst und Panik umschlägt.

Das zeigt sich auch in den Träumen schizophrener Menschen: ein Patient träumte beispielsweise, daß er mit der Weltkugel eins wurde. Er erlebte dabei eine Ekstase, die sich in eine Ichauflösung fortsetzte und ihn in größter Angst erwachen ließ. Ein anderer Kranker sagte in einer ähnlichen Situation: “Ich habe kein Gesicht. Ich bekomme das Gesicht eines jeden Menschen, dem ich begegne.” Die Erinnerung an eine gemeinsame Wanderung mit einem Partner wird einer dritten Kranken unheimlich, weil sie die Erinnerung von der Gegenwart nicht unterscheiden, Dinge in Zeit und Raum nicht lokalisieren kann.

In der Psychotherapie fühlen sich solche Kranken nicht selten auch mit dem Therapeuten fusioniert. Unterscheidungen von Ich und Du werden unmöglich. Zum Beispiel werden eigene Todesimpulse gegen den Therapeuten als Todesimpulse des Therapeuten gegen das eigene Selbst erlebt.

Manche Psychiater haben Angst vor solchen “Übertragungspsychosen”, so daß sie die Psychotherapie der Psychosen sogar als einen Kunstfehler betrachten. Nur soziale Rehabilitation und Chemotherapie seien dann am Platz. Ohne der Notwendigkeit der sozialen Rehabilitation und der Chemotherapie zu widersprechen, möchte ich aber das fundamentale *Phänomen der Angst* immer von einem doppelten Gesichtspunkt aus betrachten, von dem der Psychopathologie *und dem der Psychotherapie.*

Begibt man sich als Psychotherapeut in den “Rachen des Drachen”, das bedeutet: in die Hölle des Patienten, so kann man die wesentliche Erfahrung machen, daß die Fusion selbst therapeutisch wird. Sie wird therapeutisch, wenn es dem Therapeuten gelingt, sie positiv zu erleben und über die Fusion mit dem Patienten diesem eigene Selbst-Teile – Phantasien, Träume, positivierende Identifikationen – zufließen zu lassen. Wir sehen zum Beispiel im Bild (Bild 7), daß der mit der Patientin fusionierte Therapeut diese mit seiner psychotherapeutischen Aura überragt und sie nicht mehr tötet; ja in einem weiteren Bild (Bild 8, S. 106) erfaßt er sie mit übermenschlicher *Kraft*, mit vier Armen, um sie aus der Hölle zu retten.

Bild 7

Dadurch kann der mit dem Patienten symbolisch fusionierte Therapeut die psychopathologische Symbiose, die vielleicht zu manchen Kindheitserlebnissen vieler Patienten gehörte, sublimieren, progressiv gestalten, im Sinne dessen, was ich die "progressive Psychopathologie" nenne, kann sie nun in eine *therapeutische Symbiose* umwandeln – indem der Therapeut einerseits selbst angstfrei bleibt, sich aber anderseits mit dem Erleben seines Patienten in *der* Weise identifiziert, daß Teil-Symmetrieverhältnisse im gemeinsamen Erleben stattfinden: der Therapeut ist *auch* in der Hölle, *auch* am Rande des Abgrundes, *auch* im Wahnlabyrinth; er trägt um das Haupt dieselbe Dornenkrone wie die Patientin, die in einem Selbstportrait außerdem vier Augen hat, also sowohl sie selbst als auch ihr Psychotherapeut in einem ist.

II

Nach der ersten Wurzel der Angst, der *Fusion*, möchte ich nun die zweite nennen: die *Spaltung*. Unter dem Gesichtspunkt dieses Kapitels – der nur *ein* Gesichtspunkt unter vielen möglichen ist – fasse ich die Spaltung als eine psychopathologische Abwehr gegen die Fusion auf. Sie ist ebenso radikal wie die letztere: eine *spaltende Trennung von allen Mitmenschen*, die sich klinisch als *Autismus* manifestiert. Eine für den Affekt und den Verstand undurchdringliche, autistische Mauer spaltet den Kranken von seinen Mitmenschen, von uns allen, ab. Dieselben Ich-Grenzen also, die einerseits brüchig geworden sind und eine Unterscheidung von Innen und Außen nicht mehr erlauben, *verdichten* sich in dem Versuch des Kranken, sich jeglicher Beeinflussung von außen zu entziehen. Jede dialogische Falsifizierung des Wahns ist unmöglich; der Patient anerkennt nur *seine Eigenwelt* als einzige Realität.

Wie dieser Widerspruch – *Fusion mit der Welt* einerseits und *Abspaltung von der Welt* anderseits – möglich ist, wie die Ichgrenze *gleichzeitig aufgelöst und undurchdringlich* sein kann, das kann unsere Logik nicht mehr erklären; denn die Psychose ist, wie schon FREUD erkannte, der Bereich der primären psychischen Prozesse, in dem die *Gegensätze koexistieren*. Freilich werden die Gegensätze, die Widersprüche von der noch innerhalb der sogenannten sekundären psychischen Prozesse lebenden Seite des Kranken, die noch nicht ganz psychotisch zerfallen ist, von jener Ich-Seite also, die man "das buchführende Rest-Ich" nennen kann, nicht ohne *größte Angst* wahrgenommen. Dazu kommt noch ein weiterer Umstand: diese Angst ist immer psychotisch – wie ich gelegentlich sage "ich-inkompetent" –, weil das abwehrende Ich eben in Auflösung begriffen ist. Sie kann nicht, wie die normale Angst, das Ich vor einer Gefahr schützen. Sie ist so ich-inkompetent, daß sie das Abgewehrte eben nur aggraviert. Durch die Abspaltung wird nämlich die Fremdwelt, die sich in der Fusion doch von neuem aufdrängt, zu einem *verfolgenden* Gespenst.

Der Kranke lebt dann im Kreise furchtbarer *Paradoxien*: er lebt in einer Eigenwelt, aber nichts ist ihm eigen; er ist von der Welt entrückt, aber gleichzeitig an sie, an ihre verfolgenden Gestalten restlos ausgeliefert. Die Spaltung greift mehr und mehr ins Innere, das heißt, sie *fragmentiert* das Ich. Denn es werden nicht nur die Repräsentanzen der Mitmenschen vom Ich abgespalten, sondern auch die mit diesen Mitmenschen zusammenhängenden konflikthaften eigenen Gefühle; *eigene Teile vom Selbst werden abgespalten*. Da das schwache Ich keine Verdrängungskraft mehr besitzt, um solche abgelehnten Gefühle und Selbst-Teile ins Unbewußte zu verschieben, erscheinen die abgespaltenen Inhalte dem Bewußtsein als Stimmen und Gestalten, die eigene und doch nicht eigene sind. Der Kranke ist im Kern seines Selbst nicht mehr einheitlich. Solche zugleich eigenen und nicht eigenen, zugleich aus der eigenen Tiefe und aus der fremden Welt stammenden Halluzinationen nenne ich "die dritte Realität", neben den zwei anderen Formen der Realität, der introspektiven und der außerhalb wahrgenommenen. Diese dritte Realität ist immer monströs, panikerregend; sie kann weder im Inneren noch im Äußeren wirklich lokalisiert werden.

Auf dem abgebildeten Höllenbild (Bild 8) sehen wir, daß die Patientin jeweils dreifach gespalten ist.

Welche Angst muß das auslösen, kein einheitlicher Mensch, eigentlich keine Person mehr zu sein! Die Person befindet sich in einer Situation der Fragmentierung, das heißt, der multiplen Spaltung. Der Kranke erlebt sich als entzweit; er spürt in seinem Inneren verschiedene Personen – "Stimmen", "außersinnliche Mächte", "innere Automaten" –, die über ihn verhan-

Bild 8

deln, Todesurteile über ihn fällen oder ihn gräßlich auslachen. Der Kranke weiß mit einer furchtbaren inneren Evidenz, sofort und unausweichlich, daß er an diese Teilpersonen – die ihm wegen der gleichzeitigen Fusion mit der Welt auch als objektive Weltaspekte erscheinen – völlig ausgeliefert ist, da ihnen kein Selbst gegenübergestellt werden kann.

Der fehlende Ichvollzug führt zu dem Erleben, daß dem Kranken die eigenen Gedanken entzogen werden, daß er wie ein Spielball von anderen geworfen und wie ein Gebilde aus Tonerde gemacht ist. Im Leiblichen ereignet sich die Spaltung dadurch, daß der Kranke sich nicht mehr als innere Ordnung erlebt: die Körperorgane werden verschoben, Löcher und Hügel entstehen im Inneren, die Geschlechtszugehörigkeit wird umgekehrt.

Einerseits bedingt die Fusion mit der Welt die Unmöglichkeit, sich als Person zu fühlen, und fördert die Spaltung also; anderseits läßt die Spaltung die Fusion als eine Invasion der Welt erleben, weil sie das Ich auslöscht. Der Kranke liegt offen da für die anderen: "Ich bin ein leeres Schloß, das durch alle Umstehenden besetzt wird; ich bin eine Leiche auf der Straße, die alle überfahren; ich bin eine Schale, deren Inhalt draußen verstreut ist, während der Innenraum durch fremde Inhalte ausgefüllt wird" – dies die Worte eines Patienten.

Das Paradoxe liegt nun darin, daß es möglich und sinnvoll ist, derartig erschütternde Vorgänge auch als makabre "Wunscherfüllungen" zu betrachten. Denn so, wie die Fusion nicht nur Selbstverlust, sondern auch Ekstase sein kann, so birgt die Spaltung nicht nur innere Zerstörung, sondern auch die paradoxe Möglichkeit, das Unvereinbare in sich zu vereinen: Christus *und* der Teufel, die Heilige *und* die Dirne, die große Mutter *und* das verwundete Kind – alles tummelt sich im Bewußtsein, nichts geht durch seine Verdrängung verloren, so daß derselbe Kranke, der sich als ein Nichts erlebt, gleichzeitig doch das gesamte Potential des Lebens enthält, sich als der "Urahne der Menschheit" oder der "letzte Erbe" derselben erfährt.

Das zerbrochene Ich, das all diese Fragmente niemals zusammenkitten kann, hat lediglich die traurige Funktion des "Sich-selbst-erscheinens und -wahrnehmens" behalten: es ist das Auge, das den Weltuntergang sieht.

Eugen Bleuler faßte die Spaltung bekanntlich als das "primärste" Symptom der Schizophrenie auf: Spaltungsirresein. "Primär" heißt in der Sprache der Schulpsychiatrie: nicht sekundär-reaktiv, nicht psychologisch verstehbar, sondern durch den Untergrund hervorgerufen. Es wird das Endogene.

Wenn wir *das Primäre aber auch im Verlust der personalen Beziehung* sehen, beginnen wir psychodynamisch zu denken, und dann beginnt schon in unserem Denken die Begegnung mit dem Kranken.

Wenn wir also psychodynamisch denken, erscheint uns die Spaltung als "Gespaltenheit" (Manfred Bleuler), wobei der zweite Terminus uns nichts anderes sagen will, als daß wir die Spaltung auch als psychologisches Phänomen verstehen sollen, und das heißt, sie in ein Verhältnis der Analogie zum neurotischen Konflikt setzen.

In der Neurose ist die verarbeitende Ichbasis erhalten; die Gegensätzlichkeit des Konfliktes wird durch die vereinheitlichende Tätigkeit des Verstandes umspannt. In der Schizophrenie dagegen bricht das Ich auseinander! Die Gegensätze erscheinen dann nicht mehr als bloße Bedeutungsdimensionen, als Vorstellungen; nein, kein tragfähiges Ich kann die Gegensätze im neurotischen Kompromiß zusammenbinden; die Gegensätze erscheinen als Stimmen, als visuelle Halluzinationen, als das Ich sprengende Mächte.

Wenn es ein Rest-Ich, das das alles registriert, noch gibt, dann ist es ein Ich der Angst. Das "Cogito ergo sum", das für den Schizophrenen nicht mehr gilt, umwandelnd, könnte er sagen: "Ich habe Angst, also bin ich." Und tatsächlich habe ich Kranke kennengelernt, die mir gesagt haben: "Wenn ich Angst spüre, auch eine wahnsinnige, habe ich immerhin den Trost, daß ich, der so Fühlende, bin."

Ich schließe diese Darlegungen mit dem Bild einer Patientin, die den "Kampf mit dem Dämon", das Signet der wohl größten psychotischen Herausforderung, konkret dargestellt hat (Bild 9). In der Bildmitte hat sie eine feuerspeiende Schlange, die Psychose selber, gemalt; rechts und links von ihr stehen der Ehemann und der Therapeut der Patientin; die beiden Männer, die den "Kampf mit dem Dämon" wagen und an deren Kleidern deshalb, zusammen mit den Symbolen des Untergangs, auch diejenigen des

Heils erscheinen, ermöglichen die Erscheinung der Krone über dem Haupt der Schlange. Der Kampf mit dem Dämon ist nicht nur die Bewältigung der intrapsychischen Angst, sondern stellt auch die Reduplikation der Psyche in Übertragung und Gegenübertragung dar.

Bild 9

Wir erleben die eigene Spaltung in der Begegnung mit dem Patienten, die Unvereinbarkeit der Affekte, die er in uns wachruft und die uns auf die Antinomien und Spaltungen der menschlichen Existenz aufmerksam machen. Aber wir erkennen auch das wundersame Sich-fügen der gespaltenen Patiententeile in unseren gedanklichen Entwürfen, in unseren Träumen und Gegenübertragungen.

Auch wenn die Situation aussichtslos bleibt, so ist die *Psychopathologie*, die Qualität des Patienten, nun eine gemeinsame geworden, ebenso wie die *Psychologie*, der Standort des Therapeuten. Die Identifikation mit dem Patienten, mit dem man zusammen "im Rachen des Drachen" sitzt, führt nicht, wie in der Psychopathologie, zur Fusion und so zu neuer Spaltung; sondern sie führt, kraft der progressiven und differenzierenden Impulse der Therapie, zu neuer Identitätsbildung.

Aggressivität und Destruktivität als Ausdruck psychotischer Verzweiflung

I

1. Es gibt keine neurotischen Störungen, bei denen die Aggressivität eine so große Rolle spielt wie manches Mal bei den Psychosen, die sich aus der intrapsychischen Auseinandersetzung mit ungeheuerlichen Vorstellungen ergeben.

Die Aggressivität des psychotischen Menschen ist auf sehr verschiedenen Ebenen wahrnehmbar: freilich nicht nur in den literarischen Dokumenten der Kranken, sondern auch in deren klinischer hartnäckiger Selbstsabotage, im Autismus und überall in den verborgenen und durch die Psychotherapie aufgedeckten Phantasien des Leidens.

2. Ich vermute, daß viele psychotische Symptome durch die Aggressivität der Patienten indirekt bedingt sind: nicht nur die durch MELANIE KLEIN und H. ROSENFELD beobachteten Spaltungen zwischen sogenannten guten und bösen Teil-Objekten – die Spaltung soll nach der Theorie das gute, aber schwache Teil-Objekt vor dem bösen schützen, welches durch immer neue Aggressionen des Kranken und durch äußere Versagungen potenziert wird –, nicht nur die negativen Projektionen des eigenen Hasses, welche die brüchigen Ich-Grenzen verwischen, zerstören und zum Verfolgungswahn führen und nicht nur die unerbittlichen, depressiven Selbstanklagen, die gleichzeitig wahnhaft sind und doch eine symbolische Wahrheit verkünden, sondern auch viele Symptome, die in ihrem manifesten Gehalt mit den Aggressionen nicht zusammenzuhängen scheinen, wie etwa die Zerfahrenheit des Denkens, welche in der Tiefe als eine Eigenzerstörung des Intellekts erscheint. Ich kenne Beispiele, wo deutliche Zusammenhänge zwischen dem Ausmaß der Zerfahrenheit und der Spannung der latenten Destruktivität beobachtet werden konnten.

3. Ein weiterer Gesichtspunkt hebt die besondere Qualität der psychotischen Aggressivität hervor: sie ist so gut wie immer, auf einer schon manifesten oder einer unbewußten Ebene, stark auch gegen das eigene Selbst gerichtet. Der Verfolger in der Welt des Kranken kann nur um den Preis erscheinen und wüten, daß der Kranke, das Ich, als Opfer für diese Aggressivität restlos bezahlt. Manchmal hat man den Eindruck, daß ein destruktives Überich durch nichts anderes als durch ein lebenslanges Leiden des Ich zu neutralisieren ist – auf lange Sicht hin ist das Leiden, dieses Geheimnis der Existenz, immer stärker als die Destruktivität.

Eine bekannte psychotische Abwehr der Selbstaggressivität ist die paranoide Projizierung. MELANIE KLEIN hat in ihrer Arbeit "On schizoid mechanisms" darauf hingewiesen, daß die Projizierung des bösen intrapsychischen Objektes auf die Umwelt die Konsistenz, die Kohärenz des Ich erhöht, weil dieses Ich sich auf diese Weise als böses Subjekt verleugnen kann, es erlebt sich nur als Opfer.

Hilft aber eine solche Abwehr auf die Länge? Nach meiner eindeutigen Erfahrung sehr wenig, wie jede psychotische Abwehr. Zwar ist das böse Objekt durch die Projektion hinausgeworfen worden; es ist nun draußen beim Verfolger; zwar nimmt die Kohärenz, die Konsistenz des Ich gelegentlich doch zu, womit zu verstehen ist, daß paranoide Schizophrene im Vergleich zu anderen Schizophrenen wie Hebephrene und Katatone, die etwas weniger projizieren, in ihrem Denken und in ihrer Psychomotorik nicht so stark zerfallen. Aber die paranoide Abwehr kann die Bildung des negativen "Selbst-Objektes", also das Phänomen der "projektiven Identifizierung" (ROSENFELD) nicht verhindern. Der Verfolger lauert also seinem Opfer wie ein Schatten seinem Objekt auf, der Kranke wird von ihm allmählich buchstäblich aufgefressen, indem sich die ganze Welt auf den einzigen Inhalt der Verfolgung und des Hasses einengt. Paranoiker werden zu Paranoiden und Paranoide werden zu chronisch Kranken.

Auch in der Psychotherapie ist die projektive Abwehr verhängnisvoll. Wenn der Psychotherapeut in den Augen seines Kranken zum Verfolger wird, ergibt sich ein Zustand, der als vorübergehende Übertragung bedeutungsvoll sein kann; doch darf dieser Zustand nicht allzulange dauern, da sonst die Fortsetzung jeglicher Psychotherapie höchst gefährdet ist; der Kranke will dann von uns nichts mehr wissen.

II

Bis jetzt habe ich von psychotischer Aggressivität in einem allgemeinen Sinne des Wortes gesprochen. Läßt sich aber diese basale psychotische Aggressivität "typisieren", systematisieren, in Syndrome einteilen, in ihrer Genese begrifflich überblicken?

Das ist eine uns überfordernde Frage! Beim Versuch einer Typisierung kann man von vielen grundsätzlich verschiedenen Gesichtspunkten ausgehen: der Genese, der Struktur, des Verlaufes usw. Unter diesen zahlreichen möglichen Gesichtspunkten wähle ich für dieses Kapitel denjenigen aus, der mich besonders interessiert, weil er "operational" gerichtet ist: die Sicht der Gegenübertragung.

Ich meine damit den Umstand, daß ein und derselbe Psychoanalytiker die Aggressivität seines psychotischen Patienten verschieden erleben kann und dementsprechend verschieden beantworten soll, je nach der latenten Absicht der Übertragung bzw. je nach der unbewußten Intention, die der kranken Aggressivität zugrundeliegt.

a) Eine erste Variante bilden jene Kranken, die durch den Psychotherapeuten mehr oder weniger, direkt oder symbolisch, über den Weg der Deutungen oder durch die positivierende therapeutische Einstellung zu ihnen vor der eigenen Aggressivität, die ihnen Angst macht, in Schutz genommen werden möchten.

Sie sagen es freilich nicht, aber sie lassen es uns spüren. Sie möchten unbewußt ihre gefährliche Aggressivität binden, neutralisieren; aber sie sind damit noch zu sehr identifiziert und ihre Abwehrkräfte sind noch zu schwach, zu ungenügend. Diese Kranken fühlen sich durch innere Impulse überschwemmt, die sie letzten Endes nicht einmal kennen, die sie aber agieren müssen.

Solche Patienten werden fast ausnahmslos ruhiger und entspannt, wenn der selbstsichere Psychotherapeut auf ihre psychotischen Drohungen mit dem Ausdruck seiner Sorge antwortet, mit dem Hinweis auf die Gefahr, daß der Patient selber sich dabei zerstören könnte, mit dem Wunsch, daß beide, Therapeut und Patient, aufpassen sollen, damit man am Ende nicht vor einem Scherbenhaufen steht.

Die psychoanalytische Deutung ist hier gelegentlich ebenfalls heilsam, auch wenn sie viele Male wiederholt werden muß. Der Kranke kann die eigene Destruktivität als weniger unheimlich erleben, wenn er die eigene infantile Wurzel derselben durch die wiederholte Deutung kennenlernt, wenn er seine Destruktivität nicht als etwas erleben muß, das aus seiner unheimlichen Pseudofreiheit, aus seiner gegenwärtigen Bosheit stammt. Die kognitive Verarbeitung erleichtert die Selbstkontrolle!

So erinnere ich mich an eine Patientin, die auf ein solches psychoanalytisches Vorgehen, auf die besorgte Deutung des Analytikers, auf sein unerschütterliches Bedürfnis, sie vor sich selber in Schutz zu nehmen, dadurch reagierte, daß sie überall an den Wänden ihres Zimmers Plakate aufhängte, auf denen sie sich selber aufforderte, den Analytiker nicht zu schlagen!

b) Eine andere Variante stellen jene Kranken dar, die unter einer starken Diskrepanz zwischen ihrem schlechten Selbst-Bild und ihrem überfordernden Ich-Ideal leiden.

In der Psychose, in einem Zustand also, wo die Ich-Grenzen brüchig werden, wo Außen und Innen austauschbar sind, wird der Psychotherapeut sehr leicht zum Projektionsträger sowohl des schlechten Selbst als auch des unerreichbaren Ich-Ideals. Der Therapeut wird dann vom Kranken als sein eigenes schlechtes Selbst, wie auch als das eigene überfordernde Ich-Ideal angegriffen.

Auch der gütig verstehende, deutende, in seiner persönlichen Integrität unerreichbare Psychotherapeut wird in dieser Sicht zu einem negativen Ideal, das gleichzeitig die negative Selbstidentität des Kranken widerspiegelt. In welchem Maße die Aggressivität des Kranken, seine Frechheit, seine schmutzigen Reden vor allem eine psychotische Abwehr gegen diesen

Zustand sein können, zeigte mir beispielsweise der Traum eines psychotischen Patienten, in dem der Therapeut in einem kirchenähnlichen, sakralen Raum hoch auf einer Empore thronte, unerreichbar und geistig abwesend, während der kleine Patient unten durch Schlangen erwürgt wurde, die der Therapeut laut seiner Anklage hätte füttern sollen. Eine "symbolische Fütterung" der Schlangen (à la SECHEHAYE) war hier unmöglich, weil der Neid gegen die ursprüngliche Mutterbrust, über den MELANIE KLEIN manches schreibt, beim Patienten überwältigend war. Wie kann man von einer Brust ernährt werden, die man haßt!

Die bloße "Güte" des Therapeuten genügt in solchen Fällen nicht, die Kluft zwischen bösen und guten Teil-Objekten zu überbrücken. Sie kann die Kluft sogar noch vertiefen, die Distanz zwischen "Empore" und "Boden" vergrößern, die Gier und die Verzweiflung des Kranken steigern.

Nach meiner Erfahrung kann sich aber ein solcher Patient erleichtert fühlen, wenn der sonst immer so überlegene Therapeut "ärgerlich" wird, die Empore sozusagen verläßt und in seiner Ungeduld, in seinem Betroffen-Sein auf den Boden des Patienten heruntersteigt.

Auch SULLIVAN berichtet von einer solchen positiven, konstruktiven "Gegenaggressivität" des Therapeuten.

Als ich noch jünger war, wagte ich sogar, mit solchen Patienten gelegentlich zu kämpfen – heute sind diese Zeiten freilich vorbei! Durch diese Möglichkeit, die eigene destruktive Aggressivität mit der wohltemperierten Aggressivität des Therapeuten zu mischen, fühlt sich ein derartiger Patient freier vom eigenen negativen Ich-Ideal. Die Freiheit des Therapeuten, zu seiner Aggressivität zu stehen, kann dem Patienten ermöglichen, die eigene als etwas zu erleben, das im gemeinsamen menschlichen Bereich liegt und sich somit menschlich wandeln kann.

"Nur das metaphysisch Böse" – sagte mir eine Patientin – "bleibt konserviert".

c) Eine dritte Variante bilden jene Kranken, denen ein schweres, tatsächlich nachweisbares Unrecht in der eigenen Familie widerfahren ist.

In der Skala der Motivationsreihe bewegen wir uns nach diesem Schema von dem einen Pol, wo die Destruktivität des Kranken dem Therapeuten in seiner Gegenübertragung fast als etwas Primäres erscheint, durch nichts bedingt als durch den Kranken selber, durch seine unheimliche und verhängnisvolle Art zu erleben und Erlebnisse zu verarbeiten, über jene Mitte, die wir soeben besprochen haben, wo also vor allem eine intrapsychische Dynamik an der Wurzel der Aggressivität liegt, bis zu dem anderen Pol, wo das Psychoreaktive, das Soziale, das Intrafamiliäre überwiegt.

Das beeinflußt meine Gegenübertragung. Ich habe dann in meiner Therapie jenes Unrecht, das dem Kranken widerfahren ist, stets vor Augen. Ich merke, wie der Kranke das Schicksal, das seine Verarbeitungsmöglichkeiten überschreitet, nirgendwo lokalisieren kann und es mit psychotischer

Selbstverständlichkeit in meinem Spiegel wiedererlebt. Der Psychotherapeut ist in diesem Falle also die Verkörperung des einstigen Partners. Darauf hinzuweisen, trotz der grundsätzlichen Bedeutung der Deutung in der analytischen Therapie, genügt oft noch nicht ganz. Es ist sogar so, als ob die Reduktion auf die Vergangenheit dem Kranken die Berechtigung der Gegenwart, also den Raum wegnehmen würde, wo er in psychotischen Bildern das sagen kann, was sich jeglicher verbalen Mitteilung, jeglichen logischen Verstehens entzieht.

Meine beste Erfahrung ist hier die, daß ich mich durch mein Schweigen als Projektionsträger zur Verfügung stelle – ohne freilich die Projektion im geringsten zu bestätigen, ohne in den Wahn einzutreten, aber auch ohne meine Selbstidentität vor der Anklage des Kranken schützen zu wollen. In diesem Zusammenhang erinnere ich mich an einen Patienten, der mich als einen kalten und unmenschlichen Arzt verteufelte. Nicht etwa meine Gegenrede, sondern ein leichtes Depersonalisationsgefühl bei mir, das ich dem Patienten freilich nicht mitteilte, das er aber empathisch wahrgenommen hatte, war therapeutisch wirksam.

Unter dem Eindruck der verrückten Anklage fragte ich mich plötzlich, schweigend, ob der Patient Recht haben könnte? Ob ich, ohne es zu wissen, teilweise dem Bild entspreche, das er sich von mir machte? Ob eine unbewußte Seite von mir vorhanden war, die er, der psychotische Kranke, besser als ich selbst, wahrnahm?

Davon zu sprechen, hätte bedeutet, Öl ins Feuer zu gießen. Der Kranke hätte triumphiert. Aber die Möglichkeit mich wortlos, still, auf die Wellenlänge des Patienten einzustellen, wurde von diesem am Ende der Sitzung mit fühlbarer Erleichterung beantwortet.

III

Die Person des Schizophrenen scheint mir oft gespalten zwischen einer Instanz, die verfolgt, und einer anderen, die verfolgt wird. Ein intrapsychisches Paar – der Verfolger und sein Opfer – sind aneinandergekettet, ja ineinander verschmolzen. Es ist, als ob das Opfer mit seinem Leiden den Preis dafür bezahlen muß, daß es zugleich auch verfolgende Intentionen hat, also Täter ist. Dieser Preis ist die Selbstzerstörung.

Der Verfolger erscheint dem Patienten in der Projektion auf die Welt und, in der Psychotherapie, im Spiegel des Partners. Wir wissen, daß manchmal jegliche Zuwendung daran scheitert. Andere Male gewinnen wir jedoch unvergeßliche Einblicke in die Dynamik der schizophrenen Destruktivität und der psychotischen Übertragung. Es scheint dann, als ob die zeitweise Projizierung des Verfolgers auf den positivierenden und positivierten Therapeuten dem an libidinösen Reserven verarmten Patienten die Chance einer Neutralisierung seiner Aggressivität bieten würde.

Diese Neutralisierung ist oft eine doppelte: erstens verschmilzt der im Spiegel des Therapeuten wahrgenommene Verfolger mit einem Liebesbild, das im Symbol entsteht und oft mit dem Negativen koexistiert – nach der "doppelten Buchführung" im Sinne Eugen Bleulers. Zweitens erlebt der Arzt die Destruktivität seines Patienten zeitweise als wohltemperierte, eigene negative Gegenübertragung, die, sorgfältig filtriert, dem Patienten eine doch positive Erfahrung vermittelt: dieser nimmt nämlich unbewußt und rein empathisch wahr, daß sein Arzt die eigene Gegenübertragung kritisch überprüft und sich etwa fragt, warum er unter negativen Phantasien und Impulsen gegen seinen Patienten leiden muß. Letzterer sagt ihm plötzlich ins Gesicht: "Ja, auch du lehntest mich gestern ab", und er ist dabei merkwürdig erleichtert. Der innere, negativistische Dämon, der in ihm allmächtig war, ist in der Gegenübertragung durch den psychischen Stoffwechsel des Partners gegangen und hat dadurch seine Allmacht verloren; jene negativistische Omnipotenz des zerstörerischen narzißtischen und autistischen Selbst, die trotz allen Elends der Auflösung den Patienten doch faszinierte, ist verschwunden.

Das, was ich mit dem Wort "Dämon" bezeichnet habe und was dem schizophrenen Negativismus innewohnt, kann sowohl der Verfolger des paranoiden Kranken als auch das grandiose Selbst des machtlosen autistischen Patienten sein: immer ist es ein negatives Prinzip, das die Welt der Dualität aufhebt, die Beziehung zum Mitmenschen und somit zu sich selber bedroht und das gelegentlich in einem Symbol exteriorisiert wird, damit der Patient dieses Prinzip und sich selber erkenne.

Ein solch grandioses autistisches Selbst malte ein Kranker als einen Thron, der gleichzeitig ein Pferd war, das auf dem Rücken das dreifach gespaltene Ich unter einer monströsen, medusenhaften Krone trug. Der Entwurf dieses Bildes war der Wendepunkt in der Therapie dieses Patienten. Er fiel in *die* Stunde, in der sich der Kranke vom inneren Dämon abgrenzen konnte, weil er ihn als ein äußeres Fabelwesen erblickte, bei dem die Gewalt des Pferdes in bärtige, gespaltene Gesichter ausuferte, die eine medusenhafte, riesige Lampe – die Krone des grandiosen Wahnsinns – umfing.

Der schizophrene Negativismus stammt also aus einem Raum, in dem sich *die Nicht-Existenz des Opfers mit dem grandiosen Selbst des Verfolgers* paart. Je maligner, kälter, autistischer der Verfolger ist, desto leerer wird die Existenz des Opfers, desto leerer erscheint buchstäblich das "Existenzboot", wie Bild 10 zeigt: Oben ein Koloß, der der Welt keinen Blick mehr zuwendet, völlig eingepanzert, mit zwei tatzenartigen Armen, aus dem Meer des Unbewußten auftauchend, in dem das steuerlose Schiff ohne Schiffer schwimmt. Der Kranke meinte zu diesem Bild: "Das Papier fehlte unten". Er wollte dort noch "zerstampfte Menschen" darstellen.

Bild 10

Positiv war die psychotherapeutische Antwort auf dieses Bild. Sie stammte von einem Kollegen, der im Dialog mit seinem Kranken das von mir erwähnte Negative nicht einmal voll realisierte; er erblickte in dem Bild eine riesige Geburt des Patienten, und er konnte ihn durch diese Deutung erreichen und bewegen.

Das ist übrigens ein wichtiger Wesenszug der Deutungen von psychotischen Bildern und Träumen: sie brauchen nicht einmal immer streng objektiv zu sein; sie sind manches Mal eher Projizierungen von therapeutischen Phantasmen auf den Patienten, die beim Therapeuten durch die psychopathologische Projizierung des Kranken geweckt werden. Nicht die Auslegung des Psychopathologischen an sich, sondern dessen Neutralisierung durch gegenteilige, aus gegenübertragungsmäßiger Erfahrung stammende Bilder, Worte, Entwürfe ist oft entscheidend.

Es ist nach meiner Erfahrung nicht einmal so wesentlich, was für Gedanken wir uns über die psychodynamische Entstehung des psychopathologischen Bildes machen. Wir sind in der Psychiatrie und in der Psychotherapie der Schizophrenie daran gewöhnt zu bedenken, daß die diesem Leiden eigene Selbstdestruktivität einer Introjektion der sozialen und familiären, der direkten oder chiffrierten, der ambivalenten oder eindeutigen Feindseligkeit entspricht. In jahrzehntelanger Arbeit hat uns die Psychodynamik die "Mechanismen" dieser Destruktivität der Umwelt aufgezeigt: die "Pseudomutualität" (WYNNE), die "double-binds" (BATESON), die "transmission of irrationality" (WYNNE u. SINGER), die "Verletzung der Generationsgrenzen" (LIDZ) und vieles andere mehr.

Doch läßt mich meine Erfahrung, je länger je mehr, erkennen, daß diese "transmigration of aggressivity" ein dialektisch strukturierter Vorgang ist: es gibt auch eine primäre Destruktivität, die in der Psychodynamik der jeweiligen Familie *nicht* genügend begründet ist und die einen Ursprung im Patienten hat, der sich kausal nicht ohne weiteres erschließen läßt.

"Der ekel- und haßerfüllte Abscheu, den manche schizophrene Patienten vor sich selber haben, erscheint uns mehr als nur die Folge eines passiv erlittenen Mangels, mehr als der Ausdruck von etwas Fehlendem. Er erscheint in seiner Intensität schrillen Entsetzens als der *aktive Versuch*, etwas Vorhandenes auszulöschen. Ein Teil der schizophrenen Abwehrmechanismen – zum Beispiel die Zerstückelung der Wahrnehmung und die konsequente Preisgabe zeitlicher Kontinuität – lassen sich verstehen als der Versuch, einen bestimmten, vorhandenen Modus des Denkens zu vermeiden – mehr noch: ihn zu annullieren, notfalls unter Annullierung der gesamten psychophysischen Existenz" (GRADL, unveröffentl. Manuskript).

Eine Aufgabe des Kranken während der Psychotherapie ist die, diese Destruktivität zu erkennen und die Verfolgungsprojektion durch eine Übertragung zu ersetzen, die die innere phantasmatische Realität verarbeitet und nicht mehr Innen- mit Außenwelt verwechselt.

Die *Bildnerei* eignet sich vorzüglich dazu. Sie verhilft zu *schöpferischen Projektionen*, die einerseits den eigenen Ursprung erleben lassen, anderseits den inneren "Dämon" in seiner ganzen Schrecklichkeit *einfangen. Dieses Bewußtwerden durch das Bild* ist aber *erst* in einer psychotherapeutischen *Dualität* voll möglich, in der der mitfühlende, in Worten und Phantasien "mitmalende" Psychotherapeut den Raum schafft, der den destruktiven Dämon des Negativismus eingrenzt. Es geht dabei um das Aufzeigen von Kräften, die den Patienten erschüttern. Sie sind in der Psychose, anders als in der Neurose, nicht einmal unbewußt. Freilich sind sie, weil unerträglich, durch die Projektionen auf die Welt maskiert; auch sind sie als Halluzinationen und Wahngebilde von dem sie ohnmächtig erleidenden Ich abgespalten.

Dem Kranken ihr wahres Wesen und ihre Zugehörigkeit zu diesem ohnmächtigen Ich nur psychoanalytisch aufzuzeigen, wäre sowohl unmöglich als auch nicht therapeutisch. Wenn das kranke Ich sich nicht durch Projektions- und Spaltungsabwehr verzweifelt dagegen wehren würde, müßten unheimliche Schuldgefühle den Patienten zerstören. Das Ich ist das Opfer wie auch gleichzeitig, als Träger seines Triebes, der Urheber der Destruktivität. Tatsächlich kann niemand die letzte Wurzel der psychotischen Destruktivität erkennen. Man sagt, sie liege in der Psychopathologie der Familie oder der Gesellschaft, in der Disharmonie der Konstitution oder sogar in der pränatalen Psychologie des Kranken. Wo die theoretische Vernunft nicht genügt, hilft nach KANT die praktische Vernunft: indem wir uns der Aggressivität *im Gegenstoß aussetzen, sie im tragischen Lebensgefühl auch inwendig erfahren*, sagen wir dem Patienten indirekt, daß sein Haß erträglich ist, so daß man selber seine Grenzen erkennt und findet. Dann wird er an diesem Ort auch die Liebe spüren können.

Wie ist es nun möglich, eine solche Destruktivität zu deuten, ohne das schizophrene Ich noch tiefer in das Erleben der negativen Existenz zu stürzen und ohne dabei als Therapeut an den Mauern des Autismus zu zerschellen?

Die psychotherapeutische Antwort lautet: indem wir als die Deutenden gleichzeitig auch die *Mitmenschen* des Patienten sind, ja unwillkürlich zu den miterlebenden Opfern der gedeuteten Destruktivität werden und uns dadurch also "im Rachen des Drachen" behaupten. Wenn wir die ganze Stoßkraft der destruktiven Macht *erfahren* und *dabei nicht aufhören, den Patienten anzunehmen*, lassen wir ihn dadurch spüren, daß wir bereit sind, *mitzutragen und nicht bloß zu demaskieren.* In der Aufrechterhaltung der positiven Zuwendung zum Kranken, trotz seiner Negation, lassen wir *gute und böse Objekte miteinander fusionieren.*

Wir stehen "im Rachen des Drachen". Die Metapher stammt nicht von mir; ich habe sie dem Bild (7) einer Patientin von mir entnommen, die ihre eigene Psychose als eine doppelköpfige Schlange darstellte, die ihren Feueratem sowohl auf den Ehemann der Kranken als auch auf ihren Psychotherapeuten bläst. Dadurch, daß *wir* den Feueratem aushielten, erschienen im Bilde der Patientin die Symbole des Sieges an unseren Kleidern (Bild 9).

Die *psychotherapeutische Projektion* unterscheidet sich ganz wesentlich von der bloß *paranoiden*: der therapierte Patient weiß in der Tiefe, daß sein Psychotherapeut *mehr* ist als die Leinwand für aggressive Projektionen, daß er zwar offen und bereit ist, diese zu ertragen, daß er aber Akteur und kein passiver Bildschirm ist.

Dadurch vollzieht sich eine progrediente "Objektivierung" des negativistischen Dämons. Dieser ist in einem ersten, rein subjektiven Zustand nicht einmal als einheitliches, abgegrenztes Wesen erfaßbar. Er manifestiert sich indirekt als seine eigene Auswirkung, als Folge der Fragmentierung, die er im Ich hervorruft. Diese Fragmentierung läßt freilich die kreative Seite des Ich noch intakt und gestattet dieser, den eigenen Zustand meisterhaft auszudrücken! Ja, ich möchte sogar sagen, daß diese eine Seite des Ich deshalb überlegen bleibt, *weil* sie sich kreativ gestaltet und dadurch als Kunstwille den Bereich einer höheren Ordnung, mitten in der Auflösung aller Ordnung, erreicht.

Durch das gestalthafte Erfassen, vor allem im Prozeß der Dualisierung des Leidens, kommt es zu einer "Objektivierung" des Negativismus. Er ist nun mehr als seine bloßen Auswirkungen, als die Aneinanderreihung der

Fragmente, der Trümmer, die er hinterläßt. Er ist Kopf, Gesicht, Maske. Er hat Gestalt gewonnen und er wird als Wesen *erkannt*, das als Wahnsinn die Welt verändern und verzerren kann. Er trägt die Hörner des Teufels, er zeigt den Zugriff des Ungeheuers, er erscheint als der Tod selber.

Doch an diesem Punkt kommt es wiederum zu einer Revolution. Indem der Therapeut sich vorübergehend in der Übertragung zum Träger des Dämons machen läßt, muß sich dieser umgekehrt gefallen lassen, in der Gegenübertragung zum Träger des therapeutischen Wortes zu werden; die Beziehung ist gegenseitig.

Die negative Teil-Identität ist für den Kranken oft die ihm einzig mögliche. An diese klammert sich das Selbst, um zu existieren. Sie auszuhalten, ist vorläufig für den Therapeuten die einzige Chance, um sie im dualen Raum zu begrenzen. Später erlebt der Therapeut gelegentlich selber in der eigenen Gefühlswelt die Dynamik der ausgehaltenen Negativität; er spürt beispielsweise Zorn, Ungeduld, Ablehnung, Langeweile, Ohnmacht. Indem er jedoch nicht aufhört, seinen Patienten anzunehmen, neutralisiert er in sich selber Destrudo mit Libido. Im Spiegel des therapeutischen Werkes, das er selber nicht vollbringen kann, erlebt der Kranke, daß seine Destruktivität nicht allmächtig ist und metabolisiert, bzw. sublimiert wird.

IV

In der psychotherapeutischen "Arena" erlebe ich oft, daß dem machtlosen Selbst des Kranken eine aus dem Unbewußten aufsteigende Instanz gegenübersteht, deren *narzißtisches Hauptmerkmal* eine *grandiose Destruktivität* ist. Sie zerstört dem Selbst jede Beziehungsmöglichkeit, die Fähigkeit zur Liebe, die Konsistenz und Kohäsion, die Grenze und die Welt.

Wie oft wird diese Allmacht beispielsweise durch eine destruktive Stimme vertreten, die die Schrittmacher-Funktion des Ich an sich reißt und das Selbst des Kranken der Nichtigkeit preisgibt! Wie tief erlebt dieser Kranke, manchmal abwechselnd, manchmal sogar im selben Augenblick, Allmacht und Nichtigkeit, je nachdem, ob er sich mit der Stimme, also mit dem Verfolger, oder mit seinem hilflosen Opfer, dem entleerten Selbst, identifiziert! Man bekommt dabei den Eindruck, daß der Kranke auch diese negative Instanz vertreten muß – *ohne* dabei sie "selbst" zu sein. Er vertritt sie als ihr Opfer. Der Kranke kann jene grandios-destruktive Instanz nur unter der Bedingung sein, daß diese sich vornehmlich *gegen* ihn selbst wendet.

Ich kenne Patienten, die in dieser Situation einen sozialen Wahn entwickeln, sich also von ihren Mitmenschen verfolgt fühlen, auf die sie jene destruktive Instanz projizieren.

Heute ist es fast üblich geworden zu sagen, daß die Kranken nicht lediglich projizieren, sondern daß sie von der Gesellschaft und der Familie in irgendeiner Weise wirklich stiefmütterlich behandelt worden sind.

Mich haben in letzter Zeit aber auch jene Fälle beeindruckt, bei denen sich das Selbst des Patienten in der Psychotherapie von dieser verfolgenden Umwelt trennt, um einem metaphysischen Wahn zu verfallen, der paradoxerweise den *Narzißmus* am Ende übersteigt und überwindet. Das sind Kranke, die in der Psychotherapie die merkwürdige Wahnidee entwickeln, daß nicht ihre bösen Bekannten, nicht ihr schlechtes Selbst, nicht ihre Familien sie verfolgen; vielmehr liege im Ursprung ihres Daseins eine negative Instanz, die nicht benannt werden könne, weil sie in einer Präexistenz des Patienten selber ihre Wurzeln habe, ein früheres Ich von ihm sei. Eine merkwürdige *narzißtische* Vorstellung! Der Kranke scheint nun noch mehr als früher allen Objektbeziehungen entrückt zu sein; er setzt sich nun nicht mehr mit jenen phantasmatischen Verfolgern auseinander, die früher seine Welt immerhin mitmenschlich gestalteten. *Er ist reiner Narzißmus geworden* – um hier einen Ausdruck FREUDS zu paraphrasieren, der das Überich des Depressiven "Todestrieb in Reinkultur" nannte.

Aber das ganze geschieht in einer progressiven Weise. Der Kranke zerstört sich jetzt nicht mehr mit depressiven Schuldgefühlen; er verzehrt sich nicht in paranoiden Anklagen, die ihn in seiner Ohnmacht auffressen. Die Ursache des Übels liegt für ihn nun in einer "Präexistenz", wie wir das einmal formulieren wollen, in einem Untergrund seines Daseins, der außerhalb seiner selbst liegt und doch der seine ist.

Allmählich distanziert er sich von der erkannten Maske. Diese droht ihm nun aus einer Ferne, die zwar einst intrapsychische Nähe war, jetzt aber keine räumliche Dimension mehr hat. Und der Patient wurzelt wieder in einem Selbst, das zu den guten Seiten seiner jetzigen Existenz stehen kann. *Neue Objektbeziehungen entstehen so aus dem Schoß des Narzißmus.* Das sind seltene, aber beachtenswerte Fälle.

Suizidalität und Suizid

Vorausschicken möchte ich die Feststellung, daß die Gegebenheit der Todesstimmung in den Psychosen mit der eigentlichen Suizidalität im engeren Sinne des Wortes nicht identisch ist, sie nur *gelegentlich* einschließt. Nur in einer Minderheit der Fälle trifft der Leidende auf Grund des Erlebens seines *psychischen* Todes die Entscheidung, auch seinem *physischen* Dasein ein Ende zu setzen. Ich möchte diese Tatsache der allgemeinen Todesstimmung hier jedoch nicht weiter verfolgen.

In diesem Kapitel werde ich auf die radikalste Situation des Todes in der

Psychotherapie eingehen, auf den tatsächlichen Suizid. Der Verlust eines so wichtigen Liebesobjekts wie der eigene Patient, die Zerstörung von allem, was wir gemeinsam aufgebaut haben, ist eine sehr harte Tatsache, deren Verarbeitung jedem einzelnen Psychotherapeuten anheimgestellt bleiben muß. Ich beschränke mich hier darauf, den Fall eines durch Freitod verstorbenen schizophrenen Kranken zu erläutern, dessen Psychotherapie ich supervidierte. Ich werde von diesem Kranken, der jahrelang an einer schweren Schizophrenie litt, die Dokumente seiner Kreativität deuten – eine Auswahl von Gedichten –, die die Unausweichlichkeit des Suizids ankündigen; anderseits werde ich die psychodynamische Herausforderung des Suizids des Patienten in der Gegenübertragung kurz darstellen.

Des Kranken Gedichte zeugen nicht weniger als seine sonstigen mündlichen Äußerungen vom Tode. Rückblickend scheint mir dieses Schicksal von einer solchen Geschlossenheit zu sein, daß kein weiteres Mitgehen und Deuten den Ausgang hätte beeinflussen können. Aber mag man so auch nachträglich denken, *vor* dem Suizid kann und darf man es nicht.

Trotz solcher negativen Ausgänge drängt sich mir der Eindruck auf, daß das Mitgehen und Deuten, das Mitfühlen und Miterleben, das Ergriffen-Werden und Begreifen des Therapeuten in solchen Fällen dennoch eine Bedeutung für den Patienten hat, die sich mit klinischen Maßstäben nicht messen läßt. Der Kranke, an den ich hier denke, schien zu jenen schizophrenen Menschen zu gehören, die die Welt grundsätzlich als spaltend, fremd und viel zu hart erleben müssen. Ich gebe dafür zwei Beispiele.

"wie aus dem boden gerissen
wie aus dem boden gerissen
fühle ich mich manchmal
wie ein mehrfach
entwurzelter baum
wie aus dem boden gerissen
und auf den asphalt geworfen
der zu hart für meine wurzeln ist."

Schön und kraftvoll ist zunächst das Symbol des Baumes, das für den Menschen steht und uns sogleich an die Bilder vom 'Lebensbaum' oder gar 'Stammbaum' erinnert. Um so härter trifft dann der Hinweis auf die Vernichtung: "aus dem Boden gerissen", und das nicht nur einmal, viele kleine Entwurzelungen – "ein mehrfach entwurzelter Baum" – haben zum jetzigen Zustand der Boden-losigkeit geführt. Und dieser Baum kann seine Wurzeln nicht wieder in den Boden senken, um neue Lebenskraft aufzusaugen, denn er wurde auf "Asphalt" geworfen, "zu hart für *meine* Wurzeln", das heißt, seine Vitalität reicht nicht, um den Asphalt von oben her zu durchstoßen und die Wurzeln abermals in den nährenden Mutterboden zu senken. Mag der Asphalt für unsere technisierte und zubetonierte, moderne Welt stehen, an der der Kranke – auch – gescheitert ist, so ist das noch nicht das Bedrückendste. Das Unheimliche und Fatalistische dieser Verse liegt in der Ungenanntheit des Aggressors, in der absoluten Beziehungslosigkeit. Wer hat den Baum entwurzelt und auf den toten und tötenden Asphalt geworfen? Lediglich die Lebens-Lage wird beschrieben – fraglos – und damit wohl irgendwie hingenommen. Kein Ausblick, keine Hoffnung. –

Das zweite Beispiel setzt die Akzente etwas anders, strahlt aber nicht minder Hoffnungslosigkeit, Fremdheit und Verlorenheit aus.

"wo ich bin, bin ich der fremde,
der woanders hingehört.
ich komme aus andren welten,
fernen zeiten, die längst vergangen sind
– oder die
noch kommen
werden."

Der Tod wurde von diesem Kranken mehrmals, sowohl im Gedicht als auch im psychotherapeutischen Gespräch, als das Eigentliche bezeichnet, nach dem er sich sehnte:

"das eis bricht
bricht mitten im herbst
die sanftheit der farben
schleicht
sich in mein herz, es auszuweiten,
das eis bricht
mitten im herbst
obwohl der kalte wind
mir seine spitzen nadeln ins gesicht treibt
das welke laub
im tod erst blühend."

Dieses Gedicht beginnt zunächst mit einem positiven Bild: das Eis bricht, obwohl der Herbst bereits gekommen ist, und die "sanften Farben" dieser Jahreszeit "weiten" das "Herz" des Kranken, machen es freier. Spricht sich hier nicht eine verhaltene Sehnsucht nach Leben, nach Lösung aus der Erstarrung ("Eis"), nach Weite und Freiheit aus? Allerdings ohne große Kraft, ohne Ziel; denn Übermächtiges steht dem entgegen, zusammengefaßt in dem Bild des "kalten Windes", dessen "spitze Nadeln" wie tödliche Waffen den Kranken massiv angreifen. Der Tod des "welken Laubes" wird damit zum eigenen, ersehnten Tod, der "blühend" macht, das heißt wohl, so etwas wie Schönheit und Lebendigkeit schenkt, weil normales Leben versagt ist. Der Tod ist zum Ziel geworden, weil ein Lebensziel nicht gesehen wird. –

In dem nächsten Gedicht wird hinter allem, "hinter es" verborgenes Leben und Sinn gesucht: "die Blume". Alles, aber auch alles steht ihr entgegen, hindert sie am Leben: die Jahreszeit, die Kälte, der Schmerz; und die Blume friert ein. Die Lebenssehnsucht wird in diesem Augenblick zu einer Todessehnsucht: die Kälte, die zum Erfrieren führt, wird im Tod zur Wärme, weil der Mensch empfindungslos geworden ist.

"hinter es
die blume
die du suchst
der winter ist lang
und du siehst nichts als den
dampfenden atem vor deinem trockenen
mund
eingefroren die blume
und die finger starr
die füße im schmerz der kälte
kleine schritte
oder sich hinsetzen
erfrieren
zuerst die kälte
dann die wärme der empfindungslosigkeit."

Ein anderes Gedicht des Kranken heißt programmatisch:

– Der große Tod –

"hörst du auch manchmal
die unerträglich laute
stille
die in meinen ohren schreit,
bis die wände
zittern,
schritt für schritt
langsam drohend näherrücken?

fühlst du auch manchmal
wie sich die nacht aus finstren löchern
schleicht, in denen sie
am tage lauert?

wenn sich das dunkel von der zimmerdecke
auf dich wirft, dich zu erdrücken,
zu ersticken?

wenn das nichts wie nebel aus dem boden kriecht
dampfend in der kälte –
fühlst du auch den schmerz
wenn in deinen ohren
tag und nacht die stille schreit?

hast du dich auch schon
fremd gefühlt, unter lauter
bekannten gesichtern?
langsam wurden sie grau und ausdruckslos
hast du auch schon an ihnen vorbei
geblickt, bis sie verschwammen?

kennst du den großen tod,
den sie in den augen tragen,
unten, in der stadt, augen, die tief in gelben
gesichtern liegen, unter fadendünnem haar,
ahnst du den tod in ihren vernarbten venen?"

Ohne hier Zeile für Zeile genau zu deuten, können wir als vorherrschende Aussage des Verfassers festhalten: die Verzerrung und Verfremdung der Welt, die aber nichts Faszinierendes, nichts Traumhaft-Magisches hat, sondern lediglich bedrückend wirkt. Der negative Inhalt wird auch durch keinerlei formalen oder sprachlichen Reiz kompensiert, obwohl die Bilder nicht unbedingt alltäglich sind. Der Leser hat den Eindruck, lautlos – trotz "der schreienden Stille" – und unaufhaltsam, bis auf den Tod bedrohlich und schließlich überwältigend naht sich das 'Negative', das 'Destruktive', das in der Gestalt des Todes seine Konkretisierung findet. Eine metaphysische Macht, so ist man geneigt zu denken, die alles in der Umwelt des Verfassers verändert und auflöst: die Stille schreit – das Dunkel wirft sich auf ihn – alles wird erdrückt – Gesichter werden grau und ausdruckslos – Schmerz, Kälte sind die einzigen Empfindungen – das Nichts breitet sich wie Nebel aus, alles umfangend. Auch die mitmenschliche Umwelt, mit der der Verfasser jede Beziehung vermeidet – er blickt an den Gesichtern *vorbei*, bis sie verschwimmen, das heißt doch wohl, bis sie bedeutungslos, ja inexistent werden –, auch diese Umwelt also wird nur als vom Tode gezeichnet erlebt: in den Augen der Menschen nistet er, in ihren Adern ist er zu erspüren. Die "gelben" Gesichter und die "fadendünnen" Harre unterstreichen noch dieses Bild der Todesverfallenheit.

In dem ganzen, doch recht langen Gedicht von dreißig Zeilen findet sich nicht *ein* positives, freundliches, farbiges oder helles Bild, nicht das geringste Zeichen von Leben, Wärme oder Hoffnung. – Dieses negative Erleben kann wohl nur noch dadurch gebannt werden, daß es immer wieder ausgesprochen und damit bis zu jenem minimalen Grade distanziert wird, der verhindert, daß es den Verfasser vernichtet.

Auf diese Tatsache scheinen einige Zeilen in dem nächsten Gedicht hinzuweisen. Da bringt der Verfasser etwas hervor, etwas Positives: ein Blatt, einen Ableger, eine weisse Blüte, wenn auch klein und unscheinbar. Auch Gefühllosigkeit und Tod sind in diesen Versen nicht *alles*. Der Verfasser weiß um sein allerinnerstes, noch nicht erloschenes, psychisches Leben: "mit feurigem Kern" zieht der "erkaltete Planet" seine Bahn. Aber die Narben, Risse, Schrunden all der Lebenskämpfe sind unübersehbar und die Hitze des "Infernos" hat vieles anfänglich Mögliche zerstört. Doch lassen wir den Kranken selbst sprechen.

"ich wachse empor am läuterungsberg
das fruchtwasser ist verdunstet in der hitze des inferno
ich bin knorrig geworden
– schrundig meine rinde
und meine wurzeln immer in abgründen
luftwurzeln
und manchmal ein blatt –
ein ableger –
eine blüte
klein und weiß und unscheinbar
manchmal weiß ich
daß ich nichts bin als ein planet
erkaltet mit feurigem kern und zerfurchter haut
auf meiner bahn [...]

Das Warten auf den Tod wird in einem anderen Gedicht paradoxerweise zu einem Warten auf den Frühling. Der Tod als Frühling soll die Wärme, Lebendigkeit und Hoffnung bringen, die im 'normalen' Leben in Frost, Kälte, Erstarrung, in Nebel und allerlei Gespinsten untergegangen sind.

"meine finger sind noch starr
und kalt
manchmal noch frieren sie an meiner
schreibmaschine fest
schon immer war ich
an diesen tasten festgefroren
an bleistiften
federn, kugelschreibern
festgefroren.

alles wartet auf den frühling
ein ganzes frühjahr lang
nach langen wintern
mit trübsinnigen schritten
im nassen laub des letzten herbstes
die feingesponnenen träume
die feingesponnenen gespinste
längst gefallener nebel kleben."

Es könnte sein, daß Kreativität vor dem Suizid ein Zeugnis dafür ist, daß mit der Selbstzerstörung nicht alles zu Ende geht – "non omnis moriar" rief der dem Leben zugewandte HORAZ aus. Diese Kreativität und ihre Früchte erschüttern uns zutiefst wie eine Vorausnahme dessen, was über sich hinaus wächst, wie ein Widerspruch zu dem doch gewollten Tod, wie ein "Dennoch" am Rand des Grabes, das unser Selbstmörder einmal mit folgenden Worten ausdrückte:

"ich glaube
DENNOCH
an die tausend wilden
gärten
in uns allen [...]
ich glaube DENNOCH,
die gärten in uns werden blühen,
bäume werden wie mit menschenhänden
in dunkle feuchte erde greifen
die noch
ein wenig
nach dem
letzten
langen regen riecht."

Die meisten Gedichte dieses Patienten, die ich hier nur auszugsweise wiedergegeben habe, sind *vor* der psychotischen Erkrankung entstanden, vermutlich in einer Zeit, als die Unruhe der kommenden Psychose den Geist zu einer letzten Auflehnung anspornte. Die Kreativität dieses Patienten ist nach meiner Auffassung der unbewußte Versuch, die geistig-seelische Not zu bewältigen.

Ich habe in anderen Schriften die These vertreten, daß die Kreativität durch die Psychose gefördert, ja eigentlich erst begründet werden kann, und ich habe dafür eindrucksvolle, klinische Beispiele unter meinen eigenen Psychotherapien. Sowohl die erfolgreiche Bewältigung der Psychose als auch die tiefenpsychologische Begegnung mit dem Psychotherapeuten regen einen begabten Patienten gewaltig an. Das zeigt beispielsweise die Psychotherapie MIRIAMS, die in diesem Buch dargestellt wird (unten S. 167ff).

Wenn aber die Psychose nicht bewältigt werden kann, wenn die Begegnung mit dem Psychotherapeuten keinen Wendepunkt in der inneren Auseinandersetzung darstellt, dann kann man auch das genau entgegengesetzte Phänomen beobachten: durch die Psychose wird – wie bei dem kranken HÖLDERLIN – auch die Kreativität zerstört. Letztere vermag sich hie und da noch im Trümmerfeld des Daseins zu regen, wie ganz wenige, eindrucksvolle Gedichte HÖLDERLINS zeigen; aber von der früheren Schaffenskraft ist so gut wie nichts mehr zu spüren. Das Versiegen der einstigen Produktivität durch die zunehmende Hoffnungslosigkeit und Verfinsterung in der innerseelischen Welt kann so quälend sein, daß die Hoffnungslosigkeit dadurch unglücklicherweise noch gesteigert wird. Die Unmöglichkeit, noch schöpferisch tätig sein zu können, kann bei *dem* Menschen, der diese Tätigkeit als letztes beglückendes Erlebnis in der tiefen geistig-seelischen Not erfahren hat, einen solchen existentiellen Verlust bedeuten, daß das psychotherapeutische Wort nicht mehr ausreicht, dem Patienten dahingehend zu helfen, sich selbst wieder zu finden und aufs neue Existenz zu begründen.

Im gegebenen Fall kam ein zweites hinzu: die von der psychiatrischen Klinik angeordnete neuroleptische Behandlung erlebte der Kranke als eine zusätzliche Lähmung seiner Kreativität und seiner geistigen wie körperlichen Potenz. Vielleicht wäre hier eine rein psychotherapeutische Behandlung eher am Platz gewesen, obwohl wir natürlich nicht voraussagen können, wie dann der Verlauf gewesen wäre. Der Kranke verstieg sich bedauerlicherweise in eine Protesthaltung gegen die psychiatrische Klinik, die dann auch die ambulante Psychotherapie zusätzlich belastete.

Die quälende Frage, ob der Suizid dieses psychotischen Kranken in einem von vornherein wetterleuchtenden Schicksal begründet war – wie ich aus manchen seiner Gedichte herauszulesen glaube –, oder ob er durch jene ärztlichen Entscheidungen hervorgerufen wurde, die außerhalb der Psychotherapie fielen und die dem einzigartigen Wesen dieses Patienten nicht entsprachen, bleibt in einem solchen Fall dem Therapeuten nicht erspart.

Ich verweile so lange bei der Frage der schöpferischen Tätigkeit, obschon diese nur bei einer Minderheit der psychiatrisch schwer leidenden Patienten zu finden ist, weil sie mir von einer grundsätzlichen Bedeutung zu sein scheint, die über sich selber hinausreicht: es geht doch bei dem chronisch psychotischen Kranken, der sich im Leiden ausgehöhlt und entleert erlebt, um einen Verlust der *Lebenskreativität* schlechthin. Er macht stets nur die negative Erfahrung: *nicht* denken können, *nicht* fühlen können, *keine* Initiative haben, *keine* sozialen Beziehungen anknüpfen können, *nicht* produktiv sein können, sich *nicht* entfalten, vollziehen, behaupten können. Dieser Verlust der Lebenskreativität verbindet sich sehr oft, wenn nicht immer, mit dem nicht weniger schwerwiegenden Verlust an *Lebensgeborgenheit* – was ich in meinen Schriften immer wieder dargestellt habe. Dadurch wird aber der *Lebenswille* selbst grundsätzlich in Frage gestellt. –

Im zweiten Teil dieses Kapitel möchte ich das Problem des Suizids noch kurz vom entgegengesetzten Standpunkt aus betrachten: wie antworten und reagieren wir Psychotherapeuten und, darüberhinaus, wir Psychiater auf diese Extremsituation? Es liegt nicht in meinem Sinne, hier auf methodische Fragen einzugehen, etwa auf die Deutung der unbewältigten Konflikte – "Ihre treffende Deutung", sagte mir einmal ein Patient, "ist lebensrettend gewesen." –, auf die Betonung des therapeutischen Bündnisses, auf das Problem der Hospitalisierung oder der vorübergehenden Medikamentierung zur Ruhigstellung des Kranken – das alles bleibt zu sehr im Bereich des vordergründig Machbaren. Ich möchte dagegen eher behaupten, daß die Todesnähe des Partners uns in eine Situation rücken läßt, in der unsere Antworten aus einer tiefen menschlichen Erschütterung und einem intuitiven Begreifen kommen müssen, die über alles Wissen und Planen hinausgehen. Aus solch tiefer Erschütterung heraus ist auch die Mitteilung an den Patienten möglich, daß sein Leben für uns einen einmaligen und unersetzlichen Wert hat. Dies kann und darf aber nur gesagt werden, wenn es innerlich auch wahrheitsgemäß vollzogen worden ist.

Diese innere, wahrheitsgemäße Verbundenheit schafft dann aber eine "Dualisierung des Todes", die für den Patienten eine Chance zum Überleben bedeutet, für den Therapeuten aber eine Gefährdung sein kann, wenn der Patient ihm trotz allen menschlichen Einsatzes verloren geht.

Vor allem bei meinen Supervisionen habe ich die unterschiedlichsten Reaktionen des therapeutischen Unbewußten auf den Suizid des Patienten beobachtet. Da erlebte ich Ruhe und Fassung in dem Wissen, daß der Sinn des psychotherapeutischen Tuns in einem Bereich liegt, der selbst über den Tod hinausreicht. Ich sah aber auch die sehr, sehr lange Trauer, die mich verstehen ließ, daß psychotherapeutisches Dasein nicht nur Heilung ist, sondern gelegentlich eine sehr lange dauernde Absorbierung des Unheilbaren. Es gibt außerdem auch die vitale Ausstoßung des Todes, die beispielsweise im Traum eines Therapeuten sichtbar wird. Ich zitiere ihn hier darum wörtlich.

"Der Verstorbene besuchte seinen einstigen Arzt. Ergriffen fragte dieser seinen Patienten, wie es ihm nun im Tode gehe. 'Gut', antwortete er – aber wie er nun von sich zu erzählen anfing, begann er, sich zu verwandeln. Er nahm bedrohliche, unheimliche Gesichtszüge an – nicht bloß deshalb, weil er Unsagbares aussprach, sondern – das war die nachträgliche Deutung nach dem Erwachen – weil die therapeutische Symbiose und Gegenidentifizierung mit dem Nichts unmöglich war. Die einst starke Beziehung zu dem nun toten Patienten wurde dem Therapeuten im Traum zu einer unfaßbaren, aber bedrängenden Gefahr – als ob der Tote den noch Lebendigen magisch-symbiotisch in seinen Jenseits-Bereich hineinziehen könnte. ‘Nein, nein!’ rief der Arzt dem Verstorbenen zu, ‘du bist jetzt ein Geist, du sollst jetzt zu den Toten zurückkehren!’”.

Therapeutische Sondersituationen

Ich möchte den Begriff "Sonder-Situationen" betonen; denn auch in der Psychosentherapie besteht der "Alltag" vorwiegend aus Deutung und Analyse. Anderseits gibt es immer wieder seltene Erscheinungen seelischen Erlebens sowohl beim Therapeuten als auch bei beiden Partnern der Therapie, die nicht gänzlich unerwähnt bleiben sollen. Ja, aufgrund meiner mehrere Jahrzehnte umfassenden Tätigkeit als Therapeut und Supervisor sind mir manche Erscheinungen doch so – relativ – häufig begegnet, daß ich sie nicht mehr als "Ausnahmen" oder gar als "Zufälle" bezeichnen kann. Ich fühle mich bewogen, einerseits auch hier vorsichtige theoretische Erklärungen zu wagen, anderseits aber vor allem auf die verwandelnde und heilende Bedeutung un-alltäglicher Erscheinungen ausdrücklich hinzuweisen. Nicht eine neue Theoriebildung ist dabei für mich das Wichtigste, sondern die Stimulierung unserer therapeutischen Sensibilität und Wahrnehmungsfähigkeit, die Ungewöhnliches nicht als Zufälliges übersieht oder als Unerklärliches beiseite schiebt, sondern es immer wieder auf seine positive Chance in der Begegnung mit den psychisch Leidenden und auf seine verwandelnden, heilenden Kräfte hin überprüft.

Dabei rücke ich zwei Dinge in den Vordergrund. Einmal die Erscheinung des Traumes, diesmal beim Therapeuten (nicht beim Patienten) und seine Bedeutung für den Fortgang der Therapie, die erweitert wird durch die Erscheinung der therapeutischen Phantasie. Zum andern wende ich mich dem Grundprinzip jeder Psychotherapie zu: der Dualität, die auch eine Dualisierung seelischer Phänomene einschließen kann. Dabei rücke ich abermals das fundamentale Symptom "Angst" in das Blickfeld und deren Entschärfung durch die Dualisierung im therapeutischen Prozeß. Außerdem versuche ich, den Widerstand sowohl beim Patienten wie beim Therapeuten als duales Phänomen zu begreifen.

In all diesen Fällen ist das Material nicht so reichhaltig, daß den theoretischen Überlegungen nicht auch ein Zug des Hypothetischen anhaftete.

Träume von Therapeuten psychotischer Patienten

Wie träumt der Psychotherapeut von seinen psychotischen Patienten? Die Frage ist rein phänomenologisch interessant, weil sie meines Wissens in der psychoanalytischen oder psychiatrischen Literatur kaum systematisch untersucht worden ist. Ich stütze mich, um möglichst objektiv zu sein, auf die Träume meiner Mitarbeiter und lasse die meinen beiseite. Es sind nicht wenige, und ich möchte sie grundsätzlich in zwei Gruppen einteilen: auf der einen Seite haben wir jene Träume, in denen der Therapeut in die trostlose Welt seines Patienten versetzt wird: in eine öde Mondlandschaft, in einen Turm ohne Aussicht, in ein Labyrinth, in einen Abgrund. Solche Träume scheinen mir immer die Funktion zu haben, dem Therapeuten zu helfen, sich die innere Situation seines Patienten zu vergegenwärtigen, diese mit ihm zu teilen, um dann, aus dessen miterlebter Welt heraus, nach neuen, gemeinsamen Wegen zu suchen.

Diese Träume können dem Patienten auch erzählt werden: sie sind für ihn eindrucksvolle Dokumente der therapeutischen Partizipation; sie können den Kranken erschüttern, die Schranke des Autismus und Mißtrauens durchbrechen.

Auf der anderen Seite haben wir therapeutische Träume, die die Situation des Patienten direkt *gestalten*, verändern – wohl im Sinne einer Wunscherfüllung. Sie gehen aber über die bloße Wunscherfüllung des Therapeuten hinaus, weil sie meiner Erfahrung nach auch eine gewisse prognostische Bedeutung haben. Gelingt es dem therapeutischen Unbewußten, dem Patienten im Traum eine neue Aussicht zu eröffnen, so ist dies auch ein Zeichen, daß tatsächliche Möglichkeiten dafür vorhanden sind. Wenn hingegen der Therapeut, träumend, *nur* trostlose Bilder von der Lage seines Patienten bekommt, ist die psychotherapeutische Prognose ernster.

Therapeutische Träume in der Schizophreniebehandlung haben oft die Funktion, eine Situation der therapeutischen Ohnmacht in der Beziehung zum Patienten sowohl wiederzugeben und unter Umständen dramatisch darzustellen als auch zu überwinden. Ein Therapeut erlebte beispielsweise seine Patientin wie eine Fassade, hinter der nichts stand. Er träumte dann von einer wunderschönen Kathedrale. Er schritt durch das Portal; dahinter stand aber nichts. Die Kathedrale war eben nur eine Fassade. Dieses Erleben stammte aus dem Tagesbewußtsein, wurde aber durch den Traum sublimiert: die Fassade war dort zu einer ergreifenden, gotischen Kirchenwand geworden. Eine solche Verwandlung bedeutet die Überwindung des bloß Fassadenhaften, der Leere; sie bedeutete aber auch den Überstieg zum Kranken: die Mitteilung des Traums half tatsächlich den Raum der Begegnung zu vertiefen.

Eine interessante Erfahrung, die ich als Supervisor von Schizophrenietherapien mache, ist die, daß manche Therapeuten in ihren eigenen Träumen nicht nur in die Nähe, sondern auch *an die Stelle* ihrer Kranken treten, um deren Belastungen und Ängste zu übernehmen und zu überwinden. Ängste und Belastungen der Patienten werden dadurch tatsächlich geringer, und zwar nicht selten sogar dann, wenn ihnen die Träume *nicht* mitgeteilt werden – offenbar genügt die Wirkung im kollektiven Unbewußten, in dem sich zwischen Patient und Therapeut ausprägenden gemeinsamen Unbewußten.

Derartige Wirkungen entfalten sich aber nicht selten auch dann, wenn die Patienten, von denen in den Assoziationen der Therapeuten die Rede ist, in solchen Träumen nicht manifest auftreten, sondern nur im latenten Traumgedanken der Therapeuten anwesend sind.

Daß eine eigentliche Verdrängung der Person des Patienten in einem solchen Traum des Therapeuten vorhanden ist, glaube ich nicht, weil die entsprechende Problematik doch deutlich erkennbar ist und die Bezugnahme auf den Patienten in der Erkenntnis des Therapeuten bei seiner eigenen Analyse stattfindet. Es scheint mir vielmehr so, als ob die manifeste Anwesenheit des Patienten in einem solchen therapeutischen Traum überflüssig ist, weil *der Therapeut in der Traumhandlung selber der Patient ist*, diesen also "intransitiv" voll erlebt und eine "transitive Repräsentanz" nicht braucht. Wesentlich ist dann weniger die Identitätsfrage als vielmehr die Form der Verarbeitung, die Handlungsgestalt.

Die Verarbeitung der Situation des Patienten durch den träumenden und *ihn verkörpernden* Therapeuten erfolgt in den Heilträumen immer so, daß *aus den Handlungen des Träumers neue Ausblicke für den Patienten entstehen*, auf die er mit seinem schwachen Ich sonst nicht gekommen wäre.

Eine chronisch schizophrene Patientin befand sich in ambulanter Betreuung durch einen meiner Analysanden. Sie wurde von der psychiatrischen Klinik auch medikamentös mit Fluanxol-Depot behandelt. Die Kranke kam gern in die psychotherapeutische Betreuung, zeigte aber eine sehr ambivalente Einstellung zur Medikation. Am liebsten hätte sie diese ganz weggelassen, um sich davon unabhängig zu fühlen und auch, weil sie unter Nebenwirkungen litt.

Aber sie wagte nicht, ohne Medikamente zu leben. Bei gelegentlichen sozialen Auseinandersetzungen mit ihren Mitmenschen rannte sie sofort in die Klinik, um sich Medikamente zu holen, bevor es zum psychotischen Rückfall kam, wobei das ambivalent erlebte – und sogar verhaßte – Medikament eine positive Plazebowirkung hatte und sie sofort nach der Einnahme beruhigte, noch bevor eine pharmakologische Wirkung hätte eintreten können.

Auf die mütterliche Symbolik des Medikaments kann ich in diesem Rahmen nicht eingehen. Hingegen möchte ich einen Traum des Therapeuten erwähnen, den er mir in seiner eigenen Analyse erzählte: er war im Traum ein Lastwagenchauffeur und wurde mit Fluanxol behandelt. Er habe Fluanxol nehmen *müssen*, er wußte nicht warum; aber er habe dies ruhig über sich ergehen lassen. Er erzählte mir aber, daß seine Patientin infolge einer emotionellen Streßsituation gleichzeitig Fluanxol bekommen hatte.

Mir fielen nun folgende Überlegungen ein: erstens war die labile, schwache und unsichere Patientin im Traum ihres Therapeuten ein robuster, *durch den Therapeuten selber personifizierter* Lastwagenchauffeur geworden –

wohl eine Wunscherfüllung des Therapeuten, zugleich auch ein Versuch, der Patientin durch eine solche *Verstärkung* ihrer Person zu helfen. Zweitens war die quälende Ambivalenz der Patientin ihrem Medikament gegenüber "sublimiert" – auf der einen Seite war der Lastwagenchauffeur in einer *ruhigen* Weise abhängig, er "mußte" medikamentös behandelt werden, auf der anderen Seite dachte er im Traum, daß es ihm freistünde, wie lange er das Medikament noch brauchen würde. Der Therapeut hatte sich also unbewußt in seine Patientin versetzt, um dort Dinge zu verrichten, die eine zukünftige Entwicklung der Patientin vorausnahmen. Die Mitteilung dieses Traumes half der Patientin, sich mit dem Lastwagenchauffeur zu identifizieren und das Fluanxol loszuwerden.

Nach meiner Erfahrung werden solche Träume den Therapeuten entweder gleich nach dem Erwachen oder in der eigenen Analyse bewußt; Verdrängungen haben nicht stattgefunden; Deutungswiderstände stellen sich nicht ein. Die Therapeuten finden selbst, daß sie ihre eigenen Träume ihren Patienten mitteilen sollten, damit diese in ihrem Alltag jene Schritte besser vollziehen können, die ihre Therapeuten für sie stellvertretend und antizipatorisch vollzogen haben.

Es ist interessant, daß die Mitteilung des Traums wirksamer ist als jede andere Deutung, weil der Patient durch sie *erlebt*, wie tief der Therapeut in seine konkrete Welt hineingestiegen ist und daß es möglich ist, aus dieser konkreten Welt des Leidens *neue Schritte* in eine andere Richtung zu tun. Doch die Mitteilung des Traumes einmal außer Acht gelassen, allein schon die therapeutische Fähigkeit, im Traum positive Attribute auf seine Patienten zu projizieren, ist beachtenswert. Dies kann übrigens nicht nur im Traum, sondern auch in gewissen traumähnlichen Zuständen – also in Wachphantasien – geschehen, die sich manchmal beim Therapeuten während der Behandlung schizophrener Patienten einstellen. Folgendes Beispiel möge dies veranschaulichen.

Ein Analysand berichtete mir in der Analyse, daß er einen schizophrenen Patienten behandle, der sich in der Therapie wie ein trotziges Kind benehme. Er war in infantilem Trotz aus seiner ehelichen Wohnung ausgezogen und wollte nun, daß seine Frau ihn wie eine Mutter zurückholen würde. Er verstrickte sich in ein Verhältnis der Abhängigkeit von seiner ihm gegenüber ambivalent eingestellten Gattin. Der Therapeut versuchte umsonst, seinem Patienten das alles zu zeigen, nachdem er lange genug seinen regressiven Zustand ausgehalten hatte.

Plötzlich lachte der Patient aus irgendeinem Grund. Der Therapeut fiel dann in einen traumartigen, aber doch wachen Zustand, in dem er meinte, den Gesichtsausdruck seines eigenen Vaters am Patienten wahrzunehmen. Der Therapeut fühlte sich in seine Kindheit zurückversetzt, hatte Mühe, sich daran zu erinnern, daß sein Gegenüber doch der Patient und nicht der Vater war. Gleichzeitig wußte er aber, daß er sich in der Therapiestunde befand. Er war verwirrt, nahm sich zusammen, hielt sich an seinem Stuhl fest, um Verstand und Selbstkontrolle nicht zu verlieren. Das Ganze war ihm unverständlich. Zwischen dem kindlichen Patienten und dem autoritären Mann, der sein Vater gewesen war, schien kein Zusammenhang zu bestehen. Zum Glück war die Psychotherapiestunde gerade zu Ende; der Therapeut konnte sich von seinem Patienten wortlos verabschieden, noch bevor er aus seinem traumähnlichen Zustand herausgetreten war.

Erst in der eigenen Analyse konnte der Therapeut mit mir zusammen einsehen, daß er seinem Patienten den Status und die Gesichtszüge des eigenen Vaters halluzinatorisch verliehen hatte, um dafür stellvertretend die kindliche Abhängigkeit zu übernehmen. Ein Tausch der Rollen! Offenbar wollte das therapeutische Unbewußte etwas bei sich selber gestalten, das auf der Ebene der Kommunikation mißlungen war: der Therapeut projizierte eine männliche Rolle auf den Patienten, die er ihm verbal nicht hatte vermitteln können. Das Verhalten des Patienten änderte sich dann auffallend, obschon kein Wort über das Vorgekommene gefallen war.

Therapeutische Träume oder traumähnliche Phantasien sind also psychische Gebilde, die beim Therapeuten vornehmlich in therapeutischer Funktion entstehen, mit dem Ziel, über die verbale Mitteilung oder über die Brücke des Unbewußten auf den Patienten einzuwirken, die eigene Anteilnahme auszudrücken.

Nach diesem Fall einer positivierenden therapeutischen Projektion möchte ich ein eindrucksvolles Beispiel der therapeutischen Introjektion bringen.

Es handelt sich um eine 22jährige Patientin, Renata, die vor drei Jahren an einer paranoiden Schizophrenie erkrankte. Ihr Hauptsymptom war das quälende Erleben, sich in den Dingen, die sie umgaben, aufzulösen. Sie führte dies auf Verfolger zurück, die sie töten wollten. In ihren Halluzinationen sah sie Augen, die sie erschreckten, Schlangen und Drachen, die sie bedrohten; sie spürte Würmer unter ihrer Haut, die sie zerfraßen. Um diese loszuwerden, kratzte sie sich die Haut zwei- bis dreimal in der Woche blutig.

Bis zu Beginn der Therapie war die Kranke ohne Erfolg pharmakotherapeutisch behandelt worden; man erreichte dadurch nur eine Linderung der Symptome, wobei wiederholte klinische Einweisungen nötig wurden.

Die schwer suizidale Patientin hatte einmal einen Verkehrsunfall inszeniert, um sich das Leben zu nehmen. Beide Großeltern väterlicherseits waren durch Suizid gestorben; es gab im ganzen vier Suizide in ihrer Aszendenz. Im Laufe einer mehrmonatigen Therapie mit zeitweilig fünf Sitzungen pro Woche ist eine wesentliche Besserung eingetreten.

Ein Bild der Patientin stammt aus dem Erleben der Psychose noch vor dem Beginn der Psychotherapie: es stellt eine verhüllte Frau in schwarzen Kleidern dar. "Das bin ich, der Tod." Die Patientin glaubte tatsächlich, tot zu sein. Sie schickte mir, noch vor der Einweisung in die Klinik, eine selber angefertigte Todesanzeige. Sie gab sich einen neuen Namen: "die Pflanze der Wüste". Diese Wüstenpflanze habe keine Blätter, sagte sie, ihre Blüten öffnen sich nur selten, in der Feuchtigkeit, wenn Regen fällt. In der Psychotherapie gab sie eine weitere Selbstdarstellung ihres Erlebens: sie war gespalten, nur noch *eine* Seite von ihr existierte. "In der Flasche", sagte sie, "ist mein Geist eingefangen."

Darauf reagierte der Therapeut mit einem eigenen Traum, den er später durch eine Zeichnung der Patientin mitteilte. Über eine steile Treppe gelangte er im Traum in eine "Todeskammer", in einen engen Raum, der durch Drahtzäune, Käfige voller Würmer und Folterinstrumente abgegrenzt war. Eine schwarze, verhüllte Frau, die offensichtlich der Anfangszeichnung der Patientin entsprach, erklärte ihm, er sei tot. Der Therapeut wurde also durch sein Unbewußtes in die Rolle seiner Patientin versetzt. Er versuchte im Traum, aus dieser Todeskammer herauszutreten oder eine telefonische Verbindung mit der Außenwelt herzustellen. Die schwarze Frau sagte ihm aber, es gebe keine Möglichkeit. Er konnte endlich doch eine solche Möglichkeit finden, als er erwiderte, daß zwei Menschen draußen auf ihn warteten. In der Supervision bei mir assoziierte der Therapeut, daß diese zwei Menschen die Patientin selber und ich, der Supervisor, seien. Die graphische Darstellung dieses Traums beeindruckte die Kranke. Sie kommentierte: "Dies ist nicht ein Traum, sondern Wirklichkeit!"

Es war tatsächlich nicht *nur* ein Traum. Gegenübertragungsträume können, wie überhaupt alle Träume, etwas ausdrücken, das nicht nur auf die Vergangenheit, sondern vor allem auf die Zukunft hinweist. Die äußerste Situation mußte hier Wirklichkeit werden, wie in der Todeskammer. Aus einem Bericht der bereits geheilten schizophrenen Patientin möchte ich einige Zeilen zitieren, die dies verstehen lassen und die auch zeigen, welchen hohen Grad von Introspektionsfähigkeit manche begabte Patienten haben:

"Gefördert durch eine äußerst depressive Stimmungslage mit Suizidgedanken ließ ich es darauf ankommen, darauf ankommen, alleine zurückzubleiben. Ich suchte die von mir mitgeführte Rasierklinge und fing hastig an, mir das linke Handgelenk aufzuschneiden, daß das Blut nur so floß. Ich war mit einem Male ganz besessen von diesem Actus, daß ich nicht mehr wußte, was ich tat. In Wirklichkeit war es eben der Versuch, die Grenze der therapeutischen Beziehung zu erreichen und zu sehen, welche Reaktion folgen würde. Erst war er perplex, sagte mir dann ganz ruhig, daß ich sofort damit aufhören solle, andernfalls müsse er die geschlossene Psychiatrie anrufen. Ich hörte aber nicht auf, so daß er, wohl mit einiger Überwindung, aufstand und zum Telefon ging. Er nahm den Hörer in die Hand – ich war zutiefst entsetzt und enttäuscht, daß er es sich so leicht zu machen schien – und ehe er noch die Nummer wählte, sagte er ganz deutlich und laut 'nein'. Er legte wieder auf.

Um es abzukürzen, kann ich sagen, daß die therapeutische Liebe keine Grenzen kannte, ich nicht verlassen auf meinem Schlachtfeld zurückblieb.

Es war wie ein Urerlebnis, daß jemand da war, der zu mir hielt, trotz aller Destruktivität und Aggression, trotz aller egozentrischen Impulse. Nachdem er den Hörer des Telefons wieder aufgelegt hatte, setzte er sich zu mir und legte sein Handgelenk über das meine, das blutverschmiert war und eine klaffende Wunde hatte. Er sagte, daß er mir versprochen habe, immer bei mir zu sein, und wenn ich mich schnitte, dann müsse ich auch ihn verletzen. Das riskierte er tatsächlich. Ich tat es nicht, denn wie hätte ich diesen guten Menschen verletzen können? Trotzdem versuchte ich immer noch, an meinem Handgelenk weiterzuschneiden, und er versuchte mit allen Mitteln, dies zu verhindern. Er wollte mich beschützen. Ich ließ nicht ab, so daß ein regelrechter körperlicher Kampf um die gefährliche Rasierklinge entstand. Dieser Kampf dauerte über zwei Stunden, und ich glaube, daß er am Ende physisch und psychisch so am Ende war wie ich. Ich bekam mehrmals heftige Weinkrämpfe, und er nahm mich in den Arm, um mich zu trösten. Als er die Lamette hatte, der Boden des Raumes über und über mit Blut bedeckt war, meine Kleidung voller Blut und die seine, begann ich in meiner Verzweiflung, die nicht enden wollte, mit dem Kopf sehr heftig gegen die Tür zu rennen. Er schien mir fassungslos, fassungslos deshalb, weil er mich bisher nur als so ruhige und autistisch-introvertierte Patientin gekannt hatte. Nun war ich zur Furie geworden. Ich rannte also mit aller Kraft gegen die Tür und die Schläge waren so heftig, daß der Kopf zu bluten anfing. Er legte seine Hand auf die Tür und sagte mir, daß ich, wenn ich weitermachen wolle, jetzt gegen seine Hand rennen müsse, er wiche nicht von der Stelle. Ich wollte ihm nicht weh tun, das war das letzte, was ich wollte, so gab ich auf. Dann hatte ich eine Halluzination, die mich fürchterlich ängstigte. Ich bekam den Impuls, aus dem Zimmer zu rennen, dann irgendwohin, ich hatte kein Ziel. Auch von dieser neuen Idee war er zunächst überrascht, so daß ich ungehindert aus dem Raum kam. Er schaltete aber sofort und lief mir nach. Mit letzter Kraft holte er mich an der Treppe ein und versuchte, mich in sein Büro zurückzubringen. Ich wehrte mich mit aller Kraft, und er hatte es schwer, sein Ziel zu erreichen, denn es stellte sich heraus, daß er kaum stärker war als ich. Als wir wieder drin waren, lief ich sogleich wieder hinaus, diesmal jedoch war er schneller als ich und fing mich schon auf dem Gang ein. Er versuchte, die Zwischentüre abzuschließen, damit ich nicht mehr entweichen konnte. Es war jedoch eine Schwingtür, die sich nach beiden Seiten öffnen läßt, so daß ich, immer wenn er gerade den Schlüssel herumdrehen wollte, die Türe nach der einen oder der anderen Seite ein wenig aufstieß. Schließlich gelang es ihm. Nun gab ich völlig zerstört auf. Wir berieten uns und er rief gegen 18 Uhr (die Konsultation begann um 15 Uhr) mit meinem Einverständnis die geschlossene Abteilung an. Ich bekam dort eine Spritze Nozinan und Haldol; die Schnittwunde wurde genäht.

Am nächsten Morgen war ich wie ein junger Gott. Nichts mehr von alledem, was am Vortag geschehen war. Die Ärzte wunderten sich nicht schlecht, und ich wurde auf Grund dieses Befundes noch am selben Tag entlassen.

Ich fühlte mich wie von diesem Schock geheilt. Ich kann mich nun fragen, was mir die Krankheit gebracht hat. Die Antwort fällt nicht schwer: sie hat mich reifer, ernster, erlebnisfähiger gemacht und mich zu einem positiveren Menschenverständnis geführt.

Vor Beginn der schizophrenen Psychose war ich mit meinem Leben leichtsinnig (oberflächlich) umgegangen; es schien mir kein Sinn im Leben zu sein. Heute weiß ich, nach dieser tiefgreifenden Urerfahrung, daß der Sinn meines Lebens darin zu bestehen hat, all die Liebe und Aufopferung, die ich erfahren habe, auch anderen zuteil werden zu lassen. Der Autismus ist ein lebendiger Tod. Darin lag meine Selbstzerstörung, die mir, als einzig noch verbleibende Autonomie, Sicherheit und 'Lebensfähigkeit' zu gewährleisten schien. Ebenso die Wahnvorstellungen, die Halluzinationen und der Verfolgungswahn, die ja etwas darstellen, das einem ganz alleine gehört, also Autonomie bedeuten; Autonomie, die man gewöhnlich in der späten Pubertät erlangt, doch eben diese Pubertät habe ich nie gehabt."

Es handelt sich in diesem Fall um einen teilweisen Heilungsvorgang, der durch den Todestraum des Therapeuten, also durch die Dualisierung der Todessituation, eingeleitet wurde. Das führt uns zu einem benachbarten Thema, dem Zwillingstraum.

Eine besondere Variante der therapeutischen Träume sind die Therapeut-Patient-Zwillingsträume, die in derselben Nacht erfolgen und mit bedeutsamen Variationen dasselbe Thema gestalten. Diese psychotherapeutischen Doppelträume haben eine charakteristische Struktur, die ich anhand der wenigen verfügbaren Beispiele wie folgt schildern kann.

1. Diesen Träumen liegt eine starke Gegenübertragung des Therapeuten zugrunde. Dieser war vor dem Traum in einer Stimmung der Verwirrung, der Ohnmacht, der Verzweiflung über den Widerstand oder die Not seines Patienten.
2. Der Traum ist eine Art "descensus ad inferos". Der Therapeut versucht im Traum umsonst, seinen Patienten zu erreichen; er geht beispielsweise Wege ohne Ausgang, wandert durch Wüsten, die menschenleer sind, steigt in Gräber, in die er sich selber einschließt.
3. Der Traum des Patienten erfolgt in derselben Nacht wie derjenige des Therapeuten, ohne jegliches Wissen um letzteren. Der Patiententraum ist aber ein positiver Traum, der durch seine Aussicht, Stimmung, Hoffnung, Zuversicht im Gegensatz zum therapeutischen Zwillingstraum steht. Er wird als ein freudiges Ereignis von einem Patienten dargestellt, der noch bis zum Vortage in der Therapie eine Mauer um sich aufgerichtet hatte. Das folgende Beispiel möge dies erläutern.

Ich erwähne zunächst den Traum einer Psychotherapeutin, der mir im obigen Sinn aufschlußreich scheint. Es war der Traum einer psychotherapeutischen Niederlage. Angesichts des unaufhaltsam scheinenden Identitätsverlusts ihres Patienten erlebte sich die Therapeutin in einer Stimmung der Ohnmacht, der Verzweiflung durch den Widerstand und die Not ihres Patienten. Es war, als ob sie Wege ohne Ausweg ginge. Sie befand sich schließlich in einem leeren, weißen, konturenlosen Raum, wo sie auf Fragen keine Antwort bekam. Man wies sie auf eine Treppe hin, die in die Tiefe führte. Sie mußte zunächst die schwere Platte aus Bohlen heben, um sich so einen engen Eingang in eine zu einem dunklen Raum führende Wendeltreppe zu öffnen. Je länger, je mehr wurde sie gewahr, daß sie an einen grenzenlos einsamen Ort gelangt war. Es handelte sich um ein Grab, aus dem kein Aufstieg mehr möglich war. Sie merkte, daß sie sich in der Zone des Todes befand. Ihre Sorge verdichtete sich aber zu einer Art Lumineszenz, in der sie die Identität ihres Patienten erkannte, wie diese sich in einer Aura rekomponierte. In derselben Nacht hatte der Patient einen *Zwillingstraum*: er befand sich auch zunächst in einer ihn verwirrenden Menschenmenge. Man wies ihn *ebenfalls* in eine unbekannte Tiefe. Da öffnete sich, ähnlich wie im zur gleichen Zeit erfolgten therapeutischen Traum, eine Treppe, die zu einer Tür führte. Man beachte die Symmetrie der beiden Traumteile! Der Traum des Patienten gestaltete sich an diesem Punkt aber als Gegenstück zum therapeutischen Traum. Nicht auf ein Grab, sondern auf einen hellen Ort hin öffnete sich die Tür. Menschengestalten tanzten befreit und gelöst. Der Patient dachte, er müsse sich des Gewichts seines Körpers entledigen, um am Tanz teilzunehmen. Hier endete der Traum.

Der gemeinsame Sinn war der, daß die Begegnung mit dem psychotischen Identitätsverlust in einem präverbalen und unbewußten Raum geschah, daß das therapeutische Auf-sich-Nehmen ein Symbol war, das vom Patienten am anderen Ende der Kommunikation – umgekehrt – als ein Über-sich-hinaus-Gehen erlebt wurde. Die positive therapeutische Geschichte des Patienten begann mit dem Bild, das der Therapeut sich in seinem Unbewußten von ihm machte und das in einem Grab seinen Ursprung hatte, um dann aber auf eine "hellere" Zukunft hin entworfen zu werden. Der Traum des Therapeuten bedeutet im besprochenen Fall eine *Positivierung* der Situation des Patienten. Der Therapeut geht ihm *voraus*: er vollbringt für ihn etwas, das die künftige Aufgabe des Patienten ist; er vollzieht einen Schritt, der eigentlich der Schritt des Patienten sein soll; aber er tut das auf einer präverbalen Traumebene, die ihn somit vor der Gefahr schützt, dem Patienten etwas abzunehmen oder vorzuschreiben, das eben von ihm selber und nicht vom Therapeuten geleistet werden muß. Gerade die *intransitive Qualität* der therapeutischen Handlung ermöglicht die schöpferische Paradoxie des gleichzeitigen Etwas-Tun für den Patienten und des Etwas-ihm-Überlassen. Der Traum des Therapeuten ist aber *nicht nur der Versuch einer Positivierung*. Er kann auch eine innere Lage des Patienten dramatisieren, um diesem damit eine bessere Möglichkeit zu bieten, sich mit einer tiefenpsychologischen Gefahr stärker auseinanderzusetzen.

Gewisse Erfahrungen lassen mich daran denken, daß therapeutische Träume oder traumähnliche Phantasien, die dem Patienten nicht mitgeteilt werden, dennoch eine funktionelle Bedeutung haben: sie lassen das Patienten-Unbewußte im therapeutischen Bewußtsein heller werden. Es scheint mir, als ob die Besserung beim Patienten dann leichter stattfindet, nachdem der Therapeut ihm mit seinem Traum oder mit seiner traumähnlichen Phantasie vorausgegangen ist, sozusagen den Bewußtseinsraum für ihn geschaffen hat, indem er einmal für sich allein, jenseits aller Mitteilung an den Patienten, *die negativen Emotionen ausgehalten hat, die das Bewußtwerden beim Patienten verhindern.* Unter Bewußtwerden verstehe ich nichts anderes, als daß eine Triebdynamik, die beim Patienten noch bilderlos ist und keinen Zugang zum verbalen Raum hat – nicht nur nicht zum Ausdruck, sondern auch nicht zum ausdifferenzierten Selbstgefühl –, innerhalb der therapeutischen Identifizierung, dank der seelischen Symmetrie, die Brücke zum Bild und zum Wort findet und damit selber hell wird.

Zwei kurze Erfahrungen sollen das Gesagte erläutern. Die Psychotherapeutin einer psychotischen Patientin, die auf ein prägenitales Stadium regrediert schien und weder eine sexuelle Problematik ausdrückte noch erlebte, fühlte sich am Ende der Stunden mit ihrer Patientin erschöpft – aber nicht wegen des Verhaltens der Patientin, sondern weil sie das Gefühl hatte, als würde sie gezwungen, ihre übliche Selbstidentität in diejenige einer Hure zu verwandeln. Sie träumte auch davon.

Diese unangenehme Emotion befiel sie freilich nur während der psychotherapeutischen Stunde, wiederholte sich aber zum Erstaunen der Therapeutin während mehrerer Wochen. In der Analyse der Therapeutin bei mir ließ sich weder eine homosexuelle Problematik in der Beziehung zur Patientin, noch eine eigene der Huren-Phantasie entsprechende Komplexhaftigkeit finden.

Erst nach mehreren Wochen, in denen die Therapeutin ihr unangenehmes Erleben in der Begegnung mit ihrer Patientin *ausgehalten* hatte, begann diese tatsächlich, sexuelle Phantasien zu produzieren, die sie sehr beschämten und den Huren-Gefühlen der Therapeutin in etwa entsprachen. Auf die Frage der Therapeutin, ob die Patientin schon vorher, zur Zeit ihres Schweigens, solche Phantasien gehabt hätte, verneinte sie dieses in nachdrücklicher Weise. Man darf somit vorsichtig annehmen, daß die Therapeutin die seelischen sexuellen Spannungen ihrer Patientin noch in ihrem präphantasmatischen Stadium wahrgenommen hatte. Ich verstehe die therapeutische Bedeutung eines solchen Phänomens in einer doppelten Weise: erstens entsteht in der therapeutischen Begegnung ein Bewußtseinsraum, in dem die ungelebte Lebensgeschichte an Struktur so gewinnt, daß sie fühlbar wird und reflektiert werden kann. Zweitens kann dies besonders dadurch geschehen, daß ein Partner, der Therapeut, jene negativen Affekte des Patienten selber aushält, die den psychotischen Kranken lähmen. Es sind dieselben Affekte, die der neurotische Patient erlebt, wenn eine Verdrängung aufgehoben wird. Das psychotische Ich ist aber offenbar zu schwach, zu fragmentiert, zu gespalten und desintegriert, um eine solche Arbeit zu leisten, die dann also dem Therapeuten stellvertretend zufällt.

Die zweite klinische Erfahrung, die eine solche Überlegung nahelegt, läßt sich kurz wie folgt zusammenfassen: die um ihre Patientin sehr besorgte Therapeutin träumte – trotz ihrer ausgesprochen positiven Gegenübertragung –, daß sie als Mutter die Patientin, ihr Kind, mißhandelte. Ich erinnere mich noch an die Verwirrung der Therapeutin, als sie mir in der Supervision ihren peinlichen Traum erzählte und sorgfältig nach einer eigenen verborgenen Ambivalenz zur Patientin suchte. Wir konnten beide keine solche entdecken. Ich als Supervisor kam dann auf den Gedanken, daß es sich um ein "Absorptionsphänomen" handeln könnte. Tatsächlich begann die Patientin Wochen später, sich mit der "negativen Mutter" in sich auseinanderzusetzen. Die Therapeutin hatte ihr empathisch den Weg zu einer solchen Auseinandersetzung eröffnet, ohne von ihrem Traum zu erzählen.

Am Ende meiner Ausführungen möchte ich auch erwähnen, daß nicht nur positivierende und erhellende Träume, sondern auch erschütternde Todesträume bei Therapeuten psychotischer Patienten vorkommen. Zum Beispiel kann der Therapeut träumen, daß er von seinem Patienten umgebracht wird, selbst wenn dieser zur Zeit des Traumes keine negative Übertragung entwikkelt.

Solche Träume sind freilich nicht häufig, aber auch nicht ganz selten während der Behandlung von Patienten, deren Psychose in einer verborgenen oder manifesten, sich vor allem im Wahn äußernden Destruktivität gründet, die der Traum des Therapeuten, nicht weniger als die Wahnidee selber, enthüllt; sei es, daß der Therapeut sich im Traum als Opfer der Aggressivität seines Patienten erlebt; sei es, daß er sich mit seinem Patienten identifiziert und an seiner Stelle aggressiv ist. Solche Träume sind nicht immer von negativen Emotionen begleitet. Sie haben jedenfalls eine wichtige – ich würde sagen dreifache – Funktion. Sie lassen erstens den Therapeuten in das Unbewußte des Kranken blicken, manchmal dorthin, wo kognitive Erkenntnis infolge der Abwehr nicht möglich ist. Sie gestatten ferner dem Psychotherapeuten, etwas von jener Aggressivität zu absorbieren, die sonst den Kranken aufwühlt und desorganisiert; diese Aggressivität wird dort dualisiert, wo sie auch ungefährlich gemacht wird: im Traum. Sie lassen drittens den Therapeuten Spannungen abreagieren, die sonst seine Gegenübertragung belasten würden.

Abschließen möchte ich mit einigen eher theoretischen Überlegungen zum Thema dieses Kapitels.

1. Es gibt ein prälogisches Denken, das wesentlich aus Bildern oder sinnenhaften Vorstellungen besteht. "Die Wahrheit" – sagt ein Spruch aus dem Talmud – "ist nicht nackt auf die Welt gekommen, sondern verborgen in Bildern und Sinnbildern." Dieses Urdenken des Menschen, das bei regressiven seelischen Zuständen, in der Psychose, im Traum, in mystischen Visionen und Halluzinationen auftaucht, ist verankert in der Struktur unseres Nervensystems und der menschlichen Phylogenese. Vorgänge der Identifizierung, wie sie in der Psychotherapie der Psychosen vorkommen, bei denen die Kranken durch logische Denkmuster *so wenig* erreicht werden können, lassen in uns das "sinnenhafte Denken" auftauchen, das sich sowohl in therapeutischen Träumen als auch in wachen Phantasien ausdrückt. Diese sind dann wie ein Gegenstück zu den Halluzinationen der Patienten. Ein Wesenszug des "sinnenhaften Denkens" liegt darin, daß die Sukzession der Bilder sowie der Sinngehalt sich nachträglich auf der begrifflichen Ebene deuten lassen, im Erleben aber vorbegrifflich sind. Das heißt freilich nicht, daß die aller Reflexion und begrifflichen Sinngebung vorausgehenden Bilder ohne die Deutung keine Sinn begründet hätten. Nein, durch die Reflexion und die Deutung wird ihr Sinn nur verstärkt.

2. Eine weitere Überlegung, die ich hier anstellen möchte, betrifft die sogenannte "Ich-Grenze", die als Begriff von FEDERN in die dynamische Psychologie eingeführt worden ist. Bekanntlich sprach FEDERN davon, daß die Ich-Grenze in der Schizophrenie brüchig geworden sei, weshalb Weltereignisse als Ereignisse des eigenen Selbst, Veränderungen im eigenen Selbst aber als Weltereignisse erlebt werden. Wenn die Ich-Grenze intakt ist, kann sich das Selbst als abgeschlossen erleben. Ist es aber wirklich *nur* so? Oft habe ich während der Psychoanalyse nicht psychotischer Menschen erlebt, daß mein Analysand oder meine Analysandin sich im Traum mit einem meiner Angehörigen beschäftigten, von dem er oder sie nichts wußte; die Traum-Schilderung entsprach aber genau der nur mir bekannten Wirklichkeit. Also stehen wir im Unbewußten in einer Kommunikation miteinander, von der wir sonst nichts wissen. Vielleicht gibt es in der Tiefenperson des Menschen "Zonen", "Gebiete", an denen Menschen, die in einer besonderen Beziehung zueinander stehen, teilnehmen. Daß solche Phänomene in der Psychotherapie der Psychosen, wo die Ich-Grenzen des Patienten brüchig geworden sind und die Ich-Grenzen des Therapeuten regressiv durch Identifizierungsphänomene gestaltet werden, besonders häufig auftreten, ist nicht erstaunlich.

3. Ich nehme an, daß unser Selbst teilweise aus *den* Bildern entsteht, die sich unsere allerersten Partner, die ursprünglichen Liebesobjekte, von uns formen. Indem die Eltern durch ihre Zuwendung zum Kind zu seinen Liebesobjekten werden, entstehen die ursprünglichen Objekt- und Weltbesetzungen, deren Qualität das Selbsterleben entscheidend gestaltet. Mit anderen Worten: das Selbst kristallisiert sich in einem System, in einem

Netz der Dualität, in dem aus verschiedenen Selbstteilen, aus Introjektionen und Projektionen, aus Prä-Objekten und Identifizierungen, aus unbewußt gemeinsamen Seinserfahrungen Übergangssubjekte entstehen, die die Orte der gemeinsamen unbewußten Phantasie sind. Die drei hypothetischen Begriffe, die mir hier helfen, sind also das *prälogische Denken, die gelokkerte Ich-Grenze und das Übergangssubjekt.*

Selbstverständlich darf meine These, daß Träume von Therapeuten psychotischer Patienten therapeutisch verwertet werden können, nicht verabsolutiert werden.

Undisziplinierte Mitteilungen von eigenen Träumen, Phantasien, Einfällen in der Psychotherapie können schädlich sein. Der Therapeut würde dann Spontaneität und Offenheit mit *mangelnder Reflexion*, mangelnder Selbst-in-Fragestellung verwechseln. Man darf nicht ich-schwache Patienten mit eigenen, nicht genügend lange durchdachten Gegenübertragungen belasten. Man darf sich nicht identifizieren, ohne sich zu überlegen, welche eigenen unausgereiften Seiten vielleicht zur Identifizierung neigen. Man darf sich nicht der Gefahr der Grenzüberschreitung aussetzen, ohne eigene Möglichkeiten und Kraftreserven geprüft zu haben. Man soll an erster Stelle immer die kognitive Arbeit im Auge behalten und hierin das Kennzeichen der Psychoanalyse sehen. Man soll die Psychotherapie der Psychosen in Analyse, Selbstanalyse und Supervision sorgfältig verarbeiten, vorbereiten und durchführen. Nur so kann man *jenen unerschöpflichen Reichtum voll ausnutzen, den unser Unbewußtes birgt*, und entdecken, auf welche Weise dieses wirksam sein kann.

Die Dualisierung der Psychopathologie am Beispiel der Angst

Was heißt "Dualisierung der Psychopathologie"? Ich meine damit, daß das schwere psychische Symptom – ein Graben zwischen psychiatrischem Patienten und seinem Arzt – nicht nur "behandelt", sondern auch als "Situation" vom Psychotherapeuten erlebt wird, die auch ihn mit einschließt und somit in die Nähe seines Patienten bringt. Der Therapeut kann sich durch die Teilnahme am Symptom tiefer einfühlen, und der Patient kann den mittragenden Therapeuten als Gefährten, als Seite der eigenen Existenz erleben und dadurch die Widerstände gegen ihn aufgeben.

Voraussetzung dafür ist aber, daß die Übertragung des Symptoms auf den Therapeuten in wohltemperierter Weise erfolgt, so nämlich, daß seine Freude an der Psychotherapie, an der Person seines Patienten und an sich selber nicht beeinträchtigt wird und daß er einen Standpunkt beibehalten kann, der außerhalb des Leidens bleibt. Eine "Affizierung" durch das Leiden darf nicht stattfinden.

Die schizophrenen Ängste, die ich zum Teil schon oben dargestellt habe, liegen bereits in der Psychopathologie des Kranken, im Erleben seines Ich- und Identitätsverlusts, in der Verformung der Welt und der Objektbeziehungen, in den Entfremdungsgefühlen, in den Wahnideen und den Halluzinationen. Wie setzen sich solche Ängste in der psychotherapeutischen Situation fort?

Die Psychotherapie ist bekanntlich eine Fortsetzung der Psychopathologie, eine Übertragung derselben auf neue mitmenschliche Situationen, also zunächst ein "Wiederholungszwang", wie FREUD formulierte. Der paranoide Kranke, der angeblich von allen verfolgt worden war, fühlt sich auch in der Psychotherapie mehr oder weniger von seinem Therapeuten bedroht. Der Kranke aber, der unter aggressiven Impulsen leidet, wird solche auch in der Übertragung anmelden. Psychotische Phänomene wie Verlust der Ichgrenze, Entpersönlichung, Gedankenlesen bekommen in der therapeutischen Beziehung neue Akzente, weil transitivistische und appersonierende Erlebnisse eine Art therapeutische Symbiose schaffen.

Der therapeutische Faktor einer solchen Wiederholung und Übertragung liegt freilich nicht im Wiederholungszwang als solchem und nur zum Teil in der Deutung, die sonst das Rückgrat der Psychoanalyse ist; er liegt vor allem in der *Gestaltung der Gegenwart* durch den Therapeuten und die "therapeutic community", in den angstmildernden, positivierenden Einfällen des Therapeuten.

Eine neue Dualität soll hier entstehen, die stärker als die psychotische Desintegration und Selbstdestruktion ist.

Zur psychotherapeutischen Dualität gehört aber vornehmlich das Erleben der mitmenschlichen Nähe, und somit entsteht eine neue Quelle der Angst. War doch der Autismus eine Abwehr gegen eine solche Nähe, die nun sowohl in der individuellen Therapie als auch in der Gruppentherapie durch die personale Zuwendung entsteht. Die psychotherapeutische Nähe mobilisiert und verstärkt unter Umständen sogar die regressiven Ängste des Patienten, wie dessen eigene Worte zeigen:

"Meine Wut ist fürchterlich, *und das Schlimmste ist, daß sie sich gegen Sie richtet, und ich gerate außer Kontrolle, werde davon überwältigt, und ich weiß nicht, wie ich verhindern kann, jemanden (Sie) umzubringen, oder diese sonstige furchtbare seelische Zerstörung, die herauskommt, zu verhindern.* Das Angstkonzentrat kommt wieder, wo man meint, man könne es nicht verhindern, jemanden zu töten; man will nicht, ist ungeheuer entsetzt, weil es wie ein Zwang ist, dem man nicht widerstehen kann, und es reißt einen in Stücke, während man selbst mit der Welt untergeht; man will es um jeden Preis verhindern, aber scheint nicht zu können, wird überwältigt."

Oder: “Ich wollte so unbedingt, daß Sie wissen, was für Dinge genau jedes einzelne von Ihren Worten macht, und wie sie plötzlich zurückkommen als wirklicher Zustand, und durch sein Gewicht und seine andere Struktur, wortlosen Bedeutungen und sein Auftreten an einem bestimmten Ort plötzlich die ganze Struktur des Momentes weiterverändert.”

Oder auch: “Sie würden auf eine sonderbare Weise weggenommen, vielleicht schwächten sich Ihre Worte in mir ab; vielleicht könne ich Ihre Worte nur hören, damit sie mir dann umso endgültiger weggenommen würden und ich den ganzen Hohn des Untergangs erleben müßte. In der Angst holte ich den wortlosen Abdruck Ihrer Gestalt herbei, den wortlosen Geruch, die unscharfe Schärfe, um nicht vernichtet zu werden.”

Die Wiederholung der Psychopathologie in der Psychotherapie ist der Motor der “progressiven Psychopathologie”. Die Wiederholung der Angst ist der Weg zu ihrer Überwindung, wenn der Therapeut sie deutet oder sich einfach in sie einfühlt oder sie durch originelle Einfälle neutralisiert.

Es geht in der Situation der Angst darum, daß wir mit dem Patienten in die Angst einsteigen und mit ihm entdecken, wieviel Abwehr, Verneinung und Selbstdestruktivität in der Angst selber liegen, damit wir diese gemeinsam mit dem Patienten überwinden können. Zur Veranschaulichung dieses Gedankens möchte ich ein psychotherapeutisches Beispiel bringen.

Eine Borderline-Patientin fürchtete sich, in die Psychotherapiestunde zu kommen. Eine Stunde pro Woche war für sie zuviel. Sie hatte Angst davor, sich zu entdecken und entdeckt zu werden. Ein Traum drückte diese Angst aus: Sie lag im Traum nicht auf der therapeutischen Couch, sondern auf einem Seziertisch im Anatomiesaal. Sie lag dort als Leiche; aber sie war gleichzeitig auch die Person, die die Leiche sezieren sollte. Sie fand bei der Sektion, daß alle ihre Körperorgane verschoben und verstellt waren: die Leber lag an der Stelle der Lunge; das Herz fehlte ganz; die Därme quollen hervor und konnten nicht in die Bauchhöhle zurückgelegt werden. Schließlich fand sie sich in ihrer eigenen Bauchhöhle gefangen, in einer Dunkelheit ohne Ausgang und voller Angst.

Der trostlose Traum vermittelte ein Gefühl der Angst auf Grund der Unmöglichkeit zu helfen; denn die Patientin fühlte sich im Traum so desorientiert und verwirrt, wie sie es auch im wachen Zustand war, wenn sie über sich selbst und ihr Leben reflektieren sollte.

Was konnte man da sagen? Drücken solche Traumbilder eine Angst aus, die auch uns Therapeuten hilflos macht, und kann dann unsere Hilflosigkeit eine Quelle neuer, zusätzlicher Angst sein, seitens des Patienten wie auch seines Therapeuten?

Ich bin aber grundsätzlich Optimist – nicht etwa deswegen, weil ich unbedingt der Meinung bin, man könne jedem Patienten psychotherapeutisch helfen, sondern deshalb, weil eine Situation erst dann aussichtslos wird, wenn man an keine “Aus-Sicht” mehr glaubt. Es war in diesem Fall wichtig, die “Aus-Sicht” auf die Abwehr, auf den Beitrag der Patientin zur Entstehung der Traumsituation, beizubehalten.

Warum ließ sie sich vom Arzt-Therapeuten nicht operieren? Warum ersetzte sie ihren Therapeuten mit einer eigenen Teilperson? *Um ihn fernzuhalten, um sich ihm nicht anzuvertrauen.* In dem Augenblick aber, da sie sich selber *allein* untersuchte, wurde sie zu einer Leiche. Die destruktiven Kräfte in ihr nahmen überhand, weil sie die positivierenden Kräfte des Therapeuten ausschaltete. War dann nicht jene Konfusion, die sie mit Schrecken in der eigenen Bauchhöhle fand, auch ein Teil ihrer Abwehr? Zeigte sich ihr Widerstand in der Psychotherapie nicht auch darin, daß sich alles, was sie anpacken wollte, in Nebel auflöste, daß sie sich jeglichem klärenden Zugriff aus Angst entzog und dadurch die Verwirrung und die Aussichtslosigkeit nur steigerte? Einzusehen, daß die eigene Abwehr die Situation verschlimmerte, war wichtig.

Ich meine mit diesen kurzen Andeutungen, daß selbstdestruktive Kräfte – die Todestriebe und die bösen Teil-Objekte von Melanie Klein – durch Einsicht, durch therapeutische Zuwendung, durch Internalisierung der positivierenden therapeutischen Imago stets neutralisiert werden können, wenn unser therapeutisches Unbewußtes mit seinen schöpferischen Einfällen und seinen positiven Übertragungskräften sowie unsere ordnende therapeutische Vernunft etwas im Kranken wecken und stiften. Indem wir ihn als eine Person erfühlen, beginnt er, sich in unserem Erleben als Person zu spiegeln und zu begreifen.

Nachdem ich ausführlich von der Angst der Kranken in der Psychopathologie und in der Psychotherapie gesprochen habe, möchte ich mit einem Beitrag über die Angst des Therapeuten und deren Dualisierung in der Therapie abschließen. Von ihr war schon indirekt überall dort die Rede, wo wir von der Trostlosigkeit mancher psychopathologischen Situationen sprachen. Hier liegt die meines Erachtens wichtigste Quelle der therapeutischen Angst, nämlich in der Trostlosigkeit der mitmenschlichen Situationen, in die man als Therapeut hineingezogen wird und die man nicht mehr nur von außen, wie als Psychopathologe, betrachten kann.

Das Gefühl, dem Patienten durch die eigene Gegenübertragung, durch Deutungen und Einfälle kaum helfen zu können, ist deprimierend, besonders, wenn eigene latent depressive Keime durch eine solche Ohnmacht mobilisiert werden. Auf den klinischen Erfolg über lange Strecken hin zu verzichten, ohne jegliche Bestätigung durch den Patienten und teilweise auch durch die klinische Umgebung zu bleiben, können nicht alle aushalten. Man muß an einen letzten, unbeweisbaren Sinn des eigenen Tuns glauben, um manche chronische Krankheitsverläufe ertragen zu können.

Aber auch die eigene negative Gegenübertragung kann eine Quelle der therapeutischen Angst sein! Ungeduld, Unverständnis, latente Ablehnung des Patienten bzw. mancher Seiten von ihm, Unsicherheit und Verwirrung entstehen im Konflikt mit dem therapeutischen Bedürfnis, für den Patienten einzustehen. MASUD und KHAN haben einmal von den Haßgefühlen berichtet, die der Therapeut perverser Patienten oft gegen diese in seiner Gegenübertragung empfindet. Solche negativen Gefühle seien durch die Aggressivität der Patienten, durch das Leid, das sie anderen zufügen und durch den gelegentlichen neurotischen Hochmut bedingt. Sie meinen, daß die negative Gegenübertragung vom Therapeuten gemeistert werden könne, wenn er sich stets Rechenschaft über sie gibt und wenn ihm seine Gefühle für den Patienten immer bewußt werden.

Gewiß, die Begegnungen mit psychotischen Menschen wirken sich in der Gegenübertragung nicht wirklich dramatisch aus; aber es bewirkt doch immer eine gewisse innere Erschütterung, wenn wir während einer psychologischen Behandlung die Erfahrung machen müssen, daß auch wir Therapeuten in der Tiefe unseres Wesens andere Menschen sind als wir – gemessen an dem *Idealbild* des Therapeuten – gerne sein möchten.

Die Psychotherapie ist eine Schule der Selbsterkenntnis, die demütig macht. Das Bewußtwerden eigener problematischer oder gar negativer Gegenübertragungsgefühle darf uns aber nicht nur belasten. Nicht selten merken wir, daß die Patienten sich dabei entwickeln. Es ist, als ob sie spüren würden, daß wir sie kennengelernt haben, wenn wir ihre schwierigen Seiten ausgehalten haben. Unsere negative Übertragung entspricht ihrer eigenen Aggressivität, die wir in uns tragen, um sie mit Libido zu mischen. Manche omnipotente Destruktivität des Patienten kann *dann* nachlassen, wenn sie nicht vermocht hat, unsere Beziehung zum Kranken zu zerstören.

Allerdings gerät der sich solchermaßen tief in die Welt seines Patienten begebende Therapeut häufig auch in ein Spannungsverhältnis zu seiner Umwelt: nicht nur zu seinem Patienten, sondern auch zu dessen Familie und sogar zu gewissen administrativen Instanzen der eigenen Klinik; denn jegliche menschliche Institution neigt dazu, Psychopathologie zu verhindern, Maßnahmen zu ergreifen, Anpassungen zu verlangen. Der Sonderweg des Therapeuten, der die Bedeutsamkeit der sonst zu verdrängenden Phänomene erkennt, wird von anderen möglicherweise sehr ambivalent erlebt. Dadurch kann ein solcher Psychotherapeut unter Gefühlen der Einsamkeit und der Versagung leiden, und er braucht den Rückhalt in einem Team von Mitarbeitern.

Die miterlebte Trostlosigkeit, die negative Gegenübertragung, die Einsamkeit, das sind nur drei Ausdrucksformen der psychotherapeutischen Angst. Man könnte noch weiter fortfahren. Ich möchte aber das Heilsame stärker betonen: die Psychose wird zu einer menschlichen Angelegenheit, wenn man sie gemeinsam austrägt. Dies kann sich in einer besonderen Verständigung zwischen Patient und Arzt auf einer bewußten Ebene ausdrücken. Sie drückt sich aber unbewußt auf vielen Wegen aus, nicht zuletzt durch symmetrische Erlebnisse wie Träume und Einfälle. Eine wesentliche

Selbstbestätigung für den Analytiker von psychotischen Patienten ergibt sich hier aus Erfahrungen der Gegenseitigkeit, die in keiner auch noch so versagungsvollen Psychotherapie gänzlich ausbleiben.

Der Widerstand des Patienten und derjenige des Therapeuten

I

Auf einem Symposium für katathymes Bilderleben hörte ich einmal von einem Redner die etwas scherzhaft vorgetragene Meinung, diese Methode der Psychotherapie sei im Vergleich zur Psychoanalyse eine ausgesprochen "freundliche": keine Widerstandsanalyse, keine Betonung der Versagung, sondern immer Anregung der kreativen Persönlichkeitsseite!

Ich glaube, daß die Psychotherapie der Psychosen trotz Positivierung und Anregung der Kreativität, trotz großer Einfühlung in das Leiden und trotz Rücksicht auf jene Ichgrenzen des Patienten, die eine Widerstandsanalyse allzusehr in Frage stellen kann, diese Qualität der "Freundlichkeit" *nicht* besitzt. Erstens ist das psychotische Leiden so trostlos, daß nichts in seiner Landschaft "freundlich" ist. Zweitens bin ich der Meinung, daß die therapeutische Auseinandersetzung mit den negativen Mächten der Psychose den Patienten nicht nur in Schutz nimmt, sondern ihn auch stark erschüttern muß, nämlich dort, wo er, der Verfolgte, sich doch unwissentlich mit jenen negativen Mächten identifiziert. Im offenen oder verborgenen Nein des Patienten zur Kommunikation muß der Therapeut den furchtbarsten aller Widerstände, den selbstdestruktiven Zug sehen und erleben. Bekanntlich begann die Lehre vom Widerstand mit den ersten Grunderfahrungen der Psychoanalyse: der Patient widersetzte sich der verlangten Wiedererinnerung vergangener, peinlicher Ereignisse, deren Verdrängung seinem neurotischen Leiden zugrundelag. Dieser Widerstand mußte dem Patienten gezeigt werden! Keine Heilung ohne Auseinandersetzung oder gar Herausforderung!

Jede dynamische Psychotherapie weiß das, was erst die Psychoanalyse uns gezeigt hat: Hilfe ist auch Kampf; denn der Mensch neigt zur Selbstverleugnung, zur Abspaltung dessen, was seine Schattenseite ist und was als Abgespaltenes droht, das Selbst des Menschen in seinen Sog zu ziehen.

So bekannt das alles auch ist, möchte ich es doch durch ein kurzes Beispiel drastisch veranschaulichen. Eine Patientin erblickte im Traum eine Höhle, die in eine unsichtbare, unterirdische Tiefe mündete. Aus jener Tiefe stieg eine geheimnisvolle Frau, deren Gesicht verschleiert war. Die Träumerin spürte eine "grausige Abneigung" gegen die Unbekannte. Diese zog den Schleier weg, und die Patientin erkannte mit Erschütterung das eigene Ebenbild. Als ob diese Symmetrie noch nicht genügen würde, führte die "Fremde" ein kleines Mädchen an der Hand: die Tochter der Patientin! Aber deren Erschütterung reichte noch nicht aus, um den Widerstand gegen das eigene Selbst abzubauen – dieser konkretisierte sich in einer Glaswand, die nun plötzlich zwischen der Patientin und ihrem Ebenbild stand, die also die Patientin selber, sich vom eigenen Schatten abgrenzend, errichtet hatte. Das Gespenst verschleierte sich wieder, trat den Rückweg an, verschwand langsam in die Tiefe, während es der Träumerin klar wurde: die "Fremde" wird sich dort umbringen, oder sie wird von einer malignen Kraft umgebracht.

Solche Dinge erlebt der heutige Psychotherapeut weniger im Bereich verdrängter sexueller Wünsche, als dort, wo die unerbittliche Abspaltung psychotische Ausmaße erreicht. Der psychotische Patient ist oft in den Fesseln der anderen aufgewachsen; er verschmilzt mit dem Verfolger und richtet das eigene potentielle Selbst zugrunde. Die malignen Introjekte wirken wie Teile der eigenen Person, gegen die der Patient sich auflehnt und sich ihnen doch gleichzeitig unterwirft. Als wie auswegslos dieser lebenslängliche Kampf oft erlebt wird, zeigen uns psychotischer Zusammenbruch und Suizid.

Wer als Psychotherapeut den psychotischen Introjekten, mit denen der Patient verwachsen ist, gegenübersteht, weiß nur zu gut, daß vor allem die Konfrontation mit ihnen zum Kern der Psychotherapie gehören muß. Ich denke hier zum Beispiel an den Kampf des Patienten gegen seine eigene Negativitätssucht, der auch ein Kampf des Therapeuten gegen den negativen Sog sein muß. Die Negativitätssucht kann den Patienten vorübergehend täuschen, ihm vorspiegeln, er werde erst durch die Zerstörung der Dualität eine Person. Es genügt in der Psychosentherapie nicht, über die Ursprünge solcher Negativitätssucht zu spekulieren; die Erkenntnis erfolgt vor allem im Stoß und Gegenstoß, in der therapeutischen Fähigkeit, den Anstoß des Patienten zu ertragen und *den* Gegenstoß zu wählen, der erschüttert, ohne zu verletzen. Die "Übertragung" ist hier keine bloße Wiederholung; sie ist eine Neugestaltung der einstigen Erfahrung. Die Wiederholung der Anklage bedeutet die Hoffnung des Patienten, andere Antworten als in seinem bisherigen Leben zu bekommen, Antworten, von denen er zwar noch nichts weiß, die er aber unbewußt sucht. Der Widerstand des Patienten bedeutet dabei ein Dreifaches.

Erstens ist er ein Versuch, eigene maligne Introjekte in den Therapeuten zu verlegen, damit sie dort durch die therapeutische Libido vielleicht neutralisiert werden – auf das Risiko hin, die Beziehung zu überfordern.

Zweitens bedeutet der Widerstand auch eine Stärkung der eigenen, brüchigen Ichgrenzen, und zwar nicht nur in der Psychose! Es war Otto Rank, der die Widerstände als erste Ausformungen der eigenen Selbständigkeit bei seinen neurotischen Patienten begrüßte.

Drittens bedeutet der Widerstand manchmal eine solche Infragestellung der therapeutischen Situation, daß der Therapeut sich von seinem Podest des Helfers auf den fragwürdigeren Stand des Patienten heruntergerissen fühlt durch dessen Vorwürfe: er habe diesen nicht verstanden, er habe seine Psychopathologie sogar aggraviert. Manches Mal muß der Therapeut zweifeln: hat der Patient vielleicht recht? Nicht bloß in dem Sinne, daß man ihm seinen Widerstand zubilligen soll, sondern auch in demjenigen, daß seine Anklage bei aller Projektion in mancher Hinsicht doch zutrifft?

Ob sie nämlich *objektiv* zutrifft, läßt sich nicht so einfach entscheiden, weil das Subjektive immer mitspielt und weil das Sich-treffen-Lassen bis zu einem gewissen Grad therapeutisch sein kann: mein Kollege Mario Isotti sagte mir einmal, daß er erst im Bewußtsein der Schuld einem seiner Patienten, der in einer Welt der Schuld lebte, nahe sein konnte.

II

Bei der Überarbeitung dieses Buches drängt sich mir der Eindruck auf, daß dieses Kapitel über den Widerstand unverhältnismäßig schmal geraten ist. Ich möchte darum noch einige Überlegungen hinzufügen, die sich auf Grund der psychiatrischen und therapeutischen Erfahrungen vieler Jahre immer stärker aufgedrängt haben.

Die Erfahrung der Dualität, die meinem Denken und damit den Ausführungen in diesem Buche zugrundeliegt, regt mich an, auch das Wesen des Widerstands unserer Patienten in einem in der Psychiatrie und Psychotherapie nicht üblichen Lichte zu betrachten, nämlich als ein *duales Phänomen.* Zwar weist die gesamte Lehre von der Interaktion zwischen Übertragung und Gegenübertragung auf diesen Gedanken hin. Dennoch ist die duale Natur des Widerstandes wohl nirgends mit der notwendigen Klarheit und Schärfe formuliert worden, es sei denn in den Schriften meines Mitarbeiters und Freundes Martti Siirala. In unseren bereits vor fünfunddreißig Jahren geführten Gesprächen liegen die Keime für meine heutigen Gedanken.

Meine These von der "Dualität des Widerstandes" darf die Tatsache nicht verschweigen oder gar in Abrede stellen, daß der Natur des psychischen Leidens, vor allem des psychotischen Leidens, ein Widerstand gegen die ganze Welt und jeden möglichen Partner innewohnt; ganz besonders aber ein Widerstand gegen den an die *Freiheit* des Patienten appellierenden Therapeuten. Ich weise auf die drei wesentlichen Wurzeln des Widerstandes hin.

Der Widerstand ergibt sich in der Psychose erstens aus der Aussichtslosigkeit des Leidens, die von vornherein jede Möglichkeit der Beziehung, der konstruktiven Dualität ausschließt. Deshalb wird jedes Angebot einer solchen Dualität, die ja der Auftakt jeder Psychotherapie ist, als eine Täuschung, eine absurde Anregung, ein irreführendes Versprechen, ja als ein Vorbeireden an seinen inneren Erfahrungen vom Patienten gehört. Unter "psychotischer Aussichtslosigkeit" verstehe ich keine bloße Verzweiflung an der eigenen Zukunft, keine negative Selbstprognose, sondern etwas weitaus Schlimmeres: keine Aussicht auf die *Gegenwart* als einen Augenblick der Kommunikation und der Hoffnung.

Eine zweite Wurzel des Widerstands, eine fast unüberwindliche, ist der Wahn, also eine innere Realitätserfahrung, die zwar äußerst dürftig und mangelhaft ist, die jedoch dem ich-los gewordenen Patienten die einzige Chance zu bieten scheint, Welt zu besitzen und sein Selbst zu erfahren. Der Patient klammert sich an seinen Wahn, der das nackte Nichts mit Bildern verdeckt, die zwar aus diesem Nichts furchtbar emporwachsen, die ihn jedoch irrtümlich glauben lassen, das Universum zu besitzen, die ihm eine felsenfeste Gewißheit über die letzten Dinge versprechen und die all das, was wir wohlmeinend im Gespräch mit dem Kranken anregen, hoffnungslos verblassen lassen.

Die dritte Wurzel des Widerstands ist aber – und hier komme ich auf meinen neuartigen Gedanken – die unbewußte Wahrnehmung des Kranken, daß wir, seine Ärzte und Psychotherapeuten, einen verborgenen Widerstand gegen ihn haben. Und wir haben ihn fast immer! Das Wesen des Widerstandes ist dual! Und die Verdrängung dieser Einsicht durch den Therapeuten wird den Widerstand des Patienten nur steigern.

Diese These, daß der Widerstand des Patienten fast immer im Zusammenhang mit dem Widerstand des Psychiaters, des Psychotherapeuten, des Psychoanalytikers steht, ist gegründet auf die Erfahrungen meiner Supervisionstätigkeit. Nicht selten habe ich die Psychotherapie eines und desselben Patienten bei zwei verschiedenen Therapeuten nacheinander supervidiert, wenn die erste Therapie aus irgendeinem psychodynamischen Grund abgebrochen werden mußte. Was mich bei solchen Fällen immer zutiefst beeindruckte, war das Gefühl, in der zweiten Supervision einen völlig anderen Patienten kennenzulernen, der in dem Bild des ersten Therapeuten fast gar nicht enthalten war.

Das hat mich zu der grundsätzlichen Frage geführt: könnte es sein, daß der Widerstand des Patienten nur zu einem Teil durch die Krankheit bedingt ist und daß er zu einem anderen, wesentlichen Teil durch die in der Krankheit scharfsinnige, wenn auch unbewußte Wahrnehmung der "Empfangsgrenzen" des anderen hervorgerufen wird? Könnte es also sein, daß nicht nur die *Vergangenheit* dem Patienten die Themen seines Widerstandes nahelegt, sondern daß vielmehr die *Gegenwart* einige wenige Themen bestimmt, die aus der Erlebnisfülle der Vergangenheit als mögliche Träger der Psychopathologie auftauchen? Ich war froh und befriedigt, kürzlich in einem Buch von ROBERT LANGS ähnliche Gedanken in Bezug auf die gesamte Psychotherapie – also nicht nur die der Psychosen – zu finden, die ich als eine Bestätigung meiner eigenen Erfahrungen las.

Die "Dualität des Widerstands" ist an sich ein negatives Phänomen, dessen Bewußtwerden aber beim Therapeuten und beim Patienten zu einer "Dualisierung" führen und somit fruchtbar werden kann. Im Gegensatz zur "Dualität" verstehe ich unter "Dualisierung" ein Sich-Rechenschaft-Geben von einem in der Symmetrie unserer Seelen begründeten Phänomen und das Stehen zu diesem Phänomen, das dann als eine Vorstufe der eigentlichen, der progressiven Dualität erlebt werden könnte und somit die Möglichkeit der Überwindung und des Fortschritts enthalten würde.

III

Ich spreche in diesem Buch so oft von "Positivierung", also davon, daß eine wesentliche therapeutische Aufgabe darin bestehe, die unbekannte positive, das heißt, integrationsfähige Seite der Psychopathologie aufzuspüren, sie bewußt in sich aufzunehmen und dem Patienten zurückzuspiegeln. Dieses Verhalten ist fundamental, darf aber dennoch nicht verabsolutiert werden. Gegen seine Ausschließlichkeit spricht schon der Umstand, daß die Psychopathologie, und ganz besonders die psychotische, voller "negativer Objekte" und "destruktiver Impulse" ist. Was geschieht mit ihnen, wo bleiben sie denn? Es muß – so sagte mir einmal ein psychiatrischer Gesprächspartner – in der Psychiatrie Gewalt geben, eben weil so viel Gewalt in der Psychose ist.

Allerdings ist mit bloßer Gewalt nicht viel zu erreichen, außer Zwangseinweisungen und Begutachtungen. Gewalt ist jedoch die "natürliche Reaktion" des Menschen auf Gewalt. Entsteht also bei uns eine "negative Gegenübertragung", also ein starker *Widerstand gegen den Kranken*, so bedingt dieser oft eine Verstärkung der Psychopathologie. Nur in Ausnahmefällen kann die aggressive Reaktion des Therapeuten die einzig wirksame Kommunikationsweise sein, die dem anderen, dem Patienten, den Spiegel vorhält und ihn zwingt, sich selbst anzuschauen.

Der "gute" therapeutische Widerstand besteht nach meiner Erfahrung vor allem darin, daß der Therapeut das "böse Objekt" *introjiziert, um es in sich auszuhalten.* In seiner unbewußten Selbstidentität nähert sich der Therapeut dem "Verfolger" und überwindet diesen in sich selber, indem er ihn – als mögliche eigene Seite – bewußt werden läßt. Solche Bewußtwerdung kann konkretisiert und anschaulich gemacht werden durch die Zeichnung, durch das vom Therapeuten selbst angefertigte Bild. Zur Verdeutlichung möchte ich ein Beispiel aus meiner Supervisionstätigkeit geben.

Manche Therapeuten, die ich supervidiere, malen öfters "für sich selber".

Sie meditieren in Bildern ihre Begegnung mit den Patienten, noch nicht wissend, ob sie später diesen ihre Bilder zeigen werden. Die Bilder sind aber äußerst wichtig für den Therapeuten selber und – in der Supervision – für mich. Eine Therapeutin malte beispielsweise ein Selbstporträt (Bild 11), auf dem sie ihre Patientin an den Händen hält. Das Bild entstand nach einem Telefongespräch mit der Mutter einer psychotischen Patientin, bei dem die aggressiv-depressive Frau sich selbst als "Rabenmutter" bezichtigte.

Bild 11

Die Therapeutin sagte mir später, daß sie sich in ihrem Bild auch als "Rabenmutter" erlebt habe: sie habe nämlich die Patientin "verkleinert", habe sie "in die Luft gehalten" und "gedrückt", ja fast erwürgt. In der dialogischen Betrachtung dieser Gegenübertragungsgefühle sagte mir diese Therapeutin weiter, daß sie manchmal eine ziemliche Wut auf die Patientin verspüre, die alles, was sie sage, in den Wind schlage und in ihrem Trotz über sie triumphiere. Sie fügte dann noch hinzu, daß sie die Patientin aber auch gerade wegen dieses Trotzes unwillkürlich beneide; denn sie selbst habe sich im Leben allzu oft angepaßt und nicht den Mut gehabt, allen und allem zu trotzen wie ihre Patientin.

Die Besprechung der Gegenübertragungsgefühle ergab drei Dinge:

Zunächst zeigte sich einmal dic "gute" Fähigkeit der Therapeutin, das "böse Introjekt" der Patientin, die "böse Mutter" selbst zu introjizieren, ihren Widerstand bewußt zu erleben und in diesem sich zu den "bösen intrapsychischen Objekten" der Patientin zu gesellen.

Wir sind oft nicht imstande, die Wiege der bösen Introjekte unserer Patienten genau zu lokalisieren: wo sind sie entstanden? In den Eltern der Kranken? Oder müssen diese armen Eltern, die uns auf der einen Seite wie die Urheber der Psychose, wie die Stifter der Psychopathologie erscheinen, auf der anderen Seite die "primären", die negativen Selbst-Teile ihrer kranken Angehörigen internalisieren, so, wie wir es tun im Zusammenleben mit den Patienten?

Die reale "Rabenmutter" spürte wirklich eine ziemliche Wut gegen ihre psychotische Tochter, die in der Wohnung so laut lärmte, daß der Hausbesitzer mit der Kündigung drohte. Sie hatte dennoch Schuldgefühle wegen dieser Wut. Statt solche Schuldgefühle auf eine wirkliche Schuld der Mutter zurückzuführen, introjizierte unsere Therapeutin die "Rabenmutter", die sie selber in ihrer verborgenen Wut geworden war. Die Hilfe bestand darin, der Patientin – bewußt oder unbewußt, ausgesprochen oder unausgesprochen – mitteilen zu können: "So muß ich mich fühlen, wenn du ein negatives Bild von mir entwirfst. Ich kann dir nicht anders nahe sein, als daß ich dieses Bild, das du von mir entwirfst, akzeptiere und introjiziere."

Schauen wir uns aber das gemalte Bild der Therapeutin noch einmal näher an. Kann man nicht auch folgendes herauslesen? Die Therapeutin *trägt* doch ihr Kind. Dieses wird nicht bloß von ihr "verkleinert", sondern es *ist* auch wirklich klein. Es wird schwebend gehalten, weil es tatsächlich keinen Boden unter den Füßen hat. Es wird nicht zusammengedrückt, sondern mit großen Händen umschlossen, in denen es sicher sitzt. Das heißt: die Therapeutin spürt nicht nur eine – sicher notwendige – Wut gegen die destruktive Seite der Patientin, sondern auch eine "mütterliche" Liebe für die hilflose Seite derselben.

Wir erleben in der Supervision, daß eine solche differenzierende Gegenübertragung der Spaltung der Kranken in ein hilfloses und in ein destruktives Wesen entspricht. Die Therapeutin selber aber muß solche differenzierende Gegenübertragung als innere Gegensätzlichkeit erleben.

Diese innere Gegensätzlichkeit in der Gegenübertragung ist das, was ich die "progressive Spaltung" nenne. Sie ist die Introjizierung der psychopathologischen, also der regressiven Spaltung der Patientin. Sie ist "Spaltung", weil sie die Therapeutin dazu zwingt, sich zerrissen und unsicher zu fühlen; aber sie ist auch "progressiv", weil sie eine Übernahme der Not der Patientin durch ein kohärentes Ich bedeutet, das eine die Kranke zerstörende Spannung aushalten kann und diese in eine produktive Unsicherheit verwandelt: "questio mihi factus sum." Ohne eine solche produktive Unsicherheit, ohne eine solche Bereitschaft, die negativen Introjekte der Patienten selbst zu introjizieren und auszutragen, gibt es keine Psychotherapie der Psychosen. Der Widerstand des *Therapeuten* verwandelt unseren allgemeinmenschlichen Widerstand gegen den "Geisteskranken" – der in der Epoche der Hexenverfolgung seine traurige "klassische" Blüte erlebte – in einen Motor der Therapie.

*Die unbewußte therapeutische Phantasie in der Therapie der Psychosen und Borderline-Fälle**

Vorausschicken möchte ich: obschon die therapeutische Verwertung von phantasmatischen Bildern ursprünglich bei psychotischen Patienten entwikkelt wurde, ist sie nach unserer Erfahrung auch bei nicht psychotischen Patienten angezeigt, wenn eine ich-stärkende Wirkung und eine intensive, auch unbewußte Kommunikation erwünscht ist.

Freilich entzieht sich die Praxis der unbewußten Kommunikation der erlernbaren Technik. Wie das Unbewußte dem Therapeuten beisteht, entzieht sich der Planung. Es bleibt nur die Offenheit für solche Vorgänge, die richtige introspektive Wahrnehmung und deren angemessene Handhabung.

Um Objektivität zu gewinnen, ist jegliche Selbstdarstellung vermieden worden. Der eine Autor (BENEDETTI) analysiert in der Supervision die erwähnten psychischen Phänomene bei dem supervidierten Co-Autor (PECICCIA).

I

Es gibt therapeutische Phantasien, die sowohl dem Therapeuten als auch seinem Patienten *bewußt* sind: dem ersteren, weil er sie während der therapeutischen Sitzung, nicht etwa im Traum, sondern im vollen Wachsein entwickelt; dem zweiten, weil sie ihm aus therapeutischen Gründen – die wir noch diskutieren werden – mitgeteilt wurden.

In solchen Fällen ist also von der *bewußten therapeutischen Phantasie* die Rede. Im Gegensatz zur unbewußten therapeutischen Phantasie und dere Wirkungsweise ist Entstehung und Wirkungsweise der bewußten therapeutischen Phantasie rational klarer faßbar: *sie ist der Ausdruck einer tieferen Anteilnahme des Therapeuten*, einer affektiven Resonanz auf die Lage des Patienten, ohne Abwehr eigener spontaner Einfälle; sie wird manches Mal mitgeteilt, nicht aus mangelnder Selbstkontrolle, sondern in der Hoffnung, daß sie das negative Selbstverständnis des Patienten positivieren kann, und sie tut es auch nicht selten, wie die Reaktion im klinischen oder subjektiven Zustand des Patienten uns oft eindrucksvoll zeigt.

Solche bewußten therapeutischen Phantasien treten nicht bei allen Therapeuten und nicht in deren Beziehung zu all ihren Patienten auf. *Irgendeine nicht näher faßbare Besonderheit der therapeutischen Persönlichkeit, irgendeine Affinität zum Patienten muß vorhanden sein.* Es wäre falsch anzunehmen, daß die Therapeuten, die solche Phantasien haben, besser seien als die übrigen Therapeuten. Aber es wäre ebenso falsch zu vermuten, daß sie die schlechteren Analytiker seien, weil sie "phantasieren".

* Erarbeitet mit Maurizio Peciccia.

Abgesehen von der Persönlichkeit des Therapeuten und derjenigen des Patienten, spielt ein drittes Moment eine wesentliche Rolle: die etwaige Psychose. Psychotische Patienten scheinen mehr als andere solche therapeutischen Phantasien zu wecken; wobei es dahingestellt bleibe, ob dies wegen der fraglichen "Ichgrenze" in der Psychose geschieht oder infolge der starken therapeutischen Partizipation, die solche unglücklichen Menschen bekanntlich in der Psychotherapie hervorrufen. Welche bewußten Phantasien meine ich nun? Ein Beispiel soll die Richtung anzeigen:

Die unter einem Verfolgungswahn leidende Patientin halluzinierte ein Auge, das sie Tag und Nacht bewachte. "Der Blick dieses Auges ist ein Dolch; er zerstört mich." Auf diese Mitteilung reagierte der Psychotherapeut mit einer unwillkürlichen Phantasie, *daß er selber jenes Auge sein möchte, um die Patientin in ihrer kindlichen Vergangenheit anzuschauen.*

Der Sinn der therapeutischen Phantasie wurde in der Supervision in folgender Weise ausgelegt: *Der Therapeut wollte das tödliche, halluzinierte Auge in sein eigenes, psychoanalytisches Auge verwandeln.* Er wollte in den Schatten des Verfolgers treten, um *von dort her* – nicht mehr tödlich, sondern liebend – die Patientin zu treffen. Er wollte also den Verfolger *von innen her* verwandeln, statt ihn nur – etwa mit Deutungen – von außen in Frage zu stellen. Die Phantasie kam spontan, die Überlegungen nachher.

Phantasien können nicht aus klugen Überlegungen stammen; sie sind in ihrer Gestalt – im Gegensatz zu den Überlegungen – einmalig, und sie entstehen noch spontaner und unmittelbarer als die Gedanken. Eine solche Phantasie ist bewußt. Wir können zwar annehmen, daß der *Ursprung* der Phantasie *unbewußt* ist. Das sagt aber wenig aus: denn auch Gedanken können *einen unbewußten Grund* haben. Bleiben wir lieber im Bereich des Bewußtseins und untersuchen wir die Dynamik einer solchen bewußten Phantasie an deren klinischer Auswirkung.

Der Therapeut teilte seine Phantasie der Patientin mit. Er bezog sich in seiner Deutung auf ihre Worte, die Dinge der Umwelt "würden die Patientin absorbieren, auflösen", ein Bild von ihr entwerfen, das nicht mehr ihrer Identität entspreche. Er kommentierte ihre Angst mit dem Wunsch, daß jenes – ursprünglich verfolgende und im Therapeuten symbolisch neu entstandene – Auge *ihr* Bild, das Bild ihrer verborgenen, vom Therapeuten bejahten Vergangenheit sehen wollte. Später in der gleichen Stunde ergänzte der Therapeut seine Aussage: er meinte, daß das Auge *seine* eigene Vergangenheit mit erfassen wollte, damit er sich besser kennenlerne.

Der Therapeut verwandelte also mit diesen Einfällen die tödliche Intention des verfolgenden Blickes in sein Verlangen, sich selber im Spiegel der Patientin zu erfahren.

Die Halluzination der Patientin hörte nach diesem Gespräch tatsächlich auf, wie dies der Intention der therapeutischen Phantasie entsprach.

II

Von der bewußten Phantasie möchte ich nun die *unbewußte* unterscheiden. Diese kann freilich erst dann untersucht werden, wenn sie bewußt gemacht wird. Die bewußte Rekonstruktion kann entweder in der Supervision, in der Lehranalyse oder auch spontan in der Selbstanalyse, in der Erinnerung an einen Traum erfolgen.

Warum geht eine solche Phantasie – im Gegensatz zu der soeben besprochenen – durch ein unbewußtes Stadium der Latenz, etwa einen zunächst vergessenen Traum, hindurch? Eine erste Antwort könnte die sein, daß sie eine persönliche Problematik des Therapeuten wiedergibt, die, nicht weniger als diejenige des Patienten, Verdrängungsmechanismen hervorruft.

Wir sind dann im Bereich der Gegenübertragung im engeren Sinne des Wortes. Die "Augen-Phantasie", von der wir vorher gesprochen haben, war dagegen der Ausdruck der *Beziehung* oder der Gegenübertragung in einem weiteren Sinne des Wortes, sofern man unter dieser eben die Gesamtheit der therapeutischen Zuwendung versteht. Die enggefaßte Gegenübertragungsphantasie kann auf einem latenten Traumgedanken beruhen, der anders als der manifeste strukturiert ist und zum Beispiel einen sexuellen Wunsch des Analytikers wiedergibt, der in seiner Phantasie verarbeitet wird. Dagegen steht die "primär therapeutische" Phantasie wesentlich im Dienste der Therapie, sie ist also daraufhin angelegt, was der Patient in der Begegnung braucht.

Nun kann man bewußte von unbewußten Phantasien nicht nach diesem einfachen Kriterium der Abwehr unterscheiden, die bei den ersten fehlt, bei den zweiten aber vorhanden wäre. Die Tatsache nämlich, daß eine Phantasie des Therapeuten über seinen Patienten erst im Traum auftritt, genügt nach meinen bisherigen Erfahrungen nicht, um daraus auf Abwehr und latenten Traumgedanken zu schließen.

Es gibt Trauminhalte und Traumphantasien des Therapeuten, die phänomenologisch gleich strukturiert sind wie die bewußten Phantasien und die dann ebenso therapeutisch wirken, wenn sie mitgeteilt werden. Daß hinter dem manifesten Traumgedanken *immer* ein latenter Traumgedanke versteckt sein muß, der zensiert wurde, bleibt ein überflüssiges Postulat, wenn dieser in der analytische Reflexion doch nicht entdeckt wird und wenn anderseits der manifeste Traumgedanke allein schon *wesentlich* ist. Der manifeste Traumgedanke des Therapeuten ist in solchen Fällen an und für sich schon eine therapeutische Tat. Wir entdecken in ihrer Tiefe nichts, das Gegenstand der Zensur hätte sein können, weil alles an ihr ein sinnvoller Annäherungsversuch an den Patienten ist. Da ein solcher Traum aus dem Unbewußten stammt, folgt daraus, daß nicht nur das bewußte Selbst des Therapeuten, sondern auch sein Unbewußtes therapeutisch strukturiert sein kann, und zwar so weit, daß es therapeutische Funktionen übernimmt. Es hilft dem Ich; es steht ihm bei mit seinem Reservoir an Einfällen, Bildern und Phantasien, die unser primär nach den Gesetzen der Logik arbeitendes Bewußtsein noch nicht hat, und die es durch den Traum empfängt.

Für diese Fähigkeit des Unbewußten, die völlig außerhalb der Zensur liegt, spricht folgendes Beispiel.

Die Psychotherapie einer psychotischen Patientin begann mit einem Traum des Therapeuten, der mich in der Supervision beeindruckte, weil er zu einer Zeit stattfand, als der Therapeut lediglich den Namen der ihm zugewiesenen Kranken kannte und sonst nichts von ihr wußte. Der Therapeut, von seinem Unbewußten geleitet, träumte von einem armen Kind, das von den Eltern nicht angenommen und im Alter von drei Jahren in ein Heim gebracht worden war; im Traum litt das Mädchen unter einem erstickenden Keuchhusten.

Merkwürdige Hellsichtigkeit im Traum! Schon in den ersten Stunden erfuhr der Therapeut durch die Patientin, daß sie mit sechs Jahren in ein Heim gebracht worden war, daß sie unter dem Gefühl gelitten hatte, von ihren Eltern nicht angenommen worden zu sein und daß sie sich als Kind bei Erstickungsanfällen fürchtete, sterben zu müssen.

Bedeutet nun meine vorherige Formulierung, daß das Unbewußte "therapeutische Funktionen" übernehmen kann, die allem Bewußtsein vorausgehen, und daß die unbewußte therapeutische Phantasie von vornherein auf die verbale Mitteilung an den Patienten hin angelegt ist? Daß sie aus diesem Motiv, also der therapeutischen Dynamik der Interaktion, aus der Zukunftsperspektive der Mitteilung an den Patienten, entstanden ist?

Man kann bei manchen Fällen dieses Argument vertreten. Es reicht aber nicht aus, wie wir in den folgenden Feststellungen sehen werden.

III

Im Zusammenhang mit der unbewußten Phantasie möchte ich nun ein Phänomen erwähnen, das nicht allzu selten während der Psychotherapie einer Psychose in Erscheinung tritt und das mich immer wieder beeindruckt, gleich, ob ich es bei mir oder als Supervisor bei einem meiner Mitarbeiter feststelle. Es handelt sich um die Tatsache, daß ein psychotischer Patient auf einen ihm *nicht* mitgeteilten Traum seines Psychotherapeuten in unmittelbarem zeitlichen Zusammenhang durch einen auffallenden Fortschritt in seinem Leidenszustand reagiert. Der Fortschritt zeigt sich *nach* dem Traum des Therapeuten, so daß dieser nicht eine Antwort des Therapeutenunbewußten auf die Entwicklung des Patienten sein kann. Es muß also umgekehrt sein.

Der kausale Zusammenhang wäre verstehbar, wenn der Therapeut seinen vielleicht erschütternden, vielleicht positivierenden, partizipierenden Traum dem Patienten mitgeteilt hätte. Wenn dies aber, gleich aus welchen Gründen, nicht geschehen ist, wenn der Therapeut also geschwiegen hat, dann muß man eine nicht nur präverbale, sondern eine sogar "präphysiognomische", ja *unbewußte Beziehung des Patienten zu dem therapeutischen Unbewußten* annehmen, aus welchem der Heiltraum stammt. Der Patient kann offenbar auf nicht kognitivem Wege die "Bewegungen" des Therapeutenunbewußten wahrnehmen und diese durch eigene Bewegungen, im Sinne der klinischen Besserung, beantworten.

Ich will hier ein Beispiel dafür bringen. Der Therapeut – PECICCIA – eines schizophrenen Patienten, der sich in seinem Wahn für Gott hielt, reagierte auf ein Telefongespräch mit der besorgten Mutter seines Patienten, bei dem diese ihm berichtete, ihr Sohn ernähre sich nur noch von Brot und lehne jegliches Fleisch ab, in der folgenden Nacht mit einem Traum, in dem er für seinen Patienten Fleisch kochte. Es gab im Traum aber keinen Kochtopf, der Therapeut mußte das Fleisch auf Steinen braten, auf einer primitiven Einrichtung wie in Urzeiten. Der Patient erschien dann im Traum seines Therapeuten und *half ihm beim Kochen*, er bat diesen aber, ohne ihn zu essen, er könne es noch nicht.

Der Therapeut war in seinem Traum ruhig, mit seinem Kranken ganz einverstanden und er freute sich über seine Anwesenheit und Hilfe.

Dieser therapeutische Traum wurde dem Patienten *nicht* mitgeteilt. Aber einen Tag darauf erklärte dieser, er wolle sich endlich von seiner "Identifikation mit Gott trennen", diese mache ihn verrückt.

Derartige Beispiele sprechen für die *Migration unbewußter Phantasien vom einen Partner zum anderen.*

An diese Erkenntnis schließt sich die Frage an: findet die unbewußte Phantasie auch den umgekehrten Weg, also vom Patienten zum Therapeuten? Dies ist nach meiner Erfahrung ebenfalls möglich, freilich seltener verifizierbar. Ich kenne einzelne Fälle, bei denen der Therapeut nach einer leidvollen Gegenübertragung irrationale Gefühle des Wohlseins und der Zuversicht entwickelte, obschon sich am klinischen Zustand des Patienten nichts geändert hatte. Erst später berichtete dieser, er habe vor einigen Tagen von einem wesentlichen Fortschritt geträumt: zeitlich unmittelbar vor der "Aufhellung" im Unbewußten des Therapeuten.

Folgendes Beispiel sei hier erwähnt: ein Therapeut – PECICCIA – spielte an einem Sonntag mit seinem kleinen Sohn in einem Kinderpark, wo ein Labyrinth aus hohlen Röhren den Kindern das Spiel ermöglichte, sich tastend den Weg ins Freie zu suchen.

Zwei Tage danach wurde dem Therapeuten von seinem schizophrenen Patienten ein Traum erzählt, in dem er sich in einem ähnlich konstruierten, aber gefährlichen, höllischen Labyrinth befand. Auf den Traum des Patienten reagierte der Therapeut mit einem eigenen Traum, in dem er sich zusammen mit dem Patienten in dessen Labyrinth befand, mit ihm erfolgreich durch die engen, hohlen Röhren kroch und ihm dann zurief: "Siehst du, daß es uns gelungen ist?"

Daß der Therapeut auf den Traum seines Patienten mit einem eigenen, *positivierenden* Traum reagierte, gehört zu unseren eindrucksvollen Erfahrungen in der Psychotherapie der Psychosen. Für die unbewußte Wahrnehmung spricht aber der zeitliche Zusammenhang zwischen dem Spiel des Therapeuten mit seinem kleinen Sohn und dem parallelen Traum des Patienten, der sich durch die Übernahme des labyrinthischen Bildes zum Sohn seines Therapeuten machte – freilich dann noch allein und verwirrt blieb, bis der Therapeut in seinem eigenen Traum mit ihm dasselbe tat wie mit dem eigenen Sohn.

IV

Eine dritte Gruppe therapeutischer Phantasien hat mit der ersten den vollen Bewußtseinszustand, mit der zweiten aber den unbewußten Ursprungsort und die Entstehungsdynamik gemeinsam.

Das sind diejenigen Einfälle des Therapeuten, die aus einer Eingebung stammen, die erst rational faßbar wird, wenn man *nachträglich* die ihr vorausgehenden Gedanken des Patienten erfährt, die also in einer unbewußten Kontaktnahme mit dem Patienten entstanden sind.

Es sind freilich seltene Fälle, daß der Ursprung der therapeutischen Phantasie sich nachträglich durch die Aussage des Patienten in *der* Weise rekonstruieren läßt, daß wir ihn in der Person des Patienten selber lokalisieren können, also in seinen vom Therapeuten unbewußt appersonierten Wünschen. Sowohl die Phantasie des Patienten wie die darauffolgende Phantasie des Therapeuten sind also bewußt; unbewußt ist aber die Wahrnehmung des Therapeuten, durch die er sich den Wunsch seines Patienten zu eigen macht.

Als Beispiel für diesen Vorgang möchte ich eine psychotherapeutische Episode mit den Worten einer psychotischen Patientin wiedergeben. Sie hat diese Episode in einem nachträglichen Brief an ihren Psychotherapeuten so klar und zusammenhängend erzählt, daß man auf Grund dieses Briefes an der Schizophreniediagnose zweifeln könnte. Diese war aber durch eine imposante Symptomatik über jeden Zweifel erhaben. Im folgenden gebe ich den Brief der Patientin wieder, ohne ein einziges Wort zu ändern. Die Klarheit des Briefes mitten in der Psychose ergibt sich aus der besonderen intellektuellen Begabung dieser Frau.

"Lieber Maurizio, ich möchte dir danken, danken für Dein Verständnis, das immer so groß ist für mich. Für Dein Einfühlungsvermögen [...] wie war das mit dem Pullover? Als ich letzten Dienstag bei Dir in der Therapie war, habe ich ganz intensiv gewünscht, daß ich Deinen grauen Pullover bekommen möchte – dieser lag auf dem Stuhl, wo ich meine Jacke aufhängen wollte. Ich dachte, wenn ich den hätte, dann wäre ich geschützt, es wäre ein mächtiges und sehr wertvolles Symbol gegen meine Verfolger und die Leute, die mich überall anstarren, mich beobachten und über mich lachen. Ich dachte, daß ich mit dem grauen Pullover von Dir einen Schutz hätte, mich darin verstecken könnte und mich niemand mehr als Nessuno erkennen kann, weil es ja DEIN Pullover ist – und niemand außer uns weiß das. Das wäre famos. – Aber ich hatte nicht den Mut, Dich zu fragen. Ich hätte es so gerne getan, ich hatte große Angst. Wenn Du ihn mir nicht hättest geben wollen oder können? Dann wäre alles noch viel schlimmer gewesen als ohne meine Bitte. Deswegen sagte ich nichts. – Aber – *wie ist das möglich, daß Du meinen Wunsch gespürt hast??? War es das Unbewußte?* Ich muß sagen, daß ich das überwältigend finde, wirklich!

Mir ist es immer peinlich, wenn ich etwas geschenkt bekomme, obwohl ich mich auch immer sehr darüber freue, zumal ich sowieso nur sehr selten etwas bekomme. Ich muß dann immer denken, daß ich das gar nicht verdient habe, es ist immer viel zu viel für mich, weil ich doch so böse und destruktiv bin, weil alles Schlechte meine Schuld ganz allein ist. So war das auch irgendwie mit dem grauen Pullover, den ich so gerne bekommen hätte. Ich dachte, wenn ich frage, dann nehme ich Dir etwas weg, egoistisch wie ich bin. Meine Mutter hat auch schon zu mir gesagt, daß ich ein schlimmer Egoist bin, sie sagt, daß ich immer nur an mich denke. Das ist immer meine Schuld. Weil ich ein böser Egoist bin, deswegen kommen die Verfolger und das schwarze Auge und die Stimmen und die Würmer, die mich auffressen. Es ist nur, weil ich böse bin und schwach. Ich kann überhaupt nicht gut sein. Jeder kann das sehen. Ich muß mich verstecken.

Kein Mensch darf Nessuno in den nächsten sechzig Tagen sehen, außer Dir und meiner Mutter. Nessuno muß büßen. Der Mond, die Sonne und das Sonnensystem ist gegessen worden. Nessuno muß das zurückgeben. Nessuno darf das nicht behalten und auch nicht die Schuld. Ich werde mich in Deinem Pullover, den Du mir geschenkt hast, verstecken, werde die sechzig Tage abwarten, ich werde in diesem Pullover hungern und keiner kann es sehen, denn jeder muß denken, daß ich Du bin – und Du, Maurizio, Du mußt nicht hungern, denn Du hast keine Schuld. Wenn ich es schaffe, sechzig Tage zu hungern, wie es mir die Stimme befohlen hat (war es vielleicht Deine Stimme aus dem Unbewußtsein, die ich gehört habe, die mir helfen wollte und will?), dann werde ich ohne Schuld sein, die mich so sehr jeden Tag, jede Stunde, bei jedem Gedanken daran, quält. Bitte, Maurizio, bitte, hilf mir, daß ich sechzig Tage nichts essen muß, meine Mutter nicht essen muß, das Sonnensystem wieder zurückgebe, daß die ganze Schuld, die in meinem Körper gespeichert und gesammelt ist, weg ist und nie wieder kommt. Ich bitte Dich, glaube mir, ich will nicht sterben (nicht jetzt) und in sechzig Tagen werde ich auch nicht krank oder tot sein. Ich nehme Vitamine und Mineralstoffe, trinke viel, damit die Schuld aufgelöst wird und nicht bei mir bleiben kann. Ich nehme auch Medikamente, wenn Du es sagst. Wenn ich dünn bin – nicht so häßlich und fett wie jetzt – dann haben die Würmer nichts mehr zu essen, können mein Blut nicht mehr beißen, sie werden Schmetterlinge, oder sie sterben vorher [...]."

V

Können Zeichnungen des Patienten und des Therapeuten unbewußte Phantasien ausdrücken?

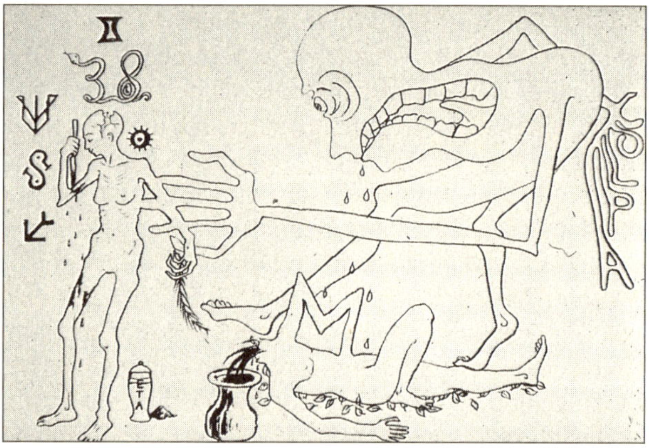

Bild 12

Betrachten wir eine Zeichnung, die eine unter Verfolgungswahn leidende Patientin während der Psychotherapie angefertig hat (Bild 12). In der Mitte des Feldes sehen wir ein verfolgendes Ungeheuer: es streckt seine Hand nach der Patientin aus, deren Kopf zerbrochen ist und deren rechte Hand den Dolch hält, mit dem sie sich suizidal verletzt. Wir übergehen aus Raumgründen weitere Einzelheiten dieser Darstellung, um uns nur auf die untere, liegende Gestalt zu beschränken: es ist die Gestalt des Therapeuten, der in einem eigenen, früheren Traum gewagt hatte, sich in den Rachen des verfolgenden Drachen zu begeben. Sein Kopf ist nun von dem Drachen abgebissen und verschluckt worden; aus dem liegenden Rumpf fließt Blut; sein Arm ist verrenkt.

Der Therapeut, von dem hier die Rede ist, antwortet auf die Zeichnungen seiner Patienten mit eigenen Bildern. Wenn ihm keine Antwort einfällt, kopiert er einfach die Zeichnung des Patienten; dabei fällt ihm dann fast immer eine Antwort ein. Diese Antwort ist oft der Ausdruck einer Phantasie, die er ins Bild (Bild 13) übersetzt.

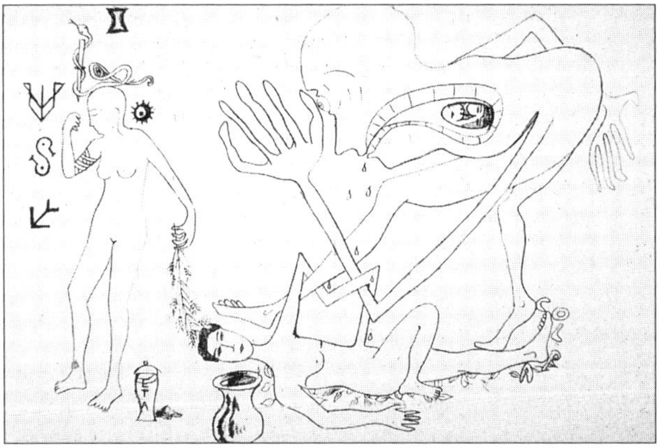

Bild 13

Ich möchte zunächst die *bewußte Struktur* der zeichnerischen Phantasie schildern und dann kurz auf die unbewußte Dimension eingehen. Die bewußte Struktur der Phantasie stammt aus dem therapeutischen Anliegen, den zerbrochenen Kopf der Patientin zu heilen, den zerschnittenen Arm zu verbinden, die Destruktion im Bilde der Patientin mit positivierenden Einfällen auszugleichen. Ferner beschränkt sich der Therapeut nicht darauf, Heil anstelle des Unheils zu stiften. Wenn wir die beiden Bilder genau vergleichen, sehen wir, daß er die Phantasie der Patientin, daß nämlich der Kopf des Therapeuten von der Bestie abgebissen wird, akzeptiert. Allzu selbstsicher hatte er in seinem der Patientin mitgeteilten Traum gewagt, seinen Kopf in den Rachen des Drachen zu legen. "Schau nun" – will die Kranke durch die Zeichnung sagen – "was dir dabei passiert!"

Ja, was passiert nun? Auf der einen Seite beeilt sich der Therapeut in seiner Zeichnung, seinen eigenen Kopf der am unteren Bildrand liegenden Gestalt wieder anzufügen, freilich nicht aus narzißtischen Bedürfnissen heraus, sondern um der Patientin so indirekt mitzuteilen, daß ihre Aggressionen – bzw. diejenigen ihres Verfolgers – nicht vermögen, den Therapeuten zu zerstören. Aus diesem Grunde fängt er auch mit seinem "deformierten", das heißt von der Patientin so gesehenen, ihr ähnlich gewordenen Arm, den Drachen wie in einer Falle. Auf der anderen Seite läßt aber der Therapeut diese Aggressionen stattfinden: sein Kopf bleibt im Rachen des Drachen; er läßt sich also an die Stelle der verfolgten Patientin setzen. Aber er stellt den sonst verfolgenden Rachen wie einen *Uterus* dar, in dem sein Kopf wie ein Ei und in der Gestalt eines Eies ruht!

Damit will der Therapeut seiner Patientin sagen, daß die zerstörerische Gebärde des Verfolgers aus einer am Anfang des Lebens möglichen, aber damals nicht vollzogenen mütterlichen Gebärde stammt, deren Ausbleiben das Ungeheuer geboren hat und deren Rekonstituierung durch den Therapeuten seinen abgehackten Kopf zu einem neuen Samen des Lebens werden läßt.

Ich rechne solche therapeutischen Phantasien zu den *bewußten*, auch wenn ich annehme, daß ihr Triebmotor das Unbewußte mit seinen reichen Reserven an therapeutischer Libido ist.

Nun will ich aber auch die *unbewußte* Dimension erwähnen: am gleichen Tage, an dem der Therapeut seiner Patientin die eigene Zeichnung, das "Kopf-Ei in der Rachen-Gebärmutter", zeigte, kam die Patientin in die Stunde mit einem wirklichen Ei in der Hand, das sie durchlöchert, entleert und mit Samen gefüllt hatte; ein Geschenk für den Therapeuten!

So sehen wir auch an diesem Beispiel das *Ineinandergreifen von Bewußtem und Unbewußtem* – wie in den früheren Beispielen –, ergänzt durch die Zeichnungen, die Bewußtes und Unbewußtes gleichzeitig enthüllen.

VI

Wir haben im zweiten Abschnitt dieses Kapitels festgestellt, daß die unbewußte therapeutische Phantasie durch einen Traum des Therapeuten rekonstruiert werden muß, um zum Gegenstand unserer bewußten Reflexion zu werden. Freilich gilt dies für die meisten Fälle. Wie aber, wenn eine solche Phantasie nie bewußt wird? Besteht die Möglichkeit, ihr Vorhandensein auf Grund des Verhaltens des Therapeuten zu vermuten? Kann sie sich auch in der Wahrnehmung des vitalen Urgrundes des eigenen Erlebens anmelden? Kann es sein, daß sie zwar nie in bewußten Bildern artikuliert wird, jedoch ihre Anwesenheit "*präphysiognomisch*" spüren läßt? Einzelne Erfahrungen sprechen für diese Möglichkeit.

Ich denke hier an eine schizophrene Patientin, die während der Sitzung entsetzliche Szenen halluzinierte. Sie war nicht imstande, ihre Halluzinationen zu verbalisieren; sie wies nur auf bestimmte Orte im Raum hin, an denen ihr erschreckende Gestalten erschienen. Der Therapeut antwortete auf solche unsagbaren Erlebnisse, indem er wortlos von seinem Stuhl aufstand und sich jeweils in die Ecke im Konsultationszimmer begab, auf die die Halluzinationen der Patientin projiziert wurden.

Der Gegenübertragungszustand des Therapeuten war in der Regel durch eine tiefe Ruhe und Gelassenheit charakterisiert. Auch dann, wenn die halluzinierende Patientin in ihrem autistischen Erleben unerreichbar schien, blieb der Therapeut innerlich ruhig. *Nur dann*, wenn er aufstand und sich an den Ort begab, an dem das Entsetzliche geschah, spürte er allerdings eine deutliche *Angst*.

Ich deutete diese therapeutische Angst als Anzeichen einer unbewußten therapeutischen Phantasie, die aus der Teilnahme am unsagbaren Erleben der Patientin resultierte. Ich nehme an, daß die Teilnahme erst durch die räumliche Symmetrie voll möglich wurde, und ich vermute, daß das therapeutische Unbewußte in solchen Augenblicken *in* den erschreckenden Inhalten der Psychose anwesend war. Offenbar nahm die Patientin Kenntnis davon; denn die Übernahme ihrer Angst durch den Therapeuten gestattete ihr, aus ihrer Angst herauszutreten. Sie konnte keine Erinnerung an ihre Halluzinationen behalten. Selbst der therapeutische Prozeß blieb also streckenweise unbewußt.

Es wäre freilich ein Irrtum, auf Grund solcher Beispiele anzunehmen, daß die bewußte Erhellung in der Psychotherapie der Psychosen, die Deutung der Angst, die Erkenntnis der Probleme eine sekundäre Rolle im Vergleich zu den unbewußten Vorgängen spielen würden. Im Gegenteil! Diese machen vielmehr den Hauptteil der Psychotherapie aus. Der eventuell erweckte Eindruck, daß die unbewußten Abläufe eine Hauptdimension der Therapie bilden, ergibt sich, weil ich mich in diesem Kapitel auf die unbewußte therapeutische Phantasie beschränken muß.

VII

Wir haben im zweiten Abschnitt dieses Kapitels die *therapeutische* Phantasie von der Gegenübertragung im engeren Sinne – die stellenweise auch untherapeutisch sein kann – unterschieden und angenommen, daß im ersten Fall eine therapeutische Funktion des Unbewußten, im zweiten Fall aber eine eigene lebensgeschichtliche Problematik des Therapeuten in Erscheinung tritt. Sind aber die beiden Funktionskreise wirklich immer genau von einander abgegrenzt oder überschneiden sie sich vielfach?

Kann es sein, daß psychopathologische Vorgänge und Bilder des Patienten das Unbewußte des Analytikers auf *zwei* Ebenen stimulieren? Sie können eine latente Psychopathologie oder Problematik des Therapeuten mobilisieren; aber sie können auch die kreative Seite des Unbewußten anregen. Diese beiden Ebenen lassen sich nicht immer strikt auseinanderhalten: die problematische Seite des Therapeuten kann gerade durch seinen Beruf kreativ sublimiert werden; aber umgekehrt kann auch die kreative Seite des Unbewußten in gewissen Situationen – zum Beispiel bei Enttäuschungen durch hartnäckige Widerstände des Patienten – Identitätskrisen hervorrufen.

Die unbewußte therapeutische Phantasie kann somit wegen solcher *Überschneidungen und Verschränkungen der neurotischen und der kreativen Dimension beim Therapeuten* eine doppelte oder alternative Bedeutung haben. Entweder ist sie als eine Mitteilung des eigenen Unbewußten, die nicht an den Patienten, sondern an den Therapeuten selber gerichtet ist, aufzufassen. Sie zeigt ihm, an welchen eigenen, *patientensymmetrischen* Problemen er arbeiten muß, um dem Patienten helfen zu können. Oder die therapeutische Phantasie entspricht einer Identifikation mit dem Patienten, die kaum aus einer Problemsymmetrie mit ihm stammt, sondern aus dem therapeutischen Bedürfnis heraus entsteht, *sich an die Stelle des Patienten zu setzen, um an diesem Ort die progressiven Bewegungen zu vollziehen, die dieser selbst noch nicht zu leisten vermag.* Auch hier fehlt es nicht an Beispielen.

Stellen wir uns eine Analytikerin vor, die eine psychotische Patientin behandelt, die sich von ihrer Mutter extrem vernachlässigt fühlt. Die Patientin ist unersättlich in ihren aggressiven Ansprüchen, die sie an ihre "analytische Mutter" stellt. Diese träumt dann, selber eine versagende Mutter zu sein und ihr eigenes Kind schwer zu vernachlässigen. Sie stellt sich also im Traum an den Ort, wo die Patientin steht und wohin diese sie auch drängt.

Im konkreten Falle, der aus einer Supervision stammt, litt die Therapeutin unter einer leichten latenten Depression. Wie sich später herausstellte, fühlte sie sich durch die Ansprüche ihrer Patientin erschöpft. In Situationen der Erschöpfung lehnte sie unbewußt die Patientin ab und sie identifizierte sich dadurch mit der ablehnenden Mutter derselben.

Derartige Situationen sind in der Supervision nicht immer unbedingt negativ zu bewerten: es kann sein, daß ein Patient seinen Therapeuten in quälender Weise bedrängt, daß er diesem eine gemeinsame Psychopathologie aufzwingt, um durch diese, *die ja doch nur eine temperierte Ausgabe der ursprünglichen Psychopathologie ist*, Fortschritte zu machen.

Im Falle der erwähnten Psychotherapeutin ergab sich die Möglichkeit einer Entwicklung der Kranken innerhalb der problematischen Gegenübertragung ihrer Psychotherapeutin, weil die Patientin im Grunde die Auseinandersetzung mit dem ambivalenten Mutterintrojekt auch in der Übertragung *brauchte.* In ihren Klagen gegen die Therapeutin traf sie an und in ihr jenes Introjekt, das nun zum Introjekt der Analytikerin geworden war. Diese konnte ihr helfen, einmal, weil sie das Introjekt der Patientin in sich aufgenommen, es also zu einem gemeinsamen, aber nicht mehr selbstzerstörerischen Introjekt gemacht hatte, und weil die therapeutische Seite, die unentwegt zur Patientin stand, stärker war als das – unbewußt von beiden wahrgenommene – Introjekt.

Natürlich bleiben solche Fortschritte aus, wenn die beim Therapeuten mobilisierte Psychopathologie so deutlich ausgeprägt ist, daß sie schließlich diejenige des Patienten verstärkt und nicht neutralisiert oder verarbeiten hilft. Die soeben versuchte Skizze ist nur eine Variante der unbewußten therapeutischen Phantasie. Ich will aber auch die andere mögliche Variante durch einen kurzen klinischen Fall illustrieren.

Ein schizophrener Patient hatte vor Jahren in einem Raptus seine eigene Mutter, von der er ödipal schwer ambivalent abhängig war, getötet. Seither lebte der Patient in einem Erlösungswahn und glaubte, daß er durch seine besondere Verbindung mit Gott die Menschheit von Unglück und Mord retten müßte. Den selber verübten Mord hatte er völlig abgespalten; er realisierte ihn überhaupt nicht mehr.

Eine wichtige Episode in dieser Therapie war der Traum des Therapeuten, in dem dieser ebenfalls die eigene Mutter tötete. Die Symmetrie des Traumes mit der Tat des Patienten war sogar aus der Art und Weise ersichtlich, in der der Mord ausgeführt wurde. Der wesentliche Unterschied aber zwischen dem Traum des Therapeuten und der Erzählung des Patienten bestand darin, daß jener im Traum über die eigene Tat entsetzt, ja verzweifelt war. Er hoffte im Traum, nur zu träumen, obwohl man ihm im Traum versicherte, leider träume er nicht, leider habe er die Bluttat verübt. Verzweifelt erwachte er und er spürte dann das Bedürfnis, seinen Traum dem Patienten zu erzählen. Dieser wurde *zum ersten Mal depressiv*. Er realisicrte auch affektiv, was er getan hatte; er begann zu trauern und er entfernte sich in dieser Trauer von seinem Wahn.

In der Supervision konnte ich mit Sicherheit feststellen, daß die Dynamik des therapeutischen Traumes keineswegs in einem Konflikt des Therapeuten mit seiner eigenen Mutter begründet war. Hier lagen die Verhältnisse völlig anders als bei seinem Patienten. Dieser hatte also nicht eine symmetrische latente Psychopathologie beim Therapeuten evoziert. Die therapeutische Traumgestalt war aus einer *kreativen Identifikation* mit dem Patienten entstanden – wobei die Kreativität einer solchen Identifikation aus der Patientenkatamnese resultierte. Der Patient brauchte offensichtlich einen *therapeutischen Spiegel*, um sich in diesem zu erkennen. Er konnte sich in keinem "Überichspiegel" reflektieren, der ihn in Frage stellte, sondern nur in einem "Spiegel des Unbewußten", in dem sich der Therapeut ihm gleich machte.

Wir wollen hier zum Schluß die Frage nach dem *Wesen der unbewußten therapeutischen Phantasie* zumindest anschneiden. Gerade die Möglichkeit, therapeutische Phantasien unter den beiden Gesichtspunkten der teilweisen Affizierung des Therapeuten durch die Psychopathologie des Patienten oder der kreativen Identifizierung mit diesem zu betrachten, wirft die Frage auf, inwieweit introjektive und projektive Vorgänge beim Therapeuten eine Rolle spielen.

Wird die unbewußte therapeutische Phantasie einfach auf den Patienten projiziert? Wäre dies ausschließlich der Fall, so könnte sie "zudeckend" wirken. Oder ist sie Ausdruck einer therapeutischen Introjektion der Patientenpsychopathologie? Wenn dies allein der Fall wäre, könnte es bedeuten, daß der Therapeut davon infiziert wird.

Meine Erfahrungen lassen aber eine Sowohl-als-auch-Theorie im Anschluß an die Beobachtungen von WINNICOTT über die "Übergangsobjekte" in der Kindheit zu. Ich meine Folgendes: Übergangsobjekte sind nach WINNICOTT jene Spielzeuge des Kindes – eine Puppe, ein Plüschtier oder etwas anderes – die gleichzeitig das kindliche Selbst *und* die Welt darstellen.

Sie verkörpern eine noch fremde Welt, in die das Kind sich selber verlegt hat; sie sind zugleich eine Aneignung dieser Welt, weil sie auch Teile des kindlichen Selbst symbolisch darstellen.

Der Therapeut ist nun in meinen Überlegungen an die Stelle des Kindes getreten. Er steht einer fremden Welt gegenüber, dem autistischen Selbst seines Patienten. Er kann sich oft in sein psychotisches Gegenüber nur mühsam einfühlen, nicht wie sonst in seine übrigen Mitmenschen – hat die klassische Psychiatrie doch lange genug vom uneinfühlbaren Wesen des autistischen Schizophrenen gesprochen. Der Therapeut exploriert dieses autistische, ihm gegenüberstehende Selbst wie das Kind seine Mitwelt, indem er etwas Eigenes darauf projiziert, nämlich seine eigene Phantasie.

Auf diese Weise berührt er aber auch das Sein das anderen, wie das sich in der Phantasie Realität aneignende Kind die Welt berührt. Umgekehrtes, Gegenläufiges geschieht aber auch. Der Patient antwortet mit seinen Bildern; er nimmt auf unbewußten Wegen die Bilder seines Therapeuten auf; er bringt sich selber in die fremde mitmenschliche Welt ein und er erfährt auf diese Weise sein eigenes Selbst.

Weil beide an einem Prozeß beteiligt sind, bei dem Unbekanntes exploriert und Unbekanntes, sich erst in der Beziehung Entwickelndes, projiziert oder introjiziert wird, ist die *unbewußte* Dimension solcher Vorgänge oft so stark ausgeprägt.

Wandlungen durch die Psychotherapie

Nachdem in allen voraufgegangenen Kapiteln – von einer Ausnahme abgesehen – immer einzelne psychopathologische und psychodynamische Erscheinungen übergreifend und themabezogen ausgewählt und dargestellt wurden, sollen in diesem Kapitel zwei Falldarstellungen vorgelegt werden von sehr unterschiedlichen Krankheitsbildern und ebenso unterschiedlicher Therapiedauer, die allerdings beide den erfolgreichen Verlauf der Therapie und die positive Katamnese gemeinsam haben. Es versteht sich, daß auch die detaillierteste Kasuistik nur eine *Auswahl* aus den vielen Stunden therapeutischer Gemeinsamkeit geben kann. Es wird aber dennoch deutlich werden, daß jede psychodynamische Erscheinung, jeder Traum, jede Phantasie, jedes Bild, jedes Gedicht, kurz alles was der Patient "produziert", seine letzte sinnvolle und gültige Deutung und damit seinen verwandelnden und heilenden Stellenwert, der immer auch ein mitmenschlicher ist, nur im Gefüge und Verlauf der gesamten Therapie erfährt. "Objektive" Wahrheit im streng naturwissenschaftlichen Sinn gibt es in der Psychotherapie nicht; Wahrhaftigkeit und Wahrheit bei Deutung, Analyse, Gesprächsführung usw. liegen meines Erachtens dann vor, wenn sich während des therapeutischen Dialogs (der nicht immer nur verbal geführt werden muß) vor allem beim Patienten jenes klare und gelassen machende Gefühl einer inneren Evidenz einstellt. Wie uns unser Unbewußtes durch vielerlei Träume, Symbole, Phantasien, Bilder, Spontanerlebnisse dazu verhilft und welche Wege es uns in der therapeutischen Gemeinschaft führt, auch dafür sind Fallgeschichten immer wieder eindrucksvolle Beispiele.

Miriam

Diagnose: Psychose vom schizoaffektiven Formenkreis. Angstzustände, Depersonalisations- und Derealisationsgefühle, sozialer Rückzug, Verlust der Ich-Akti-vität, der Ich-Konsistenz und Kohäsion, Verlust der Ich-Grenzen, Halluzinationen im Sinne des geistigen Überwältigt-werdens durch außersinnliche Mächte ("existentielle Dinge"), gleichzeitig Gefühle der Leere und der Beziehungslosigkeit.

Dauer der Krankheit vor Beginn der Psychotherapie: ca. 5 Jahre. Vorbehandlung: mißlungener psychoanalytischer Versuch.

Begleitende Medikation: keine. Die Patientin war auch vehement gegen jede pharmakologische Behandlung eingestellt. Ambulante Psychotherapie in der psychiatrischen Poliklinik, zeitweise durch ärztliche Besuche in der Wohnung der Patientin.

Dauer der Psychotherapie: ca. 5 Jahre. Anzahl der Therapiestunden: 5 bis 6 Stunden wöchentlich.

Setting: Vis à vis. Zeitweise lag die Patientin im Bett und war nicht bereit aufzusitzen.

Familiäre Verhältnisse: verheiratet, kinderlos. Ehemann sorgte vorbildlich für sie. Abgeschlossene, akademische Ausbildung. Überlegene Intelligenz und Introspektionsfähigkeit. Eindeutige Motivation für eine Psychotherapie; Widerstand gegen sonstige medizinische Hilfsmittel. Alter bei Beginn der Psychotherapie: 28 Jahre.

Katamnese: völlige Heilung, die seit 10 Jahren andauert.

Die Psychopathologie Miriams

Die Symptomatologie, von Miriam seit Beginn der Therapie in eigenen Aufzeichnungen immer wieder geschildert, lautet beispielsweise wie folgt:

"Zu den Räumen und den Gewichten und den Abläufen. Die Räume sind Gedanken, die gleichzeitig auch in der Außenwelt wirklich sind. Ich kann ihre Wirklichkeit niemals abstreiten, weil sie einfach ihrer Art nach die totale Wahrheit sind; jedenfalls meistens. Sie sind auch völlig unfaßbar. Zum Beispiel kann ein Raum im folgenden bestehen: Ich höre die Nachrichten, wo irgendetwas aus der äußeren Welt berichtet wird (der Inhalt spielt meist nicht viel Rolle, er hinterläßt höchstens einen generellen Geschmack). Plötzlich hat die Tatsache, daß jemand spricht, eine furchtbare Tiefe, und die Tatsache, daß es sich beim Gesprochenen um etwas aus der Ferne der Welt handelt, hat auch Tiefe. Diese beiden Dinge sind noch ineinander verschachtelt, und das Ganze taucht riesig und unfaßbar aus der Seele hervor, und gleichzeitig betrifft es die äußere Welt, und das ist der schreckliche Raum, der gleichzeitig die Wahrheit ist. Ich bin dabei plötzlich dem unfaßbaren Raum ausgesetzt und schwanke darin wie ein Rohr im Wind, und das Ganze ist gleichzeitig die Angst. Ausweichen ist unmöglich. Die Räume können bei irgendetwas, was ich sehe oder denke, wiederkommen. Sie müssen aber auch wiederkommen. Sie verbieten, hieße mich töten.

Etwas ähnliches wie die Räume sind die Gewichte und die Abläufe. Das Gewicht kann auch kommen, wenn ich zum Beispiel etwas spreche oder etwas berühre oder wenn mir mein Mann die Hand auf die Schulter legt. Ich erschrecke dann furchtbar, weil das Gewicht unerträglich ist dadurch, daß es, je nachdem, worum es sich handelt, Gegenwarten mit den verschiedensten Geschmäckern herstellt, und außerdem einen festen Punkt in der Zeit darstellt. Die Gewichte sind schrecklich, weil sie die Gedanken schwer und tief machen und unbestreitbar; ich pflegte dieses früher 'Folgen' ('hat es Folgen') zu nennen; aber es sind nicht eigentlich Folgen der Gedanken; sondern durch die Gewichte *sind* die Gedanken schon die Folgen. Die Gewichte wechseln übrigens mit jedem Gedanken den Geschmack, und da sie durch ihr Wesen 'Beharrer und Beweiser der Gegenwarten' sind, und ich darum nicht ausweichen kann, habe ich schreckliche Angst, wenn Sie, mein Großvater, lange Zeit nicht hier sind, weil ich dann den ständigen Wechsel mit seinen unleugbaren Gegenwarten ertragen muß und die Angst vor den noch gefährlichen, lauernden Geschmäckern der Gewichte immer größer wird. Sowohl die Räume wie die Gewichte entstehen immer aus einzelnen Gedanken, Bewegungen, Berührungen. Ein großer Raum oder mein persönliches Gewicht fehlen. Es sind Tausende von ihnen. Es ist so, daß ich dadurch, daß ich mit der Seele und dem ganzen Erleben in den Gewichten oder Räumen bin und sie immer auf mich drücken (wenn auch nur als formlose drohende Wesenheit), daß ich dadurch keine richtige Kontrolle mehr habe über das, was ich sage, und dann nicht mehr weiß, ob es einen verständlichen Inhalt hat; oder ich bin furchtbar entsetzt über den Geschmack oder die Farbe oder die 'Zuviel-Ungeheuerlichkeit', an die ich beim Öffnen des Mundes überhaupt nicht gedacht habe und die völlig unbeabsichtigt beim Sprechen entsteht, womit meine eigenen Worte mich selbst überrumpeln. Ich habe auch – wenn Sie fort sind – leicht eine schreckliche Verzweiflung, wie heute, daß ich immer in dieser tödlich erschöpfenden Abwechslung von einzelnen Räumen oder unerträglichen Gedankenräumen bleiben muß, weil sie nicht richtig definierbare Gefühle oder Realitäten sind, in denen ich ausruhen kann, sondern trotz ihrer Schärfe unfaßbare Schrecken.

Noch zu den Abläufen, Großvater. Die Abläufe entstehen durch das Aneinanderreihen von Gedanken oder Sätzen oder Dingen, die ich tue, und ich habe keinerlei Kontrolle darüber, weil ihr Gewicht mich völlig überrumpelt. Dieses Aneinanderreihen bildet wie einen Weg in einem riesigen Raum, den ich nicht sehen kann, und ich bin entsetzt, daß der Weg gerade *so* verläuft und nicht irgendwie anders, was auch möglich wäre, und ich empfinde ihn als ganz furchtbar dünn und bin hilflos. Ich zeichne es für Sie:

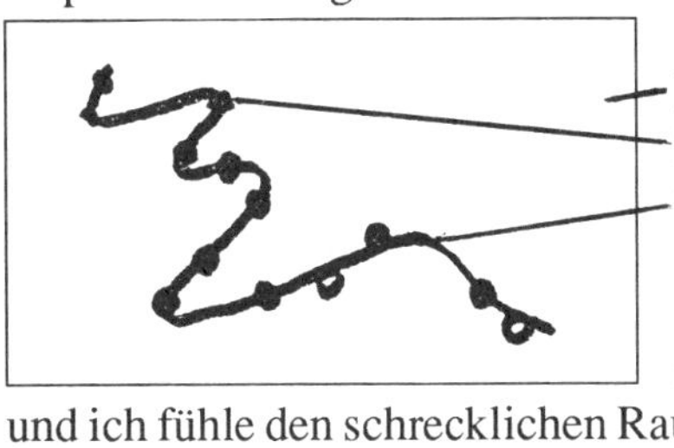

Das ist der Raum.
Das sind Gedanken oder Bewegungen.
Das ist der unkontrollierte, aber auf schreckliche Weise sich selbständig fixierende Ablauf. Es könnten aber auch noch viele andere Abläufe stattfinden, und ich fühle den schrecklichen Raum; aber ich hätte nicht die Macht, einen andern Ablauf zu machen nach meinem Willen."

Die Gefühle Miriams waren, wenn überhaupt vorhanden, vom Körper getrennt, abgespalten.

"Ich spüre, wie eine Art Zorn aufsteigt, aber der Zorn ist 1 Meter von mir entfernt. Das heißt folgendes: der Zorn ist mitten in mir drin; aber er gehört zu der andern Welt, in der ich wirklich ich wäre, und darum ist er der Normalität fremd, und er ist etwas entsetzlich Fremdes, das doch ich bin und sehr bekannt ist und das gefährlich ist, weil es mich ohne weiteres total einsaugen könnte, so daß neben diesem Zorn keine Person mehr ist. Es ist sehr erschreckend, wenn das geschieht, während ich in der Normalität mit den anderen Leuten bin; es fängt in mir an zu wachsen und gleichzeitig verändert sich die ganze Welt; die Wahrheit will sich aufdrängen, aber gleichzeitig will die normale, tote Person in ihrer normalen, toten Welt bleiben und glaubt darum, daß der Zorn 1 Meter weit weg ist, obschon er in der anderen Person gleichzeitig drin ist. Wenn der Zorn (aber dieses geschieht auch mit allen anderen Gefühlen) so aufsteigt, bekommt die Welt ein ungeheueres Gewicht und mein Körper will plötzlich einen Platz in der Welt einnehmen. Das Schlimmste ist, daß ich in solchen Momenten nicht weiß, welche Welt die richtige ist und daß ich furchtbar verwirrt bin."

Mitten in einer solchen Gefühlsspaltung stellten sich Sinneswahrnehmungen wie etwa "Pfeifgeräusche" ein.

"Wenn ich das Pfeifgeräusch zuhause habe, zum Beispiel weil ich etwas lese von Intimität oder bei bestimmter Musik ist es völlig unerträglich, unfaßbar und macht Angst und Verrücktheit. Wenn ich das entsprechende Gefühl bei Ihnen habe, zum Beispiel wenn ich Sie berühre, so fange ich an, perspektivische Strukturen der Seele zu bemerken, die ich aber nicht begreifen und erfassen kann (= Ungeheuerlichkeiten), und Sie sind in mir und in Ihnen; das ist dasselbe. Ich könnte dann schreien 'nein, nein, wenn ein Mensch oder ich das hat, so kann ich nicht, es ist zu furchtbar.' Aber es ist die richtige, unumstrittene Wahrheit. Zu meinem Entsetzen verändert sich als Folge davon Ihr Gesicht, und Sie werden mir fremd und unheimlich, weil Sie offenbar noch aus Dingen bestehen, die ich nicht kenne und von denen ich nicht ahnte, daß sie existieren. Trotzdem sind sie unausweichlich und richtig, obschon sie so scheußlich sind, weil sie die Wahrheit bedeuten, die unumgänglich zu verleugnen ist. Ich habe jeweils auch eine große Traurigkeit, wenn Sie als Reaktion auf die Nähe fremd werden, weil ich mich doch nicht entfernen möchte, und ich habe Angst, ich werde unausweichlich für immer von Ihnen weggerissen, das ist furchtbar; aber die Nähe ist auch schrecklich. Es ist auch so, daß wenn ich das Pfeifgeräusch der Nähe habe und Ihre Strukturen fühle, so bemerke ich plötzlich, daß es Tausende von unfaßbaren Dingen gibt, in denen ich aus Mangel an Erfahrung völlig hilflos bin, die ich nicht einmal in Worten sagen kann, aber die wahr sind und als Lebendigkeit auf mich einstürzen. Dann ist es so, daß Ihre Stimme und Ihre Worte die einzige und absolute Macht haben, wieder Ordnung zu machen.

Ihre Worte sind aber total, ich habe das absolute Hören und kann nichts tun. Je nachdem wie Sie die Worte setzen, können Sie mich retten oder ermorden. Dann ist jede Sekunde wichtig und Sie haben es in der Hand, Sekunde für Sekunde durch die Totalheit Ihrer Worte eine erträgliche Existenz zu setzen oder mich zu ermorden.

Ich habe wegen der absoluten Macht Ihrer Worte aber oft zum Vornherein ein solches Entsetzen, daß ich überzeugt bin, Sie würden mich gleich ermorden und ich bei jedem Wort vor Unerträglichkeit zusammenzucke. Es passiert dann, daß ich glaube, daß Sie die furchtbarste aller Möglichkeiten sagen werden, und ich bin so entsetzt, daß ich nicht einmal mehr den Inhalt in seiner intellektuellen Bedeutung fassen kann, sondern daß das Hören auf furchtbare Weise verdreht wird und der Inhalt des Gesagten eine schreckliche Bedeutung bekommt. Dann werde ich zu meiner gleichzeitigen großen Trauer weggeschleudert und habe Angst, das Gute und die Liebe zu Ihnen werde weggefressen und ich könne diese Verrücktheit niemals bremsen.

Aber diese Schrecklichen sind nur eine Reaktion auf den Anfang des Lebens, das Pfeifgeräusch der Nähe, die Perspektive Ihrer Seele und das totale Hören, das am Anfang des Lebens steht."

Eine solche Selbstentfremdung verband sich mit einer Veränderung, Verzerrung der Welt:

"Als ich auf den Aschenbecher schaute, hatte er sich verändert. Die Ränder waren viel schärfer geworden, und er strahlte eine Art Sog aus, von dem ich mich nicht abwenden konnte. Der Aschenbecher war voll von einer durchdringenden angstmachenden Schlechtigkeit, einer Eigenschaft, die wie eine Mischung aus Metall, Salz und Säure in der Nase und im Rachen und im Magen und in der Existenz selbst war und diese ausfüllte, und welche man beinahe auch hören konnte. Ich hatte Angst, dieses Erleben würde anwachsen. Wenn dies geschieht, kann ich unter fürchterlicher Angst den betroffenen Gegenstand nicht mehr ansehen, da das bloße Betrachten mich verrückt macht; aber wegschauen ist genauso schlimm, da das 'Nachgeben' nur die Macht dieser höhnischen Kakophonie bestätigt und steigert und ich nie weiß, ob dann nicht andere Gegenstände von ihr betroffen werden könnten; und wenn sie alle Gegenstände der Welt betrifft, kann man es nicht mehr aushalten zu existieren."

Entfremdung der Welt bedeutet auch Einbruch von existentiellen Widersprüchen in konkreter Gestalt:

"Kann nicht einmal die Dinge sagen oder schreiben, die man will, weil ungeheuerliche, existentielle Widersprüche darin sind, und sagen oder schreiben nichts davon enthält, Flachheit vortäuscht. Die Widersprüche sind Löcher oder plötzliche Aufwölbungen oder Kurven oder Furchen oder Überlagerungen, die sofort neben dem Existenzhügel auftauchen, Folgen; ohne Worte, aber existentiell; sie können sich auch gegen Sie richten, das heißt, sie waren schon immer da und plötzlich sind sie da, zu meinem ungeheuren Entsetzen, umso entsetzlicher, als sie wahr sind, wortlose Existenz, und man sich nicht zu halten weiß. Gleichzeitig haßt man das alte, und das alte Selbst, das nichts ist, von ganzer Seele.

Diese existentiellen Dinge gibt es zu Tausenden in allen Varianten, ihre Gefährlichkeit und entstehende Absolutheit, und sie bringen einen zur Verzweiflung; auch weil man sich völlig allein fühlt und gleichzeitig ungeheure Angst und Verzweiflung an sich selbst hat, daß man so allein zu diesen Dingen nicht die Fähigkeit habe, oder nicht den Mut habe, etwas daraus zu machen, es zu riskieren; das ist ebenso scheußlich wie die Dinge selbst, weil es die einzige Chance wäre, aber das was geschehen will, ist derart ungeheuerlich, übermenschlich, anders in der Struktur, kolossal, absolut, daß man nicht weiß, wie es überstehen; und es gibt keine Möglichkeit, es mit den vorhandenen Hilfsmitteln des Geistes zu verstehen oder zu mildern, oder auch nur zu ahnen, was es ist. Das geschieht immer im Zusammenhang damit, daß Sie da waren oder gesprochen haben, auch wenn man nicht weiß, was Sie sind. Man kann auch nicht Worte brauchen, weil solche Dinge wie SIE hügel-, teil-, landschaftsweise, bruchstückweise erst aus Existenzen hervorgehen, die sie in einen hineintun; wie soll man da Worte brauchen, wo doch das Fundament der Worte erst in Bruchstücken der Landschaft ist, und außerdem man niemals gelernt hat, welches Landschaftsding man mit welchem Wort benennt, und die ganze Seinsstruktur nicht kennt, wie sie zusammenhängt, die mich überrumpelt. So geht es mit allen Worten; deshalb treibt Sprechen mich zur Verzweiflung. Auch, weil es unerträglich ist, wenn es durch meine Worte plötzlich Gewicht gibt. Wenn Sie da waren, ist die Struktur, daß Sie da waren, ungefähr wie der Einschlag einer Bombe, an deren Rand alle Dinge, Existenzen, Seinskurven, Hügel, Widersprüche, Zeiten existentiell hochspritzen, aufsteigen. Selbst furchtbare Leeren und Nicht-existieren-Könnendes, das immer da war, aber jetzt zu furchtbaren, sich mit der Existenz ausschließenden Dingen wird, und also doch existiert, steigt durch Sie auf, zum größten Entstehen.

Ist entsetzt, wenn sich etwas gegen Sie wehrt oder nicht durchkommt, weil Sie gleichzeitig alles sind, aber gleichzeitig unmöglich zu erreichen oder lebensgefährlich, und wenn das aufsteigt, ist Entsetzen und Verzweiflung."

Für Miriam waren Zeitabläufe manches Mal zu einem einzigen, bedrohlichen Augenblick verdichtet:

"Ihre Worte können nicht mit dem Kopf gefangen und 'verstanden' werden, immer weniger, so kann man nicht richtig repetieren; statt dessen gehen sie in einer ungeheuren Art in einen hinein, sie *sind* der *Moment*, die absolute Gegenwart, die einen überrumpelt, und alle die Seinskomponenten sind darin, die man nie erlebt hat und nie erleben würde ohne ihre konkrete Anwesenheit. Alle diese Dinge sind ununterscheidbar in *einem* Strahl konzentriert, und wenn es absolut ist (wird), ist man hilflos, ohne den geringsten Anhaltspunkt, man weiß nicht einmal selbst, was oder warum dieses Entsetzen ist, und es ist ungeheuerlich. Gleichzeitig *reißt* es einen unbarmherzig mit, man weiß, daß man sich *nie* wieder mit dem Pseudogeist halten kann. Darum hat selbst reden keinen Sinn, macht einen verzweifelt, weil es dagegen nichts ist und nichts vermag. Auch wenn das geschieht, entsteht der Sinn, das Auseinander-Hervorgehen an ganz anderen Orten, als man meinte, und man ist dieser unbegreiflichen Existenz hilflos ausgeliefert, man wird so zu etwas und in etwas, was das Gegenteil ist von dem, was man kennt.

Auch ist es so, daß bei den Dingen, die Sie sagen, ungeheuer wichtig ist, wann Sie was gesagt haben, wie hintereinander, in welcher Art, weil eine größere Landschaft, zum Beispiel über die Zeit, die Sie bei mir sind, als eine Art Wirklichkeit/Gegenwart oder 'dringlich' *räumlich* gemacht wird, auch dadurch, wo und in welcher Beziehung untereinander die Hügel Ihrer Worte stehen; daraus entsteht eine Art halb gelebte, halb gesehene Seinslandschaft.

Je nachdem, wo und zu welcher Zeit Sie was gesagt haben, entsteht die Art der absoluten Landschaft; wird das Ganze absolut geprägt. Wenn man selbst sprechen will, geht es darum nicht, weil man plötzlich nicht mehr so tun kann, als ob man es kennen würde, wenn plötzlich diese Hügel mit ihrem Gewicht und ihrer unbegreiflichen Seinsweise und ihrer Abstände untereinander auftauchen in dem, was man sagen will, und somit der Aufbau und die Struktur der Welt völlig anders wird, und wenn man anfängt, hilflos darin zu sein, ohne daß es fertig ist oder man es begreift, kann man es doch nicht sagen; denn um es sagen zu können, wäre gerade die Voraussetzung, daß man in diesen unbegreiflichen Arten sicher existieren kann und sie kennt. Hat einen solchen Haß/Verzweiflung, wenn man spürt, wie das haßerfüllte alte falschstrukturierte Denken einen gefangenhält und *vergiftet*, und man allein nicht raus kann."

In der Selbst- und Weltverzerrung gibt es eine absolute Einsamkeit – bis zur Auflösung des eigenen Ich und zur Abspaltung in Teil-Ichs:

"Komme auf unbegreifliche Weise nicht zu meinem Mann durch, er wird verändert, nicht in Werte faßbar; aber die alte 'Wärme' stirbt gleichzeitig; es zeigt sich, daß das nichts war; aber im neuen kommt man nicht draus und *noch nicht durch damit*; ist man furchtbar allein; schaut manchmal, daß Menschen vielleicht auch nur tote Dinge sind, das ist schrecklich. Eine solche Angst, daß man den Kontakt verliert, weil verstehen auf die alte Weise nicht möglich ist.

Ich verändere mich auch im Spiegel; in meinem Gesicht sehe ich, daß alle diese Dinge/Geschehnisse wahr sind; ich verändere mich immer wieder anders, bin erschrocken, daß statt nicht etwas Wesenhaftes im Spiegel ist, mit tausend Bedeutungen, Gesichtszügen, die ich nicht kenne, die *von einem anderen Ich* sind.

Das absolute Werdende reißt manchmal den Körper in Stücke, in kalte und heiße, und *man weiß nicht, was man ist.*

Man wartet immer, daß das absolute Sterben kommt in Form der absoluten Unmöglichkeit, des Nicht-Weitergehens, indem herauswächst und deutlich wird, daß alles am bisherigen Sein ganz unmöglich ist und gar nicht weitergehen *kann*; aber es gibt auch noch tausend andere Unmöglichkeiten.

Nur ein halber Satz von Ihnen kann ungeheuerlich die Landschaft beeinflussen auf nie gekannte Weise. Sie sagen zum Beispiel: 'Indem du dich umbringen läßt, schreiten wir über das Umbringen.' Indem Sie sagen: 'du dich umbringen läßt', fährt es als ein absolutes Messer der Gegenwart in mich hinein und macht einen ungeheuerlichen, tödlichen Wirklichkeitsmoment und die Worte *wahr*, aber indem Sie sagen 'schreiten wir darüber hinaus', das bedeutet offenbar, daß dieser tödliche, lebendige Moment des Messers, dessen Komponenten und Art man nie begreift, *gelebt* ist; und somit ist auch 'schreiten wir darüber hinaus' ein Moment, der in seiner Art von Ihnen dorthin getan wird, was man auch nicht zum voraus weiß, und damit mich auch wie überfällt in seiner unfaßlichen Beziehungsstruktur zum Vorhergehenden. Manchmal höre ich laute Sätze von Ihnen 'meine Worte sind ein Bach mit Fischen und Gräsern und bunten Steinen und der Sonne, die sich im Wasser spiegelt, und es kommen mehr und mehr Millionen von Tropfen.' 'Etwas Gutes, das rettet, kann nur wirklich kommen, wenn in jedem Ding der Weltuntergang geschieht' und viele andere, auch aus fernen Tagen. Ist das richtig?

Es macht unbegreifliche Unerträglichkeiten, wenn man Ihre Worte repetieren will und nicht richtig kann und dann in wortlose Löcher und Bewegungen und zum Teil gar nicht existieren könnende? Zwischenbereiche der Existenz fällt, die geschehen, aber die man nicht fassen kann.

Wie kann man Ihr Nicht-Dasein so lange aushalten, wenn *Sprechen* (am Telefon) absolut *nichts* ist, und gleichzeitig Tausende von Dingen dahinter sind, die man nicht sagen kann; und dabei hat man nur das Telefon, weil Sie weg sind? Auch kommt man nicht drauf, ob man nicht sprechen kann, weil das alte nicht mehr geht, oder ob man damit das furchtbare Auftauchen der Tausende von Dingen verhindern will. Wenn Sie mit Ihren Worten wie absolute Bomben solche Landschaften oder Zacken erstehen lassen, kann man nicht mit Worten sagen, was es für Existenzen sind, weil die Sprache für Ich-Menschen gemacht ist; aber was *ich* sagte ist nichts Wirkliches, nur etwas, was immer mehr verschwindet, darum hat die Sprache keine Chance, und diese existentielle Landschaft ist schon ich-haft teilweise; aber es sind auch viele andere existentielle Dinge darin, und *ich* ist noch nicht fertig herausgewachsen; deshalb ist die Sprache nicht brauchbar; außerdem weiß man oft nicht im geringsten, was diese Landschaften überhaupt bedeuten, die man ist, mit ihren Verwandlungen und Bewegungen. Auch ist man völlig überrumpelt, wenn etwas Ichhaftes entsteht, am Rande des Einschlagkraters (ich sagte 'es hat mit mir zu tun') Ihrer Worte, man kannte es überhaupt nie, hat es nie erlebt, und kennt die Komponenten, Dimensionen und was noch fehlt nicht. Alle diese Dinge geschehen nur gerade indem Sie sprechen. *Ist das richtig*, wenn es mit allen Worten geschieht? (Sie sagten 'ich kann nicht verlorengehen') das war die Bombe, und am Rande entstand 'Sie verlorengehen' als ich-hafter Zacken oder Berg, und es war klar gemacht in jenem Moment, weil Ihr Wort absolut ist, daß nicht äußere Einflüsse in der Leer-Welt machten, daß Sie verlorengehen. Sind diese Strukturbildungen richtig?

Bitte, wenn man zu Ihnen nicht durch kann, entweder weil sich ein furchtbarer Klumpen dazwischen einschiebt, irgendwo, ohne daß man es sagen kann, oder weil man hilflos ist, an absolute Zustände ausgeliefert, die ins Unendliche steigen (auch Wut, aber nicht nur) würden Sie *bitte* immer kämpfen, niemals nachgeben, nie im Moment ermüden, und rücksichtslos durchbrechen. Sonst ist es lebensgefährlich wegen der Verzweiflung, besonders wenn Sie nachher fortgehen, zum Beispiel nach Italien. Großvater, bitte nochmals, wie soll man es aushalten, wenn am Telefon durch Ihr Sprechen tausend Geschehnisse auftauchen oder Hügel oder Zustände in der Landschaft; und dann muß man sofort wieder abhängen und dann ist man allein mit diesen Dingen, und es ist völlig unerträglich, weil gleichzeitig deutlich wird, daß Sie absolut nicht genug da sind, weil es ja stimmt, daß Sie wieder weg sind. Auch ist eine Verzweiflung, weil deutlich wird, daß man nicht selbst machen kann, was Sie machen, wenn Sie nicht da sind."

Es blieb jedoch nicht bei Briefen und tagebuchartigen Aufzeichnungen. Die Kreativität, die während der Psychotherapie entwickelt wurde, war so stark, daß die Patientin, die sich dank ihrer besonderen Intelligenz und dank der sogenannten schizophrenen "doppelten Buchführung" auch noch mitten im psychotischen Identitätsverlust selbst beobachten konnte, sich auch in Versen auszudrücken versuchte, in denen das Erleben des ganz und gar Fremden, das die eigene Identität durchdringt und auflöst, dargestellt wurde. Ich gebe ein Beispiel.

"Die Kranken
brechen ein
ins Totenreich der Normalität.
Ihr verschwommenes Gesicht
erscheint ab und zu
in meinen Körpergefühlen.
Der Aufbruch aus dem Traum
lauert in meinen Adern.
Das Gewicht
der Verrücktheit
das Selbst
der Gedanken

wird mich dann treffen,
wenn Sie wieder hier sind,
um die toten Verbindungen
wiederzufinden."

Sie verglich ihr verlorenes Selbst mit einer Ruinenstadt der Antike, die nur noch Sitz archäologischer Ausgrabungen ist: *Ur*. Und sie äußerte gleichzeitig jene Sehnsucht, die nur der Schizophrene in voller Tiefe kennt, äußerte den Wunsch, *anders zu sein*, nicht etwas anderes zu haben.

"Ur in Chaldäa
liegt in Trümmern
überdeckt
vom gelben Wüstensand.
Eine ungeheure Trauer
über die verlorene Zeit
verlorene Ewigkeit
verlorenen Lebensanfang
und über die Zertrümmerung
tragen die Steinstücke.
Tausend Aufgänge und Niedergänge
anderer Städte
geschahen in der toten Zeit
von Ur.
Ur wünscht sich
eine andere Stadt zu sein
in Italien
oder Europa
blühend und lebendig
ein italienisches Kind
ein neuer Anfang
beneidenswerteste Geborgenheit
bei einer dunkelhaarigen Mutter."

Nicht nur war die eigene Identität als eine Ruinenstadt im Wüstensand einer nicht mehr fließenden Zeit verweht; die Identität war auch gespalten in dem Sinne, daß die verschiedenen Gedanken und Gefühle nicht mehr zueinander gehörten, sich nicht in ein Ganzes fügten, sich nicht in einem Kontinuum verstanden, nicht mehr Grenze und Struktur kannten. – Nachträglich frage ich mich allerdings, wie weit wir bei der Interpretation der schöpferischen Gestaltungen eines Patienten gehen dürfen? War es in diesem Falle angezeigt, trotz all des eben aufgezählten Negativen, *Ur* doch *nicht* für einen mehr oder minder zufälligen, frühgeschichtlichen Namen zu halten, sondern dabei vor allem an die Stadt Abrahams zu denken, von wo dieser auszog auf Geheiß *seines* Gottes und von wo er dieses Gottesbild als eine innere Kostbarkeit mitnahm in eine neue, lebensverändernde Zukunft? Hat auch Miriam etwas bewahrt, gerettet und mitgenommen aus dem trümmerhaften, sandverwehten Ur? Vielleicht einen innersten, doch unzerstörbaren Seelenkern, nur noch in der Sehnsucht erahnbar, den sie unbewußt in ein neues Leben – Europa, Italien – retten möchte, zu einem neuen Anfang hin, im Schutze des Therapeuten. "Italien" und die "dunkelhaarige Mutter" sind leicht zu durchschauende Chiffren für ihren Therapeuten. In der Begegnung mit ihm und der Geborgenheit bei ihm hofft sie, "eine andere Stadt zu sein", "ein italienisches Kind", also, wie der Therapeut zu sein: Sehnsucht nach Identifikation, die neues Leben schafft. Vielleicht hätte ich diese Zeilen auch als ein Zeichen der 'Verheißung' und Zukunftshoffnung lesen sollen.

Doch zunächst mußte immer wieder die Katastrophe geistig erfaßt und ausgesprochen werden; was Miriam aufgrund ihrer introspektiven Begabung und Luzidität besser gelang als vielen Patienten. Ich gebe nochmals ein Beispiel:

"Oben
ist die grauschwarzweiße Geometrie
des Intellekts
die Rechtecke der Logik
und die griechischen Zeichen
des Verstandes.
Darunter sind die Trennungslinie
und die Leere
des Nichts zwischen Kopf
und mir
zuunterst
sind die farbigen Bruchstücke,
die Teile des Weltraumes
in sich bergen
und stark und schwach
wie Kometenschweife aufleuchten
ungeordnet sausend.
Zwischen allem ist die Sehnsucht
nach Haben und Sein."

Durch den Verlust der geistigen und körperlichen Konsistenz, der eigenen Ichgrenzen, wird auch das Bewußtsein der eigenen Einmaligkeit, das Wissen um die eigene Identität, das Urgefühl für das eigene Selbst verloren. Das "bin ich" gibt es nicht mehr! Der Kranke kommt sich wie ein Fremder vor, wie die nie gesehene, zweite Hälfte des Mondes, so wie das meine Patientin ausdrückt, obschon sie sich mitten im Zerfall scharf beobachten und schildern, also eine ichhafte Funktion ausüben konnte. Lassen wir sie nochmals zu Wort kommen:

"Auf der anderen Seite
des Mondes
befindet sich eine Stadt.
Die zweite Realität.
Jedes Ding
ist dort für sich
ausgeschnitten, losgelöst
allein im Raume
Allmacht fordernd
Zusammenhänge fehlen.
Überall
hinter der ersten Realität
lauert die zweite
meistens leise
doch ab und zu
fahren Blitze aus der Stadt
zerschmettern mein Bewußtsein
und ich sehe sie
voller Schärfe im Mondstaub.
Herumtappend und geblendet
rufe ich um Hilfe.
Menschliche Nähe
könnte aus der ersten
und der zweiten Realität
die dritte machen,
die wir so brauchen."

Die Kräfte der Therapie

Es besteht kein Zweifel: bei Miriam war eine nicht gerade einfache Psychopathologie vorhanden. Ich erinnere mich, daß mir Kollegen, mit denen ich über diese Therapie sprach, einen ungünstigen Ausgang voraussagten.

Doch – ich blieb bei meiner Zuversicht, denn Miriam gab mir allmählich deutliche Zeichen, daß sie vorwärtskommen wollte: es gab kaum ein gemaltes Bild von ihr, auf dem der Hölle nicht das Paradies, dem Zerfall nicht die

Auferstehung, der endlosen Qual nicht der Ausblick folgte. Eine grundlegende Kraft bei mir war freilich die eigene Motivation – wobei ich diese in der Selbstanalyse erfaßte, indem ich auf mein Unbewußtes horchte. Ein Traum von mir soll hier als Beispiel im vollen Wortlaut wiedergegeben werden.

"Ich befand mich in einem Konzentrationslager des letzten Weltkrieges, selbst ein Gefangener, aber doch zu einer Kategorie 'privilegierter' Insassen gehörend. Tief unter mir standen die wirklich 'verlorenen' Gefangenen, die 'jüdischen' Insassen – die psychotischen Menschen, wie ich später deutete. Unter diesen erkannte ich sofort meine Patientin. Ich wußte ganz sicher, daß sie ohne Hilfe sterben würde und daß ich mich restlos einsetzen müßte, um sie zu retten. Ich schmiedete für sie einen Fluchtplan, der darin bestand, ihr meine unauffälligen Kleider zu geben und die Tür zu einer weiten, aber gefährlichen, 'morastigen' Landschaft zu öffnen. Was dort dann mit ihr geschehen würde, konnte ich weder wissen, noch vorausplanen: meine Kraft war nur auf den entscheidenden Punkt der jetzigen Befreiung konzentriert. Doch im Gang wachten Schergen, und ich mußte eine Weile lang eine katatone Starre[1] vortäuschen, um kein Aufsehen zu erregen. Der Traum endete mit dem Gefühl, daß mein Plan doch gelungen sei."

Diesen Traum habe ich meiner Patientin später in der Psychotherapie erzählt; er blieb nicht ohne Wirkung.

Zum Traum assoziierte ich nach dem Erwachen, daß wir Psychotherapeuten zu den "privilegierten" Insassen eines Weltlagers gehören, weil wir helfen können. Ein großes Privileg! Die sadistischen Aufseher legte ich als die Mächte der Psychose aus. Der Ausgang des Traumes gab mir zu denken. Mußte meine Patientin nach der Flucht aus der Gefangenschaft nicht "verhungern" und "erfrieren" in einer menschenleeren Landschaft? Was bedeutete das? Würden meine Kräfte am Ende doch unzulänglich sein?

Aus meinen Supervisionen ähnlicher Fälle wußte ich, daß "therapeutische Träume" nicht nur Zweifel und offene Fragen verarbeiten, sondern auch die Funktion haben, die Situation des Patienten zu "übernehmen", den Therapeuten in die Welt des Patienten zu versetzen: sei es, damit der Therapeut diese Welt aus eigener sinnlicher Anschauung erfährt; sei es, damit der Therapeut im Traum symbolisch Handlungen zugunsten seines Patienten ausführt, die dieser in der wachen Situation nicht vollziehen kann; sei es schließlich, um solche Träume dem Patienten mitzuteilen und dadurch Zugang zu ihm zu finden.

Manche therapeutischen Träume sind ein Abbild des Erlebens des Patienten; der Therapeut verspürt *in sich* dessen Angst. Das Grauen des Konzen-

1 Später habe ich erfahren, daß Miriam eine Zeitlang bewegungslos im Bett gelegen hatte. Die "Katatonie" war im Traum meine Maske.

trationslagers war mir gegenwärtig, da ich im Traum dort selber gefangen war. Das bedeutete, daß das Unbewußte mir half, die Not meiner Patientin zu absorbieren, um ihre Welt ein wenig zu entgiften. Dies waren also *meine* Kräfte. Welche kamen mir bei Miriam entgegen?

Sehr bald merkte ich, daß ihr drei Faktoren auf dem Weg vorwärts halfen.

Erstens ihre starke Motivation. Miriam rang um jede Minute Psychotherapie; sie konnte mir keine Minute Verspätung verzeihen, sie scheute keine Reise, um zu mir zu kommen. Miriams Vertrauen zu mir entwickelte sich schon in den ersten Monaten und erreichte bald eine solche Festigkeit, daß sie auch in den Zeiten der Wut gegen mich nie davon abwich.

Zweitens die eigentümliche Entscheidung Miriams, sich in die Psychose zu begeben, den ihr vorgeschriebenen Weg zu gehen, ohne etwas zu beschönigen, zu verdrängen, zu verneinen: "Zum Glück bin ich verrückt geworden."

Drittens die Kreativität, von der ich im nächsten Abschnitt berichten werde. Psychose ja – Geisteskrankheit nein!

Als ein Beispiel des Fortschritts gebe ich einen damaligen Brief Miriams an mich wieder: "Ich konnte die Wärme Ihrer Person spüren. Ihre Wärme war gleichzeitig um mich herum sowie in mir drin. Sie hinterließ tiefe Rinnen in mir. Ich fühlte mich wärmer und umsorgter als in den letzten fünfundzwanzig Jahren. Die Wärme bestand aus den Konturen Ihrer Existenz und Ihrer Eigenschaft, und es bewirkte, daß ich Sie lieber hatte auf eine Weise, die man nicht beschreiben kann. Sie waren das Mamagesicht, das man zwar nicht als ein wirkliches Gesicht begreift, aber dessen Gegenwart das einzig Wichtige und Notwendige auf der Welt ist und das die Wärme ausstrahlt. Ich habe gedacht, daß es vielleicht eine kleine Möglichkeit gäbe, daß Sie bleiben. Weil Sie aber durch die Wärmestrahlung ein wenig existierten, bildete sich bei mir ungefähr zwei Zentimeter tief unter der Haut eine ganz ungeheuer zerbrechliche Hülle, wie dünnes Eis so fragil, die die Konturen meiner Person bedeutete; so daß ich auch ganz wenig existieren konnte, indem Sie existierten."

In Versen hat sie dasselbe ausgedrückt:

"Mama, hole mich ab, endlich,
komm zurück
aus den Feldern des Nebels,
wo ich dich nur von Weitem sehe,
die treffsichere Unsicherheit
der Verrückten,
der tastende Schlangenblick,
der wurzelt im unwurzeligen Nichts,
hat dich erkannt;
der untäuschbare Begleiter

weiß,
daß du es bist.
Hol mich ab
zerschlag die gläserne Zwangsjacke
gib mir die Nahrung der Wahrheit
und entdrehe den erstickten Hals.
Ich habe gewartet
Millionen, Milliarden von Jahren,
bis in die Sterne
mit letzter Verbissenheit.
Ich lebe noch zu einem Sechstel,
drum komm, Mama."

Und doch zweifle ich, daß das alles genügt hätte, wenn nicht ein letztes, wirklich entscheidendes Moment hinzugekommen wäre: die gute Ehe, in der Miriam lebte; die gegenseitige Verbindung zwischen ihr und ihrem Ehemann, der ihr Unglück jahrelang unverzagt mittrug, keine Opfer für sie scheute, ihr in Zuständen innerer Lähmung neben seinem wissenschaftlichen Beruf den Haushalt besorgte und sein stetes Bleiben an ihrer Seite als eine "Berufung", wie er selber sagte, verstand. Ich hatte mit ihm während der Psychotherapie mehrere Gespräche. Sie gestalteten sich weniger im Sinne der Familientherapie, sondern mehr in dem Sinne, daß wir beide unsere Solidarität tief spürten. In Zeiten der Ungeduld mit Miriam hatte ich im Gespräch mit diesem immer geduldigen Mann das Gefühl, selber erleichtert zu werden.

Die Bilder Miriams

Die bildnerische Tätigkeit Miriams war ein vorzüglicher Weg der Psychotherapie, für mich sogar eine Beantwortung der Frage, was Kunst in der Psychotherapie sei.

Die Bilder Miriams waren Ausdruck einer Kreativität, die die Psychose nicht geschwächt, sondern, im Gegenteil, erst geweckt hatte: als ob im Gestaltungswillen ein Prinzip des Lebens, der Ganzheit, der Ordnung, des Realitätsbezugs, der farbenfrohen Pracht, das anderswo verloren gegangen war, nochmals auferstehen und sich zusammenfassen konnte. *Vor* der Psychose hatte Miriam nicht gemalt.

Zu allen diese Bildern gehörte die Eigentümlichkeit, eine tiefe, verborgene Zukunftshoffnung, die dem aktuellen Erleben der Patientin, dem Grauen ohne Ende, entzogen schien, aussprechen zu können: keine Szene der Marter, der Hölle, des Niederganges, der Zerteilung endete, ohne daß sie nicht durch eine Vision ihrer Überwindung gekrönt worden wäre. Alle diese Bilder entstanden im mitmenschlichen Raum der Psychotherapie. Dies drückte sich nicht bloß dadurch aus, daß die Bilder so gut wie immer die personale Geschichte der Psychotherapie zum Gegenstand hatten und diese gewissermaßen ein zweites Mal im Spiegel verinnerlichen konnten, sondern besonders auch dadurch, daß Miriam selten oder nie eigene verbale Einfälle zu den zahlreichen Symbolen hatte.

Sie wußte also nicht, *was* ihre Bilder bedeuteten; deren *Auslegung* war meinc Aufgabe. Und diese Auslegung fiel jedesmal so aus, daß meine Begeisterung für die kreative Leistung Miriams für diese gleichzeitig einen Einblick in eine Symbolik der Liebe, des Mutes, des Lebenswillens, der Überfahrt, der Überwindung, des 'descensus ad inferos' und der Auferstehung von den Toten, des Paradieses bedeutete.

Ich glaube, daß das Unbewußte Miriams mir die Worte eingab, die ich zu ihrem Unbewußten sprach, und daß der Zugang zu einer toten Seite von ihr, die im Bilde wachgerufen wurde, auch ein Zugang zu meinem eigenen Wesen war. Miriam hörte sich schweigend meine Deutungen an, und an ihrem Gesicht konnte ich ablesen, wieviel Kraft meine Worte hatten. Weiterhin habe ich durch diese Bilder gespürt, wie sehr Kunst in der Bewegtheit des Zuschauers gründet. War Miriam in meinem Spiegel eine Künstlerin geworden, so konnte sie über meine Zuwendung sich selber als Gestalterin ihres Lebens entdecken und erfahren. Die Bilder selber hat sie mir später alle geschenkt.

Ich möchte aber unter den "Bildern" nicht nur die Bildnereien, sondern auch die verbalen Gestaltungen, die Dichtungen Miriams erwähnen. Etwas Paradoxes lag darin, daß Miriam, die auf der einen Seite ihre Worte als das Irreale erlebte, das sich gegen ihr Selbst wendete, auf der anderen Seite sehr wortgewandt war. Man wird an eine Gestalt des Dichters HUGO VON HOFMANNSTHAL, an Lord Chandos, erinnert, von dem es heißt[2]:

"Mein Fall ist, in Kürze, dieser: Es ist mir völlig die Fähigkeit abhanden gekommen, über irgend etwas zusammenhängend zu denken oder zu sprechen. [...] die abstrakten Worte [...] zerfielen mir im Munde wie modrige Pilze. [...] Es gelang mir nicht mehr, sie [Menschen und ihre Handlungen] mit dem vereinfachenden Blick der Gewohnheit zu erfassen. Es zerfiel mir alles in Teile, die Teile wieder in Teile, und nichts mehr ließ sich mit einem Begriff umspannen. Die einzelnen Worte schwammen um mich; sie gerannen zu Augen, die mich anstarrten und in die ich wieder hineinstarren muß: Wirbel sind sie, in die hinabzusehen mich schwindelt, die sich unaufhaltsam drehen und durch die hindurch man ins Leere kommt."

Ein Kommentator schrieb zu diesem Aufsatz des Dichters:

---

2 "Ein Brief" von HUGO VON HOFMANNSTHAL, 1902.

"Die Paradoxie des Briefes, daß hier nämlich über Sprachlosigkeit mit seltener sprachlicher Kraft gesprochen wird, sollte nicht übersehen werden und vor *einseitig* biographischer Ausdeutung schützen."[3]

Ähnlich wäre es, wenn wir meinten: nein, bei solcher Ausdruckskraft der Sprache war keine Psychose vorhanden!

Nun, selbst wenn die poetische Figur des Lord Chandos eine rein autobiographische wäre, HOFMANNSTHAL ist nicht gespalten. Anders ist es bei unseren psychotischen Patienten: da wohnen wirklich zwei Welten in einer Brust, da gibt es die "doppelte Buchführung". Interessanterweise warnte mich Miriam immer wieder, nicht "hereinzufallen", nicht fälschlicherweise anzunehmen, daß sie ganz so sei wie in ihren "pseudonormalen" Zeiten; sie hätte mich dann getäuscht, und ich hätte sie verkannt und verloren.

Der entscheidende Unterschied zwischen den Figuren der Literatur und einem Patienten besteht darin, daß erstere die vorübergehenden Physiognomien des Dichters sind, die Patienten aber die dauernde und schwerste Last des negativen Erlebens auf sich nehmen müssen und darunter zusammenbrechen. Man scheut sich deshalb, aus ihrem Leiden einen ästhetischen Gewinn zu ziehen wie beim Dichter. Nur der Patient selber hat eigentlich das Recht, dies zu tun, später, wenn es ihm besser geht. Ich selber freute mich an den Bildern und Gedichten Miriams, vor allem unter dem Aspekt, daß sie in meinen Augen ihre Zukunft vorausgenommen haben; aber auch, weil sie dadurch erlebte, daß sie etwas "leisten" und geben konnte.

Hier folgt nun ein Gedicht als Beispiel ihrer Sprachbegabung (weitere Beispiele oben, S. 175f., 176, 177, 178, 180f.):

"Ich bin
über Bergschründe abgestürzt
auf dem Weg aus der Vergangenheit.
Ich habe gläsernes Eis durchschlagen;
und spitze Felsen,
über die ich mit rasender Schnelligkeit fiel
haben mich blutig geschürft.
Ich bin
aus meiner Nußschale gefallen,
die auf dem Meer schwamm
und die Fische
haben mich verschluckt.
Ich bin krank geworden
vom Feuer des glühenden Mittags
in der Wüste meiner Seele.

---

3 Kindlers Literaturlexikon, Bd. 1, S. 1853/54.

Jetzt endlich
kommt das rettende Seil
der heiße Tee,
eine Hand
in der tödlichen Kälte.
Der Fisch
hat mich ausgespuckt
auf einen Befehl der Liebe
an einen grünen Strand.

Jemand
setzt kleine Palmen
in meine Wüste
und schützt sie gegen Wind und Sand.

Zu viele Jahre
war ich starr vor Entsetzen
als daß ich jetzt schon begriffe."

Das bloße Aussprechen des Leidens, auch ohne Deutungen, ist heilsam. Dieses erfolgte bei Miriam auf zwei Ebenen: in einem Tagebuch, dessen Seiten sie mir täglich übergab – eine monoton sich wiederholende Chronik ihres Alltagserlebens mit eigentümlichen, räumlich-konkreten Schilderungen ihrer Existenz (Zacken, Kurven, Löcher, Abläufe, Pfeile usw.), die auf mich wie Neologismen wirkten – und dann in ihrer schöpferischen Tätigkeit, in Bild und Gedicht.

Ich habe mich immer wieder gefragt, was der Sinn dieser Paradoxie, dieses Gegensatzes zwischen Wortmacht und Wortleere sei. FREUD hat gelehrt, daß die Libido in der Psychose die Objektbesetzungen aufgebe, sich ins Ich zurückziehe und die Worte überbesetzte, die deshalb für den Kranken zu konkreten Äquivalenten der Objekte werden; er kann zwischen Dingen und deren Symbolen nicht mehr unterscheiden.

Auch Miriam schreibt in einem Bericht: "Ich unterschied nicht zwischen dem Symbol einer Sache und der Sache selber." Allerdings war das Worterleben Miriams genau umgekehrt, verglichen mit dem vorherigen Schema: ihre Worte waren nicht einfach mit Libido "überbesetzt"; denn Miriam litt doch gerade unter deren Leere und Irrealität. Vielmehr habe ich das Symptom in dem Sinne verstanden, daß Worte, verbale Zeichen, wie auch visuelle Wahrnehmungen (etwa Raum- und Zeitverhältnisse) für Miriam, trotz einem tadellos funktionierenden Teil-Ich der motorischen und sensorischen Integrationen, doch nichts bedeuteten, weil das Bedeutete, die Existenz selber, sich aufgelöst hatte. Die sogenannten Symbole wurden dadurch zu höhnischen Herausforderungen, zu hohlen Vertretern einer in Wirklichkeit abwesenden Existenz. Diese Existenz mußte zuerst einmal durch die Erfahrung der Dualität neu entstehen.

Vom Wesen der Deutung in unserer Arbeit

Der psychotische Mensch ist in seiner Symbolbildung gefährdet. Seine Sprache ist intakt; aber die Wort-Symbole können vom Symbolisierten nicht unterschieden werden.

Miriam besuchte mich in der psychiatrischen Poliklinik, die in der Basler Altstadt liegt. Sie sagte zu mir: "Hier stehen ringsherum mittelalterliche Häuser. Plötzlich weiß ich nicht mehr, ob wir nicht im Mittelalter sind." Die Räume wurden also als eigenständig erlebt; die Zeitdimension war verlorengegangen.

Eine solche Situation kann nicht, etwa wie ein neurotisches Symptom, "gedeutet" werden. Es gibt keinen "unbewußten Sinn". Es gibt eine Störung der Zeit-Raum-Wort-Symbole. Die wichtigste Aufgabe des Psychotherapeuten besteht in solchen Situationen meines Erachtens darin, stellvertretend neue Symbole für den Patienten zu schaffen, das heißt, eigene Einfälle, Bilder, Vorstellungen auf den Patienten, auf seine gegenwärtige Situation zu übertragen und zwar ohne Rücksicht darauf, ob ich damit ein Unbewußtes bei ihm aufdecke oder ob ich vielmehr Eigenes *projiziere*. Denn meine Projektion ist vor allem ein ganzheitliches, gesundes Symbol, in das der Patient "hineingenommen" wird.

Damals sagte ich Miriam etwa: "Also ist das Mittelalter nach der Antike die Adoleszenz der Menschheit. Wollen wir uns mit deiner Adoleszenz beschäftigen, so, als ob diese hier wäre, uns gegenwärtig. Sie ist, wie das Mittelalter, für uns noch nicht vergangen.

"Die 'existentiellen Dinge'" – deutete ich später – "sind nichts anderes als eine früher, am Anfang der Lebensgeschichte, oder sogar noch früher, in einem anderen Sein *dual nicht* vollzogene Existenz, die darum jetzt mit einem negativen Gesicht erscheinen muß. Sie muß mit diesem negativen Gesicht in Kauf genommen, akzeptiert werden, um sich dadurch in eine positive Existenz zu verwandeln. Die 'existentiellen Dinge', die dir als Boten der Zerstörung erscheinen, sind die eigentlichen Verkünder der Wahrheit, der künftigen Freiheit, ohne die du in den 'gesunden' Zustand der 'Pseudonormalität' zurückfallen müßtest."

Ich weiß nicht, inwieweit mir diese Deutung von Miriam selber nahegelegt wurde, oder ob deren Einfälle sie in diese Richtung lenkte; ich denke, daß manche Erkenntnis von den beiden am psychotherapeutischen Vorgehen Teilnehmenden in einem gegenseitigen und fortwährenden Übergang vom einen zum anderen, bis zur Unkenntlichkeit eines primären Ich und eines sekundären Du, bis zur Gestaltung eines größeren, umfangenden Geistes, entwickelt wird.

Deutung war in dieser Therapie oft meine Bereitschaft, in die Welt von Miriam einzusteigen, um diese auslegend zu verwandeln. Die Deutungsarbeit ging nicht nur auf die Komplexe, Widerstände und Selbsttäuschungen ein, die freilich Teil einer jeden Psychopathologie sind; die schwere Psychopathologie wird jedoch nicht dadurch aufgehoben, daß sie gedeutet wird. Viel eher ging die Deutungsarbeit in die Richtung einer Dualisierung von Erlebnissen, denen in der Psychose die mitmenschliche Aussicht fehlte und die deshalb die autistische Mauer noch mehr zementierten, die spaltende Verzweiflung versteinern ließen.

Als Beispiele unserer Arbeit gebe ich die Deutung von zwei Träumen (a und b) wieder:

a) Miriam träumte, daß alle Menschen, die zu ihr kamen, durch eine maligne Kraft, die von ihr ausstrahlte, getötet wurden und sterben mußten (Symbole des Sterbens der Objektbeziehungen). Ein einziger Mann war noch nicht gestorben; er lag aber bereits im Sarg, mitten im Sterben (Symbol für mich, der sie durch ein ungeschicktes Wort enttäuscht hatte und nun in ihrem Inneren starb). Miriam hatte im Traum den Einfall, daß sie unter Aufbietung all ihrer Kräfte den Sterbenden hätte retten können; sie wäre dann aber selber gestorben, weil er ihre ganze Lebensenergie zu sich genommen hätte. "Ich kann keine Energie des Vertrauens schenken, ohne selber zu sterben; die Dualität überfordert mich", meinte Miriam.

Ich war dann im Traum schon gestorben, und sie bat mich, aus dem Jenseits noch ein Wort zu ihr zu sagen. Sie sehnte sich nach einem Wort, das die Kraft gehabt hätte, ihre einsame Welt – im Traum: "eine zweite, dunkle Welt in der gemeinsamen Welt" – zu verändern. So konnte mir Miriam hier das Geständnis machen, daß die unheimliche Strahlung, die in der ersten Hälfte des Traumes alle Menschen tötete, einem geheimen Gedanken entspreche, den sie lebenslänglich gehabt habe. Immer, wenn sich ein Augenblick der Partnerschaft ereignete, ein Gespräch sich erfüllte, mußte sie insgeheim denken: "Und jetzt gehe ich innerlich weg, jetzt wende ich mich ab."

Ich deutete Miriam, daß sie selber hier aktiv-negierend tun mußte, was sie als Kind passiv erlebt hatte. Wie oft hatte sie mir erzählt, daß sie in der ständigen Angst gelebt habe, von allen verlassen zu werden; ja, bei jeder neuen Begegnung tauchte damals sofort der Gedanke auf, "auch er wird von mir weggehen". Nun habe sie – so fuhr ich fort – das Muster der Abwendung introjiziert.

b) "Ich mußte auf eine Burg hoch über dem Meer steigen, die gleichzeitig eine Ruine war. Die Burg zog sich wie die chinesische Mauer über einen Hügel, um dann senkrecht aufzusteigen und unzugänglich zu sein. Ich wußte nicht, wie ich dort hinaufgekommen war. Ich befand mich mit einem etwa fünfjährigen Kind dort, das sich zu meinem Entsetzen auf den äußersten Rand über dem Abgrund setzte. Ich rief ihm zu, es solle um Gotteswillen herunterkommen; aber das Kind hatte nicht die geringste Angst. Nachher zeigte es sich, daß zuoberst auf dem Turm eine andere Welt war, die nur mit einem Zimmer auf der Erde bzw. der Burg verbunden war, alle anderen Zimmer schwebten in der Luft. In dem Zimmer saß eine Frau von circa fünfzig Jahren, sie saß vor viel schwerem Silbergeschirr. Ein Mann kam auch herein. Da sagte die Frau: '*Hier oben wohnen die Verdammten; die, die nicht kommunizieren können; von denen jeder in seiner eigenen Welt lebt, selbst wenn sie scheinbar miteinander sprechen.*'[4] Nachher wollte ich wieder hinuntergehen, es war mir unklar, wie ich es schaffte, dort hinunterzukommen, *wo es weder Griffe noch Tritte gab und senkrecht abfiel.*[4] Das Kind sprang und schwebte zu meiner Verwunderung einfach hinunter, und schließlich erreichten wir den Boden, wo es Bäume und einen Weg gab."[5]

Eine erste Absicht dieses Traumes bestand in der Selbsterkenntnis. Diese erfolgte dadurch, daß eine seelische Situation der Träumerin in drastische, visuelle Bilder umgesetzt wurde.

Die Burgruine war die Existenz Miriams. Sie zog sich wie eine chinesische Mauer über die Hügel, weil Miriam in ihrer Sonderwelt eingekapselt war, wie hinter einer Mauer. Aber die Mauer war gleichzeitig ruinös: ein Abbild des Erlebens, daß die Abwehr gegen die Welt ohnmächtig war, daß die Sphäre der Seele brüchig, allen äußeren Einflüssen offen ausgesetzt war. Miriam befand sich mit einem fünfjährigen Kind dort, das sich "zu ihrem Entsetzen auf den äußersten Rand über den Abgrund setzte". Wir haben beide, Miriam und ich, in der Psychotherapie verstanden, daß das Kind die noch gesunde, keimende, kindliche Seite ihrer Person verkörperte. Das Kind stand in einem Gegensatz zu der fünfzigjährigen Frau, die vor viel schwerem Silbergeschirr saß, also zu der zweiten Seite ihrer Person, der vermaterialisierten, viel älteren Wesensseite der Gesellschaft. Es war diese Seite, die wußte, in einer "verdammten" Welt zu existieren: "Hier oben wohnen die Verdammten; die, die nicht kommunizieren können; von denen jeder in seiner eigenen Welt lebt, selbst wenn sie scheinbar miteinander sprechen." Die verschlossene, kommunikationslose Welt war im Traum unmißverständlich und drastisch dargestellt; sie schien senkrecht aufzusteigen und unzugänglich zu sein. Noch leichter als Miriam konnte sich aber das Kind bewegen: "Es sprang und schwebte dann zur Verwunderung Miriams einfach hinunter."

Es war meine Aufgabe in der Psychotherapie, diese Beweglichkeit des Kindes als ein günstiges prognostisches Zeichen auszulegen: etwas in

4 Kursivierung vom Verfasser.

5 Manuskript von Miriam.

Miriam war frei, konnte sich vom Leiden abgrenzen, konnte auf die Erde zurückkehren. Das Kind war im Grunde der Schrittmacher, mit dessen Hilfe Miriam den Boden erreichte, "wo es Bäume und einen Weg gab". Ich betonte und amplifizierte mit meinen Worten die positiven Züge, die befreienden Momente, die im Traum enthalten waren. Ich unterstrich, daß Miriam im Traum aus der unheimlichen Burg schlüpfen konnte: "Nachher wollte ich hinuntergehen, es war mir unklar, wie ich es schaffte, dort hinunterzukommen, wo es weder Tritte noch Griffe gab und senkrecht abfiel."

Die progressive Psychopathologie

Vieles, was die Symptomatik von Miriam kennzeichnete, könnte ich mit dem Begriff der "progressiven Psychopathologie" erfassen. Darunter verstehe ich eine noch psychotische Ausformung von existentiellen Wahrheiten, die zuletzt im gesunden Gewand erscheinen sollen, vorläufig aber des psychotischen Ausdrucks bedürfen, um sich auf diese Art noch durchzusetzen, um nicht jener "Pseudonormalität" Platz zu machen, die eine Remission ohne Heilung, eine 'regredio ad statum quo ante', nach den Worten Miriams selber eine Art Totsein bedeutet hätte. Schauen wir uns dagegen die Ausdrucksformen der progressiven Psychopathologie an.

Miriam war in einer metaphorischen Bildvorstellung, die sie malte, das Opfer einer malignen Hexe, die durch eine leibliche Anastomose mit ihr verbunden war. Ein anderes Mal befürchtete sie, die Wiederverkörperung eines Konzentrationslagerleiters zu sein, der seine Opfer im 2. Weltkrieg in den Ofen befördert hatte. Am Anfang ihres Leidens litt sie unter dem Impuls, eine brennende Zigarette auf meiner Haut auszudrücken usw.

Das alles bedeutete für sie aber nicht nur eine regressive, krankhafte Schuldphantasie, sondern auch, progressiv, die Möglichkeit, sich von einer unbewußten Aggressivität zu distanzieren, die sich aus der Identifikation mit einer negativ erlebten Mutter ergab. Indem sie gleichzeitig das Opfer und den Verfolger in sich erlebte, konnte sie die Spaltung verarbeiten, bei deren Wiederholung der psychotische Patient das Opfer seiner bösen Umwelt ist, und in die progressive Phase eintreten, in der eine Koexistenz des Opfers und seines Verfolgers durch die Distanzierung von beiden erlebt wird.

Die Regression, derzufolge sie monatelang im Bett lag, war in diesem Sinne auch Progression, war auch Ablehnung pseudonormaler Anpassung, war Entwicklung zu einem Zustand, in dem die Mitwelt ihr später sinnvoll werden sollte.

Die Abhängigkeit von meinen Worten, die für sie zeitweise "die Realität machten" und sie erschreckten, war kein Zeichen des Wahns, sondern der

Appersonierung einer positiven Imago, die eben in meinen Worten enthalten war.

Die Macht, die sie mir verlieh, war ferner ein erstes positives Prinzip, das sie als eigene Möglichkeit vorher nicht spüren konnte. Die Ich-Entgrenzung, derzufolge sie sich zeitweise vermischt fühlte mit dem, was sie las oder am Radio hörte, bedeutete den allmählichen progressiven Wegfall jener autistischen Mauer, die sie eingekerkert hatte und gegen die sie in einem Traum von einem SS-Offizier geschleudert worden war. Auch der Abgrund, der einerseits für sie das Sterben, also eine Art Ich-Auflösung war, bedeutete anderseits das progressive *Sich-Fallen-Lassen* auf einen Urgrund, dessen Erreichen neues Dasein begründen sollte. Der Hunger nach mir, den sie oft eindrucksvoll als hungerndes Kind malte, das durch einen Drahtzaun von einer Mutterbrust getrennt wird, bedeutete für sie aber das Selbstverständnis des sich nach Freiheit sehnenden Kindes. Die Halluzinationen bekamen eine neue, progressive Funktion von dem Augenblick an, da die Patientin hier und da meine Präsenz aus der Ferne wahrnahm, da sie das Gefühl hatte, daß ich sie "wie eine Amöbe" berührte. Die Ich-Spaltung, die Ich-Fragmentierung gewannen eine progressive Dimension in der Mannigfaltigkeit der Ichzustände, die nun an die Stelle des inneren "Klotzes" traten und in einem Bilde als kreisförmiger Reigen tanzender Gestalten dargestellt wurden, von denen eine, die progressivste Ichgestalt, schwanger mit ihrem eigenen Selbst war.

Alle die erwähnten Symptome also – Symbiose mit der Hexe, Abhängigkeit von meinen sie tötenden Worten, Ich-Entgrenzung, Ich-Auflösung etc. – waren in meiner Deutung und im Erleben der Patientin eine existentielle Chance. Ich zähle sie nicht als Symptome auf, sondern als "Aussichten auf neue, beginnende Kommunikationsräume". Es ist noch Psychopathologie, wenn wir so wollen, doch ist es eine progressive und nicht mehr eine regressive. Hinzufügen möchte ich schließlich, daß es unmöglich ist zu unterscheiden, inwieweit diese progressive Psychopathologie bei Miriam ein Ergebnis meiner positivierenden Deutungen war, oder inwieweit diese positive Entwicklung, die durch meine Präsenz und auch durch diejenige ihres klugen Ehemannes gefördert wurde, bei mir zum Begriff der progressiven Psychopathologie führte. Was die eine gab, schenkte der andere zurück; zwischen uns war eine Zeitlang nicht mehr genau zu unterscheiden, wer was zuerst sprach und vollzog: also eine Sublimierung jener Identitätskonfusion, die in der unbehandelten Psychose die übliche regressive Psychopathologie begründet.

Im Verlauf dieser Psychotherapie wurde mir jene Erscheinung im Erlebensbereich bewußt, die ich bereits oben dargestellt und als "Dualisierung der Psychopathologie" bezeichnet habe. Ich verstehe darunter, daß psychotische Seinszustände des Patienten in dem Ausmaß von diesem verarbeitet und überwunden werden, wie sie sich in angedeuteter Weise, gewissermaßen sublimiert, beim Psychotherapeuten wiederholen, dort in seinen psychischen Kreislauf aufgenommen und entgiftet werden und so wieder zum Patienten zurückkehren.

Diese Dualisierung bedeutet für den Psychotherapeuten beides, sowohl ein erhebendes Erleben als auch ein äußerst bedrängendes.

Ich wähle nun das folgende Beispiel als eines unter vielen, weil es für mich bei meiner Begegnung mit Miriam besonders überzeugend war: *Ohnmacht und Allmacht*, das waren die beiden Pole meines Erlebens. Für Miriam bedeutete *Ohnmacht* ihre ganze Innerlichkeit; *Allmacht* war aber das "Kennzeichen der Schlange", die sowohl in den anfänglichen Halluzinationen als auch später wiederholt in manchen Bildern von Miriam auftrat. Die Schlange war freilich nicht "sie" selber, sondern eine verfolgende Wut. Aber einmal, als sie diese Wut bildlich darstellen wollte, die ihren Feueratem gegen ihren Ehemann rechts und gegen mich links blies, malte sie *sich* als die Schlange. Auf dem "Bild des Tanzes", auf dem liebliche Gestalten sich im Reigen die Hand boten und den die Spaltung überwindenden Kreis schlossen, war die große Schlange dennoch im Hintergrund anwesend.

Mit Recht lehnte sich Miriam heftig gegen meine Anregung auf, diesmal die Schlange wegzulassen, sich mit dem Bild des Lebensbaums in der Mitte der Komposition zu begnügen. "Der Tanz und der Lebensbaum können nur existieren, weil auch die Schlange da ist."

Wenn der innere Zustand Miriams eine Ohnmacht ohne Ende war, dann bedeutete die Schlange die Allmacht der Psychose. Diese beiden Mächte, die negative und die positive, wurden nun während der Psychotherapie zeitweise auf mich übertragen. Ich war einmal der Mörder, als den sie mich auf einem Papierfetzen, mit einem riesenlangen Penis und Teufelshörnern, darstellte. Ich wurde aber auch als der Heiland gemalt, der Brot und Fische vermehrt; als der Christus, der in die Hölle hinabsteigt, die dreifach gespaltene Patientin zu holen; als der Riese mit zehn Armen; als der gute Hirte; als die Mater misericordiae; als der Mann, der die Dornenkrone der Patientin mitträgt; als der Odysseus, der die Patientin zum anderen Ufer hinüberrettet; als der Christophorus, der, überlebensgroß, das kleine Kind auf seinen Schultern über den Fluß der Psychose trägt.

Nie haben mich solche Darstellungen in Verlegenheit gebracht oder etwa meinen Narzißmus stimuliert. Weil ich mich vor diesen Gefahren sicher fühlte, konnte ich jene anderen Augenblicke gelassen ertragen, da ich unverhofft von meiner Höhe, manches Mal aus äußerlich nichtigen Gründen – etwa nur, weil ich beispielsweise drei Minuten später zur Sitzung kam –, in einen Abgrund der Wut gestürzt wurde.

Es erwies sich, daß die Dualisierung der Ohnmacht ein genügendes Gegengewicht bildete gegen die Allmacht, die dadurch gelassen hingenommen werden konnte: die vielen Stunden des Nicht-Könnens, des Zweifels an der Zukunft, der Bereitschaft, trotzdem durchzuhalten in der Aussichtslosigkeit oder auch die gelegentliche Wahrnehmung gegenaggressiver Regungen, die das eigene Selbstbild als Therapeut in Frage stellten – das alles war Dualisierung der Negativität.

Unser gemeinsames Verstehen der Psychose

Eine Frage von Miriam, die sie mir oft stellte, war die, ob ich wisse, wie es in ihrem Inneren aussehe. Diese bange Frage wurde von ihr immer wieder vorgetragen, als ob von meiner Antwort, von meiner Fähigkeit zu verstehen, Leben oder Tod abhängen würden. Lange bemühte sie sich, mir in ihrer Sprache zu sagen, wie es in ihrer Welt aussah. Und sie vergewisserte sich oft: “Wissen Sie es nun?” – “Erinnern Sie sich?” – “Verstehen Sie mich?” Diese Fragen lösten in mir eine gewisse Unsicherheit aus, denn ich verstand und verstand vieles doch nicht; empathisch ja und logisch nicht; ich hatte ihre Spaltung als eine Spaltung meiner Vernunft teilweise introjiziert. Aber ich überwand die Unsicherheit im Verstehen der Frage, im Wissen um die Notwendigkeit des Fragens. So antwortete ich: “Du sprichst so oft davon, in der Hölle zu sein. Hölle ist aber der Zustand des restlosen Verlustes jeglicher Mitmenschlichkeit, des grenzenlosen Abbruchs jeglicher Kommunikation, der völligen Vereinzelung der inneren Erfahrung. Du möchtest dich vergewissern, daß ich mit dir zusammen in der Hölle bin, so, wie du es gemalt hast.”

Ja, wir Therapeuten bemühen uns, das manches Mal schwer Verstehbare zu verstehen, ihm unser Wort zu leihen, damit es durchsichtig für den Patienten werde. Wie gut Miriam den Sinn dieses Anliegens verstand, wie bereit sie war, sich mit meinen Worten und somit mit meinem kohärenten Ich zu identifizieren, darin Selbstkohärenz findend, zeigen die folgenden Worte von ihr: “Wenn man erlebt, daß Wände warm und voll Strahlen werden, wie elektrisch, kannst du daraus etwas machen? Bei solchen Erlebnissen tönen die Worte so absurd, man ist zu Tode entsetzt, wenn man es sagen würde; dabei bedeutet es in Wahrheit etwas Entscheidendes, Lebendiges, sich Veränderndes, man fühlt, daß es lebendiger ist, aber man ist entsetzt, weil man nur diese absurden Worte hat, die einen selbst erschrecken; man hat eine ungeheure Angst, daß du dann zum Beispiel sagst ‘nein, elektrische Wände gibt es nicht’ und damit das Lebendige als verrückt darstellst und abtötest, statt einem dafür die richtigen Worte zu geben, sodaß man erleben kann, daß das wirklich ist und sein darf. Solche Beispiele gibt es zu Hunderten, Tausenden; wo man etwas sich Durchsetzendes erlebt, ist es mit einer absurden, alten Sprache vermischt, sodaß man selbst den Sinn nicht mit vernünftigen Worten weiß und ihn doch deutlich und sinnvoll im Gegensatz zum alten Geist erlebt, aber nur absurde Worte zur Verfügung hat, über die und deren Vermischung man selbst entsetzt ist; *und man braucht dringend jemanden, der einem die richtigen Worte dafür gibt, statt es abzustreiten.*"

Ich habe versucht, Miriam die richtigen Worte zu geben. Darin lag unser gemeinsames Verstehen der Psychose.

Das Problem der Aggressivität

Es gibt keine Psychosentherapie, in der sich der Therapeut nicht mit der Aggressivität seines Patienten befassen müßte. Aber es gibt vielleicht auch nur wenige Therapien, in denen der Patient nicht mit der Aggressivität seines Therapeuten zu tun hat.

Zum ersten: die Aggressivität ist eine allgemein menschliche Eigenschaft, die sowohl in allen großen politischen, religiösen und sozialen Auseinandersetzungen der Menschen als auch in der Intimsphäre zum Ausdruck kommt. Ebenso wie die Liebe und die "Objektbeziehungen" kann auch die Aggressivität sowohl bindend als auch trennend wirken. Der leidende Mensch aber, und ganz besonders der psychotische, ist ein vorzüglicher Träger einer solchen negativen Kraft. Er ist ein Mensch, der sich von seiner Familie, seiner Gesellschaft, seinem Überich, seinem eigenen Selbst ausgeschlossen fühlt. Er vertritt narzißtisch nur sich selbst; aber er hat kein Selbst und er liebt sich auch überhaupt nicht. Er klammert sich an die anderen und doch haßt er sie, teilweise oder ganz und gar, wie sich selber.

Er ist dann auch, wegen seines Schicksals und seines Verhaltens, das Opfer der Gegenaggressivität der anderen, die sich von ihm befremdet, betroffen, verletzt, schockiert, im Stich gelassen fühlen. Der schwer psychisch Leidende gibt sich in seiner Wut gar keine Rechenschaft über seine Vorgeschichte. Erst in der Psychose ist die Aggressivität dann nicht mehr verdrängbar.

Die Psychose Miriams begann mit der *Angst, den eigenen Mann zu töten.* In der ersten Zeit unserer Psychotherapie klagte sie oft, daß ihr zwanghaft "schreckliche Worte" wie "Sadismus", "Gewalt", "Grausamkeit", "Vergewaltigung", "Mord", "Zerstörung" usw. in den Sinn kämen. Einmal hatte sie die Vorstellung, eine ihrer Freundinnen würde am Morgen mit durchschnittener Kehle gefunden. Ein anderes Mal hatte sie die angstvolle Phantasie, mit einem Messer über mein Gesicht zu fahren.

Solche Phantasien traten manchmal auch in Augenblicken auf, in denen ich sie nicht einmal in Frage gestellt hatte. Sie konnte mir dann mit wutentbranntem Gesicht sagen, sie würde mich einmal ganz sicher umbringen, sie könne mir das "schwören". Und das alles geschah zu einer Zeit, da Miriam gleichzeitig um mein Leben zitterte, da sie sich oft erkundigte, ob ich genügend essen würde, da sie die Wände ihres Zimmers mit Plakaten tapezierte: "Nicht schlagen" oder "Der Großvater ist zerbrechlich".

Spaltung? Ambivalenz? Ich gebrauchte in der Therapie solche Worte nicht, die trennend zwischen mir und Miriam stehen würden. Ich betonte den positiven Prozeß: die in langen Jahren angestaute, sich selbst unbekannt gebliebene, stets kontrollierte und dann, am Anfang der Psychose, in Sinnestäuschungen hervorbrechende Aggressivität wurde durch positive Kräfte in derselben Weise kompensiert, wie Säure durch Base neutralisiert wird; aber doch so, daß am Ende mehr Liebe als Aggressivität übrig blieb.

Ich hatte die Psychotherapie mit einer positiven "Gegenübertragung" begonnen. Die ersten Wutausbrüche Miriams, ihre Schläge, verfolgten mich oft in meinen Träumen. Miriam drohte beispielsweise auch, jede Beziehung zu mir abzubrechen, wenn sie erfahren würde, daß ich einem Patienten ein Medikament verabreicht hätte. Ich fühlte mich daraufhin im Traum körperlich verletzt. Ich hatte das Gefühl, Miriam könnte die Beziehung zu mir, in die ich so viel Energie investiert hatte, einem Dogma opfern. Ich fühlte mich zeitweilig unter einen ungeheuren Druck gesetzt.

Miriam beklagte sich schließlich auch über meine negative Haltung. Ich hatte damals mehrmals von *ihrer* "Negativität" gesprochen und sie damit leider verletzt.

Durch den Versuch, eine Allianz mit ihrer von mir als positiv empfundenen Seite herzustellen und von diesem Bund aus den "psychotischen Negativismus" zu analysieren, wirkte ich zeitweise auf sie so , als ob ich ablehnend gewesen wäre. War ich es? – Ich meine zwar, daß in einer Psychosentherapie auf die Dauer keine Gegenübertragung frei von aggressiven Regungen ist. Hier möchte ich aber in einem gewissen Gegensatz zu der Meinung der Patienten behaupten, daß die therapeutische Aggressivität letzten Endes *auch* heilsam ist. Dadurch, daß wir an der Aggressivität des Patienten *teilnehmen* und diese nicht bloß deuten, haben wir ein Mittel in der Hand, sie zu überwinden: wir können sie in uns reproduzieren, um sie durch die immerwährende Zuwendung zu überwinden. Ich erwähnte auch, daß solche aggressiven Vorgänge innerhalb einer grundsätzlich positiven Übertragung stattfanden: diese war zwar nicht frei von negativen Impulsen; solche dienten aber dazu, daß eine längst angestaute Wut nun endlich durch stärkere, positive Regungen neutralisiert werden konnte ("nicht schlagen").

In der Gegenübertragung geschieht dasselbe. Es geschieht sogar in einer noch kräftigeren Weise, indem wir Therapeuten diese Leistung einer

Neutralisierung der Aggressivität nicht erst von den Patienten erwarten, sondern schon in uns selber vollbringen.

Das Geschehen der Heilung – Individuation und Trennung

Der Prozeß von Miriams Heilung erfolgte durch eine weitgehende Infrage-Stellung meines einst von ihr stark idealisierten Bildes.

Das lange Schweigen Miriams, als sie sich von mir nicht genügend begleitet fühlte, obwohl ich während Hunderter von Stunden bei ihr ausharrte, erlebte ich allerdings wie die *Dualisierung eines inneren Todes*, also dessen, was sie oft "das Letzte" oder "die Letzten" genannt hatte. Interessanterweise hat mich Miriam während jener Phase einmal selber darauf aufmerksam gemacht. Sie sagte zu mir: "Jetzt mußt du das Nichts wirklich spüren."

Ich erinnere mich auch an einen eindrucksvollen Einfall Miriams, "die Analyse ist zu einem Skelett geworden", oder auch an einen späteren Traum, in dem ich ein *Professor war, der sich mit Fossilien beschäftigte*. Der einst halluzinierte Tod war jetzt in mir. Einmal, noch zur Zeit der Idealisierung, hatte sie mich symbolisch als ein Gerippe gemalt, das sie, Miriam, in den Armen trug und das zwischen Hölle und Paradies stand.

Gegen Ende der Psychotherapie hatte ich das Gefühl, als hätte ich das Todesprinzip Miriams in mich aufgenommen. Ich empfand dies aber als etwas letzten Endes Positivies. War es aber wirklich eine Dualisierung? Oder war es auch ein unbewußter Versuch meinerseits, jenen psychotischen, fast überwundenen, aber sich deswegen um so unerbittlicher aufdrängenden Tod mit verbalen Einfällen zu begrenzen, zu konstellieren, zu sublimieren, um mich selber vor der Gefahr einer stummen psychischen Ansteckung zu schützen? Wie dem auch sei: mein "Versagen" hatte auch eine gute Seite; es stimulierte ihre Selbständigkeit, die dann schließlich zur Überwindung der therapeutischen Symbiose führte. Durch die Trennung von mir, die noch ein oder zwei Jahre vorher katastrophal gewesen wäre, wurde Miriam reif für eine ganz neue Erfahrung der Gemeinschaft – die diesmal keine Umgebung sein durfte, die eine Anpassung verlangte, sondern die eine therapeutische Gemeinschaft aus dem Kreis der Antipsychiatrie sein mußte, in der sie sich nicht mehr, wie einst in der Gesellschaft, als "pseudonormal" erlebte. Erst dort, in der therapeutischen Gemeinschaft, kam eine bisher schlummernde Seite Miriams zum Vorschein, durch die "Tat", "Tätigkeit", "soziale Verantwortlichkeit", "Interesse für die Mitmenschen", "Hilfsbereitschaft" usw. ausgedrückt wurden, im Gegensatz zum regressiven Schweigen.

Ich begrüßte die Entscheidung Miriams, in eine therapeutische Gemeinschaft zu gehen. Ich konnte sie ruhig ziehen lassen. Ich spürte, daß ich nicht vor einem negativen Resultat der individuellen Psychotherapie stand; die Hauptarbeit war getan, das war meine feste Überzeugung.

Eine alte Erinnerung kam mir in den Sinn: Während der Zeit, als Miriam bei mir in Psychotherapie war, behandelte ich auch einen alten Mann, der an einer Altersdepression litt. Der erzählte mir eines Tages folgenden Traum: Eine Patientin von mir, eine junge Frau, hätte in der Stunde einen Wutanfall bekommen; sie hätte eine Pflanze, die auf meinem Schreibtisch stand, wutentbrannt auf den Boden geschmettert. Ich sei dabei ruhig geblieben. Ich traute meinen Ohren nicht! Der alte Mann hatte mir genau und in allen Einzelheiten erzählt, was sich am Tag zuvor in der Stunde mit Miriam ereignet hatte, ohne daß er bei mir gewesen war und das Vorkommnis von irgend jemandem hätte erfahren können. Alle Aspekte des Traumes stimmten aber mit der Wirklichkeit überein.

Nur in einem Punkt gab es keine Übereinstimmung: Nach jenem Wutanfall Miriams hatte *ich* mich in Wirklichkeit gefragt, ob die Situation meiner Patientin meine Kräfte nicht doch übersteigen würde. Ich sagte mir damals, daß ich vielleicht doch nicht fähig wäre, sie zu heilen. Der alte Patient erzählte, er habe in einer zweiten Szene desselben Traumes meine bereits geheilte Patientin gesehen; sie war nun vollständig gesund, und ihr Ehemann freute sich über den großen Erfolg.

Manches Mal während der Therapie konnte ich dieser zweiten Traumszene meines Patienten keinen vollen Glauben schenken, obschon der erste Teil des Traumes von einer unglaublichen Hellsicht kündete. Ich dachte jedoch wie FREUD, daß Träume die Zukunft nicht vorwegnehmen können. Nach der Heilung von Miriam habe ich mich gefragt, ob ich nicht eine zweifelsfreiere Therapie durchgeführt hätte, wenn ich einsichtiger in jenen Traum und in die Entwicklungsmöglichkeiten Miriams gewesen wäre.

Wie gesagt, der letzte Schritt zur Heilung Miriams geschah also nicht bei mir, sondern fern von mir, obschon der eigentliche, lange Weg des Gesundungsprozesses mit mir beschritten worden war. In der Symmetrie, im Mittragen, in der Bereitschaft, vom Patienten menschlich zu lernen, in der "Demut" und nicht bloß in der "Technik" des Gesunden liegt beim Psychotherapeuten, zusammen mit dem Feuer seiner Motivation, eine Voraussetzung der Heilung. Psychotherapie der Psychose ist Positivierung des Erlebens des anderen durch einen ungebrochenen Glauben an den heilen Kern des Patienten, den keine Psychose je angreifen kann, den aber der Patient oder die Patientin niemals von sich aus, sondern nur im dualen Spiegel als den "Schatz in der Finsternis" erkennen kann. Letzten Endes wird uns keine Technik, kein Wissen, keine Theorie einen solchen Einblick in die virtuelle Imago des Patienten geben können, die dieser sich dann, psychotisch appersonierend, über den Therapeuten aneignet und als wahrhaft Eigenes weitergestaltet. Der Patient selber gibt uns diese Imago; darin liegt eine Sublimierung des "Transitivismus"; das Heilsbild "transitiviert" durch uns.

Aber irgendetwas in ihm will und kann uns das geben, oder auch nicht; genauso wie irgendetwas in uns empfangen will und kann, oder eben nicht.

Hier liegt die Grenze alles "Machbaren", hier beginnt der Wirkungsbereich jener "zweiten Intelligenz", als die FREUD das Unbewußte verstand und die ich ergänzend als das mit-daseiende und nie ganz erforschbare Unbewußte des Psychiaters verstehe. Die Heilung selbst ist aber größer als all das. Sie ist mehr als eine Erfahrung der Dualität, mehr als eine Psychodynamik der Psychose. Die Heilung ist ein Ereignis, das letztlich in sich selber ruht, das heißt, das aus keinem unserer Gedanken, unserer Einfälle, unserer Handlungen zwingend hergeleitet werden kann –, obwohl keinem einzigen dieser Faktoren eine Rolle der Vorbereitung abgesprochen werden darf.

Die Heilung Miriams ergab sich nicht aus einer bloßen Wiederanpassung an die Realität, sondern aus der Bewegung der "progressiven Psychopathologie", aus der Entwicklung einer einst die Ichgrenzen erschütternden Psychopathologie in eine neue Weitung der Ichgrenzen, in einen existentiellen Raum, der ohne die schreckliche Leere der Psychose nicht denkbar gewesen wäre; eine konstruktive Offenheit, dort, wo früher nur das psychotische "Offenliegen" war. Dieselben Entfremdungserlebnisse, die Miriam gequält hatten, transformierten sich nämlich – gelegentlich – in metaphysische Erlebnisse; die Symbiose mit den Dämonen verwandelte sich in eine Symbiose mit der Welt, mit jener Tiefe, die das Ich nicht auflöst, sondern erst differenziert.

Das Wort von der "Ichgrenze", das FEDERN in die Psychologie eingeführt hat, ist freilich metaphorisch. Aber die Metapher ist anschaulich: wo alte Ichgrenzen brüchig wurden, wurden sie häufig zugleich befähigt, das Hereinbrechende aufzunehmen. Ich zitiere aus einem Brief Miriams, ein Jahr nach dem Abschluß der Psychotherapie geschrieben: "Oft, in letzter Zeit, wenn ich Muße habe, erfahre ich plötzlich, daß es etwas Großes gibt, eine Ewigkeit, ein Zusammenhang, einen Sinn aller Dinge, der mir in einer Vision erscheint, in den Dingen, die ich um mich sehe. Ich erfahre diese Ewigkeit (ich weiß nicht, wie ich diese Angelegenheit sonst nennen soll) als etwas Seiendes, Großes, Gültiges, fast wie ein 'Ding', eine Tatsache, die gleichzeitig viel größer ist als ich selbst, als etwas Grundlegendes, dem ich gleichzeitig gegenüberstehe und dem ich selbst angehöre und das sich doch wegen seiner Größe entbietet; etwas, das ich erfühlen, verstehen und doch nie erschöpfend beurteilen kann. Es ist so, wie wenn ich die alltäglichen Dinge in einer Distanz sehe, in einer Distanz aber, die nicht durch geistigen Tod, Leere und Sinnlosigkeit und Angst verursacht wurde, sondern durch die bewußtseinsvolle Ahnung dieses Großen, das sich immer wieder ungerufen an den einfachsten Dingen dieses Lebens zeigt, am Sonnenschein auf einem Baum, am Lächeln meines Mannes, an irgendeinem Zufall. Dazu kommt, daß ich, ungesucht und ungerufen, zu den unerwartetsten Momenten in meinem Körper wohne, über dessen Vorhandensein und Bewohnung, ja über seine Befühlung von innen heraus ich nur so verblüfft bin. Was mich nun an diesen Geschehnissen etwas ängstigt, ist die Tatsache, daß ich in all diesen Geschehnissen quasi eine geistige Kraft des Wachstums erfasse; das Anklopfen einer Herausforderung, mich berühren zu lassen, die mir ein Hinweis, ein Vorläufer eines Reichtums zu sein scheint, von dem ich nicht einmal zu hoffen gewagt habe; quasi einer geistigen Erweiterung, zu der ich vor kurzer Zeit völlig unfähig gewesen wäre."

Solche Erlebnisse schweben in einem metaphysischen Raum, der nicht etwa auf der Grundlage der medizinischen Heilung aufgebaut werden konnte, sondern erst aus der Erfahrung der Psychose selber entstanden ist, etwa so, als ob dasselbe, das zunächst mit dem negativen Zeichen der Angst kommen mußte, nun dadurch, daß es gemeinsam ausgehalten wurde, sich unverhofft mit dem positiven Zeichen der geistigen Erweiterung zeigt; dieselbe Angst von damals, wie Miriam selber sagt: "Die Angstzustände, die ich vor zwölf Jahren hatte, waren in ihrer Qualität nicht grundsätzlich anders: eine kleine, zwanghafte, tote Welt wurde überrannt von etwas, das so wahr, aber gleichzeitig so schrecklich und groß war, daß es die Gesetze, die an die kleine Welt angepaßt waren und ihr genügten, einfach nicht aufnehmen konnten, weil sie dafür zu klein waren. Allerdings scheint das, was jetzt passiert, auf einer viel höheren Ebene zu sein – und bis jetzt hat mir der Beginn dieser Geschehnisse Gefühle des Glücks gebracht." "Mir ist zumute, als hätte ich ein Stück Wüste bewässert, aber statt daß Kohlköpfe, Rosen und Spinat darauf wachsen, erscheinen die phantastischen Blumen und Pflanzen, von deren Existenz ich nicht einmal geträumt hatte."

Was hier geschildert wird, kann in der Sprache der Psychiatrie so zusammengefaßt werden: die Schranke des Autismus ist zerbrochen, und die Erfahrung der schrankenlosen Kommunikation eröffnet die eigentliche Realität, die ihrem Wesen nach dualer Natur ist.

*Claude**

Diagnose: subakute, schizoaffektive Psychose. Manischer Zustand bei grandiosen Wahnideen. Größenwahn. Denkzerfahrenheit. Nur zum Teil erhaltene Arbeitsfähigkeit.

Dauer der Krankheit vor Beginn der Psychotherapie: 3 bis 6 Monate. Keine Vorbehandlung.

Begleitende Medikation: bei der negativen Einstellung des Patienten und seiner Unverläßlichkeit zeitweise keine psychopharmakologische Behandlung. In akuteren Zuständen begleitende Medikation mit Neuroleptica und Antidepressiva in geringen Dosen.

---

* Erarbeitet mit Maurizio Peciccia.

Dauer der Psychotherapie: diese ist noch, seit über zwei Jahren, im Gang. Wir stellen hier nur einen Abschnitt derselben dar, der zur Rückbildung der anfänglichen psychotischen Phase führte. Es geht uns nämlich bei der vorliegenden Darstellung vor allem um diejenige einer Behandlungsmethode, um das "progressive therapeutische Spiegelbild" (siehe auch spätere Abschnitte in diesem Band).

Anzahl der Therapiestunden: 1 bis 2 pro Woche.

Setting: vis à vis.

Therapeut: Dr. Maurizio Peciccia. Die Darstellung ist von mir (Benedetti), der ich den Fall supervidiere.

Familiäre Verhältnisse: Patient ist selbständig, ledig, hat Rückhalt bei den Eltern. Geordnete Familie. Positive Motivation für eine Psychotherapie. Alter bei Beginn der Psychotherapie ca. 25 Jahre.

Katamnese: gebessert. Zeitweise noch aufflackernde psychotische Symptome, die sich in der Psychotherapie bald wieder auflösen.

"Bin ich verrückt?" fragte mich ein schizophrener Patient bei der ersten Konsultation. Er hatte mich auf Veranlassung seiner Eltern aufgesucht, zur Prüfung der Indikation für eine Psychotherapie.

Der junge, fünfundzwanzigjährige Mann war seit sechs Monaten an einer Psychose erkrankt, in der er einen Größenwahn entwickelt hatte: er identifizierte sich mit Gott, mit Napoleon, mit Robert Kennedy, aber auch mit dem Himmel, dem Polarstern und dem großen Speditionscamion, einem offensichtlichen Penissymbol. Er glaubte, daß eine außerordentliche Frau, Laura, eine vor Jahren flüchtige Bekannte, ihm begegnen solle und ihn für alle Ewigkeit beglücken werde.

Bei äußerlich noch geordnetem Verhalten und bei erhaltener Arbeitsfähigkeit hätte man eine Manie diagnostizieren können, wäre nicht der Gedankengang deutlich zerfahren gewesen: beispielsweise meinte der Patient, der in einer Milchproduktionsfirma angestellt war, in einer Beziehung zur Milchstraße zu stehen. Oder, da er "mit seinen Gedanken in die Träume und die Lieder aller Menschen eintreten konnte", halluzinierte er in diesen die Gesichtszüge seiner Laura. Von einer Manie abweichend war auch die Unfähigkeit des Patienten, zwischen Ich und Nicht-Ich zu unterscheiden: er identifizierte sich buchstäblich mit allem, was ihn umgab, zum Beispiel auch mit dem Radiergummi. Trotz dieser Geistesverwirrung war der Gedankengang des Patienten noch zusammenhängend, sofern man nicht die Inhalte seiner Wahnideen berührte; auffallend war auch die heitere Stimmung, überschattet allerdings von einem unruhigen Blick.

Ich stellte die Diagnose einer *schizoaffektiven Psychose* und eine positive Indikation zur Psychotherapie: der junge Mann hatte zwar keine Krankheitseinsicht und keinen sichtbaren Leidensdruck, meinte aber, daß Außenstehende ihn infolge seiner Äußerungen – die er vorsichtshalber nur für seine Familienangehörigen und seine Freunde reservierte – für verrückt halten könnten – freilich zu Unrecht, denn eine herrliche Gewißheit erfüllte ihn. Diese hinderte ihn allerdings nicht daran, den Psychotherapeuten aufzusuchen, da der junge Mann sich von seinem grandiosen Erleben in seiner Arbeit beeinträchtigt fühlte.

Zur Vervollständigung des Bildes möchte ich noch erwähnen, daß die Familienstruktur normal erschien: die Ehe der Eltern war intakt; der Vater ist ein angesehener Direktor; die Mutter wirkt wie eine besorgte Frau; einzig hätte man die großen, narzißtischen Erwartungen, die die Eltern an diesen einzigen Sohn jahrelang – aber immer in einfühlsamer Weise – gestellt hatten, als pathogenes Moment bezeichnen können. Eine Anklage gegen die Eltern war von dem jungen Mann weder am Anfang noch im Laufe der Psychotherapie zu hören.

Diese Therapie wurde von meinem Mitarbeiter PECICCIA mit der Methode des progressiven therapeutischen Spiegelbildes mit ein bis zwei Sitzungen pro Woche durchgeführt. Sie führte innerhalb von drei Monaten zur Heilung des Größenwahns. Im folgenden beschränken wir uns auf die Wiedergabe jener Stellen, die die Funktion des therapeutischen Bildes und Sinnbildes im Therapieplan veranschaulichen.

“Bin ich verrückt?” fragte der Patient, halb exploratorisch und halb herausfordernd, seinen Psychotherapeuten. Dieser entschloß sich, die sachliche Dimension der Frage offen zu lassen und in die Wahnwelt des Kranken mitgestaltend einzutreten. Er sagte seinem Patienten, daß alles, was dieser erlebe, wichtig und ernst zu nehmen sei und auch für den Therapeuten *in einer verborgenen Weise wahr sei.*

Tatsächlich war der Therapeut bereit, das *Anliegen des Wahns* von Anfang an *aufzuspüren.* In einer ersten Zeichnung (Bild 14) stellte er, der Erwartung des Patienten entsprechend, daß die Begegnung mit Laura sein bevorstehendes Urereignis wäre, eine *Urbegegnung von Mann und Frau auf einem einsamen Planeten im Universum dar.* Man beachte hier ein wichtiges Prinzip dieser Therapie: keine reduktive Interpretation, sondern *eine mitfühlende Spiegeldarstellung, die als in sich sinnvolles Bild dem Wahn seinen Wahncharakter wegnimmt.* Die Sprache kann schnell wahnhaft werden, während das Bild wahr bleibt. Ferner wollte der Therapeut *dem Wahn nicht die konfrontierende Grenze der Rationalität, sondern die dualisierende Grenze des Mitseins, des gemeinsamen Erlebens setzen.* Der Patient verstand unbewußt das therapeutische Anliegen, nämlich etwas Chiffriertem zur Geburt zu verhelfen. Er antwortete assoziativ mit einer Zeichnung (Bild 15), auf der der Mond, von ihm “das weibliche Prinzip” genannt, der Erde, “dem männlichen Prinzip” begegnete; deren Vereinigung, entsprechend der Vereinigung mit Laura, gab einem Embryo das Leben, das auf der Erde an der Stelle des afrikanischen Kontinentes erschien. Vielleicht ein erstes Symbol: Afrika als Urwald, wo das Leben im Dunklen beginnt.

Bild 14

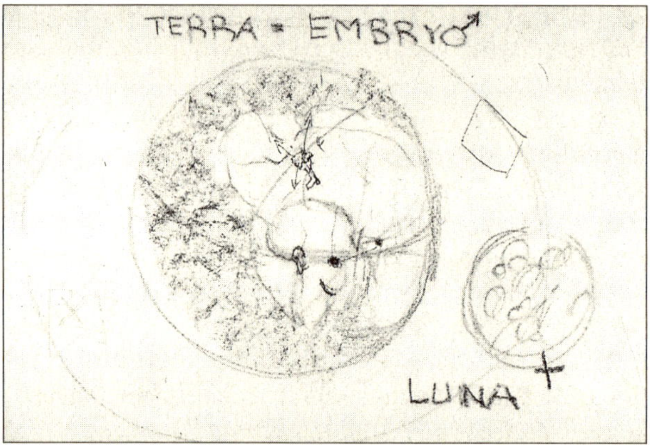

Bild 15

Bild 16

Der Therapeut interpretierte wiederum nicht; nach dieser Methode wird die verbale Interpretation, die die Dinge oft allzu nahe legt, durch das neutralere Bild ersetzt, dessen Symbolik der Kranke mit seinem Unbewußten versteht, ohne damit konfrontiert zu werden. Der Therapeut antwortete auf Pauspapier mit einer symmetrischen Zeichnung (Bild 16), in der er die Verbindung von Erde und Mond verstärkte. Man beachte hier ein weiteres Prinzip dieser Therapie: ein "legitimer", das heißt, psychologisch sinnvoller Ausdruck des Wahns, wie in diesem Falle die intrapsychische Integration der männlichen und weiblichen Seite im Selbst, wird durch ein *symmetrisches* Bild gefördert, das dem Patienten die Bereitschaft des Therapeuten mitteilt, symmetrisch zu seinem Erleben zu stehen. Durch ein solches Bild begibt sich der Therapeut an den Gegenpol zu jenen "Normalen", die etwa der Wahnverbindung mit Laura widersprechen würden. Der Therapeut ermutigt die sinngemäße Verbindung, ohne daß der Wahn als solcher, als irrationales Gebilde, von ihm ermutigt würde.

Als der Patient dann die Stadt Genf, den Ort, wo Laura lebte, mit drei Seen – drei Qualitäten von Laura – zeichnete (Bild 17), ließ der Therapeut in seiner darauffolgenden Zeichnung (Bild 18) auf Pauspapier aus dem Umriß der drei Seen den Körper und den Kopf Lauras erscheinen. Man beachte hier die Pauspapier-Technik: sie erlaubt dem Therapeuten einerseits die Kopie der Patientenzeichnung, also die indirekte Mitteilung an ihn, daß beide Partner *vom gleichen Erlebenszentrum ausgehen*, anderseits auch die Progressivierung des Patientenbildes, das in den Händen des Therapeuten das Erleben des Patienten ausweitet, ergänzt oder sublimiert.

In diesem Falle half der Therapeut seinem Patienten, *Laura zu finden*; er legte sie also nahe, wo sonst kein Gesunder sie zu erblicken vermocht hätte. So verglich der Vater des Patienten im Gespräch mit seinem Sohn dessen Wahnidee mit einer "Grippe", die keine schlechte Prognose habe, aber trotzdem nur Krankheit sei.

Meistens verteidigt der Geisteskranke den Wahn gegen die Realität der Gesunden. Hier, wo der gesunde therapeutische Partner die Anwesenheit der Wahnfrau symbolisierte, teilte der Patient umgekehrt zum ersten Male in einer Zeichnung (Bild 19) die Aussichtslosigkeit des Wahns mit: er zeichnete eine Reihe ineinander geschachtelte Puppen, die angeblich, nach der Deutung von ihm, die verschiedenen Reinkarnationen seiner Geliebten waren; wobei aber jede Frau nur eine Schale der darauffolgenden war: das Wesen der Frau selbst wurde also nie erfaßt. Welche unbewußte *Krankheitseinsicht im Bilde!*

Der Psychotherapeut *positivierte* aber das trostlose Bild; er verwandelte es in eine "maternité divine" (Bild 20), die das *Thema der Selbstgeburt in der Begegnung mit der Urfrau* symbolisierte. Man beachte hier das Prinzip der *"Progressivierung"*. Diese liegt darin, daß aus einem regressiven Wahngedanken des Patienten – etwa die Reinkarnationen von Laura – ein pro-

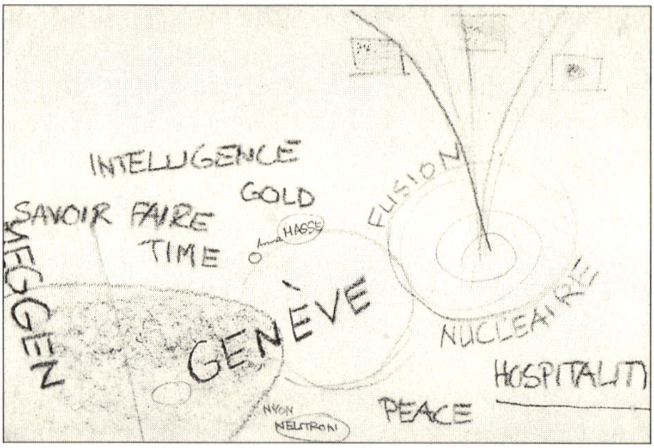

Bilder 17

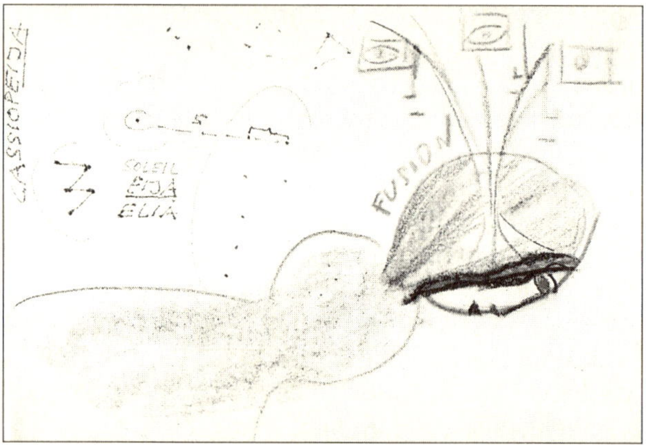

Bild 18

gressives Symbol entsteht, die Geburt des Selbst, ohne daß dem Wahn rational widersprochen würde!

In die symbolarme Welt des Patienten wird also das Symbol eingeführt: es ist ein diskretes Symbol, das dem Kranken die Freiheit läßt, es zu beachten oder auch nicht – nichts wird aufgedrängt. Ein Sinnbild wird vom Unbewußten des Kranken um so besser erkannt, je weniger sein Ich sich dazu aufgefordert fühlt, Stellung zu nehmen. Das Symbol spricht immer an, weil es immer positiv ist.

In der Tat erfolgte hier eine zeichnerische Antwort des Patienten (Bild 21), ein Bild, auf dem Christus – der Patient selber – zwischen zwei Marien am Kreuze hing, umkreist von weiteren Frauen, unter denen der junge Mann

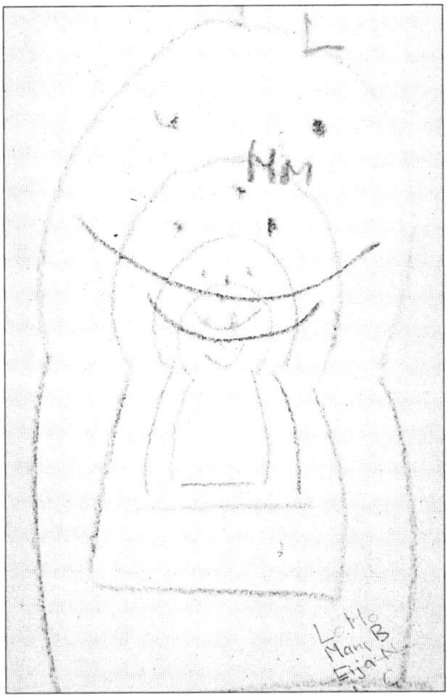

Bild 19

Bild 20

wiederum sich selber sah. Man spürt hier sowohl das verborgene Leiden dieser Manie, namentlich das Kreuz, als auch die Pathogenese des Wahns. Das Fehlen der männlichen Identität wird nämlich dadurch deutlich, daß nur Frauen den Christus umgeben, der als Gottessohn diese männliche Identität im Sich-Opfern wiederherstellen soll. "Schon seit zweitausend Jahren hänge ich am Kreuz", meinte der Kranke seufzend, "nun will ich mit meinen Frauen leben!" Die Kehrseite dieser manischen Hoffnung war freilich die depressive Resignation: "Ich bin Christus; aber ich kann nicht alles machen!"

Der Therapeut verglich den ekstatischen Zustand seines Patienten mit demjenigen des Menschen im Höhlengleichnis von PLATO: vom Licht geblendet, könne er die Schatten, die unsere Realität ausmachen, nicht mehr sehen! Vor allem wurde aber die zentrale Gestalt des Wahns selber, die Christusgestalt, mit der sich der Patient identifizierte, nun zum Anlaß für den Therapeuten, allmählich *auf die Notwendigkeit der Realitätsgrenze hinzuweisen*, etwa durch die Besinnung, daß Christus auf das Privileg seiner Gottheit am Kreuz verzichtete, um die Grenzen des Menschlichen anzunehmen.

Wir sehen an diesem Punkt, daß das "progressive therapeutische Spiegelbild" als Grundtechnik nur das Gerüst der Therapie ist, jedoch die amplifi-

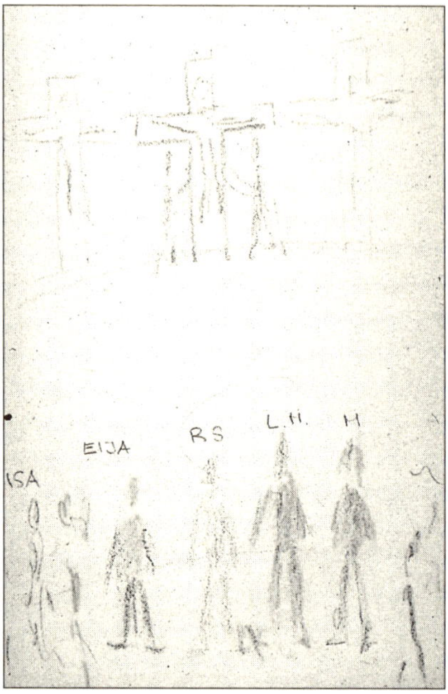

Bild 21

zierende oder auch die rekonstruierende Deutung nicht ausschließt, sondern sie mitverwendet, sobald der Ichzustand des Patienten dies erlaubt.

Aber auch andere, empathische Aspekte der Begegnung zwischen Patient und Therapeut werden von uns sorgfältig beachtet, entweder einfach wahrgenommen oder auch, je nach der Situation, therapeutisch genutzt. Ich denke hier zum Beispiel an die Träume des Therapeuten. Unser Therapeut reagierte auf ein telefonisches Gespräch mit der besorgten Mutter des Patienten, bei dem diese ihm berichtete, daß der Sohn sich nur noch mit Brot ernähre und alles Fleisch ablehne, mit einem eigenen Traum, in dem er Fleisch für seinen Kranken kochte. Es gab im Traum aber keinen Kochtopf; der Therapeut mußte das Fleisch primitiv auf Steinen braten. Man befand sich also in einem archaischen Grund der Seele. Der Kranke erschien im Traum seines Therapeuten und half ihm beim Kochen; aber er bat ihn, *allein an seiner Stelle zu essen*, er könne es noch nicht. Das heißt, das Unbewußte des Kranken ist kooperativ; das Ich ist aber noch unentwickelt. Ferner soll der Therapeut als Stellvertreter seines Patienten für ihn das tun, was er selber noch nicht tun kann.

Ein paar Tage nach diesem Traum, den der zurückhaltende Therapeut seinem Patienten *nicht* mitteilte, äußerte dieser den Wunsch, sich endlich von seiner krankhaften Identifikation mit Gott zu trennen, diese "mache ihn verrückt!"

Solche Zusammenhänge (Traum des Therapeuten – Einsicht des Patienten) sind nach meiner Erfahrung in der Psychotherapie der Psychosen so zahlreich, daß sie nicht zufällig sein können. *Es ist, als ob das Unbewußte des Kranken in einer von uns nicht rational faßbaren, erklärbaren Verbindung mit dem therapeutischen Unbewußten stünde* und alles, was bei diesem geschieht, registrierte. Die therapeutische Phantasie – etwa der Traum, für ihn zu kochen – bleibt für den Patienten *unbewußt, aber nicht unerkannt.* Der Patient antwortet auf den nicht mitgeteilten positiven Traum durch einen auffallenden Fortschritt in seinem Zustand.

Ein weiterer, auffallender Fortschritt unseres Kranken bestand darin, daß er, der bisher Traumlose, nun, wie in einer geheimen Absprache mit seinem träumenden Therapeuten, zu träumen begann. Dies war für uns umso überraschender, als der Patient mir bei seiner ersten Konsultation gesagt hatte, er habe in seinem Leben nur ein einziges Mal geträumt: in seiner Kindheit. Damals sei er im Traum mit knapper Not einem riesigen Feuer – der künftigen Psychose? – entkommen. Seitdem träume er nicht mehr. Alle Träume, die der Patient dann in dieser Psychotherapie hatte, zu erwähnen und zu besprechen, würde ein Kapitel für sich beanspruchen. Wir können zusammenfassend nur soviel sagen, daß es Individuationsträume waren, in denen der Kranke gefährliche, aber sinnvolle Leistungen vollbrachte und in denen er durch symbolische Gestalten, die wie chiffrierte Bilder der therapeutischen Person waren, auch Hilfe bekam.

Wir beschränken uns hier auf die Besprechung eines einzigen Traums, der einerseits mit den Zeichnungen der beiden Partner im Zusammenhang stand, anderseits die gegenseitige Identifizierung von Teilen des Patienten mit Teilen des Therapeuten symbolisierte.

Ich habe oben die symbolische Verdichtung von Patient und Therapeut "Übergangssubjekte" genannt und auch ausgeführt, daß sie Herolde der "progressiven Psychopathologie" sind, das heißt, einer *noch psychopathologischen, aber bereits symbolischen Sprache, die die psychotischen Phantasien dem Raum des Autismus entzieht und in den Dienst der Kommunikation stellt.*

Ich erwähne in diesem Zusammenhang einen Traum unseres Patienten, in dem zwei Diebe auf ihn aufgepaßt haben, um ihm seinen kostbaren Fotoapparat zu stehlen. Der Fotoapparat war ein Symbol des realitätsfähigen Ich; die Diebe aber waren Symbole der Psychose. Das Eigentümliche an besagtem Traum war nun der Umstand, daß ein "kleiner Mann" die wesentliche Rolle in der Handlung spielte: dieser gab sich zunächst als Freund des Patienten aus, um ihn dann an den Ort zu locken, wo der Diebstahl stattfand.

Wer war dieser kleine Mann? Als Supervisor dachte ich sofort an den "kleinen Mann" im Patienten, der durch die "göttliche Superidentität" zum Manne werden wollte; also an jene fehlende männliche Identität, die das Ich durch phantasmatische Versprechungen an den Ort lockte, wo dieses Ich seiner Vernunft beraubt wurde. Der Psychotherapeut selber hatte aber einen anderen Einfall: er, der therapeutische Riese in diesem psychotischen Drama, identifizierte sich mit dem "kleinen Mann" und teilte diese Ansicht als Deutung seinem Patienten mit. *Kein Verstehen ist in der Psychotherapie objektiv; es ist in einem operationellen Sinne wahr, also objektiv in dem Ausmaß,* in dem es helfend handelt, in dem es "objektbezogen" ist.

Die Identifikation des Therapeuten mit dem "kleinen Mann" war operationell richtig und zwar in einem dreifachen Sinne:

a) der Therapeut appersonierte eine Seite des Patienten, um sie zu verwandeln;
b) der Therapeut wollte nicht größer sein als das "Männchen" im Patienten;
c) und vor allem: der Therapeut wollte die Auseinandersetzung zwischen den verschiedenen Ichteilen des Patienten als eine Auseinandersetzung zwischen dem Patienten und ihm selbst progressiv gestalten.

Was heißt das? Der Therapeut antwortete auf die Zeichnung des Patienten (Bild 22), in der er, wie im früheren Traum, von den drei Dieben umgeben ist und wo der "kleine Mann" ihn dann allein zurückläßt, mit der Zeichnung, in der er sich im kleinen Mann "erkennt" und zum Patienten zurückkommt, um ihm zu helfen (Bild 23). Der Therapeut wollte also sowohl dem durch die Psychose verwundeten Ich helfen als auch den "kleinen Mann" im Patienten, das abgespaltene Ichteil, rehabilitieren, und er konnte dies am besten tun, indem er ihn verkörperte und seine "Schuld", die Verantwortung an der Psychose, übernahm. Der Patient beharrte in seinem Zorn und warf den "kleinen Mann" ins Wasser, *übertrug also auf den Therapeuten seine psychotische Erfahrung* (Bild 24). Aber der Therapeut identifizierte sich dann mit einem der zwei Diebe und ließ den Reuigen den gestohlenen Fotoapparat zurückgeben (Bild 25).

Bild 22

Bild 23

Bild 24

Bild 25

Bild 26

Die Psychose wird also im Sinnbild rückgängig gemacht, und die unbewußte Triebfeder der Psychose, der Dieb, wird *dem Ich unterstellt.* Dann entschied sich der Patient in einer Spiegelzeichnung dafür, den "kleinen Mann" – also sowohl den Therapeuten als auch eine eigene Seite, ein Übergangssubjekt – aus dem Wasser zu retten (Bild 26).

Sowohl der "kleine Mann" als auch die noch ganz abgespaltenen Es-Teile, die Diebe, wurden durch die operationelle, sowohl verbale wie zeichnerische Deutung zu "transaktionellen Subjekten", zu Verkörperungen von Teilen des Patienten und Teilen des Therapeuten, der sich in ihnen erkannt hatte, so wie sich der Patient früher in psychopathologischer Weise projektiv in allen Gegenständen der Welt zu erkennen glaubte. Die wahnhafte Projektion, der Transitivismus und die Appersonation des psychotischen Patienten werden umgekehrt und sublimiert, indem der Therapeut den Patienten appersoniert und sich transitivistisch im Patienten erlebt, jedoch symbolisch und nicht mehr, wie in der Schizophrenie, konkret. Weil die therapeutischen Identifikationen Spiegelbilder der psychopathologischen Appersonierung, des psychopathologischen Transitivismus sind, kann man sagen, daß sie *die Sprache der Psychopathologie sprechen.* Weil aber alle diese Identifikationen symbolisch und nicht mehr konkret sind und im Dienste der Kommunikation stehen, kann man von einer *progressiven Psychopathologie* reden.

Der Psychotherapeut macht die abgespaltenen Ich- und Es-Teile des Patienten integrationsfähig, indem er in diese eigene Ich- und Es-Teile fließen läßt. Die so integrationsfähig gewordenen Aspekte der Person positivieren zusätzlich das psychotische Geschehen, das zwar noch in den Bildern der Psychose, aber nun in umgekehrter Richtung verläuft, weil sich in diesem Verlauf das Selbst-Symbol, das in der Psychose verloren gegangen war, rekonstituiert. Die Bilder sind jetzt keine halluzinatorischen Projektionen mehr, sondern gemeinsam entworfene Symbole, in denen der

Patient über die Beziehung zu seinem Therapeuten und in den Wechselfällen dieser Beziehung das Selbst-Symbol findet und somit die Fähigkeit zurückgewinnt, sich von den Verwechslungen mit der Welt als Selbst zu distanzieren.

Der Psychotherapeut ist in alldem wie das Enzym in einer biochemischen Reaktion, also die vorläufige Brücke des Patienten zu sich selber; ist der Patient zu sich gekommen, wird der Therapeut, ein früheres Übergangssubjekt, ganz als selbständige Person erkannt. Indem der Psychotherapeut sich nicht darauf beschränkt, den psychotischen Patienten in Schutz zu nehmen vor seinen Gegenspielern, ja vor seinen Feinden, sondern auch eigene Teile in diese fließen läßt, zeigt er dem Patienten indirekt, daß die Gegner zu einem wesentlichen Teil Projektionen des Kranken selber sind; solche Projektionen können verwandelt und zurückgenommen werden, wenn sie genügend positiviert worden sind.

Ein eindrucksvolles Beispiel dafür ist die Beziehung unseres Patienten zu seinem Vater. Wir können hier sagen, daß die Psychose von Claude eine wesentliche *ödipale* Wurzel hatte. Der Gott, der der Patient in seinem Wahn sein wollte, war niemand anderes als der Vater selber; so wie die Traumfrau, die er begehrte, unbewußt die Mutter war. Verschiedene Symbole haben diese psychodynamische These im Laufe der Psychotherapie nahegelegt: einmal die Familiengeschichte, in der der einzige Sohn ehrgeiziger Eltern zum Träger von deren Narzißmus geworden war, dann die Rebellion der Jugendzeit, da der Sohn aus der Angst heraus, das hohe, berufliche Ideal des Vaters nicht erreichen zu können, begonnen hatte, in Läden Fotoapparate zu stehlen und asozial zu werden – vergleiche den Traum, in dem die Diebe ihm seinen Fotoapparat stahlen –; weiter die affektive Unzulänglichkeit aller heterosexuellen Beziehungen in der ödipalen Abhängigkeit von der eigenen Mutter; sodann die Projizierung des unbewußten Mutterideals auf Laura und die Identifizierung mit dem Vater, im Wahn Gott zu werden. In der Identifizierung mit Christus zeigte sich schließlich der verzweifelte Versuch, die gottähnliche Seite mit der leidenden in der Christusgestalt zu verschmelzen. Da der Patient aber durch den Wahn und das fehlende Selbstsymbol gerade den Kontakt mit der eigenen Leidensseite verpaßte, blieb er in der schizophrenen Spaltung stecken und scheiterte. Wir haben gesehen, daß vor allem die Bereitschaft des Psychotherapeuten, in die verborgene Leidensgestalt zu treten, die Integration und die Annahme der eigenen Person förderte. Der Patient realisierte, daß sein Leben ein einziger Irrweg gewesen war.

Er zeichnete ein Labyrinth, in dem er sich befand (Bild 27). Zusammen mit dieser Einsicht wurde er zunehmend depressiv: die Herrlichkeit des maniformen Wahns war vorbei; *der Kontakt mit dem tieferen Selbst konnte nicht anders als schmerzlich sein* – die depressive Phase von Melanie Klein nach der schizoparanoiden. Die Zeichnung des Patienten beantwortete der

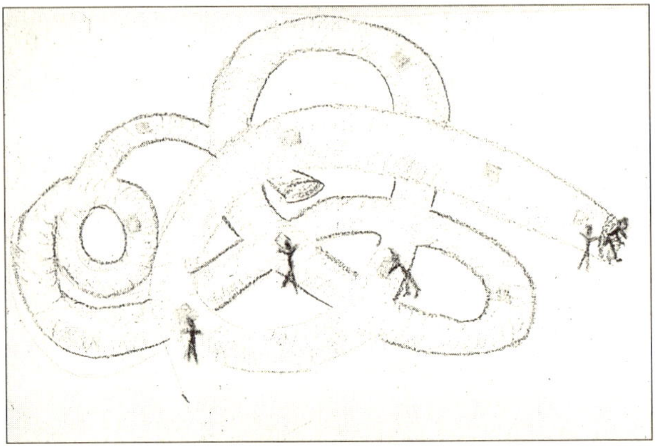

Bild 27

Bild 28

Therapeut auf Pauspapier nun mit einem Bild (Bild 28), auf dem sich eine Straße im Labyrinth öffnete. Es wäre naiv anzunehmen, daß es genüge, eine Straße darzustellen, um sie einem Kranken auch gleich zu eröffnen. Was über das therapeutische Bild verwandelnd wirkt und das Sinnbild stiftet, ist vor allem das therapeutische Unbewußte, das das Selbstsymbol des Patienten schafft. Dies geschieht durch die Identifikation mit dem Kranken und die Übernahme seines Leidens. Der Therapeut hatte unmittelbar *vor* seiner Zeichnung einen Traum, in dem er sich selber in einem Labyrinth von hohlen Röhren befand und durch diese kriechend einen Ausgang suchte. Weil der Therapeut seine Lage im Unbewußten mit derjenigen seines Patienten tauschte, konnte dieser auf der freien Bahn des Therapeuten schreiten!

Dieser Therapeut, der positivierte, erhellte, ernährte, schützte, war gewissermaßen zum Symbol des Vaters geworden, ohne ihn aber zu ersetzen. Viel eher war er dem Patienten eine Brücke zum Vater. Indem er die negativen Projektionen des Patienten – die Diebe – in sich selber verwandelte, hellte er auch die Vaterprojektionen des Patienten auf. Wie wir schon gesagt haben, ging die Gottesidentifikation des Kranken aus einem unbewußten Wettstreit mit dem Vater hervor. Nun begann der wirkliche Vater im Traum und im Bild des Patienten anders zu erscheinen als früher, so daß dieser keine Angst mehr davor haben mußte, von ihm erdrückt zu werden, und darum nicht mehr verführt wurde, auf seinen Thron steigen zu wollen.

In einer Zeichnung im Anschluß an diejenige des Therapeuten (wieder auf Pauspapier) stellte er sich selber mit einem Radiogerät in der Hand dar, das ihn befähigte, die Sendungen des Vaters aufzunehmen: Ratschläge, Informationen, Nachrichten, die im Labyrinth Orientierung schufen. Auch dieser phantasmatische Vater war freilich letzten Endes der Therapeut: aber in der Gestalt des wirklichen Vaters. Die Psychotherapie führte zur Versöhnung der Gegensätze, zur echten Individuation, zur Verschränkung von Bild und Sinnbild, Vater und Therapeut, Selbst und Spiegelbild.

Während diese "katathymische" Entwicklung lief, das heißt, eine Entwicklung, die aus den spezifischen Konflikten und Komplexen des Patienten ihre Kraft zog, entwickelte sich auf einer anderen, simultanen Linie die "synthymische" Psychotherapie, das heißt, die therapeutische Antwort auf jene Situationen der Not, die zwar inhaltlich verschieden, aber formell gleich, sich bei allen psychotischen Patienten wiederholen und die die Angst und die Verzweiflung der Psychose ausdrücken. Der Patient stellt sich beispielsweise als eine welke Blume dar, die auf eine telefonische Stimme oder auf eine weibliche Begegnung (die zwei Blumen oben) wartet (Bild 29). Der Therapeut erscheint ihm in der Pauspapierantwort (Bild 30) als derjenige, der die Wurzeln der Blume mit dem Wasser, mit der Liebe und mit der aus dem Telefon kommenden Stimme ernährt. Darauf antwortet der Patient seinerseits positiv (Bild 31): die einst gebrochene Blume erhebt sich. Das Telefon verwandelt sich in eine Sonne, die mit ihren Strahlen die Blume berührt.

Auf einem anderen Bild ist der Patient in einer Welle der Depression am Ertrinken. Der Therapeut rettet ihn anschließend auf einem Floß (Bild 32). So entsteht eine Folge von Bildern. Die Depression dauert an: der Kranke fällt ins Wasser zurück; der Therapeut steigt dann auch ins Wasser, um bei ihm zu sein und ihm zu helfen, wieder auf das Floß zu steigen usw.

Bei all diesen Versuchen, den Patienten aus seiner Depression herauszuholen, wird der Therapeut aber nicht müde, das depressive Selbst dem Patienten als Chance zurückzuspiegeln. Er erinnert sich daran, daß der "Embryo", den der Patient am Anfang seiner Therapie als seine letzte existentielle Möglichkeit gezeichnet hatte, von ihm gleichzeitig als ein Teil Afrikas dargestellt worden war, wo der Welthunger so drückend herrscht. Sogar in der manischen Phase war dieser Patient nicht ganz selbstbezogen;

Bild 29

Bild 30

Bild 31

denn er wollte Weltpräsident werden, um dem Hunger in der Welt ein Ende zu setzen.

Bild 32

Der Therapeut würdigte nun das depressive Selbst als jene Seite des Patienten, die nicht mehr abwehrend auf das Elend der Welt projiziert werden durfte, sondern die das Leiden der anderen nur im Wissen und Aushalten des eigenen Leidens mildern konnte. “Wie wahr ist das”, kommentierte Claude, “wie sehr bin ich jetzt gezwungen, mich von jenen äußeren Werten – Status, Erfolg, Gottähnlichkeit – zu trennen, die mich verrückt machten, um nun mich zu suchen.” So wurde der Gotteswahn überwunden.

Letzten Endes ist also auch das progressive therapeutische Spiegelbild, wie jede Psychotherapie, ein Dialog. Die Zeichnung ist nur der Träger einer mitmenschlichen Zuwendung, die in den schöpferischen Reserven des Unbewußten gründet und schließlich zum Wort als dem königlichen Mittel der Kommunikation drängt.

Bildgestaltende Psychotherapie

Ich neige immer wieder dazu, den in diesem Kapitel darzustellenden Bereich als 'Kunsttherapie' zu bezeichnen. Denn meines Erachtens verdient die im Verlaufe mancher Formen der Psychotherapie entstehende Bildnerei oft, relativ unabhängig von ihrem kognitiv zu beurteilenden Formenniveau, die Bezeichnung 'Kunst', weil sie von kranken Menschen stammt, die ihren Kampf auf Leben und Tod in meistens sehr einfachen, aber immer erschütternden Bildern ausdrücken, und weil eine solche Gestaltung uns Psychotherapeuten so anspricht, wie die eigentlichen Kunstwerke alle Menschen ansprechen. So, wie wir alle in den großen Dokumenten der Kunst der Darstellung unseres menschlichen Seins begegnen und uns dieses dadurch neu aneignen, so erlebt der Psychotherapeut seinen gemeinsamen Lebensweg mit dem Patienten in dessen Ausdrucksbildern.

Aber gerade dieser Faktor, daß nämlich das Aus-drücken der innerseelischen Zustände und der unbewußten Erlebnisse absolut im Vordergrund steht, hindert mich daran, von 'Kunsttherapie' zu sprechen; denn das Wort 'Kunst' läßt uns doch immer assoziieren, daß das Vorrangige ein ästhetisches Anliegen, das Schaffen eines formal und technisch gelungenen Bildausdrucks ist. Von dieser ästhetischen Komponente müssen wir bei den Bildnereien unserer Patienten aber meistens völlig absehen. Ich wähle darum im Folgenden die neutralen Begriffe 'bildgestaltend' und 'Bildgestaltung', allenfalls noch 'Bildnerei' für diesen Bereich der psychotherapeutischen Arbeit und der aus ihr erfolgenden Theoriebildung.

Ich werde dabei meine Ausführungen einschränken auf das Gebiet der Psychosen, auf dem ich die meisten Erfahrungen habe, aber doch nicht so weit, daß nicht auch allgemeinere Aspekte der Psychotherapie erwähnt würden. Die Psychotherapie der Psychosen ist nicht so spezifisch wie deren Psychopathologie, die die Syndrome abgrenzt, weil sie diese Syndrome auf allgemein menschliche und damit universelle Probleme zurückzuführen versucht.

*Das Bild als Gestaltung der psychotischen Innenwelt und als progressive therapeutische Spiegelung**

Um noch einmal auf die Überschrift des Großkapitels einzugehen: würde man nur von "gestaltender" Psychotherapie sprechen, so müßte man einräumen, daß dieser Begriff zu weit gefaßt ist; denn gestaltend ist im Grunde jede Psychotherapie – sie ist Gestaltung des Patientenunbewußten in den Träumen, Assoziationen, Übertragungen, und sie ist auch Gestaltung der therapeutischen Person in ihren Empfindungen, Gegenübertragungen, Deutungen, Träumen.

Wir wollen hier aber den Begriff "gestaltend" enger fassen, nämlich im Sinne der *äußeren* Gestaltung durch das *visuelle* Bild.

Wir wissen heute, wie stark sich diese äußere, bildhafte Gestaltung auf das Innere des Patienten auswirken kann; wie auch bei schwerkranken Patienten erstaunliche Fortschritte zu erzielen sind, die unser Wort sonst nicht erreicht oder die unser Wort nicht hören wollen.

Wie ist das möglich, was geschieht eigentlich durch das Bild?

Ich bin sicher nicht der erste, der sich diese Frage gestellt hat, und ich glaube auch nicht, auf die sich immer neu stellende Frage auf wenigen Seiten eine erschöpfende Antwort geben zu können. Darum möchte ich in meinen Ausführungen der Frage lediglich auf Grund meiner eigenen Erfahrungen nachgehen, die sich besonders auf die *Psychotherapie der Psychosen,* sowohl der Schizophrenien als auch der Depressionen und der Borderline-Fälle, beziehen. In den letzten Jahren sind meine direkten Erfahrungen mit solchen Patienten zwar seltener, dafür diejenigen aus den Supervisionen zahlreicher geworden. In diesem Rahmen möchte ich nun, etwas schematisch, zwei verschiedene "Settings" unterscheiden, bei denen die bildgestaltende Psychotherapie ihre Anwendung findet:

Es gibt Psychotherapien, bei denen der Therapeut nicht selber mit seinen Patienten zeichnet oder malt, sondern einfach anregend, kommentierend, deutend bei seinen Patienten weilt, während diese sich schöpferisch ausdrücken. *Das Bild stammt dann ganz vom Patienten.* Und es gibt Psychotherapien, bei denen das Bild *gemeinsam gestaltet wird*; sei es, daß der Patient und der Therapeut am selben Bild arbeiten, sei es, daß sie "reziprok" zeichnen. Auf dieser letzteren Ebene habe ich zusammen mit meinem Mitarbeiter Maurizio Peciccia eine Arbeitsmethode entwickelt, die wir "das progressive therapeutische Bild" nennen.

Ich werde nun diese beiden verschiedenen Settings getrennt darstellen. Daß es Übergänge gibt und daß das Wirkende sich nicht einteilen, sondern

---

* Erarbeitet mit Maurizio Peciccia.

nur von verschiedenen Gesichtspunkten her meditieren läßt, ist für mich selbstverständlich. Ich wage sogar zu sagen, daß verbale Psychotherapien, bei denen das Bild nicht konkret erscheint, sondern eine gemeinsam behandelte Phantasie bleibt, eine ähnliche Wirkung haben könnten wie die bildgestaltende Therapie. Bevor ich aber auf das spezifische Thema dieses Kapitels eingehe, möchte ich etwas Grundsätzliches zum Wesen der Imagination in der Psychotherapie sagen.

Die Wirkung der Bilder in der Psychotherapie läßt sich daraus verstehen, daß bei manchen Kranken die Abwehrstrukturen des Charakters in einer seelischen Schicht zwischen Sprache und Gefühlsleben begründet sind. Diese Abwehrstrukturen werden durch den direkten Zugang zum Bild unterlaufen, dessen libidinöse Besetzung und Entfaltungsdynamik die Abwehr sozusagen "von unten her", ohne die direkte, verbale Konfrontation mit dem begrifflichen Problem auflöst. Dies führt uns zur Bedeutung der *Regression*, die im Rückgriff auf die uralte Erfahrung des Bildes und mit dem Ausblick auf den durch die Verarbeitung des Bildes ermöglichten Wiederaufbau vom Patienten als eine Voraussetzung für den *Neubeginn* erlebt wird.

Die Regression des malenden, zeichnenden Patienten kann mit der ursprünglichen Versunkenheit des spielenden Kindes verglichen werden, das in der Abwehr der Ansprüche der äußeren Welt zu den inneren Imagines findet, die als Übergangsobjekte zwischen Vergangenheit und Zukunft entworfen werden. Im Bildentwurf ist dann, wie im Spiel, ein "*Probehandeln*" enthalten, bei dem die spontane Geste den Grad und den Anspruch der phantasmatischen Realität selbst *dosiert* und *gestaltend interpretiert.*

Mit dieser *Strukturbildung* geht die *Entspannung einher, die in der Erfahrung der Kreativität*, des Fabulierens und Neuschaffens enthalten ist. Selbst wenn der Patient während dieses Vorgangs schmerzliche Erfahrungen reflektieren muß, die eben ins Bild übersetzt werden, so wächst doch im Erleben der freien, schöpferischen Transkription das Bewußtsein des eigenen Seinsursprungs, der den Patienten als einen Schaffenden in die Welt stellt.

Das alles vermag das Bild nicht nur kraft seiner lebensgeschichtlichen Tiefe, sondern auch kraft seiner Universalität, die von der individuellen Lebensgeschichte abzusehen vermag. Man bewegt sich dann mit dem Patienten in der bildhaften Phänomenologie seiner Gegenwart, in der das Selbst sich im Nicht-Selbst spiegelt. In der schützenden Anwesenheit des bald abwartenden, bald strukturierenden Psychotherapeuten geschieht dies in einer wortlosen Weise. Die Konfrontation mit der schmerzlichen begrifflichen Problematik wird noch hinausgeschoben, bis das Ich genügend ernährt und dazu ausgerüstet ist. Die bildgestaltende Psychotherapie ist im Grunde eine "projektive Psychotherapie". Sie steht im dialektischen Gegensatz zu jener "reflektierenden Psychotherapie", die ein ursprüngliches Anliegen der psychoanalytischen Reduktion ist: wobei der "Sinn" nämlich durch den Begriff erschlossen und das Traumbild durch die denkerische Rekonstruktion des latenten Traumgedankens dechiffriert wird.

Es gehört zum Wesen des modernen Menschen, daß er die Psychologie entdeckt hat, die es früher nicht gab, das heißt, daß er das nach innen zurückgenommen hat, was in der Antike und im Mittelalter immer "welthaft" wahrgenommen wurde. Die menschliche Seele scheint ursprünglich "welthaft konstruiert" zu sein, was sie in der Sicht der introspektiven Psychologie als eine stets "projizierende" Seele erscheinen läßt. Der Sinn lag einst in der Einbeziehung der Welt, während er heute eher in der Rücknahme des Urbildes in einen Gedanken erfaßt wird. Schon die alten Traumerzählungen zeigen uns dies:

"König Rudolf" – so erzählt die von Elagius Kiburger verfaßte Chronik – "habe eines Nachts einen Traum gehabt, eine große Stadt mit zwölf Toren erblickt, die je von einem Engel bewacht waren. Als er einen Priester nach der *Bedeutung* des sonderbaren Traumes fragte, bekam er zur Antwort, er solle zwölf Kirchen als Tochterkirchen des Gotteshauses im Paradies, wie die Ortschaft *Einigen* damals geheißen habe, erbauen lassen."

Wir sehen: das Traumbild wird in das Äußere fortgesetzt und *dort* als sinnvoll betrachtet. Ein heutiger Symbolforscher oder Psychotherapeut würde ein solches Traumbild auf eine *innere* Urschau des Individuationsgedankens zurückführen. Die Seele des früheren Menschen suchte aber ihren Weg der Individuation in einer Verlegung nach außen, in einer tätigen Verstärkung und Verwirklichung des Innenbildes, was uns heute eher als ein Acting Out erscheinen mag.

In den Giotto-Bildern der Oberkirche in Assisi sehen wir den heiligen Franziskus, der nach dem im Traum erhaltenen Befehl Gottes, seine zerfallende Kirche wieder aufzubauen, dies zunächst *buchstäblich* tut. Die *Gestaltung* war aber nicht bloß ein Irrweg, sonst hätte Giotto das rührende Bild nicht gemalt; sie war notwendiges visuelles Symbol der Tat, die im Konkreten visionär erfolgen mußte, um welthaft zu sein.

Dieser Exkurs führt uns zur Erkenntnis der Bedeutung des Bildes auch in der Psychotherapie. Der innere Vorgang will sich im Spiegel erfassen, um von dort her volle seelische Wirklichkeit zu werden. Die Entdeckung des Bildes in der Psychotherapie ergänzt die introspektive Seite der heutigen Psychologie auf die prospektive Seite der uralten menschlichen Seele hin.

Nach diesen grundsätzlichen Überlegungen möchte ich nun im zweiten Teil dieses Kapitels die Funktion des Bildes in der gestaltenden Psychotherapie für das erste der beiden oben erwähnten, operationellen Settings genauer beschreiben; das heißt, jene Situation, bei der das Bild des Patienten ganz von diesem selbst stammt als Gestaltung seiner Innerlichkeit.

Knapp und präzis hat Gottfried Waser, einer meiner Mitarbeiter, mit dem zusammen ich vor bald zehn Jahren diese Arbeitsweise entwickelt habe, ihre Bedeutung in der Dialektik von Innen und Außen formuliert: "Kreative Therapien, sei es mittels Bildnerei oder dramatisch-szenischer Gestaltung, befreien uns, heilen uns, weil wir, durch die *äußeren* Gestaltungen und Rituale angeregt, *innen* die seelischen Energien fließen lassen und neue Möglichkeiten des Verstehens erproben."

Im folgenden möchte ich versuchen, weitere Überlegungen dazu zu formulieren. Der bildhafte Ausdruck kann zunächst ganz einfach als eine "Projektion" verstanden werden. *Projektion auf das Bild* bedeutet, daß das Patientenselbst etwas aus-drückt, von dem es ganz durchdrungen ist. Nach dem Aus-druck liegt es gewissermaßen "draußen"; es läßt sich von außen betrachten, ist auch ohne Worte für jeden Partner zugänglich und mit einem Blick vom Patienten selber überschaubar.

Wo früher in der Identifizierung mit dem Komplex eine krankhafte intrapsychische Identität vorhanden war, entsteht jetzt "Raum" in der Spannung einer "Selbstverdoppelung" zwischen Innen und Außen.

Diese Projektion, die also dem Subjekt *welthaften Raum* schafft, erlaubt zugleich die *Lokalisierung* des ausgedrückten Affekts. So kann eine Depression vom Patienten als eine schmutzige, schwärzliche Wasserpfütze gemalt werden, die immerhin *Konturen* hat. Die Farbe selbst läßt im noch Amorphen schwache Konturen auftauchen, die das Überfließende als wirre Linie sowohl wiedergeben als auch ein wenig abgrenzen. Jede Lokalisierung bedeutet auch eine *Abgrenzung*. Der Verfolger, der mit gespenstischer Hand nach dem unsichtbaren Patienten im intrapsychischen Raum griff, wird nun selber durch den Griff des Bleistifts festgehalten; man hat ihm "die Maße genommen", ihn "im Bilde gefangen", durch den "Ausdruck festgenagelt", hat ihn anschaulich gemacht und dadurch in seiner Physiognomie ein wenig erkannt.

Festnageln, anschaulich machen, abgrenzen: ist das alles nicht auch *Ichaktivität?* Somit also *Abwehr* im positiven Sinne des Wortes, die nun dort an die Stelle tritt, wo früher nur die *Passivität* des wehrlos vom Leiden Ergriffenen zu spüren war. *Projektion, Lokalisierung, Abgrenzung, Abwehr* – alle diese Begriffe bedeuten, daß etwas Diffuses, nur als Angst oder Depression Wahrnehmbares für den Patienten selbst zu einer Sache wird: eine Physiognomie bekommt, die schließlich das Ebenbild der Angst und der Depression ist oder sich in einer Handlungsszene entfaltet, die endlich etwas *objektiviert*. Mehr und mehr wird der Patient zum Herren seiner eigenen Krankheit; er lernt, mit ihr zu leben, von ihr kreativ Abstand zu nehmen, sie durch das Bild auch weiter zu gestalten.

Was geschieht darüber hinaus durch die Erfahrung der *Dualität* in diesem Rahmen, also durch die Kommentare und Deutungen des Therapeuten?

Der gute Therapeut ist ergriffen von den Leistungen seines Patienten. Er erlebt dessen Bilder als ebenso genuine Äußerungen seines Leidens wie andere Menschen die Schöpfungen der Kunst. Das Bild des Patienten erreicht für den Therapeuten den Wert eines Kunstwerkes durch seine Aussage*kraft*, die vielleicht *nur er* ganz wahrnimmt.

So entsteht das, was ich die "projektive Kompetenz" des Bildes nenne, das heißt, dessen Fähigkeit, sich als *Projektionsobjekt für den Therapeuten* zu eignen. Wir projizieren auf das Bild des Patienten unsere Liebe zu ihm, unsere Anteilnahme, Erschütterung, Ergriffenheit, aber auch unser eigenes Leiden. So kommt es zur *Appersonierung* von Teilen des therapeutischen Selbst durch den Patienten. Erst auf der Grundlage einer solchen Appersonierung und Identifizierung mit dem das Bild erkennenden Therapeuten kann nun der Patient auch dessen Deutungen wahrnehmen und den Sinn erfassen, den er selbst, nicht in Gedanken und nicht mit Worten, auf das Bild projizierte: der Patient kommt einen weiteren Schritt *zu sich.*

Die therapeutische Deutung kann sich aber auch eines anderen Mittels bedienen als des Wortes: sie kann *ihrerseits* auch grafisch sein. Somit komme ich zum letzten Thema dieses Kapitels, dem *reziproken* Bild, das ich, noch deutlicher, als das *progressive therapeutische Spiegelbild* bezeichnen möchte.

Ein Grundzug meiner Psychotherapie bei psychotischen Patienten besteht in der *Identifizierung* mit dem Erleben des Patienten und in der *Öffnung* dieses vom Therapeuten *appersonierten* Erlebens auf eine *positive Variante* hin, die es umwandelt.

Der Psychotherapeut begibt sich mit seinen Phantasien, seinen Träumen und wachen Einfällen in die Welt des Patienten, um *von dort her* die *progressiven* Bewegungen als Stellvertreter des Patienten zu vollziehen. Diese Psychotherapie ist also im Wesentlichen eine *Positivierung des psychotischen Erlebens durch dessen Dualisierung*. Sie erfolgt in der *Gegenidentifizierung des Patienten mit dem sich ihm gleich machenden, aber zugleich über ihn hinaus weisenden Psychotherapeuten.*

Mit ROSENFELD stellen wir uns vor, daß der psychotische Mensch eine *abnorme*, exzessive, projektive Identifikation entwickelt, weil er seine selbständige Identität verloren hat und allzuviele eigene Teile in das Objekt verlegt – woraus eine Konfusion von Subjekt und Objekt entsteht, die weit über den WINNICOTTschen Begriff des Übergangsobjekts hinausgeht; hier wird im Übergang das Selbst nicht mehr entdeckt, sondern verwirrt.

Tatsächlich also kein Übergang, sondern identifikatorische Konfusion mit der Umwelt, Verlust jener Subjekt-Objektgrenze, die KANT als eine Grundkategorie der Existenz bezeichnete. Wenn die Psychose nach dieser Auffassung damit zusammenhängt, daß die menschlichen Symbole mit den von ihnen gemeinten Objekten zusammenfallen und der psychotische Patient sich nur in der Weise ausdrückt, daß er die Welt der Objekte, der Realität halluzinatorisch verändert, dann liegt die therapeutische Aufgabe darin, in der Zuwendung zum Patienten ein Symbol seiner Person entstehen zu lassen, das die Wurzel in ihm selber hat und nicht mit dem Objekt verwechselt werden muß.

Die Bildung eines Übergangssubjekts rettet das Selbst des Patienten deshalb, weil es dem Patienten wie ein Spiegel seine durch die positivierenden Einfälle des Therapeuten angereicherte Imago zurückwirft. Wenn der Therapeut in seinen Einfällen, Träumen, Zeichnungen Teile des Patienten *in sich* entdeckt, fördert er nicht mehr die abnorme projektive Identifikation, den Ich-Verlust des Patienten, weil dieser nun beginnt, umgekehrt, bedeutsame Teile des Therapeuten zu introjizieren und dadurch seine negative Selbstidentität zu korrigieren und die fehlende positive aufzubauen. Im folgenden möchte ich nun eine bestimmte praktische Anwendung dieser Psychotherapie darstellen, eine von meinem Mitarbeiter PECICCIA und mir entwickelte zeichnerische Methode, die ich "das progressive therapeutische Spiegelbild" nenne.

Es handelt sich um eine Arbeitsweise, bei der die soeben zusammengefaßten, grundsätzlichen Konzepte angewendet werden, indem beide Partner, der Patient und der Therapeut, zeichnen, wobei durch die Verwendung von *durchsichtigem Pauspapier* der Therapeut zum Spiegelbild seines Patienten wird. Die Kommunikation zwischen Patient und Therapeut erfolgt dabei auf einer doppelten Ebene, auf der der Worte und auf der der Zeichnungen, die nachträglich immer verbal kommentiert werden.

Auf der grafischen Ebene findet ein ständiger Austausch von Zeichnungen statt, die auf *Pauspapier* ausgeführt werden, und zwar so, daß der Therapeut die unter dem Pauspapier sichtbare Zeichnung des Patienten weitgehend kopiert, aber dann an einer bedeutsamen Stelle durch eigene Einfälle verändert. Gleichzeitig macht der Patient dasselbe mit einer anderen therapeutischen Zeichnung.

Der Therapeut beantwortet also die Zeichnung des Patienten und umgekehrt. Das ermöglicht die Aktivierung des Unbewußten bei beiden, und die Verwendung des Pauspapiers erleichtert die Darstellung der Einfälle zum Bild des Partners. In einem Übergangsraum, der die beiden umfaßt, entsteht eine geschichtliche Reihenfolge von Bildern, auf denen Symbole erscheinen.

Indem der Therapeut das Bild seines Patienten zunächst kopiert, identifiziert er sich mit diesem und zeigt ihm dadurch, daß er an *seiner* Stelle steht – und dann darf er etwas Neues beginnen. Durch den Ausdruck der Symmetrie übernimmt der Therapeut in seiner Zeichnung und in seiner Seele die negativen Botschaften des Patienten, die BION einmal "mind-less" genannt hat. Durch diese Übernahme und Symmetrie ist er befähigt und in den Augen des Patienten auch erst berechtigt, dem Bilde etwas hinzuzufügen – und dieses "Etwas" ist eben der therapeutische Einfall, der dem Patienten sein nun verwandeltes Bild zurückgibt.

Auf eine solche "progressive" Kopie des Therapeuten kann der Patient, je nach seiner Ich-Lage, entweder berührt oder ergriffen reagieren; er kann die therapeutische Positivierung in seinem nächsten Bild übernehmen und sogar weiterführen, oder er kann mit einem Widerstand, mit einer Ablehnung des therapeutischen Bildes, mit einer Regression auf sein ursprüngliches Bild reagieren. Trifft das erste zu, so ist der Therapeut erfreut; er darf sich bei seiner folgenden Zeichnung damit begnügen, das Bild des Patienten genau zu kopieren, ohne etwas Eigenes, Neues hinzuzufügen, gewissermaßen als Anerkennung des Fortschritts. Wenn der Patient aber widersteht, soll sich der Therapeut zunächst fragen, ob er seinem Patienten zu schnell vorausgegangen ist. Entweder reguliert er dementsprechend sein Angebot oder er wiederholt sein positives Symbol, den destruktiven Tendenzen nicht nachgebend.

Das progressive therapeutische Spiegelbild entsteht in der *Spannung zwischen Symmetrie und Asymmetrie* von Patient und Therapeut. Überall dort, wo der Therapeut die Innenwelt des Patienten *positivieren* will, ist sein Spiegelbild asymmetrisch; es fügt demjenigen des Patienten die entscheidende positivierende Zutat bei, die der Patient durch seine Gegenidentifikation mit dem Partner assimilieren soll. Überall dort aber, wo der Patient durch seine Zeichnung einen Fortschritt anmeldet, soll das Spiegelbild des Therapeuten symmetrisch zu ihm sein; es bestätigt die Zeichnung des Patienten vollauf.

Symmetrie und Asymmetrie gehen aber auch vom Patienten aus. Im Versuch, sich seinem Therapeuten anzupassen, zeichnet er oft symmetrisch zu ihm; im Widerstand gegen ihn zeichnet er asymmetrisch.

Wir meinen, daß solche Verhältnisse der Symmetrie und Asymmetrie, der Positivierung und Progressivierung, der Identifikation und der Gegenidentifikation durch das Bild ungemein viel anschaulicher sowohl für den Patienten als auch für den Therapeuten werden, den dialogischen Prozeß beschleunigen, die Phantasien der beiden anregen und die Erfahrung der gegenseitigen Nähe vertiefen. Dazu kommt noch, daß die direkte Konfrontation, die in der Psychotherapie der Psychosen wenig fruchtbar ist, durch den Rückgriff auf das Bild vermieden wird. Der Patient spricht von sich selber *durch* das Bild; er lernt so, sich durch das Bild zu schützen, und er erlebt die symbolische Natur des Bildes. Bedenkt man, daß die eigentlichen Symbole in der Psychose meistens durch halluzinatorische Bilder ersetzt werden, die nicht mehr, wie echte Symbole, transparent auf das Selbst hin sind, sondern dieses als Wirklichkeit aufsaugen, so kann man sagen, daß das progressive therapeutische Bild *das Symbol in die Welt des Patienten einführt.*

Der psychotisch Kranke, der halluzinierend inmitten von Bildern lebt, erkennt sich durch diese doch nicht, weil seine halluzinatorischen Bilder nicht auf Möglichkeiten seines Selbstseins hinweisen, sondern die Transparenz des Symbolischen verloren haben; sie sind, ganz konkret, eine deformierte Welt, aus der es kein Entweichen mehr gibt.

Das in der Therapie entstandene Bild wird als Sinnbild erkannt, weil es, wie jedes Symbol am Anfang des Lebens, in einer *Dualität* entsteht.

Wir verstehen das therapeutische Bild als eine therapeutische Aussage, die sich sehr präzis, aber *indirekt* dem Patienten zuwendet, weil sie ihm kundtut, was der Therapeut *in sich* erlebt und nicht nur, wie der Patient ist. Das heißt, der Therapeut sagt durch das reziproke Bild, wie er *in sich* die Psychose des Patienten positivierend erlebt, und nicht bloß – was bei einer rein verbalen Deutung der Fall wäre –, wie er sie *von außen* betrachtet.

Aufgabe des therapeutischen Unbewußten ist es, das verdrängte und abgespaltene Positive wahrzunehmen und dem Kranken zurückzuspiegeln. Das kann freilich auch über das Wort geschehen, auch über die Fähigkeit des Therapeuten, einen Traum des Patienten neu zu gestalten, weiterzuträumen, zu vollenden in einer ihn überraschenden Weise. Aber das Spiegelbild des Therapeuten kann all das in einer noch eindrucksvolleren Weise tun, weil unser psychisches Leben ursprünglich von Bildern geprägt worden ist, weil das konkrete Erleben der Außenwelt die erste Selbstwahrnehmung in der Kindheit war, weil das Selbst erst aus der Introjizierung des eigenen Spiegelbildes in der Welt der Eltern entstanden ist. Das katathyme Spiegelbild des Therapeuten ist somit ein *progressives* Bild; es nimmt seinen Ursprung von dort her, wo der Patient steht, öffnet dessen Psychopathologie aber auf etwas Neues, sie Überwindendes hin.

Da dies alles aus der Verbindung von Patient und Therapeut entsteht, ist das therapeutische Spiegelbild auch ein "Übergangssubjekt": Übergang vom Patienten zum Therapeuten und umgekehrt, Übergang von einer Selbstidentität des Patienten zu einer anderen, die sich jedoch zunächst, als eine neue Identität des Patienten, außerhalb von ihm formt.

Diese Gedankengänge erinnern sowohl an die Arbeit von SEARLES als auch an die von SECHEHAYE. SEARLES schreibt zum Beispiel: "... one oft the major functions of this (therapeutic) symbiosis is, in my experience, that it enables the patient's increasing integration to occur as it were *external* to himself, in the intrapsychic experience of the therapist, as a prelude to its development at an intrapsychic level within the patient himself." SECHEHAYE spricht von der symbolischen Realisation, wobei das Symbol eine Gestalt ist, die dem psychotischen Patienten, der in einer asymbolischen Welt lebt, sonst fehlt.

Ich selber möchte diese Ansätze sowohl in einem Bild neu gestalten als auch begrifflich neu interpretieren – etwa durch die Begriffe des Übergangs und des Progressiven.

Mit dem Begriff "*progressives therapeutisches Spiegelbild*" bezeichne ich also eine neue Arbeitsmethode bei der Behandlung psychotischer Menschen. Es handelt sich dabei um eine Bildersprache, mit der der Therapeut zum Kranken spricht, den er mit bloßen Worten noch zu wenig erreichen kann. Das Wort "Spiegelbild" bedeutet, daß der Therapeut ein Bild für seine Kommunikation mit dem Patienten wählt, das aus der Identifikation mit diesem und aus dessen Erlebniswelt stammt, *sodaß der Therapeut in seinem Bild eine positive Potentialität des Patienten diesem zurückspiegelt*, weil er beim Patienten etwas Schöpferisches, Fortschreitendes wahrnimmt, was dieser selbst bei sich nicht zu sehen vermag. Im Bild des Therapeuten, das eben über das Erleben des Patienten hinausgeht, wird ein Bild des Patienten sichtbar, das sich nicht nur aus dessen eigenem Erleben ergibt, sondern *auch* und wesentlich aus dem Blick des Therapeuten.

Ich erreiche mit dieser Methode, die dem Geist meiner gesamten Arbeitsweise mit psychotischen Patienten entspricht, daß der Psychotherapeut sich nicht darauf beschränkt, die Psychopathologie zu analysieren und zu deuten, wie das sonst in der Psychoanalyse der Neurosen der Fall ist, sondern daß der Therapeut dieser Psychopathologie etwas hinzufügt, das zunächst wie eine willkürliche Zutat aussieht, in Wirklichkeit aber einer unbewußten Gesetzmäßigkeit entspricht: unser Unbewußtes wird nämlich vom psychotischen Patienten in *der* Weise angerufen, daß es eine verdrängte *positive* Möglichkeit des psychotischen Menschen wahrnimmt. Denn es ist meine Erfahrung, daß der Vorgang der Verdrängung in der Schizophrenie oft umgekehrt verläuft wie normalerweise, indem nicht das Negative, sondern das mögliche Positive verdrängt wird.

*Bildgestaltung und psychotherapeutischer Prozeß**

Im ersten Teil dieses Kapitels werde ich ganz konkret an Hand einer Reihe von Bildern einige fundamentale Etappen des psychotherapeutischen Prozesses darstellen. Im zweiten Teil werde ich dann aus den vorgeführten Bildern und meinen übrigen Erfahrungen aus dem Bereich der bildgestaltenden Therapie einiges Grundsätzliche über Bild und Bildgestaltung in der Psychotherapie sagen.

1. Die eben erwähnten Etappen auf dem psychotherapeutischen Weg sind freilich nur idealtypisch; sie liegen nicht in einer zwangsläufigen Hierarchie vor, aber sie lassen sich ordnen in einer Architektur des psychotherapeutischen Werdens.

Patienten sprechen oft durch Bilder, sowohl spontan und unaufgefordert als auch auf unsere Veranlassung hin. Das wissen wir im Bereich der

---

* Erarbeitet mit Maurizio Peciccia.

Psychosen seit PRINZHORN vor bald 70 Jahren. Heute fassen wir aber solche Bilder, besonders diejenigen, die im Laufe einer Psychotherapie entstanden sind, *nicht bloß als Dokumente einer Psychopathologie des Ausdrucks, als pathologische Selbstentwürfe, sondern auch als Kommunikationsversuche auf.* Sie rufen also geradezu nach unserer Fähigkeit, ihnen Antwort zu geben: nicht nur deutend, auslegend, kommentierend, sondern vor allem durch die Wirkung unserer Tiefenperson in Bildentwürfen, Einfällen, Gestaltungen, die nicht weniger aus unserem Unbewußten stammen als die Bilder aus dcm ihrigen.

In der Reihenfolge der Bilder, die auf diese Weise sowohl beim Patienten wie beim Therapeuten im Dialog entstehen können, lassen sich freilich Etappen erfassen, die sich, in wechselnden Formen, gleichsam archetypisch, bei allen Therapien wiederholen und die wir also ganz allgemein als *Etappen des psychotherapeutischen Prozesses* verstehen können. Sie sind im Grunde den dynamischen Etappen einer rein verbalen Therapie durchaus vergleichbar, wirken aber durch die visuelle Formgestaltung viel anschaulicher und sind durch das stark hervortretende symbolische Element in manchen Fällen sogar wirksamer.

Die erste Etappe nenne ich "Wahrnehmung des Leidens". Sie ist jener therapeutische Augenblick, da der Patient realisiert, daß er, der so oft Verstummte, Selbstentfremdete, von sich selber Entfernte oder sich gesund Dünkende, damit sich und die anderen Täuschende nun durch das Bild sein Leiden *ausdrücken* kann, noch bevor er bereit und fähig ist, von sich zu *sprechen.*

Im Aus-drücken des Leidens – durch das Symbol, durch das Bild, hinter dem sich die fragile Person des Patienten positiv verbirgt (und nicht versteckt) – liegt seine mögliche Überwindung. Es wird etwas in das Bild projiziert, das im Innenraum der Seele noch nicht integriert werden kann, das aber im Projektionsraum der Bildwelt aussagbar und somit integrationsfähig wird, vor allem deswegen, weil es von einem *Partner* wahrgenommen wird. Dann kann das sich zunächst außerhalb (der Person) im Bild erlebende und rekomponierende Selbst als Selbst-Liebe re-introjiziert werden. Der "homo absconditus", der sich im Bilde verbirgt, steigt durch das Bild über sein eigenes Leid hinaus: wie es in der Darstellung einer Patientin konkret und detailliert geschieht (Bild 33).

Der Mensch, der da einen Baum hinaufklettert und von dort her eine aufgehende Sonne in der Landschaft des Leidens erblickt, verkörpert eine solche Aus- und Einsicht in das Leiden einer psychotischen Frau, die in der unteren Hälfte des Bildes die unsäglichen Qualen (Einsperrungen, Spaltungen, Fragmentierungen) mitteilt, denen sie ausgesetzt ist.

Die Wahrnehmung kann sowohl eine Selbstwahrnehmung im eigenen Spiegelbild als auch eine solche im therapeutischen Bild-Spiegel sein, der dann durch die Introjektion zum eigenen wird.

Bild 33

Eine schizoaffektive, psychotische Patientin, die oft manisch war, stellte sich als Invalide in einem Rollstuhl dar (Bild 34).

Bild 34

Der Therapeut antwortete auf dieses Bild durch ein eigenes Bild (Bild 35), das aus der *Rezeption* des Patientenbildes und aus der *therapeutischen Progression* bestand; er verwandelte in einer *Pauspapierkopie* die Tasche der Patientin in eine Gestalt, ein Symbol ihres Selbst. Deutende Erklärungen wurden nicht gegeben; die Patientin nahm die therapeutische *Positivierung* an und setzte sie fort (Bild 36). Die Invalide erschien in ihrer neuen Zeichnung lebendiger, aufmerksamer; auch das Gesicht der Zeichnenden selbst wirkte in der Stunde froher. Der Therapeut fügte in seiner Kopie dieser Zeichnung (Bild 37) eine weitere Einzelheit hinzu: im Selbst-Spiegelbild der Invaliden erschien eine Gebärmutter.

Die zweite Etappe ist die "Symmetrie". Der Therapeut dokumentiert oft seine Anwesenheit in der Welt des Kranken, indem er sich ihm an die Seite stellt.

Ein schizophrener Patient war in seinem Wahn überzeugt, ein Verbrechen begangen zu haben – in der gegenwärtigen oder in einer früheren Existenz.

Er glaubte auch, daß er dafür mit unbarmherzigen Qualen bestraft werde, indem ein Verfolger Gift in seine Speisen mischen und sein Gehirn langsam zerstören würde. Im Gegensatz zu solchen Qualen stand freilich die Sehnsucht nach jenem idealen Anders-Sein, mit der jeder verzweifelte Geisteskranke den ihm verborgenen Grund seiner heilen Existenz erspürt. Der Mann träumte davon, ein freier Vogel zu sein, und er meinte, daß er sich für das Dasein eines Adlers entscheiden würde, wenn er einmal nach seinem Tode wieder auf die Erde kommen sollte. In einer Zeichnung stellte er den

Bild 35

Bild 36

Bild 37

frei fliegenden Vogel unter einer lachenden Sonne als eine Möglichkeit seines idealen Seins dar (Bild 38).

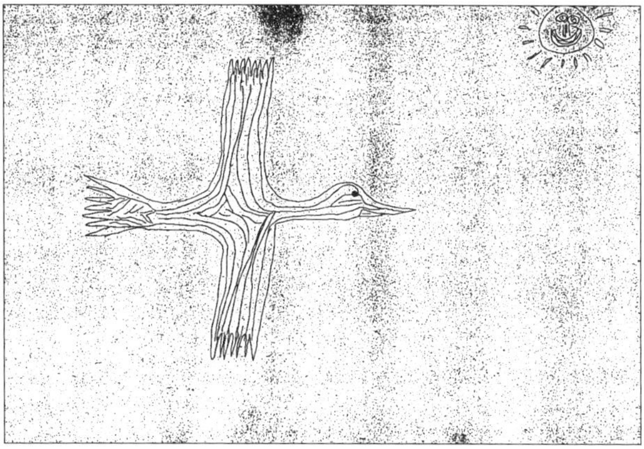

Bild 38

Auf Pauspapier kopierte sein Therapeut die Zeichnung und veränderte sie noch entscheidend: dem Vogel fügte er einen zweiten (Bild 39) bei, eine symbolische Darstellung des eigenen, therapeutisch "mitfliegenden" Selbst. Er machte sich also symbolisch zum Vogel, um die Dimension der Dualität in der autistischen Innenwelt des Kranken zu ermöglichen.

Bild 39

Derselbe Kranke hatte sich auch, im Gegensatz zu dem Vogel-Bild, asymmetrisch und deformiert porträtiert (Bild 40). Der Therapeut wiederholte die Zeichnung (Bild 41), änderte sie aber dahingehend, daß er sein eigenes Bild wie das Gesicht des Kranken darstellte und es diesem unterschob, so daß aus den innenseitigen Augen der beiden sich überschneidenden Gesichter ein einziges – das gemeinsame, weinende Auge der Psychotherapie – entstand.

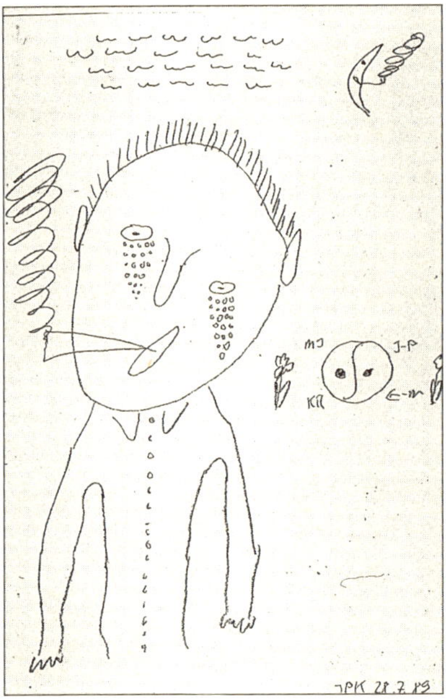

Bild 40

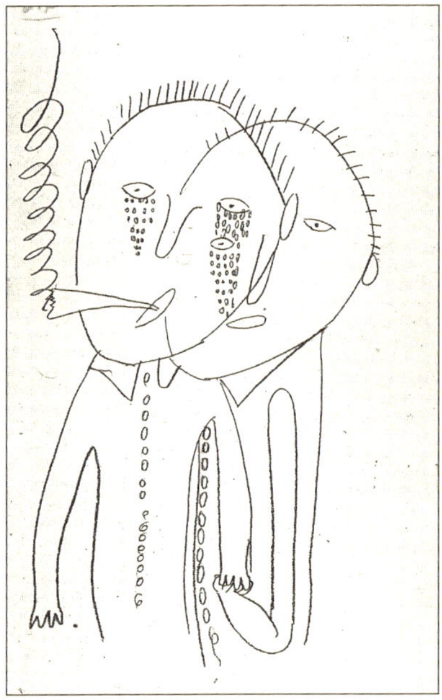

Bild 41

Die dritte Etappe des psychotherapeutischen Prozesses ist der “Sprung des Therapeuten in den Spalt des Patienten”. Eine schizophrene Patientin erlebte den Ausbruch infantiler Todeswünsche gegen ihre Eltern als ein Erdbeben, das den Boden spaltete (Bild 42). Dieser brach unter ihren Füßen auseinander, als sie im gleichen Raum die Särge der umgebrachten Eltern zeichnete.

Der Therapeut versetzte sich in seiner Spiegelzeichnung (Bild 43) in das Bild der Patientin und überbrückte den Spalt mit seinem eigenen Leib.

Bild 42

Bild 43

Die vierte Etappe ist die “Stellvertretung des Opfers”. Sie ist dort angezeigt, wo der Patient destruktive Impulse äußert, die sich gegen die Umwelt richten, auf die er sie projiziert, die in der Psychotherapie freilich nicht ausagiert, wohl aber ausphantasiert werden dürfen und sollen. Da diese aggressiven Phantasien sehr oft auch selbstdestruktiv sind, bietet sich dem Therapeuten eine Chance, den Patienten durch Stellvertretung vor ihnen zu schützen. Hier wirft ein schizophrener Kranker Bomben auf eine Brücke, um alle seine Mitmenschen zu zerstören (Bild 44).

Stellvertretend für die anderen, aber auch letzten Endes für den Patienten selber, setzt sich der Therapeut auf die Brücke, wo die Bomben einschlagen (Bild 45).

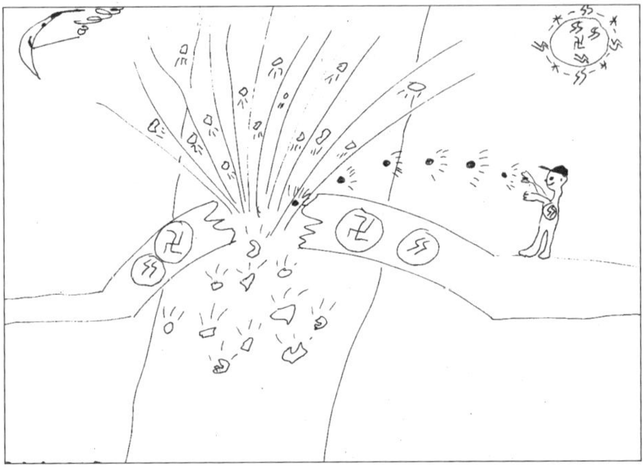

Bild 44

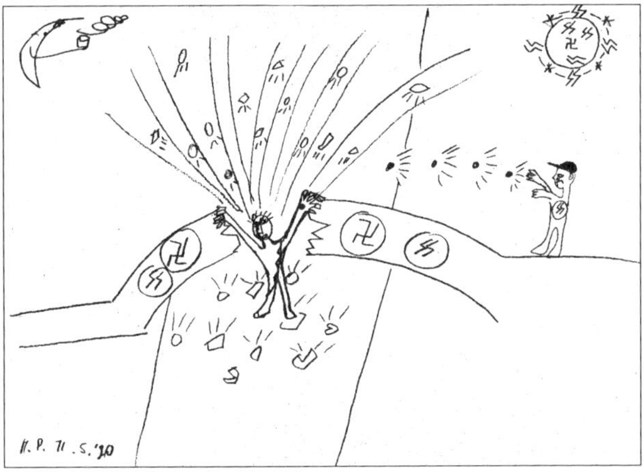

Bild 45

Die fünfte Etappe gibt einen “Entwicklungsvorschlag”. Der Therapeut übernimmt das negative Bild des Patienten und verwandelt es, um ihm eine neue Sicht zu eröffnen. Eine schizophrene Patientin stellt sich als toten Fötus in der Gebärmutter dar (Bild 46).

Sie besteht nur noch aus Kopf und Extremitäten: Hals und Brust sind zu einem dünnen Rohr geworden, das die Teile verbindet. Der Uterus, der umfassen sollte, ist nur noch eine Hülle, links ganz entgrenzt, rechts sich im Dunkel verlierend, aus dem unheimliche Augen starren, aus dem Insekten und verschlingende Gewächse hervorkriechen. Schauen wir uns nun die Antwort des Therapeuten an (Bild 47).

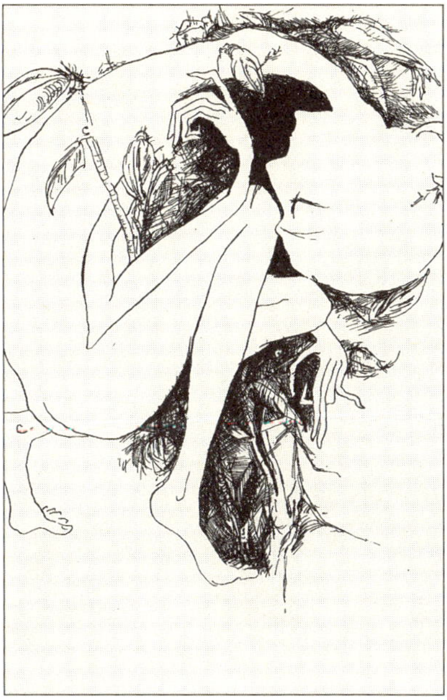

Bild 46

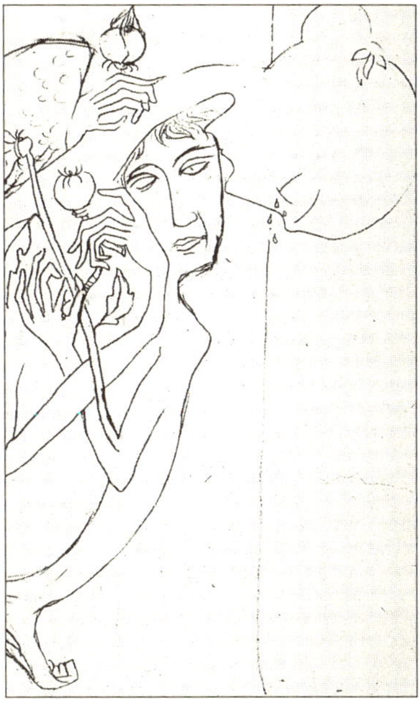

Bild 47

Zwar hat er die Selbstdarstellung der Patientin in ihren Hauptzügen stehen lassen, um ihr zu zeigen, daß er seine Schritte *aus ihrer Erlebenswelt heraus tut* und dieser nicht seine eigene, ihr fremde entgegenstellt. Aber der Therapeut hat ihre Welt mit seiner Liebe weitergestaltet: die verschlingenden Gewächse sind zu Blumen geworden, die man in der Hand halten kann; das Dunkel hat sich aufgelöst; schließlich hat sich der Therapeut selber auf jener leeren Fläche zwischen Hals und Hand dargestellt, um ihr aussichtsloses Suchen nach Geborgenheit in einer fragwürdigen, pränatalen Existenz mit der gegenwärtigen Dualität zu beantworten. Die Reaktion der Patientin auf diese therapeutische Zeichnung war eindrucksvoll: das psychotische "Doppel", mit dem sie sprach, trat zurück.

Wie wirkt das Anfertigen einer solchen Zeichnung auf das Unbewußte des Therapeuten? Er sagte mir, daß er sich selber beim Entwurf dieser Zeichnung als Kind erlebt habe. Er hatte sich an den Ort begeben, wo die Patientin stand, um von dort aus zu beginnen.

Die sechste Etappe zeigt die "Auseinandersetzung mit dem Widerstand". Auf der Zeichnung einer Patientin erschien der Widerstand als ein uneinnehmbarer Turm (Bild 48).

Wir sehen, daß der Therapeut in seinem Spiegelbild (Bild 49) versucht, diesen Turm durch eine hohe Leiter, die, wie im Märchen, zum hohen

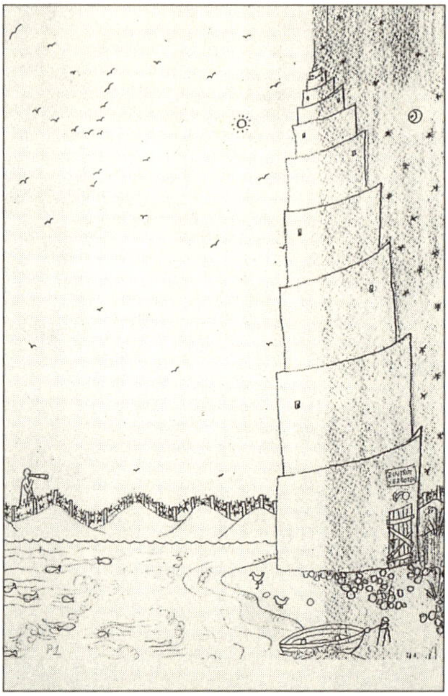

Bild 48

Bild 49

Fenster führt, zu ersteigen und damit zu überwinden. Leider wartet keine Prinzessin am Fenster, wie im Märchen, sondern der Turm wurde – im nächsten Bild – fensterlos und wuchs bis zum Himmel. Auch die Treppe wuchs hinauf (Bild 50). Der Therapeut brachte es schließlich aber doch fertig, daß die Patientin *selber* dieses Bild (Bild 51) anfertigte: der Turm fällt zusammen, der Widerstand wird aufgegeben.

Man beachte auch folgenden Bildausschnitt eines anderen schizophrenen Patienten. Die von ihm angefertigte Zeichnung (Bild 52) stellt die autistische Mauer zwischen ihm und der Welt dar: die Unmöglichkeit der Kommunikation.

Der Therapeut antwortete auf Pauspapier; er konnte also durch die Kopie der Patientenzeichnung die Identifikation mit dessen Erleben ausdrücken; aber er veränderte das Bild und öffnete in der Mauer ein Tor (Bild 53), durch das er zu dem Gefangenen ritt.

Die siebente Etappe ist die "Schöpfung des Übergangssubjektes". Unter "Übergangssubjekt" verstehe ich, wie ich oben (S. 39ff., 53f., 80ff.) genauer ausgeführt habe, ein phantasmatisches Subjekt, das aus Übertragung und Gegenübertragung, Identifikation und Gegen-Identifikation, Appersonation und Transitivismus, Introjektion und Projektion im Verlaufe der Psycho-

Bild 50

Bild 51

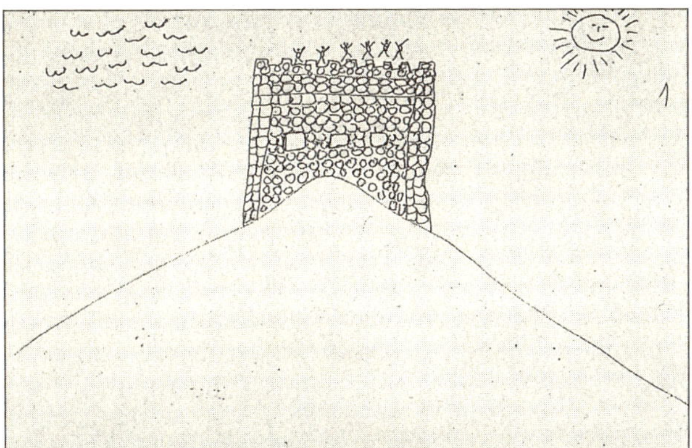

Bild 52

Bild 53

therapie der Psychose entsteht und also sowohl Züge des Patienten als auch Züge des Therapeuten trägt.
Im gleichen Ausmaß nämlich, wie der Therapeut zum Projektionsträger wird und, wie in diesem Bild (Bild 1, zwischen S. 40 und 41) einer Patientin, die Hörner des Teufels trägt, übernimmt die Patientin, die freilich ihre Teufelshörner im Selbstportrait behält, auch die Hälfte der psychotherapeutischen Aura. Sie hat nun das gute Teilobjekt in sich, durch die Fusion mit dem Therapeuten, während dieser ihr böses Teilobjekt (die Hörner) trägt – was aber nicht vermag, seine Aura, also seinen positiven Einfluß auf die Patientin, zu zerstören. Eine solche "progressive Symbiose" ersetzt oder sublimiert die pathologische Symbiose, die am Ursprung der Psychose liegen kann. So entsteht ein Wesen, ein "Übergangssubjekt", das ein phantasmatisches Eigenleben entfaltet, beispielsweise als ein tragender Riese, als der der Christophorus hier im Bild erscheint.

Es ist zu beachten, daß es in diesem Fall zum Übergangssubjekt anstatt zur verfolgenden Projektion kommt, weil der Patient den Therapeuten nicht ablehnt, sondern annimmt, und weil der Therapeut dies dadurch ermöglicht, daß er sich als Projektionsobjekt dem Patienten zur Verfügung stellt, ohne deswegen aufzuhören, *positivierende* Deutungen zu geben, stets *positive* Aspekte der kranken Person wahrzunehmen und zu beantworten; er bleibt also stets der unerschütterliche *Verbündete* seines Patienten. Aus diesem Grunde meine ich, daß neben der Psycho*analyse* auch die Psycho*synthese* eine wichtige Rolle in der Psychosentherapie spielt.

Die achte Etappe bezeichne ich als die "positivierende Progression", die alle bisherigen Etappen umgreift. Sie erfolgt gleichzeitig in den Bildern des Patienten und des Therapeuten. Damit man nicht glaubt, daß sie einem Wunschdenken des Therapeuten entspricht, möchte ich den progressiven

Bild 54

Vorgang im Bild einer schizophrenen Patientin nach zwei Jahren Psychotherapie aufzeigen (Bild 54).

In der Mitte des Bildes, etwas rechts von der Mittellinie, ist das Selbstportrait der Patientin zu sehen. Der Kopf der Patientin ist gespalten. Wie der römische Gott Janus hat sie zwei Gesichter, die nach rechts und nach links blicken. In der Mitte zwischen den beiden Kopfhälften ist ein labyrinthartiges Gebilde zu sehen, das die Patientin als ihr persönliches Signet gebraucht.

Was sehen die beiden Gesichter der Patientin? Sie erblickt rechts zunächst die eigene blutende Hand, dahinter ein wurmartiges Geschöpf, das einem Embryo gleicht und aus zwei ungleichen Augen und aus zwei nach Innen gekehrten Armen und Händen besteht, die immerhin ein kleines Herz umfassen. Das ist die autistische, leidvolle Innenwelt der Patientin. Daß diese psychotische Innenwelt immerhin bereits ein kleines Herz enthält, daß die Blutstropfen, die aus der verwundeten Hand auf den Boden fallen, dort eine kleine, zarte Pflanze ernähren, obschon ein Gewitter über die Erde hinwegfegt, dies alles ist der gegenwärtigen Psychotherapie zu verdanken, vor deren Beginn kein Herz und keine wachsenden Pflanzen in der Welt der Patientin zu sehen waren.

Wenden wir nun unsere Aufmerksamkeit der linken Hälfte des Bildes zu. Der Kopf, der aus einer starken Pflanze herauswächst und einen Spiegel in der Hand hält, ist von der Patientin selber unschwer mit dem Psychotherapeuten identifiziert worden. Was bedeutet der Spiegel? Die Spiegelmetapher ist zum ersten Mal von FREUD, längst vor KOHUT, in die psychoanalytische Literatur eingeführt worden: er formulierte, der Analytiker solle der Spiegel seines Patienten sein; er meinte, daß der Psychoanalytiker dem Patienten sein Unbewußtes zurückspiegeln solle. In der Psychotherapie der Psychose muß man noch einen Schritt weiter gehen als FREUD: es genügt nicht, wenn der Therapeut dem gespaltenen, verfolgten Patienten sein konflikthaftes Unbewußtes, seine unbewußte Destruktionswut, seinen Todestrieb, seine ödipalen Wünsche und dergleichen zeigt. *Der Therapeut soll dem Patienten eine positive Imago seines Selbst zurückspiegeln, die dieser (noch) nicht kennt.*

Ohne einen solchen Gedanken je von ihrem Therapeuten gehört zu haben, stellt diese Patientin ihn dar: mit der anderen, nicht blutenden Hand reicht sie dem Therapeuten ein Bild, ein Gesicht, das im Gegensatz zu ihrem eigenen bereits ausgeformt ist, Augen und Augenbrauen besitzt und sich im therapeutischen Spiegel erblicken soll. Um den Kopf des Therapeuten glänzt die Sonne.

Die Spaltung, die uns auf den ersten Blick am Kopf der Patientin aufgefallen ist und die übrigens auch das Grundsymptom dieser schizophrenen Psychose gewesen ist, ist im Verlaufe der Psychotherapie also zu einer "progressiven Spaltung" geworden. Unter "progressiver Spaltung" verstehe ich eine Spaltung, die nicht bloß ein psychopathologisches Merkmal ist wie ursprünglich, sondern die eine dynamische Entwicklungsstufe erreicht hat und bereits ein kommunikatives Anliegen zeigt: dank ihrer Spaltung kann die Patientin nämlich auch in eine andere Richtung blicken als in die gewohnte, autistische; sie blickt auf den Therapeuten. Neben "progressiven Spaltungen" kennen wir in unserer Arbeit auch "progressive Halluzinationen" (dort zum Beispiel, wo die halluzinierte Stimme des Therapeuten dem Patienten eine Einsicht mitteilt), "progressive Depersonalisationen" (dort, wo eine eigene depressive Seite dem Patienten erscheint und ihm etwas Hoffnungsvolles mitteilt), "progressiven Wahn" (dort, wo der Patient im Wahn eine abgespaltene Lebensmöglichkeit erkennt und integriert). Das alles sind innere Bilder, die in der Bild-Gestaltungstherapie konkret als äußere Abbildungen erscheinen und die mir durch ihre Anschaulichkeit die Richtigkeit meiner früheren Annahmen bewiesen haben.

Wir wissen schon lange, daß der Patient über die Deutungen, über die Einfälle des Therapeuten eine eigene, positive Seite zu realisieren beginnt, die er aber noch nicht integrieren kann; sie gehört zwar zu ihm, ist aber noch abgespalten und erscheint ihm als Teil des Therapeuten. Das können wir im konkreten Bild deutlich sehen. Das Gesicht, das die Hand der Patientin vor den Spiegel des Therapeuten streckt, ist sowohl das Gesicht des Therapeuten als auch eine noch amorphe Vorstufe des eigenen Gesichtes, das im Spiegelbild in die vollendete Gestalt übergehen will. Das alles hat unsere Patientin dargestellt, ohne das Geringste von der Konzeption des Therapeuten zu wissen! Wie kann aber eine solche positivierende Progression geschehen angesichts des Negativen, Autistischen, Eingemauerten, Selbstzerstörerischen?

Ich pflege zu sagen: *während die Psychoanalyse der Neurose vor allem eine Analyse der Patientenübertragung ist, ist die Psychotherapie der Psychose eine therapeutische Projektion der positiven Gegenübertragung, die vom Patienten "appersoniert" und introjiziert wird.*

Ich möchte betonen, daß diese Zeichnung von einer schizophrenen Patientin stammt, die jahrelang erfolglos mit hoch dosierten Neuroleptica behandelt worden war und die inzwischen ihre Therapie in stark gebessertem Zustand, medikamenten- und psychosefrei, fortsetzt.

Die neunte Etappe ist die "Neugeburt des Selbst". Dieses große Wort würde ich nicht gebrauchen, wäre es nicht so, daß in glücklichen Fällen dieses Bild von den Patienten selber stammt. Vielleicht kann erst die Bild-Gestaltungstherapie, bei der Symbole bildhaft aus dem Unbewußten emporsteigen, den symbolischen Geburtsvorgang reproduzieren.

Hier wird die Neugeburt des Selbst von einer psychotischen Patientin in einer realistischen Ausdrucksform dargestellt, die nicht konkreter sein könnte (Bild 55).

Bild 55

In einem anderen Falle geht der Bildung des Selbst zunächst eine Freisetzung der Aggressivität voraus. Ich erwähne eine schizoaffektive Patientin, die unter dem Wahn litt, der Teufel stecke in ihr und ihre Mitmenschen können ihr, wie einst ihre Familienangehörigen, das Böse an den Augen ablesen

(Bild 56). Im Verlaufe der Psychotherapie hatte sie das befreiende Erlebnis, diese Therapie setze den Teufel in ihr frei (Bild 57). Aber gerade dieser freigesetzte Teufel konnte dann auf einem weiteren Selbstbild der Patientin als Bildhauer erscheinen, der ihrer neuen Selbstidentität, ihrer Imago, Gestalt verlieh, sie gleichsam aus der Versteinerung der Psychose herausmeißelte (Bild 58).

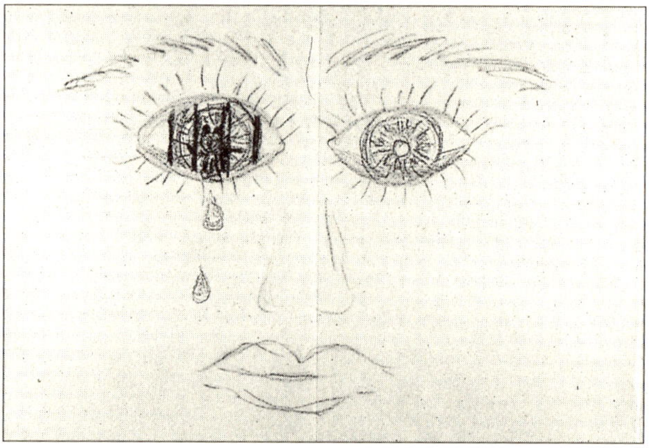

Bild 56

Bild 57

Bild 58

Die zehnte Etappe stellt "Die Trennung" dar (Bild 59). Sie folgt jener "progressiven Symbiose", die eben die Psychotherapie selber ist. Hielt die negative Symbiose den Kranken durch eine regressive Psychopathologie auf den frühen Stufen seiner Kindheit fest, wobei unter Verformungen und Verwicklungen aller Art oftmals so etwas wie eine Hölle entsteht, so zwingt die progressive Symbiose den Patienten, sich von allem, auch vom Therapeuten zu trennen.

2. Nachdem ich durch einige idealtypische Etappen des psychotherapeutischen Prozesses die Bedeutung der Bildgestaltung in der Psychosentherapie veranschaulicht habe, wage ich zu behaupten, daß meine gesamte Psychotherapie, auch die verbale und die rationale, an Wesen und Wirkung des Bildes teilhat; beispielsweise immer dann, wenn entweder beim Therapeuten oder beim Patienten Bilder entstehen, die dann als Symbole verstanden werden. Mit einer solchen Entstehung von Bildern meine ich freilich auch den Traum, auch die wache Phantasie, auch die Gestaltung des Dialogs.

Wenn zum Beispiel ein Psychotherapeut auf die Wahnidee einer autistischen schizophrenen Kranken, daß sie in einer Seifenblase lebe, mit der Wunschphantasie antwortet, daß er nach einem goldenen Faden suche, durch den er mit der Seifenblase, also mit ihr verbunden sein könne, so ist der therapeutische Einfall bereits Bild und Sinnbild. Seine Phantasie ist ein Bild, das nicht gemalt, nicht gezeichnet, aber doch im verbalen Raum vollkommen gestaltet wird. Ein solches Bild entspricht dem Unbewußten des Therapeuten, jenem Urgrund des seelischen Lebens in ihm, der ihn schon *vor* der Entstehung des Bildes mit der Patientin durch den goldenen Faden der therapeutischen Liebe verbunden hat.

Der Wunsch, in einer Seifenblase zu leben, könnte Flucht, Abwehr, autistische Ablehnung der Therapie bedeuten. Dieser Therapeut hatte aber verstanden, daß die fragile, autistische, weltentwurzelte Patientin *selber* die Seifenblase war, daß es also nicht darum gehen konnte, sie zum vornherein zu *verändern*, sondern sie zunächst einmal zu *erreichen*, als Voraussetzung einer späteren, möglichen Veränderung. Bevor sie die Seifenblase, die sie selber war, verlassen konnte, mußte der Therapeut zu ihr gehen und eine zeitlang mit ihr *in der Seifenblase leben*, freilich nicht einmal in ihrer unmittelbaren Nähe, sondern im Symbol des mitschwebenden, goldenen Fadens, der eine gewisse Distanz für die Patientin erlaubte.

So, wie der Wachtraum, die schöpferische Phantasie oft im Therapeuten selber entsteht, so kann das Bild aber auch primär vom Patienten ausgehen – vorausgesetzt, daß das Leiden bei letzterem den Urgrund, aus dem die Bilder aufsteigen, nicht zudeckt.

Als Beispiel für den eben erwähnten Vorgang berichte ich den "Wachtraum" einer geistesgesunden Analysandin: "Morgen bin ich bei Professor Benedetti. Er bekommt immer die Scherben. Wie ungerecht. Vor mir steht ein großer Schutthaufen. Holzbalken, Karton, Plastik, Blechreste, Eisenstücke, grau, staubig, unlebendig, kaputte Dächer. Ich versank. Da stand ich am Südosthang des Ätna, um mich herum Lavasteine. Schwarze, spitze, harte – zu Stein gewordenes Feuer. Weit unten lag Catania, so, wie ich auf dem Gemälde von 1669 im Dom diese Stadt gesehen habe. Am Rande der Stadtgrenze, bis wohin alles voll von Steinen lag, steht Professor Benedetti, mit dem Gesicht dem Ätna zugewandt, auf hohen, langen Beinen, eher vornübergeneigt und machte sich daran, fleißig die Steine wegzuräumen. Stück um Stück las er sie auf. Er gab sie mir in die Hände, und während des Übergangs von Hand zu Hand wandelten sich diese in farbige, stark leuchtende Formen, gebrannte Glasscheiben, kräftig in allen Rottönen, gelb, erdfarben und weiß. Sie wurden zu Mosaiksteinen, gar mit glänzendem Rand. Ich nahm sie, und zur Bergspitze gewandt baute ich aus diesen farbigen "Scherben" aus dem "Feuerofen" ein großes Fenster. In frühgotischer Form mit hohem, schlichtem Dach. Ganz genau sehe ich die dunkelgrauen Fugen, die die einzelnen Stücke zusammenhalten. Ich frage mich, ob dies ein Bild wird, was es darstellt? Ich suche nach einer Gestalt, Figur, Haus, Dach... nein, plötzlich sehe ich: es sind alle orangene, rote und gelbe Töne, es ist ein riesiges Fenster. Eine Flamme bis hoch zum Himmel."

Ich habe diesen Traum so ausführlich zitiert, weil er *kein* eigentlicher Traum ist. Große Träume, sogenannte "Individuationsträume", sind längstens bekannt; sie sind wie Kunstwerke und deshalb in jeder Wiederholung immer neu und ergreifend. Dies aber war ein *Wach*traum: wohl mitten im vollen Kontakt mit der Sinnesrealität aus dem Unbewußten steigend, ein Hinweis darauf, daß die große Gestalt jederzeit aus unserer Tiefe aufsteigen kann, alles wie ein Symbol verwandelnd: aus dem Scherbenhaufen wird ein Kosmos.

Wo ein solches Werden, der psychotherapeutische Prozeß, sich schließlich des konkreten Bildes bedient, haben wir die Variante der bildgestaltenden Psychotherapie im engeren Sinn. Es wird nun deutlich, daß die in der heutigen Zeit so wichtig gewordene "Bild-Gestaltungstherapie" sich von der traditionellen psychodynamischen Therapie in ihren Zielen nicht unterscheidet. Nicht nur die Übersetzung des Unbewußten ins Bewußtsein, sondern auch das Neuerleben der eigenen Konflikte und der negativen Affekte in einem dualen Kontext, wobei nach Überwindung der sich auch dort wiederholenden Schwierigkeiten durch eine Klärung der Probleme und die gegenseitige, positive Einstellung zu ihnen, neue Ausblicke und Entwicklungsrichtungen entstehen – das alles gehört zur Grundlage der Psychotherapie.

Wer, so wie ich, von der verbalen, vorwiegend analytischen Psychotherapie herkommend Erfahrungen in der Bildgestaltungstherapie des progressiven therapeutischen Spiegelbildes gemacht hat, erlebt diese Methodik als den Versuch, auf dem Weg zur Einsicht das Metaphorische, das Symboli-

Bild 59

sche, das Allegorische aktiver und gezielter, in konkreten Bildern und therapeutischen Träumen, in Zeichnungen und Projektionen anzuregen, zu gestalten und mit dem Patienten zu teilen.

Worin liegt nun der spezifische Beitrag der Verwendung des konkreten Bildes in meiner Therapie? Wenn schon die verbale Therapie den Zugang zum Unbewußten und seinem Bilderreichtum durch das Wort findet, was bedeutet dann erst die *visuelle* Veranschaulichung? Es scheint, daß die Eröffnung eines zweiten Kommunikationskanales vom Unbewußten zum Bewußtsein, eben des visuellen, den psychotherapeutischen Prozeß nachhaltig aktivieren kann.

Daß dies beim Patienten tatsächlich geschieht, wußten wir zum Beispiel schon aus der Technik des katathymen Bilderlebens, bei dem die Patienten aufgefordert werden, die Bilder, die sie zunächst während der Stunde in sich erleben, dann auch zu malen. Das Neue, das ich in der Supervision gelernt habe, besteht aber darin, daß die Übersetzung der Idee in das konkrete Bild durch den mitzeichnenden, mitmalenden Therapeuten auch zugleich die Geburt der Idee durch das Bild ist. Ein zeichnender Psychotherapeut, dessen Arbeit ich supervidiere und dem ich viele der hier veröffentlichten Bilder verdanke, kopiert die Bilder seiner Patienten auf Pauspapier. Er sagte mir, indem er ihre Zeichnungen kopiere, trete er mehr als sonst in ihre inneren Welten ein. Wir haben es hier also mit dem interessanten Befund zu tun, daß das Bild, das auf der einen Seite eine Exteriorisierung des Traumbildes oder der Phantasie ist, auf der anderen Seite zu einer größeren Interiorisierung des psychotherapeutischen Prozesses führt, ihn fördert und sonst unbewußte Wahrnehmungen bewußt macht.

Erst durch seine eigene Zeichnung versteht der Therapeut manchmal seine Mitteilung an den Patienten ganz; er erkennt jetzt erst den vollen Sinn seiner Botschaft *durch die eigene graphisch-visuelle Ausdrucksebene*.

Es scheint also, daß nicht nur der Patient, sondern auch der Therapeut manches Mal erst durch den Rückgriff auf das archaische Kommunikationsmittel der “Gestalt” den durch diese ausgedrückten Gedanken kognitiv voll erfassen kann. Viele Patienten können auf Befragen nicht erklären, warum sie dieses oder jenes Bild entworfen haben – auch dann nicht, wenn sie außerhalb der eigentlichen Psychose sind und über die diskursiven Mittel der Reflexion verfügen. Es scheint, daß die Kommunikationsfähigkeit auf graphisch-visueller Ebene stärker als auf verbaler Ebene sein kann und daß dort andere Kanäle vom Unbewußten zum Bewußtsein führen.

Diese Kanäle führen aber auch direkt vom Unbewußten des einen zum Unbewußten des anderen. Gerade die Situation, bei der Patient *und* Therapeut gleichzeitig zeichnen, aber ohne voneinander etwas zu wissen, ein jeder in das eigene Bild versunken und ohne die räumliche Möglichkeit, auf das Bild des anderen zu schauen, hat mich die Verbindung entdecken lassen. Ich wage zu sagen, daß die rational nicht erklärbaren Kontakte zwischen beiden ohne Zweifel stattfinden, sie werden da besonders evident, wo, trotz Abschirmung jeglicher Augenkontrolle, die Zeichnungen des Patienten und des Therapeuten auffallende Ähnlichkeiten miteinander aufweisen.

Freilich lassen sich derartige, meistens nur angedeutete, aber gelegentlich verblüffende Ähnlichkeiten bei weitem nicht immer beobachten. Statistische Überprüfungen habe ich nicht vorgenommen, weil subjektive Momente die entscheidende Rolle spielen: es scheint, daß besonders intensive Übertragungs- und Gegenübertragungsverhältnisse vorherrschen, wenn auffallende "Double-blind-Spiegelzeichnungen" vorkommen.

Das Interessanteste liegt aber darin, daß die Ähnlichkeit der Bilder manchmal über bloße "identifikatorische Entsprechungen" hinausgeht; dort nämlich, wo die therapeutische Zeichnung nicht nur "mitklingt", sondern die "Konflikt-Zeichnung" des Patienten *im Hinblick auf eine mögliche Konfliktlösung* fortsetzt, also die Qualität eines "progressiven therapeutischen Spiegelbildes" erreicht!

Ein Beispiel soll dies veranschaulichen: die Zeichnung einer Patientin (Bild 60) zeigt ein Kind (das Selbst der Frau), das in einem Kreis gefangen

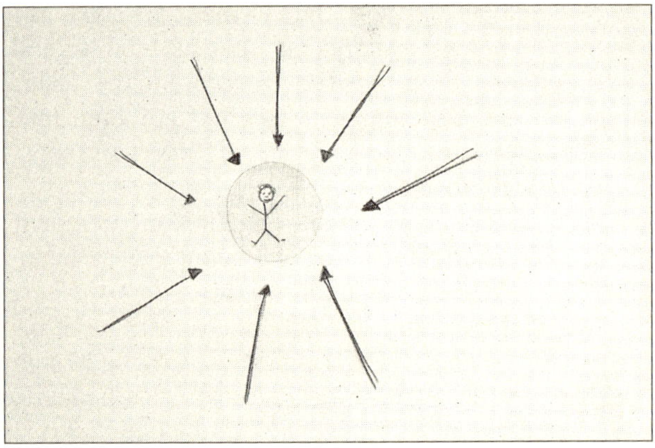

Bild 60

ist. Pfeile richten sich konzentrisch auf das Kind. Diese Darstellung entspricht dem tatsächlichen inneren Zustand einer psychotischen Depression bei der Kranken. Ohne dieses Bild gesehen zu haben, setzt der Therapeut in seiner gleichzeitigen Zeichnung (Bild 61) dies Erleben fort: die menschliche Gestalt wird befreit und vervielfältigt; die Pfeile werden umgekehrt, richten sich jetzt gegen eine Umwelt, die in der Übertragung der Therapeut selber ist, gegen den sich nun die Aggressionen der Patientin wenden, während ihr Selbst, vervielfacht, freier im Raum schwebt. An der Stelle des gefangenen

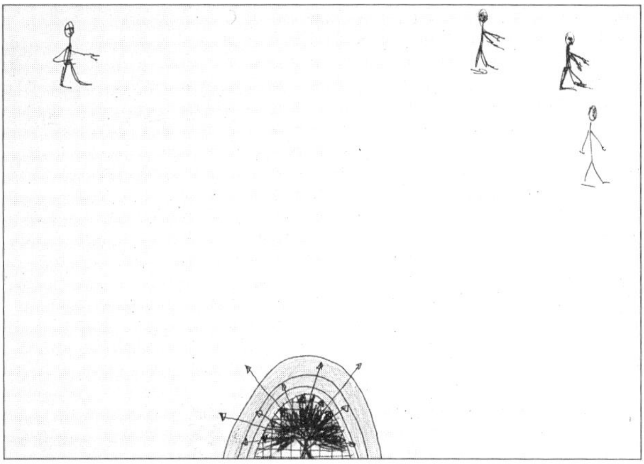

Bild 61

Kindes wächst ein Baum. Solche Zusammenhänge gehen nach meinem Eindruck über die Grenze des rein Zufälligen hinaus. Sie lassen eine "unbewußte psychische Energie" vermuten, von deren Existenz das Alltagsleben übrigens unzählige Beweise liefert, die aber erst in der Intimität und Intensität der Psychotherapie der wissenschaftlichen Untersuchung zugänglich wird und deren Wesen zum Teil darin liegt, daß sie besonders auf dem Gebiet der "Informationstechnik" arbeitet. Starke Besserungen und Heilungen stehen nämlich nach meiner Erfahrung im Zusammenhang mit der Möglichkeit der Freisetzung dieser Energie.

Abschließend fasse ich noch einmal die von mir ausführlich dargelegten Thesen kurz zusammen.

1. Es gibt Etappen des psychotherapeutischen Prozesses, die durch das Bild sichtbar werden. Ich habe an Beispielen neun bzw. zehn solcher Etappen dargestellt.
2. Auch die verbale Therapie ist eine Gestaltungstherapie. *Besonders die Psychotherapie der Psychosen bedient sich sowohl der Psychoanalyse, mit ihrer vor allem reflektierenden und analysierenden Komponente, als auch der Gestaltung der Symbole.* Beide Akzente können verschieden stark gesetzt werden, *ganz* wird man den einen oder den anderen Akzent in keiner Therapie vermissen.
3. Das Bild erleichtert sowohl beim Patienten als auch beim Therapeuten den Kontakt mit den schöpferischen Seiten des Unbewußten.
4. Die Bildnerei, die in der älteren Psychiatrie vor allem eine Psychopathologie des Ausdrucks war, wird da zur "Kunst", wo sie zum Ausdruck der Psychotherapie wird, weil sowohl der Patient wie sein

Therapeut in den Bildern Etappen des gemeinsamen Lebensweges und Stufen des inneren Prozesses erleben. Manches Mal spannt sich bei unserer therapeutischen Arbeit ein großer Bogen vom inneren Tod über die Bereitschaft, auf ihn hinzuweisen und ihn darzustellen, bis zur Heilung.

Resultate

Heilfaktoren in der Psychotherapie der Schizophrenien[1]

Seit mehr als zehn Jahren diskutiert man auf internationalen Kongressen zum Thema "Psychotherapie Schizophrener" in Europa und Amerika nicht nur Fragen der Behandlungsmethodik, sondern auch, welche Aspekte der schizophrenen Psychopathologie gerade durch das psychotherapeutische Untersuchungsinstrument zugänglich werden. Es interessiert darüber hinaus auch der Nutzeffekt der Psychotherapien, deren Verläufe und Resultate. Gewichtige Stimmen, wie etwa diejenige von MAY in Amerika, haben der Psychotherapie einen sicheren, statistisch nachweisbaren Nutzeffekt abgesprochen.

Ich vertrete eine andere Ansicht, die ich in diesem Kapitel an Hand genauer Daten rechtfertigen will. Meine Forschung beruht auf einem möglichst homogenen Material, das alle schizophrenen Patienten umfaßt, die in einem Zeitraum von zehn Jahren in dem von mir mitgegründeten, psychotherapeutischen Zentrum in Mailand durch eine Gruppe von 15 ausgebildeten Psychotherapeuten, Ärzten und Psychologen behandelt wurden. Ich selber, in Basel tätig, leitete die Supervisionen in Mailand durch monatliche, mehrtägige Besuche.

1. Es handelt sich bei meiner Übersicht um *50 schizophrene Kranke*, die nicht etwa als akute Patienten im Spital behandelt wurden, sondern *chronisch* litten und zur ambulanten Psychotherapie *motiviert* waren.

Ihr Alter lag zwischen 17 und 46 Jahren; die meisten Kranken waren zwischen 25 und 35 Jahre alt. *Alle Therapien sind bereits abgeschlossen. Sie dauerten zwischen drei und zehn Jahren, im Durchschnitt fünf Jahre.* 3 Patienten haben die Psychotherapie nach zwei Jahren abgebrochen. *Für 30 Fälle haben wir Katamnesen, die zwischen fünf und zehn Jahren liegen.* Die therapeutischen Sitzungen erfolgten minimal zweimal und maximal fünfmal pro Woche. *Vor dem Beginn der Therapien waren die meisten Kranken jahrelang leidend gewesen.* 10 von ihnen hatten schon einen Klinikaufenthalt hinter sich; weitere 17 Patienten wurden zwei- bis fünfmal und 5

1 Die der vorliegenden Zusammenfassung zugrundeliegenden Daten verdanken wir den Mitarbeitern im Zentrum für Psychotherapie in Mailand. Herr Prof. P.M. FURLAN referierte über dieses Thema bereits auf dem VIII. Symposium für Psychotherapie der Schizophrenie an der Yale-Universität, New Haven, 11.-14. Oktober 1984.

Patienten zwischen sechs- und zwanzigmal in einem psychiatrischen Spital aufgenommen. Während der Therapie mußten im ganzen nur 10 Patienten vorübergehend in Spitäler aufgenommen werden, davon 6 Patienten nur einmal, 3 Patienten zwischen zwei- und fünfmal und nur 1 Patient neunmal. Die *Spitalaufnahmen sanken also von 40 auf 10.* 41 Patienten waren vor dem Beginn der Therapie neuroleptisch und 6 mit Elektroschocks behandelt worden – eine ziemlich hohe Zahl, wenn man bedenkt, daß die Elektroschock-Therapie nur bei seltenen und schweren Fällen angewandt wird. Nach der Therapie waren bei weniger als der Hälfte der Kranken geringe Medikamentendosen nötig.

Wenn wir nun alle 50 Psychotherapien überblicken, können wir zusammenfassend sagen, daß die Ergebnisse nur bei 9 Patienten unbefriedigend gewesen sind, obwohl man bei ihnen doch leichtere Fortschritte feststellen konnte. Bei 41 Patienten waren sie aber, besonders mit Rücksicht auf die schwere, chronische Psychose und auf den anfänglichen Zustand, *wirklich gut, und zwar sowohl im Hinblick auf die affektive Entwicklung der Persönlichkeit, also auf die Tiefe und Häufigkeit ihrer neuen sozialen Beziehungen, als auch im Hinblick auf die Arbeitsfähigkeit.*

Die Integration in den Arbeitsprozeß war nach der Therapie nur bei 2% der Fälle unverändert; bei 46% der Fälle war sie befriedigend und bei 36% gut. Die soziale Integration (zwischenmenschliche Beziehungen) war vor der Therapie bei 52% der Fälle unbefriedigend, hinterher nur noch bei 2%. Vor dem Beginn der Therapie war sie in keinem Falle befriedigend oder gut, nach der Therapie jedoch im ganzen bei 84% der Fälle positiv.

Neben diesen klassischen Beurteilungskriterien, die durch Angaben von Drittpersonen erfüllt wurden, haben wir bei 12 Patienten festgestellt, daß auch die Entwicklung der Kreativität ein in der Literatur bisher nicht berücksichtigtes Besserungs- oder Heilungsmerkmal ist. Ich habe für solche Vorgänge, die sowohl im Verlaufe der Psychotherapie als auch nach deren Abschluß stattfinden, den Ausdruck "progressive Psychopathologie" gewählt. Dieser Ausdruck meint, im Gegensatz zu regressiver Psychopathologie, einen Weg, auf dem der Kranke über gewisse Eigentümlichkeiten seiner früheren oder noch bestehenden Psychose neue Erfahrungen macht, die über den früheren Zustand hinausführen (vgl. ausführlich oben S. 68ff.).

Das Ganze überblickend kann ich sagen, daß der Prozentsatz von wesentlichen Besserungen und sozialen Heilungen bei unseren individuell behandelten, chronischen Schizophrenen etwas über 80 liegt. Die günstigen Ergebnisse betreffen ausnahmslos Patienten, bei denen die Therapie *mindestens über zwei Jahre* fortgesetzt werden konnte. Das heißt nicht nur, daß die Länge der Psychotherapie mit den besten Ergebnissen korrelierte, sondern auch, daß die Ausdauer, mit der die Patienten in einer Therapie verbleiben, selber ein günstiges prognostisches Kriterium ist.

Eine gewisse Schwierigkeit der psychotherapeutischen Katamnesen besteht darin, daß zwischen dem zu Messenden und den Maßstäben wenigstens zum Teil ein Inkongruenzverhältnis besteht. Was sich in einem psychotherapeutischen Prozeß ereignet, läßt sich nur sehr unvollkommen mit quantifizierenden Maßstäben erfassen. Wenn beispielsweise ein früher chronischer Schizophrener nun symptomfrei in ein Kloster geht und dort als Mönch seinen Autismus sublimiert, so kann dieser Ausgang sowohl als Reifung der Persönlichkeit als auch als Heilung mit Defekt verstanden werden. Wenn etwa eine Psychologin, eine Borderline-Persönlichkeit, in dem Sinne sozial gesund wird, daß sie aus Verantwortlichkeit auf ihren Beruf verzichtet und eine einfachere Tätigkeit wählt, so kann dies sowohl als echte Einsicht als auch als Rationalisierung eines eigenen Unvermögens ausgelegt werden.

Sodann bestimmt bereits die Auswahl der Maßstäbe und Kriterien die Einschätzung des Erfolgs – wie das übereinstimmend viele Autoren sagen: CARTWRIGHT und ROTH, 1957; LUBORSKY und STRUPP, 1962; MINTZ, 1972. Diese skeptische Feststellung soll kein Plädoyer dafür sein, sich grundsätzlich einer Erfolgskontrolle zu entziehen, sondern sie soll lediglich die Begrenztheit des methodischen Zugangs unterstreichen.

Wir betonen die globale Bewertung des Therapieerfolges. Um die Subjektivität solcher Bewertungen zu reduzieren, wurde die Aussagekraft unserer globalen Einschätzungen erhöht, indem sie weder vom Therapeuten und Patienten allein, sondern auch von unabhängigen Untersuchern vorgenommen wurde. Die Beschränkung auf die Ratergruppe – 15 erfahrene Psychotherapeuten, die als Gruppe den Erfolg beurteilten – erscheint uns am sinnvollsten. Die therapeutische Beziehung, der therapeutische Prozeß und schließlich die Situation zum Zeitpunkt des Therapieendes und der Katamnese werden beurteilt. In einer gemeinsamen Gruppendiskussion wurde ein Konsensus der Einschätzungen herausgearbeitet. In den oben vorgelegten Ergebnissen wurde dieser Konsensus mitgeteilt.

2. Ein Hauptbefund unserer Forschung liegt in der *positiven Korrelation zwischen der Qualität der Therapie-Ergebnisse und der Tiefe der Übertragung und Gegenübertragung*. Letzteres konnten wir sowohl an Hand der Eintragungen in den Krankengeschichten als auch auf Grund von orientierenden Gesprächen mit den Therapeuten beurteilen. Unsere Befunde stimmen mit denjenigen von ALANEN überein, der eine deutliche Korrelation zwischen therapeutischem Resultat und gegenseitigem "attachment" festgestellt hat.

3. *Läßt sich auf Grund unserer Statistik eine Korrelation zwischen psychotherapeutischem Erfolg und psychopathologischer Struktur des Syndroms annehmen?*

Diese Frage drängt sich mir auf dem Hintergrund der mehrmals in der Literatur geäußerten, aber nie, soweit mir bekannt, zahlenmäßig überprüften, sondern nur an Einzelfällen entwickelten Annahme auf, daß florierende, produktive Psychosen bessere psychotherapeutische Chancen haben als inhaltlich-verflachte oder autistisch-katatone.

Unsere Befunde widerlegen diese Ansicht: auch nach solchen Kriterien bessern sich prognostisch ungünstige Fälle ebenso sehr. Ja, besonders für die psychotherapeutische Prognose ist die therapeutische Gegenübertragung wichtig.

Dieser Befund gilt freilich nur dann, wenn die psychotische Ichauflösung nicht so weit geht, daß die Motivation für eine Psychotherapie, die ja eine wichtige Grundlage unserer Arbcit ist, auch ausgelöscht wird. Innerhalb dieses Bereiches ist der Befund insofern bedeutungsvoll, als er zu jener Gruppe von Feststellungen gehört, die psychiatrische Kriterien "ent-nosologisieren", wie ich mich neologistisch ausdrücken möchte, das heißt, *sich vom einzelnen Symptom weg in die Richtung des ganzen Begegnungsfeldes zwischen Arzt und Patient* verschieben: *die psychopathologischen Symptome* existieren in dieser Sicht nicht mehr nur "an sich", sondern *als Faktoren der therapeutisch-symbiotischen Kommunikation; die Qualität einer solchen Kommunikation bestimmt die Prognose.*

Freilich ist die *Gegenübertragung* bei *produktiven Psychosen*, besonders angesichts ihrer "psychotischen Kreativität", für viele Psychotherapeuten positiver; ich selber neige zum Beispiel dazu, mich für solche Fälle besonders zu interessieren. Aber selbst kreative Patienten können lange Phasen der Monotonie, der Depressivität und Entleerung durchmachen. Hier stelle ich, zusammen mit meinen Mitarbeitern, ein Hauptmerkmal der *Gegenübertragung in der Schizophrenie* fest, nämlich *eine eigentümliche Beständigkeit, die bei den am Geschehen Beteiligten das Bewußtsein erzeugt, alles Negative gemeinsam auszutragen und den therapeutischen Boden zu schaffen, auf dem man steht, nämlich Realitäten nicht bloß zu deuten, sondern auch zu konstituieren.*

Ich denke dabei an eine von mir während sechs Jahren behandelte, künstlerisch produktive und begabte Patientin, deren Kunst und Psychopathologie hochinteressant waren. Drei Jahre lang lag sie aber in einer tiefen Regression; oft verlangte sie, daß ich nur meditierend, schweigend bei ihr sitzen sollte. Rückblickend weiß ich heute um die große Bedeutung der gemeinsamen "Tragung" (L. Binswanger, M. Siirala) bei solchen Zuständen.

4. Wie sieht der *Abschluß der Psychotherapie* bei chronisch psychotischen Kranken aus?

Zwei gegensätzliche Ansichten sind in der Literatur vertreten worden: einmal diejenige, daß schizophrene Patienten übertragungsunfähig seien, wie Freud das meinte; woraus zu schließen wäre, daß ihre Objektbeziehungen dünn und brüchig bleiben. Dann findet man aber auch die entgegengesetzte Meinung, nämlich daß diese Menschen überdurchschnittlich von ihren Therapeuten abhängig bleiben.

Unsere Erfahrung war jedoch eine andere. Eine tiefere Verständigung zwischen Therapeut und Patient im Laufe der Behandlung ist die Voraussetzung der Heilung. Diese Verständigung konstelliert das Verhalten von gebesserten und geheilten Schizophrenen. *29 Patienten, also etwas mehr als die Hälfte, haben ihre tiefe Beziehung nie ganz aufgegeben*, ohne jedoch ihren Therapeuten gegenüber unselbständig zu bleiben. Sie haben zum Beispiel durch Telefonanrufe zu vereinbarten Zeiten, durch Briefe und Besuche die Beziehung über viele Jahre hinweg aufrechterhalten und so ihre Therapeuten über ihre weitere Entwicklung, über gelegentliche Krisen, wie auch insbesondere über das Spektrum ihres Erlebens nach der sozialen Heilung der Psychose weiter orientiert. Dadurch sind ausführliche Katamnesen entstanden. Selten nahm diese Abhängigkeit aufdringliche Ausdrucksformen an; *nicht die kränkeren, sondern die am besten geheilten Patienten pflegten solche differenzierten "Objektbeziehungen"* und suchten ihren Therapeuten häufiger auf.

5. Eine wichtige Rolle in unserer katamnestischen Studie spielt die Einrichtung der *Supervisionen* in Einzelbehandlungen.

In der Literatur finden wir oft Studien, die auch Psychotherapien berücksichtigen, die durch nicht speziell ausgebildete Psychotherapeuten durchgeführt, aber von ausgebildeten Supervisoren kontrolliert wurden. ALANEN gesteht uns, daß viele Psychotherapien in seiner "therapeutic community" von paraprofessionellen Mitarbeitern durchgeführt wurden, übrigens alles andere als erfolglos. Alle unsere Fälle wurden aber von sehr erfahrenen und gut ausgebildeten Ärzten und Psychologen behandelt. Die Supervisionen wurden ferner, außer in Einzelsitzungen, auch durch die ganze Gruppe von Ärzten und Psychologen durchgeführt, in der ich einmal pro Monat als primus inter pares saß.

Wir machten dabei die interessante Erfahrung, daß unsere Gruppe nicht nur Supervisionsfunktionen im engeren Sinne ausübte. Dadurch, daß es eine Gruppe war, die ich als Leiter so wenig wie möglich zu beeinflussen versuchte, entwickelten sich nicht nur verschiedene therapeutische Ansichten, sondern auch verschiedene Gegenübertragungen sowohl zum referierenden Kollegen als auch, indirekt, zu seinem Patienten. Die einen identifizierten sich zum Beispiel mit den "symbiotischen Bedürfnissen" der Patienten oder mit den "mütterlichen" Aspekten der Therapien; andere widersprachen diesen, wollten eine schärfere Grenzziehung. Die einen berücksichtigen vor allem die prägenitale, andere die genitale Thematik oder die Probleme der Ichstrukturierung. Es kam vor, daß ein Therapeut zögerte, seinen Fall in die gemeinsame Diskussion zu bringen, weil er sich mit seinem Patienten so sehr identifizierte, daß er eine Sphäre der Intimität, die nur die beiden anging, vor den anderen schützen wollte. So konnte mancher Therapeut die intrapsychischen Prozesse seines Patienten nicht bloß über die direktiven Leitlinien der Gruppe besser verstehen, sondern sie in den Transaktionen der Gruppe wiederfinden und erleben.

Der psychotische Patient war, ohne selber anwesend zu sein, in die ganze therapeutische Gruppe aufgenommen, in ihr aufgehoben, in die Gruppe integriert.

6. Nicht übergehen möchte ich die wichtige Frage der *Beziehung von Psychotherapie zur neuroleptischen Medikation.*

Verschiedene, sogar gegensätzliche Ansichten sind darüber in der Literatur vertreten worden: einmal diejenige der Überlegenheit der Pharmakotherapie gegenüber der Psychotherapie (MAY); aber auch umgekehrt, wie kürzlich von ALANEN, der die Überlegenheit namentlich der individuellen Psychotherapie im Vergleich zur Medikation betonte. Wieder andere empfehlen eine Kombination, der jedoch die Meinung entgegengehalten wird, die Summe der beiden sei nur geringfügig der psychologischen *oder* der somatischen Behandlung überlegen (SMITH u. Mitarbeiter).

In allen Bereichen der Medizin braucht es oft Jahrzehnte, bis manche Gegensätze gegenstandslos werden; hier aber wird die Nachprüfung durch die Tatsache kompliziert, daß die Psychotherapie einerseits den Anspruch erhebt, eine standardisierte Methode zu sein, anderseits aber auch zu Recht die Einsicht vermittelt, daß sie in der Persönlichkeit des Therapeuten begründet ist. Doch lassen sich mindestens Teilbefunde erbringen, die die Kontroverse bereichern.

Erstmals erbrachten ALANEN in Finnland und wir, gleichzeitig aber voneinander völlig unabhängig, den Nachweis, daß die individuelle Psychotherapie den Gebrauch der Medikamente im Laufe der Jahre bei den gut behandelten Kranken *progressiv verringert* und schließlich ganz einstellt. Ich beschränke mich hier auf unsere Daten: in unserer Kasuistik wurden die vor Beginn der Psychotherapie meist chronisch schizophrenen Patienten in über 90% der Fälle medikamentös behandelt. Nach fortgesetzter Psychotherapie sank dieser Anteil auf weniger als ein Drittel. Es wird heute immer wieder die Meinung vertreten, daß Medikamente insofern helfen, als sie bei den Patienten die Grundlage für neue Lernmechanismen schaffen, anderseits aber auch, daß sie gelegentlich gerade neues Lernen erschweren können, besonders wenn die so wichtige soziale Erfahrung in der Psychose fehlt. Diese Auffassung wurde durch unsere Erfahrungen bestätigt.

7. Ich bin mir, um das abschließend auch zu erwähnen, der Grenzen unserer Arbeit voll bewußt. Diese liegen nicht etwa im Mangel an Katamnesen, sondern in der Nicht-Generalisierbarkeit der Befunde, weil sie nur eine bestimmte Anzahl von Kranken betreffen, die zur Psychotherapie motiviert waren und die bei aller Chronizität der Psychose ambulant behandelt werden konnten.

Unsere Arbeit zeigt aber, daß die individuelle Therapie auch ohne die seit 20 Jahren so wichtig gewordene Sozio- und Familientherapie zu eindrucksvollen Ergebnissen führen und daß die Chronizität des Leidens bei genügend langem und intensivem Einsatz aufgehoben werden kann.

Überlegungen eines Psychotherapeuten zu einigen künstlerischen und religiösen Phänomenen

Dieser letzte Teil meines Buches ergibt sich aus dem Versuch, die menschlichen Erfahrungen, die mir in der Psychotherapie der Psychosen zugänglich geworden sind, auch auf die nicht-psychotischen Bereiche der menschlichen Existenz auszudehnen. Das geschieht freilich nicht in der Absicht, auch dort psychotische Strukturen und Mechanismen aufzudecken, sondern um zu prüfen, in wieweit meine Erfahrung und Einsicht, daß der psychotische Mensch in einer wesentlichen Grenzsituation menschlicher Existenz schlechthin lebt, mir helfen kann, einige geistige Phänomene in den extremen Existenzbereichen von Religion und Kunst ein wenig zu erhellen.

Religiöse Phänomene in psychoanalytischer, psychiatrischer und psychotherapeutischer Sicht

Immer wieder treffen wir in der Psychiatrie auf Phänomene religiöser Natur, die wir Psychiater auf Grund ihrer Inhalte, Formen und Kontexte oft als krankhaft bezeichnen. Manches Mal auch vorschnell!

Daraus leiten wir Ärzte leider nicht selten den Anspruch ab, psychologische Urteile auch über Phänomene fällen zu dürfen, die doch außerhalb der Psychiatrie liegen. Immer wieder wird uns deshalb von anderer Seite der Vorwurf gemacht, wir Psychiater verstünden nichts von der spirituellen Dimension der Welt. Alles werde von uns positivistisch gedeutet. In der Psychiatrie, sagte mir ein Theologe, gebe es nur Halluzinationen, aber keine Visionen. In der Psychoanalyse werde dann die Grenze zur Neurose manchmal so verschwommen, daß das meiste eigentlich Neurose sei. Wenn man von diesen im Grunde extremen und auch irrtümlichen Ansichten absieht, so kann der Psychiater sich doch differentialdiagnostische Kriterien zur Unterscheidung von Krankem und Gesundem in der Psychopathologie überlegen.

Da ist zunächst die Grenze der Logik ein *erstes* Kriterium, das uns fragen läßt, ob das Bild unserer gemeinsamen Realität von den religiösen Überzeugungen des Patienten geachtet und anerkannt wird, oder ob ein Bruch der logischen Verständigung im religiösen Erleben stattfindet. Die Grenze zur Psychopathologie wird nach diesem Kriterium beispielsweise dort überschritten, wo der Wahn erscheint. Absolut gültig ist dieses Kriterium freilich nicht. Was ist Wahn, was ist Logik? Die Kirchenväter prägten den Satz: "Credo quia absurdum".

Ein *zweites* Kriterium ist die Fähigkeit des Gläubigen, sich in Frage stellen zu lassen, zu hören, *die dialogische Beziehung in der Abwehr nicht untergehen* zu lassen. Die Grenze zwischen autistischer, weltfremder Starrheit und Charakterstärke der Überzeugung ist jedoch fließend: "Hier stehe ich", rief LUTHER aus, "ich kann nicht anders!"

Als *drittes* Kriterium ist zu vermuten, daß die Grenze zur Psychopathologie überall dort mehr oder weniger überschritten wird, wo *psychodynamische Zusammenhänge*, wie zum Beispiel Machthunger im Bekehren-Wollen oder infantile Abhängigkeit und Unsicherheit in der blinden Gefolgschaft der Gläubigen, die sich beispielsweise von einem geistigen Führer *ver*führen lassen, weit über die eigentliche Wurzel des Glaubens, also über die Sehnsucht nach Ganzheit und Freiheit, hinaus gehen.

Gewiß, das exaltierte, weltfremde, fanatisch radikalisierte Glaubensphänomen wirkt von vornherein unglaubwürdig auf uns. Die Kehrseite ist aber die: *das Glaubensphänomen als solches kann auch innerhalb* (oder trotz) *eines psychopathologischen Kontextes glaubwürdig sein*. Wir dürfen einem kreativen Phänomen, sei es im Bereich der Religion, sei es in dem der Kunst, die schöpferische Dimension und den Wahrheitscharakter nicht absprechen, nur weil es bei einem sonst kranken Menschen auftritt.

Hier tritt uns ein Paradox entgegen: auf der einen Seite gilt diese Erkenntnis grundsätzlich; auf der anderen Seite ist es aber oft der ganze Persönlichkeitskontext, der über die "Gesundheitskompetenz" eines "Grenzphänomens" entscheidet.

Einer gewissen Paradoxie und Dialektik, einer schwebenden Ungewißheit mitten in der klinischen Entscheidung können wir also nicht entgehen. Das Urteil des Psychiaters ist oft ein Wagnis.

I

Fragen wir uns nun zuerst: Was ist Religion in *psychoanalytischer* Sicht *heute*? Ich betone das Wort *heute*, um nicht zu einer Geschichte dieser Frage verpflichtet zu werden, deren Erörterung über den Rahmen dieses Kapitels hinausführen würde.

Die Psychoanalyse kann nicht – wie die Philosophie – versuchen, die wesentliche Frage der Religion, nämlich diejenige nach der Existenz Gottes zu beantworten, weil sie eine Naturwissenschaft der Seele und ein seelisches Verstehen des Menschen ist. JUNG hat diese Grenze gesehen, obschon er sich mehr als andere Psychiater mit dem Numinosen befaßt hat. In seinem Vorwort zum "Tibetanischen Totenbuch" deutete er zunächst die Götterwelt als eine Projektion des kollektiven Unbewußten, um gleich darauf die Frage umzukehren: und wenn das kollektive Unbewußte die Introjektion des Göttlichen wäre? Diese Frage wagte er nicht zu beantworten!

Die Psychoanalyse kann also nur einen Beitrag zur *Psychologie der Religion* leisten. Die Psychologie der Religion ist heute nicht im reduktiven Sinne wichtig, in dem Sinne also, daß wir das Wesen der Religion durch ihre Zurückführung auf die soziale und individuelle Psychologie ganz erfassen könnten; sie ist vielmehr in dem Sinne wichtig, daß sie uns hilft, in der Psychiatrie Gesundes von Krankhaftem zu unterscheiden.

Religion ist in meiner psychoanalytischen Sicht eine "Objektbeziehung" (re-ligio), die sich von anderen Objektbeziehungen durch drei Merkmale unterscheidet:

1. Sie ist die Beziehung des Selbst zu einem letzten Endes unbekannten "Objekt", das außerweltlichen Ursprungs und somit kein Objekt mehr ist;
2. sie ist eine Selbst-Objekt-Beziehung, da Gott letztlich in der Innerlichkeit des Selbst wohnt;
3. Sie ist eine Beziehung, deren Struktur wie kaum eine andere die ganze Beziehungswelt des Menschen zu seinen Mitmenschen beeinflußt.

In jedem dieser drei Bereiche entwickelt sich die religiöse Beziehung als eine Dialektik, deren Mitte die dialogische Gesundheit ist und deren polare Einseitigkeiten in den psychiatrischen Erscheinungen der seelischen Krankheiten zu finden sind.

Wir wollen die drei Merkmale als Beziehungsbereiche betrachten.

1. Im ersten Bereich, demjenigen der *Beziehung des Ich zu einem unbekannten Ganzen*, liegt die Dialektik zwischen der Möglichkeit, auf Gott unser Ideal restlos zu *projizieren*, und der Möglichkeit, das "Ganz-Andere", das unfaßbare Wesen Gottes als die einzige und eigentliche Realität in Selbst-Abgrenzung zu betonen.

Beide Pole der Dialektik strukturieren in ihrer Wechselseitigkeit das religiöse Erleben des dialogisch gesunden Menschen. Beim Kranken aber finden wir die ausgefallenen Pole: einmal wird auf Gott das eigene Wertsystem – gleich welches! – so radikal projiziert, daß man damit die Gedanken Gottes zu erfassen glaubt. Dann kann man mit den "eigenen Gottesgedanken" und vergötterten Trieben seine Mitmenschen auch quälen. "Gott mit uns" lautete beispielsweise der nationalsozialistische Spruch, der in seinem Wesen nicht gar so verschieden war von der Weltanschauung jenes psychopathischen religiösen Patienten, der seine eigene Frau mit Schlägen tötete, um ihr den Teufel auszutreiben.

Umgekehrt kann aber das göttliche Ganze auch als so radikal anders als das eigene Selbst erlebt werden, daß kein "Projekt", keine Liebesübertragung auf die Welt überhaupt möglich ist. Nichts sonst ist dann wahr, nichts ist liebenswert.

Ich gebe ein Beispiel: Ein Psychiater schilderte einmal eindrucksvoll einen Patienten, der mit der Andersartigkeit Gottes so "ernst" machte, daß die ganze Welt für ihn schließlich nicht existent war: alle und alles waren Schatten, die sich auflösten, sobald er sie nicht mehr anschaute. Er, der Zuschauer, war in einer unfaßbaren Ewigkeit eingeschlossen, die in ihrer Unkenntlichkeit keinen Sinn mehr hatte und dadurch für ihn die Qualität des Grabes bekam – der Patient bat darum, ihm ein Grab zu bauen.

2. Im Bereich der zweiten Dimension der religiösen Beziehung, der *Selbst-Objekt-Beziehung*, kann das Selbst mit dem Objekt so koinzidieren, daß daraus das "grotesk Prophetische" resultiert. Der Kranke ist ein Prophet Gottes, ein Erlöser der Welt – wer kennte in der Psychiatrie diese klassische Wahnidee der paranoiden Menschen nicht?

Umgekehrt kann am Gegenpol der Dialektik, wenn diese aus der schöpferischen Spannung der Gegensätzlichkeit herausgelöst wird, die Vorstellung eines so immensen, göttlichen, idealen Selbst-Objektes entstehen, daß man ihm gegenüber nur das eigene, hilflos verlorene Nichts erlebt, vor diesem schaudert und sich als den schlimmsten Sünder der Welt anklagt.

Aus dem Bericht eines unbekannten Chronisten über das Leben der heiligen Maria Magdalena dei Pazzi entnehme ich folgende Begebenheit.

"Am 22. Juli 1584 erlangte die 18jährige Maria eine plötzliche Erkenntnis ihrer selbst und ihrer Nichtigkeit. Sie begann zu schluchzen und auszurufen: 'O Gott, zeige mir mein eigenes Bild nicht mehr, weil ich es nicht ertrage.' Sie sah sich selber als ein Nichts, ja weniger noch als ein Nichts; ferner sah sie alle Geschöpfe im Vergleich zu der Majestät Gottes ebenfalls als ein Nichts. Sie fühlte sich bis in ihre Knochen aufgewühlt und glaubte, den Verdammten in der Hölle ähnlich zu sein; sie wäre lieber nie geboren worden. Sie betete: 'O Gott, warum gönnst Du mir nicht tausend Höllen, damit ich mich in jede hineinwerfen kann; damit ich ununterbrochen leide ob der Schuld, die ich gegen Dich begangen habe? Warum schickst Du mir nicht einen Engel, der mich töten würde, und zwar tausend und tausend Mal mich vernichten würde; welcher mir nach jeder Wiedergeburt den grausamsten Tod erteilen, mich in Stücke hauen, verbrennen und so bis zum Jüngsten Gericht traktieren würde, bis zu dem Tag, wo ich Dir, o Gott, nicht mehr unähnlich sein werde?'"

Es ist für einen Psychiater durchaus möglich, die krankhaften Züge dieses eindeutig depressiven Bildes zu erkennen: den Sado-Masochismus und die verborgene Grandiosität im Verlangen nach Gottähnlichkeit.

Im allgemeinen gilt die These, daß das Religiöse krankhaft ist, wenn die Integrität und Würde des Menschen in der Liebe und der Solidarität mit den anderen verletzt werden. Wo geistige Phänomene, wie mystisches Erleben, Öffnung auf die Transzendenz hin, überirdische Schau, Erweiterung des Bewußtseins durch das Mittel der Selbstanschuldigung, der Erniedrigung oder gar der Zerstörung bewirkt werden, sind wir Psychiater, die wir für die

Integrität des Menschenbildes einstehen und dieses gegen negativierende Vorstellungen verteidigen, legitimiert, von einer Psychopathologie zu sprechen, von einer Selbstzerstörungssucht, die im Gegensatz zur inneren Harmonie, zur Gesundheit, zur Freude an den Gaben des Lebens steht.

Wir dürfen vorsichtig vermuten, daß psychopathologische Vorgänge, wie zum Beispiel ein Sich-nicht-positiv-fühlen-können, Depersonalisation und Depression bei einer Frau wie Maria Magdalena abgespalten wurden in einer Selbstschau, die dann alles Negative verdammt.

3. Im dritten Bereich der Dialektik haben wir die Gegensätze: über Gott werden alle Menschen geliebt, oder Gott ist einem so wichtig, daß man sich von allen Menschen zurückzieht, in die Wüste geht, um nur mit ihm zu sprechen. In der gesunden Dialektik sind freilich beide Pole nicht voneinander abgespalten: der Eremit umarmt in seinem einsamen Gebet die ganze Menschheit, und der Wanderprediger ist unter den Menschen bei Gott. Aber in der Krankheit verfällt man dem einen oder dem anderen Pol: entweder ist man ein völliger Autist, der so ausschließlich bei Gott wohnt, daß ihm weder das Seelenheil, noch ein kleinstes, reales Bedürfnis des nächsten Mitmenschen von Bedeutung ist; oder aber der Bekehrungszwang ist alles, und dahinter steckt kein anderes religiöses Erleben mehr.

Was ich hier so kurz skizziert habe, sind grundsätzliche Erfahrungen, die eine Gesamtschau ermöglichen. Im Einzelfall aber stehen wir fragend vor der Aufgabe der subtilen Unterscheidung.

II

Nach der psychoanalytischen Betrachtungsweise möchte ich jetzt die *psychiatrische* Sicht erwähnen, die die psychoanalytische ergänzt oder sich mit dieser überschneidet. Die Psychiatrie erforscht nicht die psychodynamischen Strukturen, die *hinter* den Phänomenen stehen, bzw. ihnen zugrundeliegen sollen, wie zum Beispiel die vermutete Selbst-Objekt-Beziehung – sondern sie ist in erster Linie eine Betrachtung der Phänomene selber. Sind diese einfühlbar oder nicht? Sind sie, als Denkvollzüge, von bestimmten sozialen Folgen begleitet und von welchen? Finden sie eine Resonanz in uns? Treten sie in einem Rahmen auf, der sonst durch bestimmte Krankheitssymptome gekennzeichnet ist, so daß sie gewissermaßen sekundär, auf Grund des Gesamtkontextes, als krankhaft (oder nicht) gelten müssen.

Einige Überlegungen drängen sich hier auf.

1. Die als psychopathologisch imponierenden, also wenig einfühlbaren, autistischen, abnormen Phänomene im Bereich des Religiösen gruppieren sich ihrem Inhalt nach an zwei Hauptachsen entlang, von denen die eine durch *Nichtigkeits-* und *Schuldgefühle*, die andere durch *Größenvorstellungen* und *Verschmelzungserlebnisse* charakterisiert ist.

Zur ersten Achse gehört zum Beispiel der Versündigungswahn, der in ausgeprägter Weise in der Melancholie vorkommt; aber auch in der Schizophrenie auftreten kann: der Kranke ist dann ein Verdammter, ein Sünder, er büßt für alle Menschen, er trägt die Schuld aller anderen usw.

Zur zweiten Achse gehört das "Heilsprogramm" des psychotischen Menschen, wie wir es besonders in der Schizophrenie erleben: der Kranke ist ein Auserwählter, er hört Stimmen, die ihn zu seinem Erlösungswerk aufrufen, ein neuer Lebensabschnitt hat für ihn begonnen usw.

Diese zwei Hauptdimensionen der religiös-psychotischen Thematik können im manisch-depressiven Leiden alternieren, sich in der Schizophrenie dagegen "kreuzen" – und zwar in dem Sinne, daß der Gequälte gleichzeitig der Erlöser ist und die Hölle auch die "mystische Rose", wie ein Kranker sagte.

2. Eine weitere Überlegung ist die, daß Nichtigkeit und Schuld einerseits und Selbsterhöhung anderseits zwei fundamentale Dimensionen des religiösen Erlebens an sich sind. Ihre krankhafte Qualität hängt einerseits vom Verhältnis des Menschen zu seinen Mitmenschen ab und anderseits vom Verhältnis der religiösen Inhalte zur gesamten Persönlichkeit.

Was den ersten Punkt betrifft, sei darauf hingewiesen, daß gewisse psychische Phänomene in manchen Kulturen sehr schnell als krank gelten, in anderen bis zu einem gewissen Grad toleriert oder sogar als innerhalb der Norm gewertet werden. Wer zum Beispiel in Indien verkündet, daß er eine Inkarnation dieses oder jenes Gottes sei, begegnet nicht derselben Reaktion wie ein Mensch, der sich bei uns als Christus ausgibt. Kollegen, die in Indien lebten, erzählten mir, daß man in solchen Fällen die Achseln zuckt: "Wer weiß, es könnte ja wirklich so sein."

Ferner ist neben der Kultur auch die geistige Bedeutung des einzelnen nicht ohne Gewicht. Denken wir etwa an den Mystiker SWEDENBORG. Zu sagen, daß er ein psychiatrischer Patient war, weil sein Denken Wahnideen enthielt, wäre eine petitio principii: wir wollen herausfinden, ob diese Ideen (Visionen aus dem Jenseits) wahnhaft sind, und dies können wir nicht mit einer Diagnose beweisen, die sich eben erst aus der Interpretation der Natur dieser Ideen ergibt. Hier liegt die große Schwierigkeit, weil man guten Glaubens verschiedener Auffassung sein kann. JASPERS versuchte in einer Schrift nachzuweisen, daß SWEDENBORG schizophren gewesen sei; unter anderem meinte er, das Schizophrene ergebe sich aus dem Gegensatz zwischen Erhabenheit der geistigen Vision und Banalität der Einzelheiten. Man hat JASPERS widersprochen; und SWEDENBORG wird von EMERSON als einer der größten Geister der Menschheit, zusammen mit PLATO und SHAKESPEARE, bezeichnet. Das angeblich Psychotische wird nicht einmal erwähnt.

Wahnhaft ist freilich nur das, was einen Bruch der gemeinsamen mitmenschlichen Realität bedeutet, in der man lebt. Aber selbst da kann man sich noch fragen, ob nicht die Freiheit, unsere Realität als eine Welt der logischen mitmenschlichen Verständigung zu transzendieren, auch zu den Grenzmöglichkeiten des Geistes gehört.

An sich wäre es für einen religiös denkenden Forscher möglich, sich vorzustellen, daß Gott einen einzelnen Menschen so erschüttern könnte, daß dieser die Regeln der Logik, in denen seine Mitmenschen leben, nicht mehr beachten müßte. Das war eine Auffassung des Wahns in der Antike: der Gottestrunkene war in schöpferischer, aber auch tödlicher Weise vom Blitz des Zeus getroffen – dieses Schicksal, so meinte Hölderlin, der übrigens geisteskrank wurde, eigne sich hervorragend für den Dichter. Aber schon Thomas von Aquin lehrte im Mittelalter, hier in einer Kontroverse mit den Nominalisten, daß es zwar denkbar sei, daß Gott alle Gesetze der Logik umwerfe, daß er es aber in seiner Weisheit nicht tue.

III

Wie steht es dagegen – und damit komme ich zum dritten Aspekt, dem psychotherapeutischen – mit der 'verborgenen Logik', mit der 'unbewußten Intention' des Wahns? Wie muß ich dieser Erscheinung begegnen, um die zugrundeliegende, echte religiöse Erlebensmöglichkeit zu erkennen und freizusetzen? Das folgende Beispiel aus einer Krankengeschichte möge die Problematik veranschaulichen.

Eine früher unauffällige Frau wird mit 41 Jahren "nach mehreren Jahren religiösen Suchens" plötzlich "während zehn Tagen vom Geist erfüllt". Wir hören weiter, daß die Frau dann Jesus in Menschengestalt sieht, der sich Drogensüchtiger annimmt, und daß sie schwere, innere Kämpfe durchmacht, verbunden mit Angstzuständen.

Wir erfahren aus der Krankengeschichte auch, daß die Patientin, infolge einer plötzlichen Eingebung, ein Flugzeug nach Israel bestieg, ein Plakat in den Händen mit dem Foto eines Schützlings; daß sie dann in Israel aber hilflos wurde, wegen mangelndem Geld das Konsult aufsuchte und mit dessen Hilfe wieder in die Schweiz zurückkehrte. Hier begegnete sie wieder dem inkarnierten Jesus und durch Fasten wollte sie erzwingen, daß alle Mitpatientinnen ihrer Klinik mit ihr entlassen werden: so rundet sich das Bild zu demjenigen eines autistischen, lebensunfähigen, realitätsfremden Menschen, der zwar formell im Denken noch geordnet ist, also die schizophrenen Primärsymptome nicht aufweist, jedoch im Besessensein durch ein religiöses Urbild zum Spektrum der Paranoia gehört.

Wir erfahren dann in der Psychotherapie, daß diese arme Frau in einer durch die Kriegsschicksale gespaltenen Familie aufwuchs, daß sie als Kind versuchte, die Eltern zu versöhnen und zusammenzuführen, daß sie später in ihrer unglücklichen, mit einer Scheidung endenden Ehe eine zunehmende gegenseitige Entfremdung erlebte, daß ihr späterer Freund ihre Tochter nicht akzeptieren konnte, weshalb sie sich schließlich wieder von ihm trennte.

Allmählich erleben wir in der Psychotherapie die Paranoia der Patientin als einen unbewußten Versuch, eine religiöse All-Versöhnung zur Überwindung der Vereinsamung und Zersplitterung ihres Lebens zu erwirken. Führt nicht ein roter Faden von dem infantilen Versuch, "die Eltern wieder zusammenzuführen", zu ihrem heutigen Missionieren? Die "geistigen Kämpfe" der Patientin erscheinen uns dann als Auseinandersetzung zwischen der Angst, die aus ihrer Vergangenheit stammt, und dem religiösen Symbol, das diese Angst binden will.

Wenn ich jetzt auf die psychotherapeutische Sicht genauer eingehe und sie von der psychoanalytischen und der psychiatrischen Sicht trenne, so deshalb, weil es Formen der Psychoanalyse und der Psychiatrie auch ohne die von mir hier gemeinte, rein psychotherapeutische Dimension gibt. Psychotherapie außerhalb von Psychoanalyse und Psychiatrie aber kann es überhaupt nicht geben. Meine Psychotherapie nun unterscheidet sich von den beiden eben genannten Sichtweisen vornehmlich dadurch, daß sie die wichtige Grenzlinie zwischen psychopathologischem und normalpsychologischem Phänomen weniger beachtet und nicht einmal intensiv danach sucht, sondern daß sie die *Psychopathologie auf ihre potentielle normalpsychologische Kompetenz hin* untersucht oder die "Erkenntnispotentialität des Wahns" prüft und anspricht. Ich sehe eine solche nicht in der *Gestalt* des Wahns, sondern in seiner *Ausrichtung*, seiner *Dynamik*, also in dem, was ich weiter oben wiederholt als "progressive Psychopathologie" bezeichnet habe.

Ein depressiver Kranker glaubte, in der Hölle zu sein. Bald meinte er es metaphorisch, sich an das Selbstportrait von Munch "In der Hölle" anlehnend, bald schien er nicht ganz imstande zu sein, seine private Hölle von einer metaphysischen zu unterscheiden.

Im Laufe der Psychotherapie begann dieser Patient, die Möglichkeit zu realisieren, daß das "In-der-Hölle-Sein" ein notwendiger Durchgang seiner Existenz war, aus einer ihn bisher versteinernden Enge hinaus zu neuen mitmenschlichen Beziehungen und Daseinsinhalten, die sich ihm erst in der Erfahrung der Beziehung zum ärztlichen Partner voll eröffneten.

In diesem Zustand verglich sich der Patient mit Christus, der nach seinem Tod am Kreuz in die Hölle hinabgestiegen war. Er identifizierte sich mit ihm, bald metaphorisch, bald auch in dem Sinne, daß er, wie Christus, die Leiden seiner Familie, also die Leiden der Menschheit, tragen müsse, eine Aufgabe des Opfers hatte, die ihn immer mehr bereit machte, seine Transzendenz zu "sehen".

Der Psychotherapeut hütete sich davor, die wahnähnliche Vorstellung völlig in Frage zu stellen; denn er merkte, daß der Patient durch solche Bilder sein inneres Werden so kräftig erleben wollte, wie das durch bloß rationale Einsichten kaum möglich gewesen wäre.

Die Psychopathologie hatte hier also eine *progressive* Funktion, diejenige einer Brücke zur Freiheit, eine *antipsychotische Intention mitten im Wahn*; nämlich so, als ob die Progression eine Zeitlang dieselbe psychopathologische Sprache der Regression sprechen mußte, um in dieser Weise auf neue Aussichten zu stoßen. Diese eröffneten sich schließlich in der Fähigkeit, die Höllenfahrt Christi als ein Symbol zu betrachten, das aber eine Zeitlang die Lebendigkeit eines fast konkreten Ereignisses haben mußte, um ganz erfaßt zu werden.

Der folgende Traum des Patienten sei mit seinen Worten erwähnt: "Während drei Tagen und drei Nächten schreibe ich ununterbrochen – in Schweiß gebadet – eine Geschichte Jesu. Schweißtriefend erwache ich aus dem Traum. Die Historie ist beendet, und ich erlebe im Wachsein die Wandlung von Jesus zu Christus. Gleich anschließend fühle ich mich während Minuten frei von Depressionen, im Grunde genommen von ihr befreit."

Er erlebte, von Christus bei der Hand genommen zu werden: Halluzination als psychotherapeutische Wirklichkeit.

Die progressive Richtung eines seiner Gestalt nach regressiven Wahns wird erst in der Psychotherapie erkannt und richtig eingeschätzt, das heißt, erst durch einen Therapeuten, der die Schritte erwägt und mitfühlt, die im Raum eines psychopathologischen Phänomens getan werden. Diese Schritte können selbst im Wahn *existentiell gültig* sein, jedenfalls existentiell bedeutender als die kleinen Schritte eines gesunden Menschen, der sich lediglich perfekt an die Erwartungen seiner unterdrückenden Sozietät anpaßt.

Der Psychotherapeut erspürt hier, daß im Wahn seines Patienten mehr Leben sein kann als in der sozialen Gesundheit vieler Menschen. Hier liegt der Beitrag der Psychotherapie zur Beantwortung der Frage, wo im allgemeinen die Psychopathologie aufhört und die dialogische Gesundheit beginnt. Sie sieht die potentielle Gesundheit auch in der Psychopathologie und die Psychopathologie, die Erstarrung auch in der Gesundheit.

Kunst als Selbsttherapie und Weltprophetie am Beispiel des Schweizer Malers Max von Moos

In seinem eindrucksvollen Buch "Verlust der Mitte" schreibt SEDLMAYR, daß in der Krise unseres Zeitalters "mit am tiefsten die Künstler gelitten haben, gerade diejenigen, deren Auftrag es war, in furchtbaren Visionen den Sturz des Menschen in seiner Welt sichtbar zu machen."

Es gibt seit dem 19. Jahrhundert "einen ganz neuen Typus des leidenden Künstlers, des einsamen, des irrenden, des verzweifelten, des am Rande des Wahnsinnes stehenden Künstlers, den es früher höchstens als Einzelnen gegeben hat." Wie PHILIP LERCH schreibt: "Existentiell kann nur derjenige verzweifeln, dessen Werterleben bis in die letzten, rational nicht mehr zu bestimmenden Tiefen seiner Existenz herabreicht."

Was hier allerdings zu wenig deutlich gesagt wird, ist die psychiatrische Einsicht, daß sich tiefes "Werterleben" bei solchen Menschen eigentümlich oft verbindet mit seelischem Kranksein und daß dieselbe Kunst, die im bewußten oder vorbewußten Erleben der Autoren oder deren Kommentatoren *Weltprophetie* ist, gleichzeitig den Rang wirkungsvoller *Selbsttherapie* erlangt.

Was LOMBROSO episodisch aufzählte, hat sich heute in der Sicht unserer statistisch arbeitenden Wissenschaft bewahrheitet. Einem Aufsatz von CÉCILE ERNST entnehme ich folgende Zeilen:

"Seit Jahren verpflichtet die amerikanische Universität Iowa bekannte Schriftsteller als Gastdozenten. Dreißig Schriftsteller, 27 Männer und 3 Frauen, die in den letzten fünfzehn Jahren in Iowa lasen, stellten sich für eine psychiatrische Untersuchung zur Verfügung. Man verwendete ein standardisiertes Interview und man diagnostizierte nach international anerkannten Kriterien. Die Gruppe bekannter Schriftsteller litt im Vergleich zu einer nach Alter, Geschlecht und Bildungsstand entsprechenden, dichterisch nicht begabten Kontrollgruppe wesentlich häufiger an Depressionen mit Krankheitswert. Sie zeigte auch weitaus häufiger einen Wechsel zwischen depressiven Zuständen und Episoden mit gesteigertem Glücksgefühl, Aktivität, Tatendrang und Reizbarkeit. Alkoholmißbrauch kam bei den Schriftstellern ebenfalls signifikant häufiger vor als bei der Kontrollgruppe. Zwei Suizide innert fünfzehn Jahren und zahlreiche psychiatrische Behandlungen zeigten ferner die größere Gefährdung. Interessanterweise erfolgte kreatives Schreiben nicht in der Depression – dann sind Selbstkritik und das Gefühl der Sinnlosigkeit stark. Es erfolgte auch nicht in der Gegenschwankung – dann hindern Ablenkbarkeit und Sprunghaftigkeit das Denken –, sondern in einigermaßen ausgeglichenen Zwischenzeiten."

Die Gründe für diese Verkettung von Kreativität und Kranksein sind im letzten unbekannt, weil sie erst in der Deutung berührt werden können. Cécile Ernst nimmt an, daß die untersuchten Depressionen oder auch manisch-depressiven Störungen der Probanden biologisch bedingt seien, weil deren Leiden in den Nachforschungen der Iowa-Universität familiär verankert erschien: unter den Verwandten der Künstler waren depressive und psychiatrische Störungen häufiger als beim Durchschnitt der Bevölkerung.

Man kann aber auch behaupten, daß der in seinen biologischen Grundlagen irgendwie erschütterte Mensch eine erhöhte Rezeption für das Leiden seiner Sozietät aufweist. Während der gewöhnliche Kranke dabei zum Opfer seiner Gesellschaft wird, kann der genial veranlagte Leidende in dieser Lage eine schöpferische Offenheit entwickeln, die ihn von der Rolle des Opfers in diejenige des Gestalters des universellen Leidens verwandelt.

Die Grenzen zwischen kranken Menschen und seelisch leidenden Künstlern sind freilich fließend. Wie oft erleben wir in der Psychotherapie, daß selbst ein schwer kranker Mensch den Zusammenstoß mit der Welt an einem Ort erlebt, den es für den Gesunden oft nicht gibt, und in einer Weise, daß sein Leben eine visionäre Größe erreicht!

Ein Beispiel für viele: eine schizophrene Patientin findet auf der Straße einen aus seinem Nest gefallenen, verwundeten Vogel. Passanten kümmern sich nicht um den Vogel, nehmen ihn wohl wahr, gehen aber weiter. Empört über diese Indifferenz, die der Kranken wie ein Symbol der Gleichgültigkeit der Welt erscheint, hebt sie den Vogel auf, bringt ihn nach Hause, pflegt ihn, ernährt ihn, heilt ihn.

Anschließend erlebt die Kranke auf der Straße eine "Vision", wie sie sich ausdrückt, ein waches Traumbild, das wir in der Psychiatrie so gerne "Halluzination" nennen, das in diesem Falle aber die "negative Halluzination" der Gesunden, ihre Blindheit an diesem Ort des Daseins kompensiert. Sie sieht eine "strahlende Taube" durch die Luft schweben. Auch ihre Mutter hat die Taube gesehen; es ist, als ob der erregte intrapsychische Vorgang bei seiner außerordentlichen Intensität welthaft, allgemein werden müßte. Die Patientin will in einem Bild festhalten, was für sie zu einem Existenzsymbol geworden ist. Der sterbende Vogel aber wäre für sie, ähnlich wie für die anderen Passanten, wahrscheinlich fast unbemerkt geblieben, wenn sie ihn nicht in sich selber gehabt hätte. Allein, erst in der Objektbeziehung – nicht in der bloßen Selbstreflexion – kann sich das Selbst erfahren und verwandeln.

Die befreiende Tat ist Selbstbefreiung, die Weltprophetie ist Selbsttherapie: diese These ist wichtig auch für den mit den Bildern seiner Patienten arbeitenden Psychotherapeuten, weil er in der spontanen Situation des menschlichen Geistes den Weg vorgeschrieben sieht, den er durch Anweisungen, Anregungen, therapeutische Methodik geht.

Ich möchte nun diese These am Beispiel des Malers MAX VON MOOS erläutern – des wohl bedeutendsten Surrealisten in der Schweiz, über dessen Werke bereits mehrere Schriften vorliegen, die jedoch vor allem die tiefenpsychologischen Hintergründe seiner höllischen Visionen erforschen – während ich hier ergänzend auf die verborgene Dimension der latenten *Hoffnung* eingehen möchte, die manche Bilder von ihm enthalten.

Ohne diese Hoffnung wäre keine Therapie, auch keine Selbsttherapie möglich. Hoffnung ist aber, metaphysisch gesehen, keine mögliche Selbsttäuschung, sondern Ahnung der letzten, wirklichen Realität.

Der 1903 geborene Luzerner ist allzu bekannt, als daß ich auf sein Werk eingehen müßte. Welch kranker Mensch er war, geht deutlich aus der schönen Einführung in sein Werk, die HANS-JÖRG HEUSSER 1982 geschrieben hat, hervor, aber noch eindringlicher aus der "privaten Krankengeschichte", die der Maler 1979 einem Katalog seiner Bilder vorausgeschickt hat.

Lange vor einer vielleicht auch medikamentös verursachten, sechs Monate dauernden, schweren Halluzinose, die 1971 stattfand, litt er, der Weltpessimist, unter phobischen Vorstellungen, über die zu berichten er stets bereit war. "Die Vorstellung, einen Teller voll Regenwürmer essen zu müssen", hat VON MOOS sein Leben lang verfolgt. Sie tauchte erstmals in der Pubertät auf. VON MOOS, der damals eine Phase heftiger Skrupel durchmachte, war von der Idee besessen, Gott, von dessen Gnade er sich ausgeschlossen fühlte, seine Liebe durch das Bestehen von "Prüfungen beweisen zu müssen". "Das geriet mir immer wieder zusammen mit meiner Abneigung gegen die Regenwürmer. Ich dachte ständig, wenn Gott nun verlangen würde, daß ich Regenwürmer esse, einen Teller voll lebender Regenwürmer esse!"

Die autobiographische "Krankengeschichte" von 1971 ist die Darstellung einer Halluzinose, die den Maler im Anschluß an einen geschwächten körperlichen Zustand infolge einer Prostataoperation befiel. Es begann mit dem kleinen Kruzifix an der Wand: "Die Wand schied eine weiße, schaumgummiartige Masse aus, die zeitweilig das Kruzifix ganz verhüllte." "Auch andere sonst stabile Sachen begannen sich zu bewegen." Schlangen traten in Erscheinung, Regenwürmer und eklige Tiere. "Ich lebte von Tag zu Tag und freute mich nur auf das Schlafpulver." "Mein Denken war wie blind geworden." "Ich lebte in permanenter Angst." Während ein Freund, der ihn besuchte, ihm manches vorlas, "wand sich eine dicke Schlange um meinen Kopf". "Schreiben und Zeichnen waren mir fast unmöglich." "Ich mußte das Zeichnen fast aufgeben, denn am Zeichnen hing ich, auch wenn nichts Gescheites mehr herauskam, mit zäher Verbissenheit."

Wie malte nun dieser Mann in den besseren Zeiten? Lassen wir ihn selber sprechen: "Ich zeichne und male... was mir mein Unterbewußtes vorgaukelt. Das ist zunächst *wirres Zeug*. Wenn ich diese Prozedur hundert Male wiederhole, werden Gesetzmäßigkeiten sichtbar, und die Elaborate verlieren den privaten Charakter und spiegeln *die Nöte der Zeit* wieder. *Wenn ich nicht zeichnen und malen würde, wäre ich im Irrenhaus.*"[1]

Meine These ist: das "wirre Zeug", das das "Unterbewußte" dem Maler "vorgaukelte" und das wirre Zeug, das er in seiner Halluzinose sah, sind ein und dasselbe. Es handelt sich um psychische Abläufe, die das Ich nicht filtrieren, integrieren, organisieren kann, solange dieses Ich davon nur befallen wird. Im schöpferischen Prozeß kann aber das Ich die wirren Abläufe mitgestalten, so daß diese ihm als "seine" Produkte erscheinen, als Ergebnisse der eigenen Tätigkeit. Im irgendwie geschwächten Ichzustand ist der Maler unfähig, diese Tätigkeit auszuüben, und die nun bedrohlichen, nicht mehr vom Ich strukturierten Abläufe erscheinen ihm als beängstigende Veränderungen der Umwelt. Die Ungeheuer, die er sonst surrealistisch malte, kommen nicht mehr aus einem schöpferischen Urgrund des Unbewußten, sondern aus der äußeren Realität der Sinne, und sie zerstören somit – sie verzerrend – diese Realität.

Das bedeutet, daß die subjektive Unterscheidung zwischen Selbst und Nicht-Selbst vom Aktivitätsgrad des Ich abhängt. Treten die Ungeheuer aus dem *tätigen* Ich hervor, so verfälschen sie die Realität nicht, sondern sie *deuten* sie. Die Realität wird als Not der Zeit gedeutet. Die Zeichnungen werden zu "Warntafeln", die der Künstler für uns aufstellt.

Dieses großartige Phänomen, daß die an sich zersetzenden, psychischen Abläufe zu *Deutungen des Zersetzenden* in der Welt werden können, möchte ich durch die Hypothese deuten, daß eine symbolische Spiegelbeziehung zwischen dem Menschen und dem Kosmos vorhanden ist. Das gemeisterte "wirre Zeug" wird im Empfinden des Malers zum Symbol des "Bösen, das auf dem Grund der Welt liegt".

Ich meine also, daß Projektionen, die das Ich gestaltend tätigt, nicht bloß eine abwehrende Funktion haben, wie die Psychiatrie einseitig erkannt hat, sondern auch eine erkennende Funktion: das metaphysisch und das geschichtlich-sozial Böse (oder Gute) wird bloßgelegt.

Ein solcher Patient kann uns helfen, das "Böse auf dem Grund der Welt" – das freilich nicht die einzige Realität ist, jedoch in aller Unerbittlichkeit ausgedrückt werden muß – zu sehen, wenn er zum "Überpatienten" geworden ist – um hier Nietzsches Wort vom Übermenschen zu paraphrasieren. Er hat durch das gestaltende Auge sowohl den Patienten in sich gerettet – "sonst wäre ich im Irrenhaus" – als auch den Patienten in uns angesprochen, den zu sehen für uns nicht nur erschreckend, sondern auch befreiend ist.

Man versteht, daß das Malen in einer solchen inneren Verfassung ein Malen "auf Leben und Tod" ist, wie sich einst der Maler Braque äußerte. Max von Moos formulierte es etwas anders: "Sobald ich aufhöre zu arbei-

1 Kursivierung vom Verfasser

ten, tritt Leere ein. Diese Leere wird ausgefüllt durch Angst und schlechtes Gewissen. Bei der Betrachtung der Weltbühne drängt sich die Angst auf. Jedermann hat sie, es sei denn, er sei oberflächlich oder dumm."

Früher einmal kannten wir Menschen diese Angst vielleicht nicht, außer in Zeiten permanenter Kriege; früher einmal konnte GOETHE schreiben: "Wenn die Kanonen in der Türkei donnern, gehen die Damen in Weimar spazieren." Aber diese Angst dürfen wir nicht nur erleben, wir müssen sie zeitweise auch vergessen, um leben zu können. Das Paradoxe in der Kunst liegt darin, daß sie nicht nur Erkenntnis dieser Angst und des angsterzeugenden Urgrundes der Welt ist, sondern auch, aus Gründen, die wir noch besprechen werden, und die ich im Wort von der Hoffnung vorausnehmen möchte, *Vergessen der Welt* ist. Lassen wir dies MAX VON MOOS selber sagen: "Das Füllen einer Bildfläche mit Formeln, die miteinander kämpfen und sich doch im Gleichgewicht halten, sowie das Setzen von Farben, die auf dunklem Grund leuchten wie eine Feuersbrunst, läßt mich während der Dauer der Arbeit *die Welt vergessen.*"

Projektion und Sublimation gelingen, weil ein Meister den Pinsel führt. Es gäbe vielleicht keine oder nur wenige dauernd schwer Kranke, wenn *alle* Künstler wären.

Aber Projektion und Sublimation gelingen auch, weil der so aus ureigener Not projizierende und sublimierende Mensch mitten in der Arbeit an seinem Werk die unsichtbaren Zuschauer um sich spürt, die angesichts seines Werkes mitprojizieren, mitsublimieren und durch ihn, den Unfreien, befreit werden.

Kunst als Selbsttherapie bedeutet, daß man nicht im Negativen und Destruktiven verharrt. Die bloße Aussage des Negativen könnte keine Dynamik entfalten, wenn nicht die Möglichkeit hinzukommen würde, das Negative selbst in der unerbittlichen, sich nichts vormachenden Aussage doch noch zu transzendieren.

Es gibt in der Kunst grundsätzlich zwei entgegengesetzte Möglichkeiten der Selbsttherapie.

Die eine besteht in der Bewältigung durch Projektion: man gestaltet die Außenwelt entsprechend den Problemen, Konflikten und Gestalten der eigenen Innenwelt. Ein Beispiel kann hierfür teilweise das Werk GUY DE MAUPASSANTS sein. Seiner zunehmenden Krankheit geistiger Umnachtung konnte er nur immer wieder standhalten, indem er in seinem Werk morbide, gestörte Menschen gestaltete.

Die zweite Möglichkeit besteht in der Kompensation: man stellt im künstlerischen Werk die Defizite des eigenen inneren Lebens dar, so gleichsam eine Ergänzung zu sich selbst schaffend. Man denke hierbei etwa an die wunderbare Heiterkeit mancher Erzählungen eines so melancholischen Dichters wie GOTTFRIED KELLER. Oder man denke, in der bildenden Kunst, an das herrliche "Paradies", das größte Ölgemälde der Welt, das an der

Ostwand des Ratssaales im Dogenpalast zu Venedig hängt. Von diesem Bild, das RUSKIN "das wunderbarste Beispiel einer männlichen und meisterhaften Malerei, das es auf der Welt gibt" nannte, schreibt allerdings WILL DURANT: "Alle Danteske Feierlichkeit ist aus diesem Himmel verbannt. Der Maler stellt ihn als einen Ort der Seligkeit dar, zu dem nur die strahlend Glücklichen zugelassen werden. *Auf solche Weise überwand der alte Meister einen eigenen Trübsinn und seinen Menschenhaß.*"[2]

In unserem Jahrhundert scheint nun – neben diesen beiden traditionellen Möglichkeiten – ein dritter Weg die Regel geworden zu sein: die radikale Darstellung des Fragwürdigen, des Entstellten, des Zerstörten, kurz des "Bösen, das auf dem Grund der Welt liegt" und – auf dem Grund der Seele. Innen und Außen werden gleichermaßen erbarmungslos dargestellt. Heute erlebt der Mensch die Kompensation eher als einen Selbstbetrug. Und die Bewältigung innerer Spannungen via Projektion scheint fast unmöglich bei dem ungeheuerlichen, außenweltlichen Ausmaß an Zerstörung und Elend in unserem Jahrhundert der Kriege, der Folter, der Massenflucht usw., das die Seelen der Menschen zu erdrücken droht. Man ist heute ehrlicher, härter, aber auch ärmer und desillusionierter geworden als frühere Generationen. So malen sowohl unsere Patienten als auch die meisten zeitgenössischen Maler.

Grundsätzlich gilt dies also für die meisten Kunstwerke dieses Jahrhunderts. Es mag sein, daß die Worte im großen und ganzen stimmen, mit denen SEDLMAYR die moderne Kunst als Krankheitsprozeß definiert: "die Welt, der Mensch und die Natur entfremden sich. Beherrschender Affekt wird die Verzweiflung und die Angst. Neues Erkalten der Formen, zugleich Zersetzung. Die Zustände wechseln fortwährend zwischen äußersten Extremen. Tiefe Gespaltenheit. 'Der Patient vermag seine Gedanken nicht mehr zusammenzuhalten. Er fühlt sich dämonischen Mächten ausgeliefert, ist outriert und maßlos in allen seinen Äußerungen.' [...] Große motorische Unruhe, Hast, Gejagtheit. Bedürfnis, den Zustand fortwährend zu verändern. Labilität. Im Hinblick auf die Zukunft Schwanken zwischen forcierter Hoffnung und äußerster Hoffnungslosigkeit."[3]

Was aber SEDLMAYR nicht sieht, das ist die *latent* bestehende Hoffnung inmitten der manifesten Hoffnungslosigkeit; mit FREUD würde ich formulieren: "Der latente Traum-Gedanke hinter dem manifesten". Gerade das illusionslose Zerreißen der Maske, der Fassade einer nicht mehr glaubwürdigen Welt, in der in diesem Jahrhundert mehr Blut geflossen ist als in ihrer ganzen früheren Geschichte, ermöglicht uns die Erschütterung, die heute Not tut.

Diese Erschütterung, die bis zur Verzweiflung geht, ist zugleich auch die

2 Kursivierung vom Verfasser.

3 HANS SEDLMAYR, Verlust der Mitte, Salzburg, 1976 (9. Aufl.), S. 200.

Hoffnung. Sie kann bei vielen als eine solche nicht bewußt werden, weil vorzeitige Selbstbefriedung wiederum zur Unwahrheit führt. Die Hoffnung ist hier, paradoxerweise, der Verzicht auf bewußte Hoffnung. Und umgekehrt ist die Selbstenfremdung die Geburt des Selbst.

In den meisten Bildern dieses Künstlers wird also das Negative, das aus der Verbindung von Zeitgeist und persönlichem Kranksein stammt und somit dem individuell Leidenden den Auftrag gibt, die Befindlichkeit des Menschen in dieser Zeit gesteigert auszusprechen, unbeschönigt, unbefreit und grenzenlos ausgedrückt, *damit* durch den Aus-druck das Entsetzliche als konkrete Gestalt erfaßt werde. Gleich, ob man hier mit HEUSSER in den Bildern von MAX VON MOOS die Gewalt der Archetypen – wie etwa den Archetyp der "furchtbaren Mutter" (ERICH NEUMANN nach HEUSSER) – sieht, oder mit dem Maler selber das Intrapsychische als welthaft versteht – "Der Abwurf der Atombombe über Hiroshima und Nagasaki bedeutete eine Steigerung der Perversität der Welt ... Ich malte Explosionsbilder ... Mich beschäftigten vor allem die sadomasochistischen Elemente dieser Grundsituation" – entscheidend ist, daß diese Grundsituation gestaltet wird. Gerade die grafische Art der Gestaltung, also die bildende Kunst, ist hier besonders befreiend, weil sie, anders als die tatsächliche Explosion der Atombombe oder als die akute psychotische Episode, die Explosion durch ein Ich erfassen läßt, das sich in der Kraft und Größe der Gestaltung über die Explosion selber stellt.

Die darin liegende latente Hoffnung kann den Horizont hinter dem Negativen aufreißen, auch wenn nicht ausgedrückt wird, *was* in diesem anderen Raum erscheinen könnte.

Ich möchte an dieser Stelle zwei Bilder von MAX VON MOOS kommentieren, die mich unter all seinen Bildern vielleicht am tiefsten beeindruckt haben.

Das eine Bild heißt "Teufelsküche" oder auch "Stalingrad". Ich bin nicht davon überzeugt, daß das Bild "allerdings nur sehr bedingt als politischer Kommentar zur Zeitgeschichte verstanden werden kann", wie HANS-JÖRG HEUSSER meint, "mit der realen Schlacht von Stalingrad hat es nichts zu tun; das Kriegsgeschehen wird hier nur als Analogon eines innerpsychischen Geschehens herangezogen."

Warum denn? Werden wir dem Künstler, der sich expressis verbis dazu berufen erklärt, "dieser Welt Warntafeln zu setzen", nicht besser gerecht, wenn wir annehmen, daß gerade sein Kranksein ihn auch dazu berufen hat, die Perversion dieser Welt klar zu sehen?

HÖLDERLIN hat einmal sinngemäß geschrieben, daß dort, wo die Not am allergrößten ist, sie den ganzen Menschen in ihre Pflicht nimmt. Wenn man die letzten Briefe der Gefallenen von STALINGRAD liest, bekommt man eine Ahnung davon.

Ich möchte hier versuchen, als Psychoanalytiker die Beziehung zwischen persönlichem Leiden und Welterkennen, ja zwischen Selbsttherapie und Weltprophetie, unter Rückgriff auf die Theorie von D. WINNICOTT, zu erläutern. Es gibt nach WINNICOTT eine *intermediäre* Realität in der Kindheit, die das Kind im Spiele erkennt oder auch erschafft, dort, wo es phantasierend "Übergangsobjekte" entwirft, die zum Teil seine eigenen Projektionen, zum Teil aber auch reale Objekte der Welt sind, die es dadurch exploriert, daß es sich selber in sie verlegt.

Der Bereich der "Übergangsobjekte" wird im erwachsenen Alter für Phänomene wie Kunst und Religion reserviert. Die frühe Psychoanalyse (FREUD, JUNG) erklärte solche Phänomene als Projektionen der infantilen Liebesobjekte oder des kollektiven Unbewußten. Tiefer reicht aber meine Einsicht, daß solche Projektionen das Wesen der rätselhaften Realität, auf die sie projiziert werden, berühren und deuten läßt; denn wir könnten Realität überhaupt nicht erfahren, *wenn wir uns nicht in sie hineinverlegen würden.*

Jeder Kunstschaffende – vom Patienten bis zum Meister – entwirft Objekte, die ihm *gleichzeitig* eine Aussage über sich selbst und über die Welt gestatten. Je größer diese Symmetrie, diese Spiegelbeziehung ist, desto mehr ergreift uns das Kunstwerk. Die rein psychopathologische Alternative zu diesem Vorgang ist dagegen die *paranoide* Aussage – welche einerseits (in unserer Sicht) nur vom Patienten kündet, anderseits (in seiner Sicht) behauptet, nur von der Welt zu künden. Wo eine solche Spaltung im Wahn erscheint, hat das bildnerische Werk nur noch die Bedeutung einer Projektion, die zwar den mitfühlenden Psychiater interessiert und ergreift, uns aber nicht gestattet, unsere eigene Existenz im Bild und Symbol zu erleben.

Es ist nun aber mein Anliegen, in den Bildern von MAX VON MOOS nicht nur das Moment der Kreativität – die Spiegelbeziehung vom Selbst zur Welt –, sondern auch die von der bisherigen Kritik nie wahrgenommene, "latente Welthoffnung" zumindest in manchem Bild des Künstlers anzudeuten.

In dem Bilde "Stalingrad" von MAX VON MOOS trennt eine Mauer eine diesseitige Welt des Grauens von einem fast inhaltslosen Jenseits. Dieser Struktur des Bildes entspricht auch die verbale Aussage des Künstlers, die ich seinem Gespräch mit HEUSSER entnehme: "Ist das Städtchen oder die Vordergrundszene Stalingrad?" "Der Vordergrund. Das Städtchen ist nicht Stalingrad, sondern die notdürftige Erinnerung an die heile Welt." "Was ist hinter der Mauer?" "Da ist bei mir jegliche Erkenntnis weg, einfach nicht vorhanden. Bretter und Mauer legen sich zwischen den Maler und die Erkenntnis, das heißt, das was er erkennen möchte." "Und was möchte der Maler erkennen?" "Die Wahrheit überhaupt." "Es wäre also der Wunsch des Malers, hinter die Mauer zu kommen? "Ja, Mauern und Bretter sind etwas Negatives, das den Zugang zu etwas verrammelt, wovon ich nichts weiß."

Der Künstler schafft hier zumindest *den Raum*, wo "das andere" erscheinen könnte. In den Worten HEIDEGGERS wäre dies "das Sich-Entbergen des Seienden", das uns in unserem Zeitalter verborgen bleiben muß. Intrapsychisch wäre das so etwas wie eine Heilung, ein Heil, angedeutet im Worte von der "heilen Welt".

Es gibt wiederum ein anderes Bild von MAX VON MOOS, bei dem sich dasselbe Thema unübersehbar aufdrängt: "Gefährlicher Strand" (1951). Wiederum zitiere ich aus einem Gespräch zwischen MAX VON MOOS und HANS-JÖRG HEUSSER: "Wem wird die Figur, die Sie als das Gefährliche am Strand bezeichnen, gefährlich?" "Sie wird dem Licht gefährlich, das der Himmel ist, der durch den Spalt sichtbar wird. Darum ist der Kopf der Figur ja auch gegen den Himmel gewendet und das 'Würmli' oder 'Schlängli' gegen die gefährliche Figur." "Das verstehe ich nicht. Wem wird die Figur gefährlich?" "Es geht von ihr eine Gefahr aus für das Licht, den Himmel, den Meeresausblick." "Wie kann denn dieses Wesen dem Licht gefährlich werden?" "Das weiß ich nicht!"

Ich wage zu sagen, daß die entsetzliche, gespenstische Figur als eine Darstellung des Menschen, des Selbst, des negativen Selbst-Triebes, von dem in dieser Kunst ständig die Rede ist, einem ganz anderen im menschlichen Dasein gefährlich wird, das hier als *das Offene, als die himmlische Weite* erscheint. Sie wird auf diesem Bild vom Künstler auch inhaltlich dargestellt, beim Namen genannt; aber sie kann freilich gegen das gefährliche Selbst nicht verteidigt werden – eine Ahnung vom Unheimlichen in sich und in der Welt.

Hier aber liegt die Dialektik dieser Kunst: auf der einen Seite kann und will sie nicht ausdrücklich etwas davon wissen, was stärker wäre als "das Böse", das auf dem Grund der Welt liegt – damit es keine Beschönigung gibt; auf der anderen Seite muß und will sie "Warntafeln" gegen dieses Böse setzen und gestaltend Grenzen gegen das Unheimliche schaffen.

Die Hoffnung, die die Sprache der Zukunft nicht sprechen kann, wird auf das verlegt, das als Möglichkeit entweder in der Zukunft (wenn das Warnen angehört werden wird) oder in der gedächtnislosen Vergangenheit liegt. So lesen wir bei MAX VON MOOS: "In der überwiegenden Mehrzahl sind meine Figuren Frauen ... Die erste Figur links hat einen sehr großen Unterteil, der zugleich Beine und Bauch ist, eine senkrechte Bastion. Darin befindet sich der weibliche Geschlechtsteil, ein senkrecht geöffneter Spalt, der wie eine Eingangspforte ist. Ich vermute, daß diese Eingangspforte *eine Art Sehnsucht nach dem Vorgeburtlichen, nach dem Bewußtlosen, nach dem, was befreit ist von der Qual des Lebens, ausdrückt.*"[4]

Wir kommen zum Schluß: das Wesen der Therapie durch künstlerisches Schaffen kann am besten in dem Satz zusammengefaßt werden, daß sie einerseits dem Menschen gestattet, von sich in Symbolen zu sprechen,

4 Kursivierung vom Verfasser.

anderseits ihm auch ermöglicht, aus sich selber, aber doch über sich selber hinaus die Welt zu sehen. Im Anblick der Welt verwirklicht man sich und vergißt sich zugleich. Selbst dann, wenn der Maler ein Patient ist, gilt für ihn das Wort, das vom großen, alten TIZIAN gesagt wurde: "Indem er Bild um Bild malte, vergaß er zu sterben."

Ich fasse abschließend noch einmal kurz zusammen:

1. Die Therapie mittels künstlerischen Schaffens kann verstanden werden als die psychotherapeutische Anwendung eines universalen, unbewußten, selbsttherapeutischen Anliegens, das wir bei nicht wenigen Werken von seelisch leidenden Künstlern finden und das sich daraus ergibt, daß das Kunstwerk gleichzeitig eine Aussage über das Selbst und über die Welt ist. Ich verstehe ein solches Kunstwerk als ein symbolisches Übergangsobjekt im Sinne WINNICOTTS, weil es Selbst- und Weltaspekte enthält und anspricht. Selbstaspekte erscheinen dem Künstler im Spiegel der Welt, so wie umgekehrt die Welt erst durch Selbst-Projizierung als kreatives Bild erfahren wird.

2. Die Aussage des Künstlers sowie des Patienten kann inhaltlich hoffnungslos sein. Ist sie es endgültig? In der Therapie liegt die Hoffnung implizite schon in der Tatsache der Dualität, in deren Spannung das kreative Bild entworfen und angenommen wird. Wird dieses aber in der Einsamkeit des Schaffenden entworfen und ausgetragen, so gehört doch der latent anwesende Zuschauer zu ihm. In der Raumgestaltung des Bildes kann die Hoffnung auch dort unbewußt vorhanden sein, wo die bewußte Aussage nur noch negativ ist, wie ich an zwei Bildern von MAX VON MOOS gezeigt habe.

3. Das Prinzip der Hoffnung, das ich in diesem Aufsatz zum Ausdruck bringe, ist keine Beschönigung der vom Patienten oder vom Künstler erlebten tragischen Realität. Diese Hoffnung ist eben weder Beschönigung einer solchen, noch eine eigene Regression. Sie ist auch nicht mehr unreflektiert, wie in der Kindheit. Einst konnten wir mit dem jungen NERUDA sagen: "una especie de fuerza de esperanza se pone en mi manera de vivir aquel dia!"[5] Heute spricht es in uns anders: "Die Gestalten sind nicht mehr kindlich, sondern wissend" (H. KELLER) – also auch ernst. Die bereits vom Untergang Stalingrads wissende Hoffnung ist eine "posttragische". Sie kann vom tragischen Geschehen nicht mehr zerstört werden; denn sie gründet in der Erfahrung, daß die Urdimension der Existenz die Liebe ist.

---

5 "Eine Art Kraft der Erwartung tritt in Erscheinung in meiner Weise, jenen Tag zu erleben", aus: El habitante y su esperanza, in: Obras completas II, Buenos Aires 1968.

Literatur[1]

Abraham, K., Notes on the Psychoanalytic Treatment of Manic-Depressive Insanity and Allied Conditions. In: ID., Selected Papers on Psychoanalysis. 137-156. Basic Books, New York, 1911

Alanen, Y.O., Räkköläinen, V., Laakso, J., Rasimus, R., Psychotherapeutically Oriented Treatment of Schizophrenia. Abstracts of the Regional Symposium of the World Psychiatric Association, p. 3, Helsinki, June 18-21, 1984

Arieti, S., Interpretation of Schizophrenia. Robert Brunner, New York 1955.

Arieti, S., Bemporad, J., La depressione grave e lieve. L'orientamento psicoterapeutico. Bacciagaluppi, M., Bacciagaluppi, Mazza M. (eds). Feltrinelli Editore, Milano, 1981

Balint, M., The Benignant and Malignant Form of Regression. In: Daniel, G.E., New Perspectives in Psychoanalysis. Grune und Stratton, New York 1965.

Bally, G., Gedanken zur psychoanalytisch orientierten Begegnung mit Geisteskranken. In: Psyche, 10, 437, 1956

Bateson, G., Jackson, D., Haley, S., Weakland, S., Toward a Theory of Schizophrenia. In: Behavioral Sci., 4, 251, 1956

Battegay, R., Depression. Psychophysische und soziale Dimension. Hans Huber, Bern/Stuttgart/Toronto, 1985

Berze, J., Die primäre Insuffizienz der psychischen Aktivität. Ihr Wesen, ihre Erscheinungen und ihre Bedeutung als Grundstörung der Dementia praecox und der Hebephrenien überhaupt. Deuticke, Leipzig/Wien, 1914

Berze, J., Gruhle, H.W., Psychologie der Schizophrenie. Springer, Berlin, 1929

Bibring, E., The Mechanism of Depression. In: Greenacre, P. (ed.). Affective Disorders. International Universities Press, New York, 1953

Binswanger, L., Daseinsanalyse, Psychiatrie, Schizophrenie. In: Schweiz. Arch. Neurol., 81, 1, 1958

Binswanger, L., Schizophrenie, Neske, Pfullingen, 1945

Bion, W.R., Learning from Experience. William Heinemann, Medical Books, London 1962

Blankenburg, W., Der Verlust der natürlichen Selbstverständlichkeit. Ein Beitrag zur Psychopathologie symptomarmer Schizophrenien. Enke, Stuttgart, 1971

Blankenburg, W., Perspektivität und Wahn. Einleitendes zumWahn-Symposium, Marburg, 1984

1 Das Verzeichnis enthält sowohl die Titel der Schriften, die im vorliegenden Band erwähnt werden, wie auch weitere Publikationen zum Thema der Psychopathologie und Psychotherapie der Psychosen.

Bleuler, E., Dementia praecox oder die Gruppe der Schizophrenien. In: Handbuch der Psychiatrie. Aschaffenburg, B. (Hrsg.). Deuticke, Leipzig/Wien, 1911

Bleuler, M., Zur Psychotherapie der Schizophrenie. In: Deutsche Medizinische Wochenschrift, 79, 841-842, 1954

Bleuler, M., A 23-Year Longitudinal Study of 208 Schizophrenias and Impressions in Regard to the Nature of Schizophrenia. In: Transmission of Schizophrenia. Rosenthal, D., Kety, S.S. (Hrsg.). Pergamon Press, New York/London, 1968

Bleuler, M., Klinik der schizophrenen Geistesstörungen. In: Psychiatrie der Gegenwart. Bd. II/1, 7-78, Springer, Berlin, 1972

Böker, W., Brenner, H.D., Selbstheilungsversuche Schizophrener. Psychopathologische Befunde und Folgerungen für Forschung und Therapie. Nervenarzt 54, 578-589, 1983

The Boston-New Haven Collaborative Depression Project. In: Heinrichs, D.W., Carpenter, W.T. (Jr.). The Efficacy of Individual Psychohterapy: A Perspective and Review Emphasizing Controlled Outcome Studies: 586-613. In: Arieti, S., Brodie, H.K.H. (eds.). American Handbook of Psychiatry. Basic Books, New York, 1981

Cartwright, D.S., Roth, I., Success and Satisfaction in Psychotherapy. I. Clin. Psychol. 13, 20-26, 1975

Cerletti, U., Atimia. In: Enciclopedia medica italiana, vol. II, dp. 1504. Uses, Edizioni scientifice, Firenze 1973[2]

Ciompi, L., Zum Problem der psychiatrischen Primärprevention. In: Kisker, K.P., Meyer, J.E., Müller, C., Strömgren, E. (Hrsg.). Grundlagen und Methoden der Psychiatrie. Springer, Berlin/Heidelberg/New York (Psychiatrie der Gegenwart), 2. Aufl., Bd. I/1, 343-386, 1979

Ciompi, L., Gibt es überhaupt eine Schizophrenie? Der Langzeitverlauf psychotischer Phänomene aus systemischer Sicht. In: Lempp, R. (Hrsg.), Psychologische Entwicklung von Schizophrenien. Hans Huber Verlag, Bern, Stuttgart, Toronto 1984

Cohen, M.B., Blake, G., Cohen, R.A., Fromm-Reichmann, F., Weigert, E.V., An Intensive Study of Twelve Cases of Manic-Depressive Psychosis. Psychiatry 17, 103-138, 1954

Conrad, K., Die beginnende Schizophrenie. Thieme, Stuttgart 1958

Devereux, G., Normal und anomal. Aufsätze zur allgemeinen Ethnopsychiatrie. Suhrkamp, Frankfurt/M., 1974

Durant, W., Tintoretto. In: (Durant) Die Renaissance, III. Band, 298. Ex-Libris, Zürich

Emerson, R.W., Uomini significativi. Rinascimento del Libro, Firenze, 1928

Ernst, C., Genie und Irrsinn? Eine psychiatrische Untersuchung an amerikanischen Schriftstellern. Neue Züricher Zeitung, 18.1.1989, Nr. 14

Federn, P.O., Ego Psychology and the Psychoses. With an Introduction by Edoardo Weiss. Imago, London 1953

Fenichel, O., The Psychoanalytic Theory of Neurosis. Norton, New York, 1945
Freud, S., Weitere Bemerkungen über Abwehr-Neuropsychosen. In: Neurol. Centralbl., 15, 434, 1896
Freud, S., Psychoanalytische Bemerkungen über einen autobiographisch beschriebenen Fall von Paranoia (Dementia Paranoides). In: Gesammelte Werke, Int. Psychoanal. Verlag, 355-432, 1924
Freud, S., Neurose und Psychose. In: Gesammelte Werke, Bd. 13, 385-392, Imago, London 1940
Freud, S., Trauer und Melancholie. In: Freud, A., Bibring E., Hoffer, W., Kris, E., Isakower, O. (Hrsg.). Gesammelte Werke, Bd. 10, Werke aus den Jahren 1913-1917. Imago, London, 1946
Furlan, P.M., The "Recall" in the individual psychotherapy of schizophrenia. Psychiatria Fennica, Year Book, 81-95, 1984
Gruhle, H.W., Die Schizophrenie: Allgemeine Symptomatologie. Die Psychopathologie. In: Handbuch der Geisteskrankheiten. Bumke, O. (Hrsg.), Bd. IX/5, Springer, Berlin 1932
Gunderson, J.G., Individual Psychotherapy. In: Disorders of the Schizophrenic Syndrome. Ed. L. Bellak, Basic Books, New York, 1979
Guntrip, H., Schizoid Phenomena, Object Relations and the Self. Hogarth, London, 1968
Hartwich, P., Schizophrenie und Aufmerksamkeitsstörungen. Zur Psychopathologie der kognitiven Verarbeitung von Aufmerksamkeitsstörungen. Springer, Berlin/Heidelberg/New York, 1980
Heidegger, M., Sein und Zeit, Halle, 1927
Heusser, H.-J., Max von Moos. Eine tiefenpsychologische Werkinterpretation. Schweizerisches Institut für Kunstwissenschaft, Zürich, 1982
Hirsch, S.R., Leff, I.P. Abnormalities in Parents of Schizophrenics. Maudsley Monographs 22. Oxford University Press, London, 1975.
Hole, G., Wolfersdorf, M., Straub, R., Koppitke, W., Metzger, R., Schinkel, A., Psychotherapeutisches Basisverhalten als wesentlicher Bestandteil für stationäre depressive Patienten. In: Helmchen, H., Linden, M., Rüger, U. (Hrsg.). Psychotherapie in der Psychiatrie. Springer, Berlin, 1982
Holm-Hadulla, R.M., Der Konkretismus als Ausdruck schizophrenen Denkens, Sprechens und Verhaltens. Nervenarzt 53, 23-32, 1982
Huber, G., Chronische Schizophrenie. Hüthig, Heidelberg, 1961
Isotti, M., Amore mio Nemico. Rizzoli, Milano, 1978
Jacobson, E., The Self and the Object World. International Universities Press, New York, 1964
Jacobson, E., Depression. International Universities Press, New York, 1971
Janzarik, W., Schizophrene Verläufe. Eine strukturdynamische Interpretation. Springer, Göttingen/Heidelberg, 1959
Jaspers, K., Allgemeine Psychopathologie. Springer, Heidelberg/Berlin 1913, 7. Aufl. 1937

Jung, C.G., Über die Psychologie der Dementia praecox. Marnhold, Halle 1907
Keller, H., Die Kunstlandschaften Italiens. Prestel, München, 1965
Kernberg, O., Borderline Conditions and Pathological Narcissism. Aronson, New York, 1967
Kisker, K.P., Dialogik der Verrücktheit. Ein Versuch an den Grenzen der Anthropologie. Nijhoff, Den Haag, 1970
Klaesi, H., Über die Bedeutung der Stereotypien. Karger, Berlin, 1922
Klein, M., Mourning and its Relation to Manic-Depressive States. In: Contributions to Psychoanalysis, 1921-1945, Hogarth Press, London, 1948
Klein, M., New Directions in Psychoanalysis. Basic Books, New York, 1956
Kohut, H., Narzißmus. Eine Theorie der psychoanalytischen Behandlung der narzißtischen Persönlichkeitsstörungen, Stuttgart, 1973
Kraepelin, E., Psychiatrie. Ein Lehrbuch für Studierende und Ärzte, 7. Aufl., Barth, Leipzig, 1904
Lacan, J., Ecrits. Seuil, Paris, 1966
Lang, H., Struktural-analytische Gesichtspunkte zum Verständnis der schizophrenen Psychose. In: Janzarik, W. (Hrsg.). Psychopathologische Konzepte der Gegenwart. Enke, Stuttgart, 1982
Lang, H., Struktural-analytische Überlegungen zur Psychotherapie Schizophrener. Nervenarzt 56, 472-478, 1985
Langs, R., Decodificare i propri sogni. De Agostini, Novara, 1989
Leff, J., Kuipers, L., Berkowitz, R., Eberlein-Vries, R., Sturgeon, D., A Controlled Trial of Social Intervention in the Families of Schizophrenic Patients. Brit. J. Psychiat. 141, 121-134, 1982
Lidz, Th., Family Settings that Produce Schizophrenic Offspring. In: Problématique de la psychose. Doucet, P., Laurin, C. (Eds.). Excerpta Medica, Amsterdam, 1969
Lombroso, C., L'uomo di genio. 6 edizione, Torino, 1984
Luborsky, L., Strupp, H.H., Research Problems in Psychotherapy: A three-year following. In: Strupp, H.H., Luborsky, L. (ed.). Research in Psychotherapy, Vol. 2, American Psychological Association, Washington D.C., 308-329, 1962
Maria Maddalena dei Pazzi: Unpubliziertes Manuskript eines anonymen Chronisten.
Masud, M., Khan, R., Selbsterfahrungen in der Therapie. Fachbuch-Verlag für Psychologie, Eschborn, 1988
Matte-Blanco, I., A Study of Schizophrenic Thinking: Its Expression in Terms of Logic and its Representation in Terms of Multidimensional Space. In: International Journal of Psychoanalysis, 40, 1-5, 1965
May, P.R.A., Schizophrenia: Overview of Treatment Methods. In: Comprehensive Textbook of Psychiatry. Eds. Freedman, A.M., Kaplan, H.J., Sadok, B.J. pp. 923-938, Williams & Wilkiny, 1975
Mayer-Gross, W., Primäre und sekundäre Symptome in der Schizophrenie. In: Z. ges. Neurol. Psychiatr., 124, 647, 1930

Mendelson, M., Psychoanalytic Concepts of Depression. Spectrum Publications, New York, 1974
Meyer, Eduard, Geschichte des Altertums, Bd. 1. Wissenschaftliche Buchgesellschaft, Darmstadt, 1981
Minkowski, E., La schizophrénie. Psychopathologie des schizoides et des schizophrènes. Payot, Paris, 1927
Mintz, I., What is Success in Psychotherapy? I. Abnorm. Psycol. 80,11-19, 1972
Müller, C., Über das Senium der Schizophrenen. Karger, Basel, 1959
Mundt, Ch., Lang, H., Die Psychopathologie der Schizophrenien. In: Kisker, K.P., Lauter, H., Meyer, J.-E., Müller, C., Strömgren, E. (Hrsg.). Schizophrenien. Springer, Berlin/Heidelberg/New York/Tokyo, 1987 (Psychiatrie der Gegenwart, 3. Aufl., Bd. 4, 39-70)
Murphy, H.B.M., Comparative Psychiatry. The International and Intercultural Distribution of Mental Illness. Springer, Berlin, Heidelberg, New York, 1982
Neruda, P., El habitante y su esperanza. In: Obras Completas II, Buenos Aires, 1968
Peciccia, M., e coll.: Sviluppo del pensiero simbolico e recupero dell'integrazione familiare mediante l'uso terapeutico del disegno in un Borderline. In: Rivista di Neuropsichiatria e Scienze affini, vol. XXXII, n.3, 1986
Peters, U.H., Semiologie der Schizophrenie. In: Peters, U.H. (Hrsg.). Kindler-Enzyklopädie. Die Psychologie des 20. Jahrhunderts. Bd. X, Psychiatrie, Kindler, Zürich, 1980
Prinzhorn, H., Bildnerei der Geisteskranken. Springer, Berlin, 1922
Racamier, P.C., Die Schizophrenen. Springer, Berlin, Heidelberg, New York, 1982
Rado, S., The Problem of Melancholia. In: ID., Collected Papers, vol. I. Grune & Stratton, New York, 1956
Rank, Otto, The Basis of a Will Therapy. In: Thompson, C. et al., The Outline of Psychoanalysis, S. 455-468, 1955
Rohde-Dachser, Ch., Borderline-Störungen. In: Battegay, R., Glatel, I., Pöldinger, W., Rauchfleisch, U. (ed.). Handwörterbuch der Psychiatrie. Sr. 94-94. Enke Verlag, Stuttgart, 1984
Rosen, J.N., Psychotherapie der Psychosen. Hippokrates, Stuttgart, 1962
Rosenfeld, H., Contributions to the Psychopathology of Psychotic States: The Importance of Projective Identification in the Ego Structure and the Object Relations of the Psychotic Patient. In: Problématique de la psychose. Doucet, P., Laurin, C. (Eds.). Excerpta Medica, Amsterdam, 1969
Rush, A.J., Beck, A., Adults with Affective Disorders. In: Hersen, M. (ed.). Behavior Therapy in the Psychiatric Setting. Williams & Wilkins, Baltimore, 1978
Scharfetter, Ch., Psychopathologie. Thieme, Stuttgart, 1975
Schneider, C., Die schizophrenen Symptomverbände. Springer, Berlin, 1942

Schneider, K., Primäre und sekundäre Symptome bei der Schizophrenie. In: Fortsch. Neurol. Psychiatr., 25, 487, 1957
Schönfelder, Th., Zugang zum psychotischen und präpsychotischen Jugendlichen über körperzentrierte Psychotherapie. Manuskript.
Schultz-Hencke, H., Der gehemmte Mensch. G. Thieme Verlag, Stuttgart, 1940, 4. Aufl. 1978
Searles, H., Collected Papers on Schizophrenia and Related Subjects. The Hogarth Press and the Institute of Psychoanalysis, London, 1965
Searles, H.F., Phasen der Wechselbeziehung zwischen Patient und Therapeut bei der Psychotherapie der chronischen Schizophrenie. In: Psyche, 18, 494, 1964
Sechehaye, M.A., La réalisation symbolique. Nouvelle méthode de psychothérapie appliquée à un cas de schizophrénie. In: Revue suisse de psychol. et de la psychol. appliquée, supp. 12. Huber, Bern, 1947
Sedlmayr, H., Verlust der Mitte. O. Müller Verlag, Salzburg, 1976
Selvini, M., A New Method for Therapy and Research in the Treatment of Schizophrenic Families. In: Psychosocial Intervention, ed. by Stierlin, H. et al. Springer, Berlin, Heidelberg, New York, Tokio, 1983
Siirala, M., Die Schizophrenie des Einzelnen und der Allgemeinheit. Vandenhoeck & Ruprecht, Göttingen, 1961
Smith, M.L., Glass, G.V., Miller, T.I., The Benefits of Psychotherapy. The John Hopkins University Press, Balitmore, 1980
Stalingrad: Ultime Lettere da Stalingrado, a cura di Michele Ranchetti. Einaudi, Torino, 1959
Stern, D.N., The Interpersonal World of the Infant. Basic Books, New York, 1985
Stierlin, H., Reflections on the Family Therapy of Schizo-Present Families. In: Psychosocial Intervention in Schizophrenia, ed. by Stierlin, H. et al. Springer, Berlin, Heidelberg, New York, Tokio, 1983
Storch, A., Wege zur Welt und Existenz des Geisteskranken. Hippokrates, Stuttgart, 1965
Sullivan, H.S., Schizophrenia as a Human Process. Norton, New York, 1962
Tellenbach, H., Melancholie. Springer, Heidelberg, 1961
Tomaso D'Aquino. siehe Abbagnano, N. Storia della Filosofia, Vol. I, 531-55, Utet, 1982
Tress, W., Pfaffenberger, U., Frommer, J., Zur Patholinguistik schizophrener Texte. Eine vergleichende Untersuchung an Depressiven, Schizophrenen, Hirnorganikern und Gesunden. Nevernarzt 55, 488-496, 1984
Tress, W., Sprache, Person, Krankheit. Vorklärungen zu einer psychologischen Medizin der Person. Springer, Berlin/Heidelberg/New York/Tokyo, 1987
von Moos, M., Zu meiner Krankengeschichte. In: Max von Moos, Verlag Ernst Scheidegger, Zürich, 1979
Waser G., Die Bedeutung kreativer Gestaltungen und deren Symbole für die Psychogenese im Rahmen der psychotischen Fragmentierung. Forum für Kunsttherapie, 1. Jg., H. 1, 8-11, Nov. 1986

Waser, G., Im Spannungsfeld von Bild und Seele. Forum für Kunsttherapie 1, H. 2, 1988

Watzlawick, P., The Language of Change. Basic Books, New York, 1978

Weissman, M., The Psychological Treatment of Depression. Evidence for the Efficacy of Psychotherapy Alone, in Comparison with, and in Combination with Pharmacotherapy. Arch. Gen. Psychiat. 36, 1261-1269, 1979

Winnicott, D., Transitional objects and transional phenomena. A study of the first not-me possession. International Journal of Psycho-Analysis, 34, 89-97, 1953

Winnicott, D.W., Psychoses and Child Care. In: Brit. J. Med. Psychol., 26, 68-74, 1973

Wynne, L.C., Ryckoff, I.M., Day, J., Hirsch, St. J., Pseudomutuality in the Family Relations of Schizophrenics. In: Psychiatry, 21, 205, 1958

Wynne, L.C., Thaler Singer, M., Thought Disorders and Family Relations of Schizophrenics, IV: Results and Implications. In: Arch. Gen. Psychiat., 12, 201-212, 1965

Bücher von Gaetano Benedetti zur Psychopathologie und Psychotherapie der Psychosen

Entwicklung der Schizophrenielehre seit 1941 (mit Bleuler, M., Kind, H. und Mielke, F.). Wissenschaftliche Buchgesellschaft, Darmstadt, 1960

Klinische Psychotherapie. Huber, Bern, 1964. – 2. Aufl. 1984 (Japanische Übersetzung 1970. Norwegische Übersetzung Oslo, 1974. Finnische Übersetzung Otava, 1977. Spanische Übersetzung Barcelona, 1983.)

Der psychisch Leidende und seine Welt. Hippokrates, Stuttgart, 1964. 2. Aufl. Kindler, 1974 (Spanische Übersetzung Madrid, 1966)

Forschungen zur Schizophrenielehre (mit Kind, H., Johannson, A. und Wenger, V.). Wissenschaftliche Buchgesellschaft, Darmstadt, 1969

Ausgewählte Aufsätze zur Schizophrenielehre. Vandenhoeck & Ruprecht, Göttingen, 1975 (Japanische Übersetzung 1975. Finnische Übersetzung Helsinki, 1979)

Die Schizophrenie in unserer Gesellschaft (mit Rauchfleisch, U., Battegay, R., Benedetti-Straub, H. und Rauchfleisch-Malisius, R.). Thieme, Stuttgart, 1975

Psychiatrische Aspekte des Schöpferischen und schöpferische Aspekte der Psychiatrie. Vandenhoeck & Ruprecht, Göttingen, 1975

Der Geisteskranke als Mitmensch. Vandenhoeck & Ruprecht, Göttingen, 1976.

Paziente e Analista nella terapia delle psicosi (con Corsi T., D'Alfonso, L., Elia, C., Medri, M., Saviotti, M.). Feltrinelli, Milano, 1979. Deutsche Übersetzung: Psychosentherapie, Hippokrates, Stuttgart, 1983

Alienazione e Personazione nella Psicoterapia delle Malattie Mentali. Einaudi, Tornio, 1980

Skizofreni og psykoterapy. Odense Universitetas forlag, 1983

Todeslandschaften der Seele. Vandenhoeck & Ruprecht, Göttingen, 1983. – 2. Aufl. 1987 – 3. Aufl. 1991

Psychotherapy of Schizophrenia. New York Universities Press, New York 1987

La Schizofrenia, Guerini, Milano, 1988

Den farliga kärleken – on psykoterapi vid psykoser. Dualis förlag, Ludvika, 1990

Paziente e terapeuta nell' esperienza psicotica. Bollati-Boringhieri, Torino, 1991

Gaetano Benedetti / Udo Rauchfleisch (Hg.)
Welt der Symbole
Interdisziplinäre Aspekte des Symbolverständnisses. (Sammlung Vandenhoeck). 2. Auflage 1989. 253 Seiten mit 22 z. T. farbigen Abbildungen auf Kunstruck, 30 Abbildungen im Text und 1 Tabelle, Paperback. ISBN 3-525-01410-4

Gaetano Benedetti / Louis Wiesmann (Hg.)
Ein Inuk sein
Interdisziplinäre Vorlesungen zum Problem der Identität. (Sammlung Vandenhoeck). 1986. 297 Seiten, Paperback. ISBN 3-525-01409-0

Therese Wagner-Simon / Gaetano Benedetti (Hg.)
Traum und Träumen
Traumanalysen in Wissenschaft, Religion und Kunst. (Sammlung Vandenhoeck). 1984. 289 Seiten und 16 Seiten mit z. T. farbigen Abbildungen auf Kunstdruck, 1 Tabelle, Paperback. ISBN 3-525-01407-4

Therese Wagner-Simon / Gaetano Benedetti (Hg.)
Sich selbst erkennen
Modelle der Introspektion. (Sammlung Vandenhoeck). 1982. 254 Seiten und 8 Seiten mit z. T. farbigen Abbildungen auf Kunstdruck, Paperback. ISBN 3-525-01403-1

Raymond Battegay / Gaetano Benedetti / Udo Rauchfleisch
Grundlagen und Methoden der Sozialpsychiatrie
1977. 315 Seiten mit 26 Tabellen und 11 Graphiken, kartoniert. ISBN 3-525-45644-1

Gaetano Benedetti

Todeslandschaften der Seele

Psychopathologie, Psychodynamik und Psychotherapie der Schizophrenie. Aus dem Italienischen von Paul Rychner. 3. Auflage 1991. 326 Seiten, kartoniert. ISBN 3-525-45666-2

Der Geisteskranke als Mitmensch

Mit einem Beitrag von Lilia D'Alfonso. (Kleine Vandenhoeck-Reihe 1428). 1976. 138 Seiten, kartoniert. ISBN 3-525-33406-0

Ausgewählte Aufsätze zur Schizophrenielehre

1975. 232 Seiten, kartoniert. ISBN 3-525-45636-0

Psychiatrische Aspekte des Schöpferischen und schöpferische Aspekte der Psychiatrie

Unter Mitwirkung von Therese Wagner-Simon und Louis Wiesmann. 1975. 290 Seiten mit 9 Abbildungen, kartoniert. ISBN 3-525-45641-7

Für dieses Werk wurde Gaetano Benedetti 1981 der Jacob-Burckhardt-Preis verliehen.